新中国农业科技**70**年发展研究

信乃诠／编著

中国农业出版社

北　京

U0644572

图书在版编目（CIP）数据

新中国农业科技 70 年发展研究 / 信乃诠编著 . —北京：中国农业出版社，2020.1
ISBN 978-7-109-26448-9

Ⅰ.①新… Ⅱ.①信… Ⅲ.①农业技术－技术发展－成就－中国－现代 Ⅳ.①F323.3

中国版本图书馆 CIP 数据核字（2020）第 014116 号

中国农业出版社出版

地址：北京市朝阳区麦子店街 18 号楼
邮编：100125
责任编辑：刁乾超　　文字编辑：孙蕴琪
版式设计：李　文　　责任校对：吴丽婷
印刷：中农印务有限公司
版次：2020 年 1 月第 1 版
印次：2020 年 1 月北京第 1 次印刷
发行：新华书店北京发行所
开本：787mm×1092mm　1/16
印张：20
字数：500 千字
定价：78.00 元

版权所有·侵权必究

凡购买本社图书，如有印装质量问题，我社负责调换。

服务电话：010 - 59195115　010 - 59194918

我国农业历史悠久，有着丰富的传统经验，由于长期受封建制度的束缚，直至 20 世纪初才成立了第一个近代农业科研机构，开展试验研究工作，但发展十分缓慢，远落后于西方经济发达国家。

新中国成立后，党中央、国务院高度重视农业科技事业，科研机构创建，专业队伍培养，试验研究条件改善，国际交流日趋扩大，经费投入大幅增长，使农业研究与开发取得了辉煌的成就，有力推动了农业和农村经济持续稳定发展。

我国农业科技事业的发展走过了曲折的道路。从发展过程来看，大致可以分为四个阶段。

1949—1965 年，即"文化大革命"前的 17 年，我国在科研机构建立、科技人才培养、专业学科设置、工作条件建设、科技成果推广等方面，都取得了可喜的成就。但是，在这一段时间的后期，农业科研工作受到"左"的思想影响，出现了一些问题。

"文化大革命"期间，农业科学技术事业遭到重创。科研机构搬迁下放，导致人员精简流失，科技工作停顿，这一期间内除个别领域和项目取得了一些成就外，整个农业科学研究工作基本处于停滞状态，许多方面同西方发达国家的差距继续拉大。

1978 年，党的十一届三中全会作出把党和国家工作中心转移到经济建设上来、实行改革开放的历史性决策。农业科学技术事业通过贯彻"调整、改革、整顿、提高"方针，在恢复中发展，在改革中前进，取得了一批重大科技成就。

党的十八大以来，在习近平新时代中国特色社会主义思想的指引下，我国大幅增加科技投入，不断拓宽研究与开发领域，增强自主创新能力，取得了一批拥有自主知识产权的重大科技成果，同时，营造良好的国内外环境与政策，全面深化改革，扩大开放，推动了农业科技创新驱动发展，使科技进步贡献率显著提升。

20世纪50年代中期以来，我国根据国民经济发展和科学自身发展的需要，先后制定了10次国家中长期科技发展规划，为科学技术包括农业科技在内的发展做出了重大部署。这10次规划可分为长期规划、中期规划和短期规划或专项规划。规划核心内容包括形势分析、发展总目标、指导方针、主要科技领域和重点任务、支撑条件和政策措施。规划是实现我国科技发展的战略、方针、政策和目标的纲领性文件，对我国农业科技事业的发展起到了重要作用，不仅体现了各个时期国家的目标和农业科技发展方向，还明确了我国在各个时期内的主要科技政策导向、科学研究、试验发展优先领域和科技发展的指标，具有战略性、方向性和前瞻性。

规划是制定农业科技短期和年度计划（专项、基金等）的主要依据，是政府组织科学研究和技术开发活动的基本形式。"六五"国家科技攻关计划的出台，标志着我国的科技计划已从科技发展规划中分离出来，具有了相对独立的形式，成为我国第一个具有高度综合性和可操作性的科技计划。到了"十五"末期，我国已经有30多个相对独立的科技计划。经过深入整合，在"十五"期间，我国形成了"3+2"科技计划体系，即由3个主体计划（国家高技术研究发展计划、国家科技攻关计划、国家重点基础研究发展计划）和2个环境建设计划（研究开发条件建设和科技产业化环境建设计划）构成的完整的国家科技计划体系。这是政府合理配置科技资源，促进经济发展和社会进步，推动我国农业科技事业蓬勃发展的有效手段，具有权威性、指导性和可操作性。

新中国成立70年来，特别是改革开放以来，我国农业科技工作在不同历史时期国家中长期科技发展规划和短期科技计划的指引下，认真贯彻"理论联系实际，为农业生产服务""经济建设必须依靠科学技术，科学技术工作必须面向经济建设"和"自主创新、重点跨越、支撑发展、引领未来"方针，按照面向经济建设主战场、高技术研究开发及其产业化、基础研究三个层次布局展开，逐步形成国家重大专项、科技支撑（攻关）、发展高科技、加强基础和前沿技术研究、加快科技成果转化、发展科技型企业、强化软科学研究等战略重点，紧密结合国情、农情和农业科技实际，面向国家农业重大需求和技术前沿，团结协作，联合攻关，取得了一大批具有世界先进水平的科技成果。据不完全统计，1978—2017年各省、自治区、直辖市确认的科技成果共有 6 万多项，受到国家"三大奖"（国家自然科学奖、国家技术发明奖、国家科学进步奖）奖励的重大科技成果达1 988 项，其中种植业 1 233 项、林业 333 项、畜牧业 294 项、水产业 128 项。这些成果不仅具有很高的科技水平，还产生了巨大的经济效益和社会效益。

科学技术是第一生产力，是推动农业持续稳定发展的强大动力。农业科技成果进入生产的前期性开发、中试、熟化，可以引导或推动农业科技成果的有效转化和推广。实施《中华人民共和国农业法》《中华人民共和国农业技术推广法》和《中华人民共和国促进科技成果转化法》以来，各级农业科研机构、高等农业院校、农业技术推广单位和农业企业等，紧密结合各地生产实际和市场需求，转化推广农业科技成果，不断创新农业技术转化模式，有组织、有计划地在全国大面积、大范围转化与推广农业科技成果和先进的适用技术，使我国农业综合生产能力增强，资源利用率、土地生产率和劳动生产率大幅提升，农业和农村经济持续稳定发展。

新中国成立 70 年来，我国农业发生了历史性的变革，实现传统农业向现代农业的跨越，农业综合生产能力显著增强，农业科技创新和技术有了巨大进步，科技对农业的贡献率从 1979 年的 27%，到"十三五"的 2018 年上升至 58.3%。2013 年首次粮食总产突破 1.3 亿吨大关，2014—2018 年连续五年稳定在 1.3 亿吨，确保了国家粮食安全。主要经济作物棉花、油料、糖料、蔬菜、水果等保持较高产量水平，全国肉类总产量和水产品总产量稳居世界第一。农村经济全面发展，农民生活水平显著提高，极大提高了我国农业的国际地位。

新中国成立 70 年来，我国广大农业科技工作者认真实施不同历史时期的国家科技发展战略、方针、政策和目标，取得了辉煌成就。科研机构发展壮大，初步形成国家、省、地三级体系；专业队伍初具规模，组建了一支规模宏大、素质优良的创新科技人才队伍；对外扩大开放，合作交流日益活跃，农业科技阔步走向世界；试验研究条件和保障能力不断增强，初步达到现代化的装备水平；国家资金投入大幅增加，初步构建了政府为主导、社会多元化的农业科技投入体系；强化农业科技组织管理，初步建立符合现代农业科研院所要求的各项制度和管理体制。这些辉煌的成就，为我国农业科技创新发展，为现代农业发展，为加快推进乡村振兴战略实施，提供了强大的科技支撑。

面向 2020 年，是我国全面建成小康社会决胜期，我们要高举中国特色社会主义伟大旗帜，以邓小平理论、"三个代表"重要思想和科学发展观为指导，在习近平新时代中国特色社会主义思想的指引下，大力实施乡村振兴战略，坚持农业农村优先发展，按照产业兴旺、生态宜居、乡风文明、治理有效、生活富裕的总要求，依靠农业科技进步和创新，确保国家粮食安全、生态安全、农民持续增收，提高农产品国际竞争力，切实加强农业关键技术、核心技术研究，提供一批拥有自主知识产权的创新性科技成果，提供一批先进适用技术，并实现转移、转化与扩散，大幅度提高资源利用率、劳动生产率、投入产出率和经济效益，建立农业可持续发展的现代生产技术体系。同时，面对未来农业发展的挑战，要认真落实《国家"十三五"科技创新规划》提出的相关任务，切实加强农业前沿技术研究和农业可持续发展中的科学问题的基础研究等，发挥科技引领未来的先导作用，提高农业科技的自主研发能力和战略性新兴产业的国际竞争力，以新时代农业科技创新驱动发展，实现"三个面向"（世界农业科技前沿、国家重大需求、现代农业建设主战场）"两个一流"（世界一流学科和一流科研院所）目标，为建设创新型国家奠定坚实基础和提供强有力的技术支撑。

七十年峥嵘岁月，七十年铸就辉煌。我们要认真地从新中国农业科技走过的70 年非凡历程中总结历史经验，得出规律性的认识，坚持改革开放，全面深化科技体制改革，不断增强农业科技的活力和动力，提高自主创新能力，加快创新型国家建设，迎接新的世界农业科技革命，大力实施乡村振兴战略，加快现代农业建设，为实现全面建成小康社会的宏伟目标做出新的贡献。

《新中国农业科技 70 年发展研究》一书的撰写、出版，得到中国农业科学院、科学技术部农村科技司、农业农村部科技教育司的大力支持，得到中国农业科学院唐华俊院长、张合成党组书记的重视与支持，谨此表示衷心的感谢。在编著过程中，书中引用了科学技术部、农业农村部、国家林业和草原局、国家统计局，以及中国水产科学研究院、中国林业科学研究院等部门及机构的有关数据资料、图例及网络资源和其他图书等资料，还要特别提及此书的出版得到中国农业出版社刘爱芳副社长的支持，在此一并表示感谢。

信乃诠

2019 年 11 月

目 录

序言

第一章
新中国农业科学技术发展历程

我国农业历史悠久，有着丰富的传统经验，由于长期受封建制度的束缚，直至 20 世纪初才成立了第一个近代农业科学技术的农业试验机构，开展试验研究工作，但农业科学技术发展缓慢，远远落后于西方经济发达国家。

新中国成立之后，党中央、国务院高度重视农业科技事业，科研机构发展壮大，专业队伍初具规模，试验研究条件不断改善，国际合作与交流日趋扩大，经费投入大幅度增长，研究与开发取得辉煌成就，有力地推动了农业和农村经济持续稳定发展。

回顾我国农业科技事业的发展，走过了曲折的道路。从发展过程来看，大致可以分为四个阶段：

1949—1965 年，即"文化大革命"前的 17 年，在科研机构建立，科技人才培养，专业学科设置，工作条件建设，科技成果推广等方面，都获得了可喜的成就。但是，这一段的后期，农业科研工作受到"左"的思想影响，出现了一些问题。

"文化大革命"期间，农业科学技术事业遭到重创。科研机构搬迁下放，人员精简流失，科技工作停顿，除了个别领域和项目取得了某些成就外，整个农业科学研究工作基本上处于停滞状态，而且在许多方面同发达国家的差距继续拉大。

1978 年，党的十一届三中全会做出把党和国家工作中心转移到经济建设上来、实行改革开放的历史性决策。通过贯彻中央"调整、改革、整顿、提高"方针，农业科学技术事业在恢复中发展，在改革中前进，取得了一批重大科技成果。

党的十八大以来，在习近平新时代中国特色社会主义思想指引下，科技投入大幅增加，研究与开发领域拓宽，自主创新能力增强，取得了一批拥有自主知识产权的重大科技成果。同时，营造良好的国内外环境与政策，全面深化改革，进一步扩大开放，推动了农业科技创新驱动发展，取得了前所未有的重大科技成果，并有效得到了转化和推广，科技进步的贡献率显著提升。

第一节　创建与发展阶段（1949—1966 年）

1949—1966 年的 17 年，是新中国农业科技事业创建和发展时期。

旧中国是一个经济文化极其落后的半殖民地半封建国家，农业科学研究事业极端落后。国民党在 1927—1948 年的 20 多年间，培养从事农林科学研究的大学毕业生总共有 1 万多人。新中国成立时，从旧社会继承下来的农业科研机构只有中央农业实验所和东北、华北两个农事试验场，以及部分省区的农业试验场，职工总数为 1 638 人，其中从事科学研究工作的只有 427 人，这些农业科研机构中的仪器设备陈旧落后，科研经费十分微薄。

1949 年，新中国刚成立，党和政府就十分重视农业科学研究事业，在接管原有农业科研机构的基础上，分别在东北、华北、西北、中南、西南、华东、华南 7 个大区成立了一级综合性农业科研机构。国家还设立了一批中央一级的农业专业研究机构，包括水产研究所、林业研究所、兽医生物药品监察所、西北农具研究所等。与此同时，省、地、县相继成立了综合性的农业科学研究所、农业试验场和示范农场。

为了适应社会主义经济建设的需要，1954 年 8 月 14 日，农业部党组给中共中央农村工作部核转中央《关于筹建农业科学研究院向中央的报告》提出："选拔一批全国著名的农业科学家组建中国农业科学研究院，以便统一与加强全国农业科学研究工作的领导，实感迫切需要"，并认为"正式成立中国农业科学研究院是一件重要而复杂的工作"，需要"先建立中国农业科学研究院筹备委员会"。同年 9 月 16 日，中共中央农村工作部《关于筹建农业科学研究院问题的批复》指出："为统一全国农业科学研究工作的领导，配合农业合作化运动，以促进农业生产的发展，建立这样一个农业科学研究机关确属必要"；"同意农业部党组先行成立筹备小组的意见"。10 月 14 日，中国农业科学研究院筹备小组正式成立，由万众一任组长。1955 年 2 月，中国科学院李四光副院长在中华全国自然科学专门学会联合会召开农林学会各专门学会的学术讨论会上提议，建立农林水利科学工作协调委员会，以发挥农业科学家的积极作用，使有关农、林、水利、气象等方面的科学研究力量和研究活动步调统一，更好地为农业合作化和农业增产服务。农业部采纳了这一建议，于同年 9 月向国务院提出建立农业科学研究协调委员会的请示报告。10 月 31 日国务院批复：同意建立农业科学工作协调委员会，并核定作为农业部的机构，由农业部领导。农业部随即与有关部门协商，推选出廖鲁言等[①]47 位委员，组成了农业科学研究协调委员会，并召开了首届协调委员会座谈会，参会的有来京出席第一届全国人民代表大会第二次会议的加入协调委员会的农业科学家和在京的农业科学家，以及国务院第七办公室、国家计划委员会、农业部、高等教育部、水利工业部、林业部、气象局等单位的有关人员，座谈会讨论了《农业科学研究工作协调委员会简则（草案）》，并明确了协调委员会的任务之一，即"协助国家主管业务部门筹建中国农业科学院"，加强全国农业科学研究的组织与协调工作[②]。

1957 年 3 月 1 日，经国务院批准，中国农业科学院在北京召开成立大会，农业部部长廖鲁言致开幕词，并宣布了经国务院批准的该院正副院长和国务院第七办公室批准的该院学术委员会等名单，国务院副总理邓子恢同志作[③]指示。同年 5 月 18 日，农业部党组颁布《关于农业科学院院长、副院长任命问题》，接中共中央农村工作部 4 月 30 日（57）中农干通字第 27 号通知："4 月 24 日中共中央批准：丁颖为院长，金善宝、陈凤桐、程绍迥、朱则民为副院长，朱则民兼秘书长，刘春安、唐川、李伯林为副秘书长"。中国农业科学院学术委员会由丁颖、丁根麟、万国鼎、王绶等 81 人组成，丁颖任主任委员。中国农业科学院

① 中国农业科学院，《档案》，1955 年 5 卷 5 号；1956 年 1 卷 1 号、15 卷 1 号；1957 年 28 卷 1 号，35 卷 6、8 号。
② 中国农业科学院，《档案》，1958 年 33 卷 6 号。
③ 中华人民共和国农业部 . 农业部关于中国农业科学研究院成立经过的报告（57）农办秘言第 19 号［R］.
（1957 - 3 - 25）。

是在华北农业科学研究所和农业部领导的大区研究所，以及一些专业研究所的基础上建立的。建院初期包括作物育种栽培、土壤肥料、植物保护、畜牧、棉花、农业气象、原子能利用、哈尔滨兽医、兰州畜牧兽医、镇江蚕业、农业机械11个研究所（室），以及由农业部领导划转的东北、西北、华东、华中、华南、西南农业科学研究所，共有职工5 561人，其中科技人员2 096人①。中国农业科学院的成立，是中国农业科学研究事业走上统一部署、全面发展的重要标志②。同年8月28日，中国农业科学院召开学术委员会第二次扩大会议，讨论《1956—1967年全国农业发展纲要（修正草案）》和制定1958年的农业科学研究计划。国务院副总理聂荣臻同志到会并讲话③，指出：中国农业科学院是全国农业科学研究中心和领导中心。围绕这个中心，要把各农业科学研究机构和高等农业院校组成一个全国农业科学工作网。中国农业科学院应根据《全国农业发展纲要（修正草案）》和全国科技发展远景规划，提出全国农业科学研究的方向和任务，制订重点研究工作计划，组织全国各有关方面的农业科学研究力量，进行协调和合作，并对我国农业科学的发展采取适当的措施或提出建议。中国农业科学院根据这一精神，及时组织各方面科学家，制定出农业科学技术研究计划，组织全国有关方面农业科技力量开展协作研究。

在此前后，林业部于1952年1月在华北农业科学研究所森林系和荒山造林试验场的基础上组建了中央林业科学研究所。1958年6月，林业部决定筹建中国林业科学研究院。10月报请国务院科学规划委员会同意，中国林业科学研究院正式成立，张克侠兼任院长。农垦部于1956年6月接管原属林业部的华南特种林业科学研究所，1958年改名为华南热带作物科学研究所，承担全国橡胶垦殖的技术指导任务。同时，云南、广西热带作物试验站扩建为研究所，在黑龙江省成立东北农垦总局科研所及农垦部试验农场，新疆生产建设兵团于1959年建立了农林牧技术研究所。水产方面，1949年原农林部中央水产实验所由上海迁至青岛，1956年更名为水产部黄海水产研究所。1953—1957年，先后在广州、南京建立了南海水产研究所和长江水产研究所。

20世纪50年代初期，各省、自治区、直辖市普遍成立了省、地两级农业科研机构。根据1956年的不完全统计，全国（缺西藏自治区数据）综合性和专业性的省级农业试验场（站），从1949年的35个增加到93个；地（市）级农业科研机构从1949年5个省、自治区的10个，增加到14个省、自治区的26个。在此期间，一些省、自治区建立了省、地级的林业科学研究所和水产科学研究所。

新中国成立后，中共中央和中央人民政府及时提出了"理论联系实际，科学为生产服务"的科研工作方针，各级农业行政部门组织动员大批农业科技人员深入农村，深入实际，建立实验基点，总结群众生产经验，推广农业适用技术，有力地促进了农业生产的发展。1956年1月，毛泽东同志号召全国人民"向科学进军"。在周恩来同志的主持下，制定了《1956—1967年科学技术发展远景规划纲要（草案）》和《57项重要科学技术任务》，其中农业部分包括：农业机械化、电气化和农业机械的研制问题；提高农作物单位面积产

---

① 1957年6月15日，农业部将华北、东北、西北、华东、华中、华南、西南等农业科学研究所及哈尔滨兽医研究所、兰州畜牧兽医研究所筹备处、镇江蚕业研究所、农业机械化研究所交由中国农业科学院领导。

② 中国农业科学院，《干部处档案》，1957年312卷。

③ 农业部，聂荣臻副总理在中国农业科学院学术委员会扩大会议上的讲话（记录稿），《档案》，1957年11月28日。

量，提高畜牧业、水产业和蚕业的产量和质量问题；扩大森林资源、森林合理经营和合理利用问题等[1]。同时，农业部组织有关单位，制定了《1956—1967 年全国农业科学研究方案》，提出今后农业科学研究的基本任务是为农业社会主义改造服务，为国家农业增产计划服务。

1958 年农村人民公社化运动前后，毛泽东、周恩来、刘少奇、朱德、邓小平分别视察了中国农业科学院、山东省农业科学研究所和浙江省农业科学研究所，并作了重要指示。毛泽东提出"农业八字宪法"。随后中国农业科学院又相继成立了农田灌溉、农业经济、棉花、油料、蔬菜、养蜂、甜菜、茶叶、烟草、麻类等研究所。同年，东北、西北、华东、中南、华南 5 个大区的农业科学研究所分别下放到所在的吉林、陕西、江苏、湖北、广东省，西南农业科学研究所从重庆迁至昆明。在此前后，全国 29 个省、自治区、直辖市都成立了农业科学院，省辖的地（市、州）也相继成立了农业科学研究所。1959 年后，中国农业科学院又相继成立了大豆、花生、甘薯、水牛、黄牛、家禽、沼气等一批专业研究所[2]。黑龙江省成立了东北农垦总局科学研究所及农垦部实验农场。新疆建设兵团建立了农林牧技术研究所。林业方面，中央林业部林业科学研究所扩建为中国林业科学研究院，并收回下放南京市的南京林业科学研究所，合并成立了南京林产化学工业研究所、木材采运机械化研究所，还成立了林业机械研究室、林业经济研究室和新技术研究室等。水产部在上海兴办了东海水产研究所和渔业机械仪器研究所。农业机械化方面，中国农业科学院分别在北京、南京成立了两个农业机械化研究所。1959 年 4 月 29 日，毛泽东同志在《党内通信》中作出"每省、每地、每县都要设一个农具研究所"的指示，到年底，省、地、县三级农机研究所发展到 658 个。这个时期的农业科技事业有了很大发展，但因人才缺乏，条件较差，工作困难很大。

1960 年，根据国家科学技术委员会关于《科研机构精简、迁移、合并、下放和撤销的意见》，农业部将原属中国农业科学院建制的大豆、花生、薯类、沼气、养猪、养羊、养牛、黄牛、水牛、家禽、柞蚕 11 个研究所下放，归所在省的建制和直接领导[3]。将作物遗传育种与作物栽培生理两所合并，恢复作物育种栽培研究所；土壤微生物所合并到土壤肥料所；农业化学研究所合并到植物保护研究所。经过这次精简下放，中国农业科学院由原来的 36 个研究所、职工 8 759 人，缩减为 22 个研究所、职工 2 916 人，即科研机构下放约 1/3，职工精简约 2/3，使这个刚刚组建起来的全国性的农业科研机构大伤元气[4]。

与此同时，林业、水产、农机等科研机构也相继进行精简下放，削弱了专业研究机构的骨干作用，使科研人员的稳定性和科研工作的连续性受到很大影响[5]。

1961 年初，在"调整、巩固、充实、提高"方针的指引下，国家科学技术委员会和中国科学院针对科技界存在的主要问题，由聂荣臻主持制定了《关于自然科学研究机构当前工作的十四条意见》（简称《科研十四条》），经中共中央批准后，在全国试行。《科研十四条》对科技战线各种"左"的思想进行了初步清理，并对科技工作中的一些政策性问题做出规定，指出科研单位的根本任务是"出成果，出人才"，要求定方向、定任务、定人员、定设备、定制度，保证每周有六分之五时间用于科研，建立严格、严密、严肃的工作秩序等。各级农业科研机构认真学习和贯彻了《科研十四条》，采取了相应措施，对稳定科研工作的秩

[1][3][4]　中国农业科学院，《档案》，1958 年 73 卷。
[2][5]　中国农业科学院，《档案》，1962 年 174 卷 9 号；1963 年 190 卷 1 号。

序，调动科技人员的积极性，起到了很大的作用。

1962年2月，国务院在广州召开了全国科技工作会议，周恩来总理和陈毅、聂荣臻副总理作了重要讲话，为知识分子"脱帽加冕"，强调知识分子在社会主义建设中的重要作用，激发了广大科技人员的积极性。同年8月，国家科学技术委员会和农业部在北京召开了国家科学技术委员会农业组扩大会议，共邀请60多位农业科学家座谈。周恩来总理于9月29日接见了参加这次会议的科学家，并指出："农业科学研究机构精简过了头"，"这件事做错了"。他还说："科学研究方面的设备、仪器、人才和场地都要解决，可作为紧急措施来处理"①。并亲自批准给中国农业科学院增加400名人员的编制②。此间，中国农业科学院又建立了柑橘研究所、家畜血吸虫病研究室、草原研究所等；农业气象室、科技情报室、图书馆恢复独立建制；北京农业机械化研究所、南京农业机械化研究所划出。到1965年，中国农业科学院的科研机构由1960年的24个，增加到33个，职工人数达6 364人，其中科技人员达3 284人。林业、水产、农垦等部门精简的科研机构，也有所恢复和发展。1962年1月，经国务院农林办公室批准，农业部成立了农业科技事业管理局，林业部、水产部、农垦部也相应成立了科学技术司或科学技术委员会，使农业科技工作的管理逐步得到完善和加强。1963年2月8日至3月底，中共中央、国务院在北京召开了全国农业科技工作会议。会议着重讨论和审议了1963—1972年农业科学技术各有关专业的发展规划③，并对以后20~25年的农业改造规划设想进行了座谈；提出在全国建立农业十大综合试验研究中心；恢复并建立全国农业科技工作协调委员会。会议结束时，周恩来总理作了重要讲话。毛泽东主席等党和国家领导人接见了会议全体代表。从1964年开始，大批农业科技人员参加农村"四清"运动。1965年3月，国务院召开了全国农业科学实验工作会议，要求各级农业科研机构大力开展以"样板田"为中心的农业科学实验运动，有一半的农业科技人员"下楼出院"搞"样板田"，为此科研工作受到影响，农业科技计划的执行受到干扰。

第二节　遭到重创阶段（1966—1976年）

1966—1976年的十年"文化大革命"时期，我国农业科技事业遭到重创。

1966年5月，"文化大革命"在全国开始发动起来，10月召开中央工作会议后，运动范围由文化、教育领域及党政机关、事业单位，迅速扩展到工矿企业和广大农村。在这场"文化大革命"中，农业科技界及所属单位的广大科技人员和职工受到冲击，几乎全部卷入"怀疑一切""打倒一切"的政治动乱，"大鸣大放""大字报""大辩论"铺天盖地，各级领导干部作为"走资派"而不断被批斗或"靠边站"，一些专家、学者遭到批判，一些著名科学家被打成"反动学术权威"。群众组织之间出现严重对立，"造反派"夺权活动相继出现并蔓延，冲击政治人事单位，打、砸、抢成风，使科研机构陷于瘫痪，人才队伍散失，仪器设备损坏，各项工作基本停顿，一度出现无政府无组织的混乱状态。中国农业科学院在20世纪

---

① 全国农业科学实验工作会议秘书处，周恩来总理接见国家科学技术委员会农业组扩大会议的科学家时的讲话记录，1962年9月29日。

② 1962年11月6日，国务院对中国农业科学院的批复："国务院基本同意关于在各地高等农业院校精简的教师中选择补充中国农业科学院技术研究人员400人的意见"。

③ 国家科学技术委员会农业组，《1963—1972年全国农业科学技术发展规划纲要》（草稿），1962年10月。

50 年代从全国征集的农作物品种资源，其中包括不少珍贵材料，损失严重。例如，丁颖收集用于研究的 2 000 多份北方粳稻品种资源，全部丧失发芽力。从全国不同区域采集的土壤标本全部散失，制作的昆虫标本遭到损坏，同位素实验室及车间停工停产，正在实施的各项科研计划、项目被迫中断，研究工作蒙受极大损失。

1970 年初，林彪发出"第一号战令"，下令"搬神拆庙"，强行拆散专业科研机构，科技人员到"五七"干校接受"再教育"。1970 年 5 月 14 日，国务院副总理纪登奎和农林部部长沙风到中国农业科学院布置体制下放①。纪登奎在全院主要干部会上说："科研工作是依靠农科院的 7 500 人还是靠 7.5 亿人？是靠研究所还是依靠农民的创造？"他还说"农业研究要彻底走群众路线，不能靠 48 个研究所（包括农、林、渔业），要靠广大群众搞"。在"依靠 7.5 亿人（农民群众）""不依靠 7 500 人（农业科技人员）"的极左思想指导下布置的体制下放工作，对农业科研机构带来严重的后果。原农林口各部所属科研机构 62 个和职工 13 963 人，下放后合并成立中国农林科学院，暂定编制 620 人，组成 35 个科技服务（队），奔赴各大革命圣地和"红旗点"蹲点，接受"再教育"。这种拆散专业研究机构的做法随后波及全国，如福建、江西、安徽、广东、甘肃、江苏、辽宁等省都相继撤销了农业科学院的建制。拆散科研机构，下放科技人员，图书资料、仪器设备遭到严重破坏，导致农业科学研究停顿下来，从而拉大了中国农业科技同世界先进水平的差距。

在极端困难的处境下，周恩来总理等国家领导人为了减轻"文化大革命"对农业科技总理工作的干扰和破坏，采取各种形式进行抵制和斗争。1972 年，周恩来多次指示要加强自然科学的基础研究②。同年 4 月，根据国务院华国锋同志的指示，农林部召开了全国农林科技座谈会，并在全国农业展览会举办农、林、牧、渔业方面的科技成果展览。4 月 25 日，华国锋同志在全国农林科技座谈会上强调指出，中国农业科学院对下放所不能撒手不管，下放所要承担全国性任务，仪器、设备、资料都要妥善保管、使用，不得破坏、分散③。这次会议后，一些下放研究所的情况有所好转，科研工作逐步得到恢复和加强。这次座谈会还编制了包括水稻杂种优势利用等 22 项重大科技项目的协作研究计划，由中国农林科学院等单位牵头，组织全国农业科研、高等农业院校和中国科学院的有关科技力量，成立专项科研协作组，坚持科研工作和联合攻关。1973 年 1 月，经国务院批准，农林部成立了科学教育局，加强对全国农业科教工作的组织与管理。在此期间，许多农业科技人员在国家领导人的关怀与支持下，排除各种干扰，坚持科研工作，并取得了一定成就。

第三节　恢复与发展阶段（1976—2005 年）

1976—2005 年，为逐步挽回"文化大革命"带来的影响和重创，我国农业科技事业先后经过恢复和不断改革，随后步入快速调整和发展时期。

---

① 国务院副总理纪登奎对"关于农业科学院、林业科学研究院体制改革的报告"批示"同意报告第三次下放的方案，作为第一步。留下的新机构 620 人，待再审查一次"。

② 周恩来. 重视基础科学和理论研究（1972 年 9 月 11 日）［M］. 周恩来书信选集. 北京：中央文献出版社，1988：617。

③ 1972 年 3 月 31 日，华国锋同志关于农林科技座谈会的指示。4 月 29 日，华国锋同志会见全国农林科技座谈会各省、市、区领队同志时的讲话。（均为记录稿）

一、从科研机构恢复、调整和重建着手，为农业科研持续发展奠定基础

1976 年 10 月粉碎"四人帮"后，科学迎来了春天。1978 年 3 月，中共中央召开全国科学大会[1]。邓小平同志在会上的讲话指出："科学技术是生产力""四个现代化，关键是科学技术现代化""科技人员是工人阶级的一部分""要有一大批世界一流的科学家、工程技术专家"。这次会议使广大科技人员受到了极大的鼓舞。同年 5 月，国务院批准恢复中国农业科学院和中国林业科学研究院建制[2]，任命金善宝为中国农业科学院院长，郑万钧为中国林业科学研究院院长。同时，国家水产总局也组建了中国水产科学研究院。同年召开的中共十一届三中全会强调专业科研机构在发展科技工作中的骨干作用。11 月 27 日至 12 月 20 日，中国农业科学院工作会议在北京召开，农林部杨立功部长在会上讲话中转告：纪登奎说"1970年 5 月在农科院的讲话是错误的……搞错了就纠正"。经中共中央、国务院批准，中国农业科学院将下放到外地的研究所全部搬回北京原址，下放给地方管理的研究所也相继收回，实行以部为主的领导体制，恢复了中国农业科学院的原有机构[3]。与此同时，各省、自治区、直辖市的农业科学院和其他专业研究机构，也陆续恢复了原建制，并相继开展了工作。1979年中共十一届四中全会通过的《中共中央关于加快农业发展若干问题的决定》中，明确提出要组织技术力量研究解决农业现代化中的科学技术问题，中央要办好中国农业科学院等几个重点的高级农业科学研究院，各省、自治区、直辖市要根据农业区划办好一批农业科研机构，逐步形成门类齐全、布局合理的农业科学技术体系。从此，中国农业科学研究事业逐步恢复并进入了一个新的转折时期。1982 年，各地通过贯彻"经济建设必须依靠科学技术，科学技术工作必须面向经济建设"的方针，促进了农业科研工作的健康发展。1985 年，全国农、林、牧、渔、农机化科研机构达到 1 428 个，比 1979 年的 597 个增长了 1.4 倍。按隶属关系划分，部级 95 个，省级 494 个，地（市）级 839 个。按行业划分，其中农业 637个，林业 259 个，牧业 115 个，水产 119 个，农垦 61 个，农机化 237 个。

二、积极推进农业科技体制改革，不断增强发展动力和活力

1985 年 3 月，中共中央作出了《关于科学技术体制改革的决定》，标志着中国农业科学技术体制改革进入了新时期。1985 年国家科学技术委员会组织全国性科技普查工作，农、牧、渔业部向全国农、牧、渔业系统发出通知，组织开展科技普查工作[4]。1986 年 9 月，农、牧、渔业部向全国农业系统印发《关于农业科技体制改革的若干意见（试行）》，有效地推动了农业科研机构的改革，并取得了重要进展和可喜的成果。1992 年 8 月，国家科学技术委员会、国家经济体制改革委员会发布《关于分流人才、调整结构、进一步深化科技体制

---

①　全国科学大会文件汇编. 向科学技术现代化进军，全国科学大会文件汇编［M］. 北京：人民出版社，1978。

②　农林部，《关于恢复中国农业科学院和中国林业科学研究院建制的报告》，1978 年 2 月 6 日。

③　国家科学技术委员会，国家农业委员会，《关于调整中国农业科学院部分研究所、室领导体制的报告》，1978 年10 月 25 日。

④　农牧渔业部科学技术司，《全国科技普查资料汇编（农牧渔业系统）》，1986 年 12 月。

改革的若干意见》，明确提出今后深化科技体制改革的重点是调整科技系统结构，分流人员，进一步转变运行机制，要真正从体制上解决科研机构重复设置、力量分散、科技与经济脱节的问题。同年9月，农业部、财政部、国家科学技术委员会发布《关于加强农业科研单位科研成果转化工作的意见》，农业部还做出《关于进一步加强"科技兴农"工作的决定》，要求农业科研机构要贯彻"稳住一头，放开一片"的方针，主要科技力量要面向经济建设主战场，以各种形式加速科技成果转化为直接生产力。同时，组织精干的科技力量，从事农业基础性研究、高技术研究和重大科技攻关研究，努力提高农业科技水平。

1992年12月，农业部首次开展全国农业系统地市级以上1 138个独立法人科研与开发机构的科研能力综合评估工作①，选出前70名作为"七五"期间全国农业科研能力综合实力较强的研究所，其中部属科研院所21名（其中中国农业科学院15名），地方属科研院所459名。1996年4月，组织了第二次全国农业系统1 220个独立法人科研机构的科研能力综合评估工作②，选出前100名为"八五"期间全国农业科研能力综合实力百强研究所，并按基础研究和技术开发突出的各项指标分别评出"八五"期间全国农业基础研究十强研究所和"八五"期间全国农业技术开发十强研究所。在百强研究所中，部属科研院所21名（其中中国农业科学院18名），省属科研院所71名，地市属科研院所8名。"八五"期间全国农业基础研究十强研究所中，部属科研院所8名（其中中国农业科学院占6名，中国水产科学研究院和中国热带农业科学院各1名），省属科研院所2名（其中江苏省农业科学院和吉林省农业科学院各1名）。"八五"期间全国农业技术开发十强研究所中，省属科研院所9名，地市属科研院所1名。以上综合实力评估结果反映了全国农业科研机构的实际状况，为科研机构深化改革提供了依据。

三、突出目标和重点，为农业和农村经济发展提供有力支撑

1995年5月，中共中央、国务院发布《关于加速科学技术进步的决定》，首次在我国提出实施"科教兴国"战略，指出"我国科技工作的基本方针是：坚持科学技术是第一生产力的思想，经济建设必须依靠科学技术，科学技术必须面向经济建设，努力攀登科学技术高峰"。并要求在实际工作中把握好7个原则。同月，中共中央、国务院召开全国科学技术大会，号召全党和全国人民投身于实施"科教兴国"战略的伟大事业，加速全社会的科技进步，为胜利实现现代化建设的第二步和第三步战略目标而努力奋斗。9月，农业部做出《关于加速农业科技进步的决定》。1996年1月，中共中央召开全国农村工作会议，研究提出"九五"期间农业与农村工作需要解决的若干重大问题，要求实施科教兴农战略，大幅度增加农业科技含量，使科技进步对农业增长的贡献率由当时的35%提高到50%左右，力争粮棉油等主要农产品单位面积产量提高一成。之后，各地农业科研机构紧密结合实际，推出一系列深化科技体制改革的措施。在全国范围内建立一批以国家重点实验室、国家工程技术研究中心、部门综合重点实验室、国家农作物改良中心（分中心）等为支撑的重点科研基因，主要从事农业基础性研究、高技术研究和重大科技攻关研究工作，着重解决农业发展中全局

---

① 农业部，《关于发布全国农业科研机构科研能力综合评估结果的通知》，1992年9月。
② 农业部，《关于发布第二次全国农业科研机构科研开发能力综合评估结果的通知》，1996年10月。

性、基础性、关键性的重大科技问题。各省、自治区、直辖市结合自身农业发展需要，在省、地两级农业科研机构中，确定择优支持的重点项目，开展农业发展中的科技攻关研究。同时，组织引导广大科技人员进入经济建设主战场，深入农业生产第一线开展技术开发和技术咨询、技术服务。有条件的农业科研机构以市场需求为导向，兴办了一批农业科技企业或企业集团，开发推广科技成果和技术产品，取得了显著的社会经济效益。

党的十七届三中全会通过了《中共中央关于推进农村改革发展若干重大问题的决定》。中国共产党第十七届中央委员会认为，在改革开放30周年之际，系统回顾总结我国农村改革发展的光辉历程和宝贵经验，对于全面贯彻党的十七大精神，深入贯彻落实科学发展观，夺取全面建设小康社会新胜利，开创中国特色社会主义事业新局面，具有重大而深远的意义。文件指出，发展现代农业，必须按着高产、优质、高效、生态、安全的要求，加快转变农业发展方式，推进农业科技进步和创新，加强农业物资技术装备，健全农业产业体系，提高土地产出率、资源利用率和劳动生产率，增强农业抗风险能力、国际竞争能力、可持续发展能力。

2003年2月，农业部在人民大会堂召开"全国农业科技年"新闻发布会，动员全国农业科研机构、技术推广单位和高等农业院校大力推广和转化农业科技成果。3月，中国农业科学院成立了"农业科技年活动"领导小组，组织院属研究所与部分省、自治区、直辖市人民政府有关单位，举办各种展示（销）会、现场观摩会、技术讲座、技术培训活动。如中国农业科学院与辽宁省人民政府共同举办第六届中国（锦州）北方农业新品种、新技术展销会；4月，和湖北省人民政府共同举办"优质油菜新品种现场展示会"；7月，与甘肃省人民政府主办、张掖市承办"绿洲论坛"；10月，由中国农业科学院和江苏省人民政府共同主持，江苏省农业科学院和宿迁市人民政府联合主办的"中国．宿迁生态农业博览会"等，都收到了很好效果。

四、深化科研机构分类改革，提出国家农业科技创新体系建设方案

为适应新阶段科技工作的发展需要，1999年，中共中央、国务院颁布《关于加强技术创新，发展高科技，实现产业化的决定》，要求通过分类改革，加强国家创新体系建设，推动一批有面向市场能力的科研机构向企业化转制，从根本上形成有利于科技成果转化的体制和机制。2000年5月，国务院办公厅转发了科学技术部等12个部门《关于深化科研机构管理体制改革的实施意见》（国办发〔2000〕38号），提出科研机构实行优化结构、转变机制、分类改革的要求，还明确指出社会公益类科研机构分别按照不同情况实行改革。2000年12月，国务院办公厅转发了科学技术部等部门《关于非营利性科研机构管理的若干意见（试行）》（国办发〔2000〕78号），指导非营利性科研机构的改革[①]。2001年1月，中共中央、国务院召开了全国农业科技大会，总结了新中国成立50年来，特别是改革开放以来，农业科技事业的成就与经验，部署了新阶段的农业科技工作，提出了10～15年农业科技发展目标。会议要求大力推进新的农业科技革命，加速农业科技工作实现由追求数量型向注重质量

---

① 科学技术部改革行政司，《社会公益类科研机构改革政策文件文献汇编》，1999.8—2003.2。

效益型的转变；由主要为农业增产服务向为生产、生态和农村经济协调发展转变；由资源开发为主向资源开发与市场开拓技术相结合转变；由面向国内市场向国际、国内两个市场转变[①]。同年 4 月，国务院颁发了农业部、水利部、林业局等发布了《关于贯彻〈农业科技发展纲要（2001—2010 年）〉的实施意见》。通过几年的改革实践，全国各级各类农业科研机构的改革步伐加快了，特别是部属科研机构，先后启动了"非营利科研机构、转制为科技企业和进入大学"三种类型的体制改革试点，为启动新一轮改革积累了经验，创造了条件。2001 年 11 月，经科学技术部、财政部、中央机构编制委员会办公室联合批准，第一批公益性农业科研机构改革启动，主要包括国土资源部、水利部、国家林业局和中国气象局 4 个部的科研机构；2002 年 10 月，第二批农业部、国家粮食局、中华全国供销合作总社等 9 个部门所属 107 个科研机构的改革正式启动。同时，科学技术部召开公益性科研机构体制改革工作会议，交流改革实施的进展情况，对下一步深化改革工作做出整体部署。2003 年农业部及时启动分类改革工作，提出中国农业科学院所属的 40 个科研机构，20 个转为非营利性科研机构，4 个转为农业事业单位，12 个转为科技型企业，4 个进入大学，其中甜菜研究所进入黑龙江大学、农业遗产研究室进入南京农业大学、蚕业研究所进入华东船舶工程学院、柑橘研究所进入西南农业大学。有关省、自治区、直辖市的农业科研机构依据有关文件精神也作了相应的改革和调整，取得了程度不同的进展和成效。

根据 2005 年中央 1 号文件关于"深化农业科研体制改革，抓紧建立国家农业科技创新体系"和"加快建设国家创新基地和区域性农业科研中心"的精神，国务院要求成立了农业部任组长、科学技术部任副组长、有关部委参加的国家农业科技创新体系建设工作领导小组。农业部张宝文副部长牵头组织农业科研机构、高校农业院校和中国科学院有关专家、教授座谈调研，起草《国家农业科技创新体系建设方案》[②]，于年底上报国务院。同时，就建设国家创新基地和区域性农业科研中心的问题，与相关省主管部门商谈，并听取有关农业科研单位的意见，提出《国家农业科技区域创新中心建设方案（草案）》，拟在全国建设 10 大区域创新中心，即：东北农业科技创新中心、黄淮海农业科技创新中心、长江中游农业科技创新中心、长江下游农业科技创新中心、华南农业科技创新中心、西南农业科技创新中心、黄土高原农业科技创新中心、青藏高原农业科技创新中心、西北绿洲农业科技创新中心、内蒙及长城沿线农业科技创新中心。

2006 年中共中央、国务院发布《关于推进社会主义新农村建设的若干意见》，重申"深化农业科研体制改革，加快建设国家创新基地和区域性农业科研中心"，并要求加紧推进。

2007 年中共中央、国务院发布《关于积极发展现代农业扎实推进社会主义新农村建设的若干意见》[③]，再次重申"加强农业科技创新体系建设"。所有这些意见，为深化农业科技体制改革和发展指明了方向。

根据这一精神，国家农业科技创新体系建设工作领导小组，以科学发展观为指导，优化资源，合理布局，完善机制，提升水平，建设既适应社会主义市场经济体制又符合农业科技自身规律、具有中国特色的国家农业科技创新体系和农业技术推广体系。具体

---

① 国务院，《农业科技发展纲要（2001—2010）》，2001 年 4 月 28 日。
② 国家农业科技创新体系建设工作领导小组，《国家农业科技区域创新中心建设方案（草案）》，2006 年 12 月。
③ 2007 年中央 1 号文件，新华网，北京，2007 年 1 月 29 日。

意见列下:

1. 国家农业科技创新体系应由国家创新基地、区域创新中心和实验站组成

国家创新基地:农业部所属的农业、水产、热带农业科学(研究)院和国家林业局所属的林业科学研究院等,逐步走向联合,在优化结构、转岗分流、减员增效的基础上,组建国家农业科技创新基地。

区域创新中心:由省级农业(林业、畜牧业等)科研机构和有优势的高等农业院校组成,按照全国行政区划和全国综合农业区划相结合原则,建立若干个有特色的区域创新中心。

实验站:根据国家基地和区域创新中心科研工作的需要,在有优势、有特色的省地科研机构的基础上,建立兼具综合性和专业性的农业科学实验站。

教育部所属研究型高等农业、林业院校和中国科学院相关科研机构是国家农业科技创新体系的重要组成部分。

2. 各省、自治区、直辖市建立省级农业科技创新中心

省政府和部门所属的农业、畜牧、水产和林业科研机构逐步实行联合,并选择生态类型有代表性、有优势、有特色的地市级农业科研机构,在优化结构、分流人才、减员增效的基础上,组建省级农业科技创新中心。

各省、自治区、直辖市属的高等农业、林业院校逐步走向联合,作为省级农业科技创新中心的重要组成部分。

3. 深化农业技术推广体制改革

通过农业技术推广体制深化改革,对地、县两级农业、畜牧业、渔业、林业、农业机械、水利等科研机构和技术推广机构进行资源整合,并作为农业知识、技术推广的主体,充实和加强技术推广工作。重点是加强县、乡两级基层农业技术推广体系建设。同时,要支持农村各类合作组织、专业技术协会和研究会的发展,建立农民、企业家、专业技术人员广泛参与的农业专业知识、技术转化队伍,以各种形式进行试验、示范和技术转化服务工作,政府应予以支持、鼓励和引导。

2005年12月,农业部专家咨询委员会成立大会暨第一届年会在北京召开,会上公布由27位领导、院士、专家组成的专家咨询委员会名单,讨论了工作规则,并对全国农业工作会议、农业和农村经济发展"十一五"规划提出咨询意见和建议等。

第四节　深度改革与快速发展阶段(2007—2011年)

一、实施《国家中长期科学和技术发展规划(2006—2020年)》精神,加快农业科技体系建设,提高自主创新能力

2006年,为落实党的十六大提出的制定国家中长期科学和技术发展规划的要求,国务院成立规划领导小组。规划第一阶段的主要任务是开展战略研究,确立了20个专题研究中与农业科技问题有关的专题研究。农业科技问题专题研究组要突出世界农业和中国农业、农业科技形势分析、中国农业和农业科技发展思路和目标、农业科技发展战略重点和战略选择等研究,提出了专题报告,为规划的制定奠定了基础。规划第二阶段的主要任务是国家中长

期科学和技术发展规划的制定，经过一年多的紧张工作，规划领导小组提出了规划初稿，并多次召开有农业专家参加的讨论与论证会，同时将规划初稿发到各省、自治区、直辖市和国务院各部门，广泛征求意见。

2006年1月9日，党中央、国务院在北京隆重召开全国科学技术大会，胡锦涛总书记发表了题为《坚持走中国特色自主创新道路，为建设创新型国家而努力奋斗》的重要讲话，温家宝总理作了《认真实施科技发展规划纲要，开创我国科技发展的新局面》的讲话，1月26日，中共中央、国务院做出了《实施科技发展规划纲要，增强自主创新能力的决定》，2月10日，国务院正式发布了《国家中长期科学和技术发展规划纲要（2006—2020年）》（简称《规划》），明确了"自主创新，重点跨越，支撑发展，引领未来"的科技工作指导方针，提出到2020年进入创新型国家行列，为在21世纪中叶成为世界科技强国奠定基础。《国家中长期科学和技术发展规划纲要（2006—2020年）》以提高自主创新能力为主线，以建设创新型国家为目标，对实施国家科技重大专项、深化体制机制改革、推进国家创新体系建设等作了全面部署，成为至2020年中国科技发展的纲领性文件，为包括农业科技在内的自主创新，勾画出一幅时代蓝图。

同年，科学技术部为贯彻《国家中长期科学和技术发展规划纲要（2006—2020年）》精神，组织实施了16个包括转基因研究的国家科技重大专项，在国家层面制定了自主创新配套政策和实施细则，引领重大专项的创新研究与突破。要求集中力量组织实施一批重大专项，加强关键技术攻关，超前部署前沿技术，稳定支持基础研究，支撑和引领经济社会持续发展；要加强科技创新的基础能力建设，进一步深化科技体制改革，完善自主创新的体制机制，为科技持续发展提供制度保障和良好环境。

2012年的中央1号文件题为《关于加快推进农业科技创新持续增强农产品供给保障能力的若干意见》，共六个部分23条，以加快农业科技创新为主题，提出了农业科学技术发展的战略定位，在创新方向、创新机制、创新条件、创新人才等方面推出了一系列针对性强的重大政策措施，对发展现代农业，推进农业科技进步，加快成果转化与推广，促进农业增产、农民增收具有重要的指导意义。

提高自主创新能力，要深入贯彻科学发展观，适应农业和农村发展的新形势、新挑战，把握发展主题，明确农业科技工作发展方向，把握发展主线，明确农业科技支撑的主要任务，把握发展的重大举措，明确推动农业科技创新的具体措施，努力开创农业科技工作的新局面。"十二五"时期，农业科技工作要重点加强：积极推广一批农业科技成果和先进适用技术，突破一批制约农业发展的核心技术、关键技术，提高农业高技术自主研发能力和产业的国际竞争力，切实加强农业基础研究和前沿技术研究。

面向2020年农业和农村经济发展的重大需求，农业科技创新驱动发展的总体布局主要概括为：围绕粮食安全、生态安全、气候变化、产业发展、农村富裕等国家战略需求，引领新一轮农业技术变革，发展战略性新兴产业，顺应推动新的绿色革命和促进生态环境技术发展等国际发展趋势，部署农产品生产技术创新、农业高新技术创新、新兴产业技术创新、资源环境技术创新等战略重点领域，加强科研创新与开发等能力建设，加快中国特色农业科技创新体系建设，为全面建成小康社会做出新的贡献。

农业科技创新驱动发展的战略重点，即10大技术领域：现代生物技术、农业信息技术、节水灌溉技术、农业工厂化技术、生物制品研制技术、应对气候变化技术、农产品加工技术、农产品质量安全技术、农业机械工程技术、农业科技前沿技术。

二、落实《国家中长期科学和技术发展规划（2010—2020年）》精神，实施人才强农战略，培养高素质创新人才

2008年12月，中共中央办公厅转发《中央人才工作协调小组关于实施海外高层次人才引进计划的意见》，启动实施"千人计划"，以引进一批能够发挥重要作用的战略科学家和领军人才。2010年6月，国务院发布《国家中长期人才发展规划纲要（2010—2020年）》。2012年8月，中共中央组织部、人力资源和社会保障部共同启动实施"国家高层次人才特殊支持计划"，简称"万人计划"，计划用10年时间，选拔并重点支持10 000名左右的杰出人才、领军人才。

2011年10月，农业部为贯彻落实全国人才工作会议精神和《国家中长期人才发展规划纲要（2010—2020年）》，大力实施人才强农战略，加快培养现代农业和社会主义新农村建设急需的农业农村人才，按照《中央人才工作协调小组实施〈国家中长期人才发展规划纲要（2010—2020年）〉任务分工方案》要求，印发《现代农业人才支撑计划实施方案》的通知，编制《农村实用人才和农业科技人才队伍建设中长期规划（2010—2020年）》，提出"从2011年至2020年，以培养农业科研领军人才为重点，着力打造科研创新团队，带动农业科技人才队伍全面发展""依托重点实验室、现代农业产业技术体系、行业科技项目和重大科技项目（工程）等科研平台，选拔培养300名农业科研杰出人才，建立300个农业科研创新团队""在全国建立一支3 000人左右的学科专业布局合理、整体素质能力较高、自主创新能力较强的高层次农业科研人才队伍""建设海外高层次农业人才创新创业基地，引进200名左右海外高层次农业人才回国（来华）创新。

在上述精神指导下，2002年3月，中国农业科学院启动实施了"杰出人才工程"，向海内外招聘杰出人才。2002年7月，举行杰出人才聘任仪式，向海内外应聘的83名杰出人才发放聘书。2003—2005年两度评审，初步选出一级岗位杰出人才43名，二级岗位杰出人才124名，三级岗位杰出人才436名，其中2004年入选国家新世纪"百千万人才工程"国家级人才9名。国家首批"海外高层次人才创新创业基地"，落实中央"千人计划"5人，荣获"中国科学家"称号4人，荣获中华农业英才奖3人。

2006年7月28日—8月4日，经党中央批准，党中央、国务院邀请部分农业科学家、基层农业科技人员和农村实用人才代表到北戴河休假。全国农业科研机构、高等农业院校的专家和基层农业技术人员有翟虎渠、陈章良、唐启升、卢良恕、李振声、任继周、董玉琛、石元春、郭予元、盖钧镒、吴常信、官泰云、郑学勤、信乃诠、谢华安、贾继增、喻树迅、陈剑平、陈化兰、王秀英等51名，这51名代表受到中共中央政治局委员贺国强、国务委员陈至立的亲切接见，表明党中央、国务院高度重视农业人才队伍的建设。

第五节　全面深化改革与创新驱动
发展阶段（2011—2018年）

随着全球新一轮科技革命和产业变革加速孕育兴起，创新驱动发展已成为世界的大势所

趋，我国既迎来难得的机遇，也面临严峻的挑战，所以农业科技要大力实施创新驱动发展战略。

一、全面深化科技体制改革，推动农业科技创新发展，实施创新驱动发展战略

2012 年 9 月，中共中央、国务院印发《关于深化科技体制改革加快国家创新体系建设的意见》，就全面落实《国家中长期科学和技术发展规划纲要（2006—2020 年）》，充分发挥科技对经济社会发展的支撑引领作用，提出深化科技体制改革、加快国家创新体系建设的八项意见

2012 年 11 月，胡锦涛总书记在党的十八大报告中指出，要把科技创新摆在国家发展全局的核心位置，坚持走中国特色自主创新道路，以全球视野谋划和推动创新，提高原始创新、集成创新和引进消化吸收再创新能力，实施创新驱动发展战略。2016 年 5 月，新一届党中央召开全国科技创新大会，习近平总书记发出建设世界科技强国的号召。同月，《国家创新驱动发展战略纲要》发布，提出到 2020 年进入创新型国家行列、到 2030 年跻身创新型国家前列、到 2050 年建成世界科技强国的"三步走"战略目标，形成了创新驱动发展战略的顶层设计。

2013 年 7 月，习近平总书记考察中国科学院，提出"率先实现科学技术跨越发展，率先建成国家创新人才高地，率先建成国家高水平科技智库，率先建设国际一流科研机构"的"四个率先"要求；2014 年 8 月，习近平总书记对中国科学院"率先行动"计划做出重要批示，提出"面向世界科技前沿，面向国家重大需求，面向国民经济主战场"的"三个面向"要求。中国科学院作为国家战略科技力量，制定实施了"率先行动"计划，开始全面深化改革、加快创新驱动发展的新探索改革开放[①]。

2017 年是中国农业科学院成立 60 周年。5 月 26 日，习近平总书记致贺信，要求"中国农业科学院要面向世界农业科技前沿、面向国家重大需求、面向现代农业建设主战场，加快建设世界一流学科和一流科研院所，勇攀高峰"。李克强总理批示："希望你们着力深化农业科技体制机制改革，着力推动农业科技创新，力争取得更多有分量的科研成果、培养更多优秀人才，不断提升我国农业科技水平和国际竞争力"。

中国农业科学院贯彻落实习近平总书记贺信精神，全面实施国家农业科技创新工程，牵头推进全国农业科技创新联盟建设，深入推进农畜产品绿色发展技术集成模式研究与示范工作，大力实施人才强院战略，谋划启动乡村振兴科技支撑行动，加快推进世界一流学科和一流科研院所建设，在科技创新、成果产出、人才培育等方面取得了新的成效，为推动我国农业科技的整体跃升做出了贡献[②]。

中国农业科学院党组要求迅速把思想和行动统一到中央领导的指示和部党组的要求上来，紧抓机遇、勇于担当、锐意创新，突出抓好以下六方面的工作：一是持续深入推进创新

---

① 白春礼．改革开放先锋　创新发展引擎——中国科学院改革开放四十年［J］．中国科学院院刊，2018，33（12）：1277 - 1281。

② 唐华俊院长在庆祝中国农业科学院成立 60 周年大会上的讲话，《中国农业科学院 60 年》，2017 年 5 月 27 日。

联盟建设；二是加快优化调整学科布局；三是大力推动重大平台建设；四是进一步加强人才队伍建设；五是创新院所管理机制；六是加强农业宏观战略研究。

二、落实创新《规划》精神，改革涉农科技计划体制，实施创新驱动发展

科技体制改革是一项系统工程，要推动国家科技创新治理体系现代化，提高科技创新的治理能力，必须形成统筹推进的新机制。为此，国务院于 2012 年年初，专门成立了包括 26 个部门和单位组成的国家科技体制改革和创新体系建设领导小组（以下简称科改领导小组），负责组织领导科技体制改革和创新体系建设工作，审议相关重大政策措施，统筹协调有关重大问题，总结推广工作经验。2014 年 2 月 26 日，科改领导小组召开第五次会议，学习贯彻习近平总书记、李克强总理有关科技工作的一系列重要指示精神，回顾总结科技体制改革工作，研究部署重点改革任务[1]。

在此基础上，回顾总结新中国成立以来，国家科技计划体制的现状和问题。1982 年，我国制定了第一个"六五"国家科技攻关计划。改革开放后，相继制定了星火计划、国家自然科学基金项目计划、"863"计划、火炬计划、"973"计划、行业科研专项等，这些计划的设立和实施，使我国取得了一大批举世瞩目的重大科技成果，培养和凝聚了一大批高水平创新人才和优秀团队，解决了一大批制约经济和社会发展的技术瓶颈问题，全面提升了我国科技创新的整体实力，强有力地推进了我国改革与发展的进程。

同时，也要看到各项科技计划（专项、基金等）越设越多，缺乏顶层设计和统筹考虑，其产出与国家发展的重大需求远远不相适应，很多重要领域亟须解决制约发展"卡脖子"问题的重大科技尚未突破。其根源之一是管理体制问题，现行的科技计划体系庞杂、相互交叉、不断扩张，管理部门众多，各管一块，各管一段，项目安排追求"大而全""小而全"，造成科技资源配置分散、计划目标分散、创新链条脱节，概括起来就是科技计划碎片化，科研项目取向的聚焦不够。解决这些问题对当前实施好创新驱动发展战略，发挥好科技对经济社会发展的支撑引领作用十分重要。为此，颁发了《国务院关于改进加强中央财政科研项目和资金管理的若干意见》（国发〔2014〕11 号），中共中央办公厅、国务院办公厅印发了《关于进一步完善中央财政科研项目资金管理等政策的若干意见》。

2016 年 8 月 1 日，科学技术部、财政部依据上述文件精神，在充分征求各有关部门（单位）和专家意见的基础上，联合制定了《关于深化中央财政科技计划（专项、基金等）管理改革的方案》（以下简称《改革方案》）。《改革方案》深刻分析了世界新科技革命发展趋势、国家战略需求、政府科技管理职能和科技创新规律，提出了优化中央财政科技计划（专项、基金等）布局，整合形成五类科技计划（专项、基金等），既有各自的支持重点和各具特色的管理方式，又彼此互为补充，通过统一的国家科技管理平台，建立跨计划协调机制和评估监管机制，确保五类科技计划（专项、基金等）形成整体，既聚焦重点，又避免交叉重复，是一个全新的国家科技计划体制改革方案。

结合农业科技领域实际，促进创新驱动发展，要深刻认识和理解中央颁发《关于深化中

央财政科技计划（专项、基金等）管理改革的方案》管理改革的重要意义[①]。要针对现行涉农业科技计划存在计划（项目）繁多、分散、重复、小型化、碎片化等问题，加强优化整合，搞好顶层设计，促进农业科技驱动发展，既符合科技创新规律、高效配置科技资源，又加强科技与经济的紧密结合，最大限度地调动农业科研人员创新的积极性，多出成果、快出人才。要深刻认识和理解五类科技计划（专项、基金等）的内涵，即：国家自然科学基金项目计划、国家重大科技专项、国家重点研发计划、国家技术创新引导专项（基金）、基地和人才专项。这五类国家科技计划（专项、基金等）体系改革方案，立足国家，面向未来，意义重大，影响深远。具体表现为：把分散农口各有关9个部门近26个科技计划统归属国家五类科技计划，解决了长期存在的部门之间计划（项目）之争，权力之争；从源头上解决了科技计划（项目）条块分割，分散交叉重复的问题；解决部门直管计划（项目）立项，又管计划（项目）实施，既是"裁判员"又当"运动员"，部门所有权利高度集中，易滋生腐败问题。同时，整合形成的五类科技计划（专项、基金等）既有各自的支持重点和各具特色的管理方式，又彼此互为补充，通过统一的国家科技管理平台，建立跨计划协调机制和评估监管机制，确保五类科技计划（专项、基金等）形成整体，既聚焦重点，又避免交叉重复。

2016年7月，《"十三五"国家科技创新规划》以下简称《创新规划》正式发布，明确提出在包括转基因等已有国家科技重大专项的基础上，面向2030年，再选择一批体现国家战略意图的重大科技项目和工程，即"科技创新2030—重大项目"，力争有所突破。与此同时，进一步实施国家科技重大专项、国家重点研究与开发计划和"十三五"国家重大科技基础设施建设等一系列科技计划和项目。"十三五"时期，要把落实《创新规划》和实施科技计划《改革方案》结合起来，瞄准国家五类科技计划，搞好顶层设计，组织国家和地方主要农业科研机构、高等农业院校、农业推广单位和农业企业等精干的科技力量，近期与中长期结合，基础研究、应用研究、开发研究纵深配置，针对农业和农村经济发展的重大需求，启动"科技创新2030—重大项目"，实施农业科技创新驱动发展战略，争取在主要领域和重大项目取得新进展、新突破。

---

① 信乃诠.中国农业科技改革开放40年［M］//农业农村部农村经济研究中心当代农史研究室.2018：纪念农村改革40年.北京：中国农业出版社，2018，

第二章
新中国农业技术推广事业发展历程

新中国的农业技术推广事业在实践中探索，在改革中前进。70年来，从创建到发展，初步形成了从中央到地方的农业技术推广体系。在1958年"大跃进"中，随着国家机构精简，不少地方把农业技术推广视为一项可有可无的工作，因此大批推广机构被砍掉，技术人员流失，农业技术推广工作陷于瘫痪状态。1959年后国家进行了恢复、整顿和农村人民公社化，使技术推广机构的设置发生很大变化，一些地方建立起兼具综合性和专业性的农业技术推广机构。"文化大革命"的十年动乱使农业技术推广事业遭到重创，技术推广工作基本上处于停止状态。党的十一届三中全会以后，为贯彻中央提出"调整、改革、整顿、提高"的方针，我国的农业技术推广事业在总结经验教训的基础上，在实践中探索，在改革中前进，使农业技术推广工作体系逐步完善，队伍不断壮大，工作条件有了一定改善，对我国农业和农村经济的发展做出很大贡献。

第一节 创建与发展阶段（1949—1965年）

新中国成立后，党和政府十分重视农业技术推广工作，采取了一系列加强农业技术推广工作的政策和措施。1950年前后，部分省农业厅、局设立了技术推广处、科，一些国有农场设立了技术推广科、股，对农业生产进行技术指导。1951年12月，中共中央在《关于农业生产互助合作的决议（草案）》中强调：提倡新旧技术的互教互学，普及、提高传统技术和经验中的有用管理部分，逐步与那些可能应用的新技术相结合，不断改良农作法。同年，东北、华北等地开始试办农业技术推广站，组织群众开展良种评选，总结劳模经验，推广密植和马拉农具等新的技术。1952年，为了适应农业迅速恢复和发展的形势，农业部在全国农业工作会议上提出《关于充实农业机构，加强农业技术指导的意见》（简称《意见》），明确规定：县级农林水利局设10～15名技术人员；区级设农林水利技术推广站，编制10人左右；乡或村级组建农业合作生产委员会，吸收技术能手参加。《意见》还要求技术推广站与国有农场密切结合，新的科学技术和外来经验要经过农场试验成功后再行推广；建立以农场为中心，互助组为基础，劳模、技术员为骨干的技术推广网。1953年，农业部颁布了《农业技术推广方案（草案）》，要求各级政府设立专业机构，配备专职人员，开展农业技术推广工作。1954年，农业部拟定《农业技术推广站工作条例》，对推广站的性质、任务、组织领导、工作方法、工作制度、经费、设备等都作了规定。1955年4月，农业部发布《关于农业技术推广站工作的指示》，明确规定农业技术推广站是农业部门总结农民生产经验，推广农业科学技术，帮助农民提高产量、增加收入，促进农业合作化的基层组织，并对技术推广站的选址、人员编制、工作方法、隶属关系、干部培训、表彰奖励等，都做出了具体规定。1956年国家制定的《1956—1967年全国农业发展纲要（草案）》中，也明确提出成立基层农业技术服务站。到1956年年底，全国共建立了农业技术推广站16 466个，配备干部94 219名，除边远山区外，基本做到每区1站，平均每站5人左右。同时，全国良种繁殖生育网络、基层植物保护网络也相继建立。当年，农业部还发出《关于建立畜牧兽医工作站的通知》，各省、自治区、直辖市先后将原有县级畜牧兽医事业机构，改造为县畜牧兽医站，并增建了一批新的县站，许多地方还增设了配种站、人工授精站、草原改良站；水产业方面，到1957年，辽宁、黑龙江、河北、天津、山东、浙江、福建等省、直辖市，共建立县级水产技术推广站（场、所）120多个，有的水产技术推广站配备了指导船，有的设立了试验场，用于群众渔业生产的现场指导、船网工具改革和养鱼技术指导。除上述专业技术推广机构外，各地还培训了大批农（牧、渔）民技术骨干，建立了一些群众性的科技组织，使农业技术推广工作有了可靠的基础。

1958年在"大跃进"中，农业技术推广工作出现了违背农民意愿、强迫命令的情况。1959—1961年，国家精简机构，不少地方把农业技术推广工作视为可有可无的一项工作，机构和技术人员被砍掉三分之二，多数农业技术推广站失去了正常开展工作的能力，技术推广工作陷于停顿状态。1961年12月，农业部召开全国农业工作会议，提出恢复、整顿三站（农业技术推广站、种子站、畜牧兽医站）的意见。1962年，为贯彻"调整、巩固、充实、提高"的八字方针，农业部发出了《关于充实农业技术推广站，加强农业技术推广工作的指示》，对农业技术推广站的工作任务、工作方法、人员配备、生活待遇、奖惩制度及领导关系等，再次做出明确规定，并要求各省、自治区、直辖市农业厅（局）根据这一指示，于1963年春节前把技术推广站整顿好。指示发出后，全国各地对农业技术推广站进行了整顿、充实和加强。到1965年，全国农业技术推广站恢复到1.45万个，农业技术推广人员7万余名。

1959年以后，由于农村人民公社化，农业技术推广机构的设置发生了变化，有些省、自治区取消了县以下的行政区，改为以公社为单位建立农业技术推广站，有些省仍保留区一级建制和区农业技术推广站。有些地方从县综合性农业技术推广站中划出土肥站、植物保护站，有的单独建立了种子站，还有的建立了畜牧兽医站等。1965年2月，国务院召开了全国农业科学实验工作会议，提出在全国范围内开展以"样板田"为中心的农业科学实验运动，要求省、专区、县、公社四级都要按照农业区划，办好一两个或三五个"样板田"；在农村普遍建立干部、老农和知识青年"三结合"的科学实验小组，大搞"实验田、科学田、丰产田"，促进科学知识普及和技术推广。但是在一些地方出现了以行政命令强迫推行技术措施的现象，严重违反了自愿原则，出现了"一窝蜂""一刀切"的不正常现象。

第二节　遭到严重破坏阶段（1966—1977年）

"文化大革命"期间，农业技术推广工作受到重创，大部分技术推广机构被撤销，技术人员有的被下放到农村，有的改行转业，技术推广工作陷于停顿状态。但是，广大农民群众进行农业生产，仍然迫切要求技术指导。有的地区在群众中成立了科学实验站，吸收一些有经验的农民当技术员。湖南省华容县在吸取各地经验和总结本地经验的基础上，于1969年创办了"四级"农业科学实验网，即县办农业科学研究所、公社办农业科学技术站、生产大队办农业科学技术队、生产队办农业科技小组。这一做法引起了中国共产党湖南省委员会的高度重视，多次要求大力推广。湖南省农业和科技部门于1971年组织全省农业科学技术经验交流会的代表到华容县参观学习，积极推广"四级"农业科学实验网。接着，"四级"农业科学实验网在其他一些省区也迅速建立，1973年广东、河北、上海等省、直辖市已做到每个县有农业科学研究所、农业技术推广站，80%左右的公社、70%左右的大队、60%左右的生产队建立了农业科学实验组织。农林部和中国科学院于1974年10月，在湖南省华容县召开了全国四级农业科学实验网经验交流会，明确在全国建立"四级"农业科学实验网，并提出抓住农业生产中的关键技术问题开展科学实验，总结推广农业先进经验和技术；繁殖良种和选育新品种；做好病虫测报和防治技术指导；树立高产示范样板；普及农业科学知识；培养农民技术骨干，当好各地指挥农业生产的领导的参谋和助手，做到出成果、出高产、出良种、出人才，带动大面积增产。这次会议拟定的《关于建立健全四级农业科学实验网的意见》中指出，林区、牧区、渔区、生产建设兵团农场，国营农、林、牧、渔场，也要根据各自的情况和特点，因地制宜地建立健全相应的科学实验组织。华国锋同志在1975年召开的第一次全国农业学大寨会议上指出：各县都要建立和健全县、社、大队、生产队"四级"农业科学实验网，广泛开展群众性的科学实验活动。同年，华国锋在1975年的全国第五届人民代表大会上所作的《政府工作报告》上，明确提出："从上到下建立和健全农业科学研究和技术推广系统"，全面贯彻"农业八字宪法"，作为实现农业发展规划的重要措施之一。这些措施推动了"四级"农业科学实验网的普及。到1975年年底，全国有1 140个县建立了农业科学研究所，26 872公社建立了农业科技推广站，33万多个大队建立了农科队，224万多个生产队建立了农业科学研究组。参加这"四级"农业科学实验网活动的科技队伍有1 100多万人，试验地达280多万公顷。为了推动"四级"农业科学研究网的发展，财政部拨出专款给予补助。同时，下放劳动的农业技术推广人员陆续回到工作岗位，从而使各地的农业技术推广工作又逐步开展起来。在"文化大革命"特定条件下，提倡建立"四级"农业科学实验网，开展农业科学实验活动，对普及农业科学技术知识，提高农业生产技术水平，起到一定积极作用。但是由于受"左"的思想影响，批判"专家路线"，强调"广大贫下中农占领科学技术阵地"，提出"争取三年左右时间内，做到在全国大部分省、直辖市、自治区基本普及'四级'农科网"等不切实际的要求，使以科研代替推广、以群众运动代替专业队伍的做法，影响了农业科研任务的完成，也给农业技术推广工作造成损失。

第三节　恢复与发展阶段（1978—2005年）

1979年9月，党的十一届四中全会通过的《关于加快农业发展若干问题的决定》中指出：要切实加强技术推广工作；建立县、公社、大队、生产队四级农业科学实验网，就是技术推广网；县以下主要抓好实验、示范、推广和技术培训工作。经过拨乱反正，各地恢复、整顿、健全了各级农业技术推广机构，端正了工作方向。

一、建立健全农业技术推广机构，充实技术推广队伍

为了适应农村经济体制改革的新形势，农业部于 1979 年召开建立农业科技试验、推广、培训中心试点座谈会，要求全国逐步建立县农业技术推广中心，统一领导全县的试验示范、技术培训和技术推广工作。1980 年 1 月，农业部召开全国农牧厅（局）长会议，印发了《关于加强农业技术推广工作的意见》。1981 年 3 月，国家农业委员会召开农业科技推广座谈会。同年 3 月 26 日，国家农业委员会、国家科学技术委员会、农业部、林业部等 12 个单位共同发出《关于切实加强农业科技推广工作，加速农业发展的联合通知》，提出重点推广项目应该是当地生产急需的农业技术；投资少、见较快、收益高的技术；适应范围广、增产潜力大，能较快地在大面积上推广应用的技术。1982 年，中共中央转发的《全国农村工作会议纪要》中指出：要恢复和健全各级农业技术推广机构，充实加强技术力量，重点办好县一级推广机构，逐步把技术推广、植保、土肥等农业技术机构结合起来，实行统一领导，分工协作，使各项技术能够综合应用于生产。据此，农牧渔业部于同年 7 月成立了全国农业技术推广总站，10 月成立全国畜牧兽医总站；林业部也成立了技术推广处，以加强对全国技术推广工作的管理和指导。农牧渔业部于 1983 年 7 月颁发了《农业技术推广工作条例（试行）》，对推广工作和机构、任务、编制、队伍、设备、经费、奖惩办法等，做了具体的规定；1984 年 2 月起颁发了《农业技术承包责任制试行条例》《农业技术重点推广项目管理试行办法》等一系列文件，进一步整顿和加强农业技术推广工作，调动了农业技术推广队伍的积极性，促进了农业技术推广事业的发展。1986 年，全国农业系统各类技术推广机构共计 12 万多个，职工 69.2 万人，其中技术人员 25.5 万人。到 1987 年，县农业技术推广中心建成并验收的有 906 个，都拥有开展工作所必需的图书、资料、档案室、化验室、陈列室和培训场地及试验基地。同年，全国 1 262 个县级农业机械化研究机构中，有 735 个改为农业机械化技术推广服务站，加强了技术推广工作。

二、发挥社会力量，多渠道共同推动农业技术推广工作

在政府健全专业技术推广机构的同时，群众性的技术推广机构也在迅速发展，特别是 1982 年后，随着家庭联产承包责任制在全国普及推广和农村商品经济的发展，农村专业技术研究会（协会）有了很大发展[①]。据中国科学技术协会统计，到 1987 年，全国 160 多个专业门类的研究会（协会）已有 7.5 万多个，参加农户达 147 万多户。由农村科技能手牵头，以专业户为主体，在农民自愿基础上组成的技术经济合作组织，成为科技成果转化为生产力的重要渠道之一。

通过各方的努力，全国范围内基本形成了一个比较完整的、专业机构与群众组织相结合的农业技术推广体制。各行各业的技术推广机构在推广科技成果方面做了大量工作，取得了显著效果。农牧渔业部在"六五"计划期间的后三年，组织推广种植业重点技术 185 项，获

---

① 孙翔.改革创新培育创业人才到农村［M］//农业农村部农村经济研究中心当代农史研究室.2018：纪念农村改革 40 年.北京：中国农业出版社，2018。

直接经济效益 86 亿元。全国农业技术推广总站于 1985—1987 年间择优推广了 47 项技术，推广面积达 1 175 万公顷，增产粮食 730 万吨，皮棉 10.75 万吨，油料 122.3 万吨，其他经济作物 424 万吨，共增产值 41.48 亿元。1985 年，33 个省、自治区、直辖市和计划单列市，共落实省级重点推广项目 293 项，取得直接经济效益约 5.4 亿元，其中产品出口创汇 4 400 万美元。

三、建立和完善法制，推动农业技术推广工作健康发展

随着我国农业的快速发展，依法治农、依法推广已成为重要特征。1988 年农业部成立起草小组，经过 5 年的努力，1993 年 7 月，全国人民代表大会正式颁布《中华人民共和国农业技术推广法》，标志着我国的农业技术推广工作开始走上法制轨道。各省、自治区、直辖市人大常委会结合当地实际，制定了农业技术推广法实施办法。1995 年，农业部成立全国农业技术推广服务中心，加强对农业技术推广工作的技术指导。1996 年，农业部为贯彻中共中央、国务院《关于"九五"时期和今年农村工作的主要任务和政策措施》，下大力气狠抓乡镇推广机构的"三定"（定性、定编、定员）工作，取得了显著成效。年底仅种植业技术推广机构已达 5.1 万个，从业人员 38.4 万人，其中乡镇级机构 4.2 万个，从业人员 19.8 万人。

1997 年，国务院决定在全国开展的"农业科技推广年"活动，有力地促进了农业技术推广事业的发展。1998 年 4 月，农业部成立了农业社会化服务体系领导小组，认真贯彻中共中央、国务院《关于做好当前农业和农村工作的通知》精神，针对机构改革中出现"网破、线断、人散"的问题，明确指出农业技术推广工作"机构不乱，人员不散，网络不断，经费不减"，对于稳定农业技术推广体系起了重要的作用。1999 年 8 月 31 日，国务院办公厅转发了农业部、中央机构编制委员会办公室、人事部、财政部《关于稳定基层农业技术推广体系的意见》，要求各级人民政府必须高度重视农业技术推广体系的建设，充分认识农业技术推广工作在农业发展新阶段中的特殊地位和重要作用，采取有效措施确保基层农业技术推广体系的稳定；进一步明确县、乡两级农业技术推广机构是国家事业单位；要依法保护基层农业技术推广机构的权益，对拍卖、出租、侵占、平调基层农业技术推广机构资产的行为，要严肃查处；要求各地农业技术推广机构切实做好"三定"（定性、定编、定员）工作，配备专业技术人员；各级人民政府要逐步提高对农业技术推广事业的投入，财政等部门用于农业技术推广资金应逐年增加，并提高其在农业总投入的比重，由此，农业技术推广工作进入新的发展时期。据 2000 年统计数据显示，全国农业技术推广机构共计 15.5 万个，其中种植业技术推广机构 4.9 万个，畜牧兽医草原技术推广机构 4.1 万个，水产技术推广机构 1 万个，农业机械推广机构 3.4 万个，经营管理机构 2.1 万个。农业技术推广队伍总人数 101.3 万人，其中专业技术人员 66 万人。从五个系统看，种植业技术推广人员 41.5 万人，畜牧兽医草原技术推广人员 32 万人，水产技术推广人员 3.2 万人，农业机械技术推广人员 15.3 万人，经营管理人员 9.3 万人。至此，我国农业技术推广工作进入新的发展时期。

四、完善社会化推广服务体制，加快农业科技成果转化与推广

根据中发〔2002〕2号文件和中发〔2003〕3号文件中关于推进农业技术推广体制改革的精神，农业部会同中央机构编制委员会办公室、科学技术部、财政部等部门，在深入调研和广泛征求意见的基础上，研究制定了《关于开展基层农技推广体系改革试点工作的意见》，报经国务院同意后，于2003年4月联合下达承担任务的12个省、直辖市人民政府。这次基层农业技术推广体系改革试点工作的主要任务是，推进国家的农业技术推广机构改革，发展多元化的农业技术服务组织，创新农业技术推广的体制和机制，逐步形成国家兴办与国家扶持相结合，无偿服务与有偿服务相结合的新型农业技术推广体系。同时，经过多年的努力，我国基本形成了包括种植业、畜牧兽医、水产、农机化、经营管理等在内的较完整的专业农业技术推广体系。截至2003年年底，农业部所属种植业、畜牧兽医、水产、农机化、经营管理五大系统的县、乡两级政府的推广机构共15.1万个，其中县级推广机构2.37万个，乡镇推广"五站"12.76万个，县乡两级推广机构人数共100.78万人，其中县级推广机构人数33.39万人，乡镇推广机构人数67.39万人。全国还有40多万个村设立了农业技术服务组织，有10多万个农村专业技术协会，从事技术服务工作，初步形成了公办和民办相结合的农业技术推广体系。2006年9月，国务院根据中共中央、国务院《关于进一步加强农村工作提高农业综合生产能力若干政策的意见》（中发〔2005〕1号）和中共中央、国务院《关于推进社会主义新农村建设的若干意见》（中发〔2006〕1号）精神，就加强基层农业技术推广体系建设，发布了《关于深化改革加强基层农业技术推广体系建设的意见》（国发〔2006〕30号），明确提出改革基层农业技术推广体系的指导思想、基本原则和总体目标，推进基层农业技术推广机构改革，促进农业技术社会化服务组织发展，加大对基层农业技术推广体系的支持力度，切实加强对基层农业技术推广体系改革工作的领导五部分共16条，对深化改革加强县、乡两级农业（种植业、畜牧业、渔业、林业、农业机械、水利等）技术推广体系建设起到积极的促进作用。

第四节　改革和发展阶段（2006—2011年）

随着我国农村农业的快速发展，农业技术推广工作面临着新挑战、新机遇，必须深化农业技术推广事业的改革，继续强化基层农业技术推广体系建设，大力转化和推广科技成果和先进适用技术。

一、建立以县（市）、乡镇为主体的全国农业技术推广体系，强化公益性职能定位

2007年的中央1号文件明确指出"继续加强基层农业技术推广体系建设，健全公益性职能经费保障机制，改善推广条件，提高人员素质。推进农科教结合，发挥农业院校在农业技术推广中的积极作用。增大国家富民强县科技专项资金规模，提高基层农业科技成果转化能力。继续支持重大农业技术推广，加快实施科技入户工程。着力培育科技大户，发挥对农

民的示范带动作用。"

农业技术推广工作是社会公益性事业。要通过深化农业技术推广体制改革，重点加强县、乡两级基层农业技术推广体系建设。地方政府要按照国务院《关于深化改革加强基层农业技术推广体系建设的意见》，强化公益性职能，科学设置机构，充实精干技术人员，以政府财政投入保证推广经费，为农业技术推广人员创造良好的工作和生活条件，使他们能够安心地从事农业技术的试验、示范、推广、培训和技术服务工作。

同时，要支持、鼓励和引导农村各类合作组织、专业技术协会和研究会的发展，建立农民、企业家、专业技术人员广泛参与的农业专业知识、技术转化队伍，加快将农业新技术、新成果转化为现实生产力。

二、加强农业科技研发和推广应用，支持和鼓励科技人员到农业推广一线工作创业

2008 年，中央 1 号文件提出"加快推进农业科技研发和推广应用。切实增加农业科研投入，重点支持公益性农业科研机构和高等农业院校开展基础性、前沿性研究，加强先进实用技术集成配套。加强产学研密切结合，推进农业科技创新活动。推动现代农业产业技术体系建设，提升农业区域创新能力。"2009 年，中央 1 号文件提出"支持科技人员和大学毕业生到农技推广一线工作。开展农业科技培训，培养新型农民。采取委托、招标等形式，引导农民专业技术协会等社会力量承担公益性农技推广服务项目。"2010 年，中央 1 号文件提出"提高农业科技创新和推广能力。""实施农村科技创业行动、科技富民强县专项行动计划、科普惠农兴村计划，推进现代农业产业技术体系建设。抓紧建设乡镇或区域性农技推广等公共服务机构，扩大基层农技推广体系改革与建设示范县范围。积极发展多元化、社会化农技推广服务组织。启动基层农技推广机构特设岗位计划，鼓励高校涉农专业毕业生到基层农技推广机构工作。"这一系列精神为科技人员到农业技术推广一线工作创业提供了保障。

我国自改革开放以来，各级农业科研机构、高等农业院校、农业技术推广单位和农业企业等，紧密结合各地生产实际和市场需求，不断创新农业技术转化模式，概括起来有政府和民间组织两大类，其中政府组织仍是农业科技成果转化与推广的主渠道，而民间组织的农业科技成果转化与推广模式也是不可缺少的重要渠道之一。随着我国社会主义市场经济的快速发展，深化农村制度改革，土地流转、农业产业化经营从局部探索转入全面推进，逐步形成了规模扩大、领域拓宽的新格局，也形成了相应的农业科技成果转化模式，主要有产学研合作模式、技术推广体系模式、科技示范工程及示范园地模式、"公司＋农户"模式、农业合作社模式等，并且在政府主导下，以发展高产、优质、高效、安全、生态农业为目标，以国家、地方政府和民间组织的各类科技计划（项目）为单元，以经济效益为中心，有组织、有计划地转化与推广农业科技成果和先进的适用技术，加快了农业产业化、商业化、国际化的步伐，取得了巨大的经济社会效益。

三、加强农村实用人才队伍建设，提高基层农技推广服务能力

2012 年，中央 1 号文件提出"充分发挥各级农技推广机构的作用，着力增强基层农技

推广服务能力，推动家庭经营向采用先进科技和生产手段的方向转变。普遍健全乡镇或区域性农业技术推广、动植物疫病防控、农产品质量监管等公共服务机构，明确公益性定位，根据产业发展实际设立公共服务岗位。全面实行人员聘用制度，严格上岗条件，落实岗位责任，推行县主管部门、乡镇政府、农民三方考评办法。对扎根乡村、服务农民、艰苦奉献的农技推广人员，要切实提高待遇水平，落实工资倾斜和绩效工资政策，实现在岗人员工资收入与基层事业单位人员工资收入平均水平相衔接。进一步完善乡镇农业公共服务机构管理体制，加强对农技推广工作的管理和指导。切实改善基层农技推广工作条件，按种养规模和服务绩效安排推广工作经费。2012年基层农业技术推广体系改革与建设示范县项目基本覆盖农业县（市、区、场）、农业技术推广机构条件建设项目覆盖全部乡镇。大幅度增加农业防灾减灾稳产增产关键技术良法补助。加快把基层农技推广机构的经营性职能分离出去，按市场化方式运作，探索公益性服务多种实现形式。改进基层农技推广服务手段，充分利用广播电视、报刊、互联网、手机等媒体和现代信息技术，为农民提供高效便捷、简明直观、双向互动的服务。"同年，农业部办公厅、财政部办公厅印发《2012年基层农业技术推广体系改革与建设实施指导意见》的通知，强调农村实用人才队伍和新型职业农民是科技成果转化的实施主体。1993年农业部、人力资源和社会保障部印发《农业技术推广研究员职务任职资格评审工作实施办法》，1994年首批农业技术推广研究员评审工作正式组织实施。截至2016年年底，共有1.12多万人获准农业技术推广研究员任职资格，在农业和农技推广领域产生了很好的影响①。

据统计，我国现阶段农村实用人才约820万，其中高中及以上文化程度占11.62%，大专以上文化程度只占0.5%。在4.97亿农业劳动力中，受过职业技术培训的不足5%，受过技能培训的仅为1%。针对农村实用人才队伍整体素质偏低、示范带动能力不强的状况，应调动地方主管部门的积极性，统筹规划，分步实施，认真抓好农村实用人才队伍和新型职业农民培训，重点是提高科技素质、职业技能、经营能力，提高文化程度和科技水平，提高吸收采纳和转化农业科技成果的能力和效率。由中共中央组织部牵头，农业部、科学技术部、教育部、财政部参加组成的农业科技和农村实用人才队伍领导小组，组织编制《全国农村实用人才队伍中期发展规划纲要（2015—2020年)》，启动强农创新人才工程，为改变农业科技发展滞后、农村实用人才短缺的状况，使我国农村实用人才队伍进入世界强国的行列，为乡村振兴做出了人才支撑。

四、实施修订的《中华人民共和国农业技术推广法》，全面加强农业技术推广工作

根据2012年8月31日第十一届全国人民代表大会常务委员会第二十八次会议《关于修改〈中华人民共和国农业技术推广法〉的决定》，为了加强农业技术推广工作，促使农业科研成果和实用技术尽快应用于农业生产，增强科技支撑保障能力，促进农业和农村经济可持续发展，实现农业现代化，修正《中华人民共和国农业技术推广法》。共六章39条，包括：总则、农业技术推广体系、农业技术的推广与应用、农业技术推广的保障措施等。

---

① 杨莉，赵瑞全，顾鹏.新时期农业技术推广研究员职称工作探析［J］.农学学报，2019，9（06）：87-91。

2013年3月，农业部为贯彻实施《中华人民共和国农业技术推广法》，提出七个方面27项具体意见，主要包括：依法完善国家农业技术推广机构设置、明确机构职责、规范机构名称和标志、科学核定机构人员编制；强化农业技术人员聘用管理、建立培训长效机制、完善职称评聘制度；全面推行农业推广责任制度、健全工作考评机制、建立工作激励机制；引导农业科研教学单位成为农业技术推广的重要力量、充分发挥农民专业合作社涉农企业群众性科技组织及其他社会力量的作用、加强村农业技术服务站点和农民技术人员队伍建设；注重农业技术推广活动的统筹协调、创新推广方式方法、规范推广行为、提高农民应用先进技术的能力；建立农业技术推广经费投入的长效机制、提高基层农业技术人员工资待遇、落实基层国家推广机构工作经费、改善基层推广工作条件；营造贯彻实施农业技术推广法的良好氛围、切实加强组织领导、广泛开展学习宣传活动、抓紧完善地方性法规规章、加强法律实施的监督检查。这些具体意见为全面实施《中华人民共和国农业技术推广法》提供了重要保障。

根据上述精神并结合实际，各省、自治区、直辖市相继制定有关细则、条例，为宣传、实施《中华人民共和国农业技术推广法》做出了极大的努力，并取得积极进展和成效。

第五节　深化改革和创新发展阶段（2013—2018年）

党的十八大报告提出"解决好农业农村农民问题是全党工作的重中之重，城乡发展一体化是解决'三农'问题的根本途径"。习近平总书记在党的十九大报告中提出"实施乡村振兴战略"，强调"产业兴旺、生态宜居、乡风文明、治理有效、生活富裕"是实施乡村振兴战略总要求，要通过深化改革、创新发展，加快科技成果转化为直接生产力，促进产业兴旺。

一、实施乡村振兴战略，强化技术推广创新驱动发展

我国改革开放后，特别是党的十八大以来，农业技术推广事业有了长足发展。农业技术推广体系逐步健全，专业技术队伍初具规模，试验和工作条件改善，科技成果转化速度和效率明显加快，为实施乡村振兴战略奠定了技术支撑。

"十三五"期间，我国各级农业科研机构、高等农业院校和农业技术推广单位，要密切配合，面对国家农业发展需求和各地农业生产实际，选择一批农业重大科技成果和先进适用技术，认真组织推广，并与农牧渔丰收、农业科技成果转化资金等有关计划结合，实行物资、资金、技术结合，有效地把农业科技成果和先进适用技术转化为现实生产力。

根据科学技术部资料，科技进步对农业的贡献率在2017年上升到57.5%。农业科技的巨大进步和贡献率的提高，使农业综合生产能力不断增强，农业科技成果高效转化与推广，粮食总产连续四年突破1.3亿吨，确保了国家粮食安全。其他主要经济作物和肉蛋奶保持较高产量水平，农村经济全面发展，农民生活水平显著提高，为全面建成小康社会奠定了坚实基础。

2016年中央1号文件提出："强化现代农业科技创新推广体系建设"。"强化现代农业产业技术体系建设。加强农业转基因技术研发和监管，在确保安全的基础上慎重推广。加快研发高端农机装备及关键核心零部件，提升主要农作物生产全程机械化水平，推进林业装备现代化。大力推进'互联网＋'现代农业，应用物联网、云计算、大数据、移动互联等现代信

息技术，推动农业全产业链改造升级。大力发展智慧气象和农业遥感技术应用。""健全适应现代农业发展要求的农业科技推广体系，对基层农技推广公益性与经营性服务机构提供精准支持，引导高等学校、科研院所开展农技服务。推行科技特派员制度，鼓励支持科技特派员深入一线创新创业。发挥农村专业技术协会的作用。鼓励发展农业高新技术企业。深化国家现代农业示范区、国家农业科技园区建设。"这些意见对实施乡村振兴战略，实现质量兴农、绿色兴农，构建现代农业产业体系、生产体系、经营体系，提高农业创新力、竞争力和全要素生产率，加快实现由农业大国向农业强国的转变，具有重要意义。

二、实施乡村振兴战略，加强休闲旅游农业和生态环境建设

习近平总书记在党的十九大报告中指出："中国特色社会主义进入新时代，社会主要矛盾已经转化为人民日益增长的美好生活需要和不平衡、不充分的发展之间的矛盾。"应当努力推进社会的全面发展。可以在大中城市郊区、著名旅游景点附近创办丰富多彩的观光、休闲、旅游农业基地，满足市民对提高生活质量的需求。据有关资料，2017 年我国境内外旅游总计 45.3 亿多人次。有关部门预测，2020 年全国休闲农业和乡村旅游接待量将达 33 亿人次，总收入在 7 000 亿元以上。

2016 年中央 1 号文件提出："大力发展休闲农业和乡村旅游。依托农村绿水青山、田园风光、乡土文化等资源，大力发展休闲度假、旅游观光、养生养老、创意农业、农耕体验、乡村手工艺等，使之成为繁荣农村、富裕农民的新兴支柱产业。强化规划引导，采取以奖代补、先建后补、财政贴息、设立产业投资基金等方式扶持休闲农业与乡村旅游业发展，着力改善休闲旅游重点村进村道路、宽带、停车场、厕所、垃圾污水处理等基础服务设施。积极扶持农民发展休闲旅游业合作社。加强乡村生态环境和文化遗存保护，发展具有历史记忆、地域特点、民族风情的特色小镇，建设一村一品、一村一景、一村一韵的魅力村庄和宜游宜养的森林景区。依据各地具体条件，有规划地开发休闲农庄、乡村酒店、特色民宿、自驾露营、户外运动等乡村休闲度假产品。实施休闲农业和乡村旅游提升工程、振兴中国传统手工艺计划。开展农业文化遗产普查与保护。支持有条件的地方通过盘活农村闲置房屋、集体建设用地、'四荒地'、可用林场和水面等资产资源发展休闲农业和乡村旅游。"

2013 年中央 1 号文件指出："加强农村生态建设、环境保护和综合整治，努力建设美丽乡村。加大三北防护林、天然林保护等重大生态修复工程实施力度，推进荒漠化、石漠化、水土流失综合治理。巩固退耕还林成果，统筹安排新的退耕还林任务。""加强国家木材战略储备基地和林区基础设施建设，提高中央财政国家级公益林补偿标准，增加湿地保护投入，完善林木良种、造林、森林抚育等林业补贴政策，积极发展林下经济。继续实施草原生态保护补助奖励政策。加强农作物秸秆综合利用。搞好农村垃圾、污水处理和土壤环境治理，实施乡村清洁工程，加快农村河道、水环境综合整治。"2018 年中央 1 号文件提出："牢固树立和践行绿水青山就是金山银山的理念，落实节约优先、保护优先、自然恢复为主的方针，统筹山水林田湖草系统治理，严守生态保护红线，以绿色发展引领乡村振兴"。推广和转化农业科技成果和先进适用技术，加快农村生态环境建设，绿化祖国，建设美好家园。

三、实施乡村振兴战略，做好精准扶贫工作

"十三五"时期是全面建成小康社会的决战阶段，最艰巨的任务是脱贫攻坚。打好脱贫攻坚战，全面完成好中央提出的 3 000 万农村贫困人口通过发展产业实现脱贫的奋斗目标，重中之重就是要落实好特色产业扶贫，实现精准脱贫。习近平总书记指出，检验农村工作成效的一个重要尺度，就是看农民的钱袋子鼓起来没有；小康不小康，关键看老乡，关键看贫困老乡能不能脱贫；推进精准扶贫、精准脱贫，决不能落下一个贫困地区、一个贫困群众；要实现小农户和现代农业发展有机衔接。

2018 年中央 1 号文件指出：必须坚持精准扶贫、精准脱贫，把提高脱贫质量放在首位；对有劳动能力的贫困人口，强化产业和就业扶持，着力做好产销衔接、劳务对接，实现稳定脱贫。有序推进易地扶贫搬迁，让搬迁群众搬得出、稳得住、能致富。对完全或部分丧失劳动能力的特殊贫困人口，综合实施保障性扶贫政策，确保病有所医、残有所助、生活有兜底；以解决突出制约问题为重点，以重大扶贫工程和到村到户帮扶为抓手，加大政策倾斜和扶贫资金整合力度，着力改善深度贫困地区发展条件，增强贫困农户发展能力，重点攻克深度贫困地区脱贫任务；把扶贫同扶志、扶智结合起来，把救急纾困和内生脱贫结合起来，提升贫困群众发展生产和务工经商的基本技能，实现可持续稳固脱贫；改进帮扶方式方法，更多采用生产奖补、劳务补助、以工代赈等机制，推动贫困群众通过自己的辛勤劳动脱贫致富。

要全面贯彻全国科技创新大会精神和习近平总书记扶贫开发战略思想，通过实施科学技术部、教育部、中国科学院、中国工程院、国家自然科学基金委员会、国家国防科技工业局、国务院扶贫开发领导小组办公室等部门共同提出的"科技扶贫行动"，组织农业科研机构、高等农业院校、农业技术推广单位等，针对贫困地区和建档立卡贫困人口的具体需求，通过开展技术攻关、成果转化、平台建设、要素对接、创业扶贫、教学培训、科普惠农等行动，转化推广 5 万项以上的先进适用技术成果，按照"一县一业""一乡一品"示范带动一批贫困地区发展特色优势产业。还要在贫困地区广泛开展"科技列车行""院士行""百名教授兴百村""流动科技馆进基层""科技大篷车万里行""科技之光"青年专家服务团等活动，组织编写和发放《农村科技口袋书》，做好全国党员干部现代远程教育课件的制播工作，在贫困县电视台推广"星火科技 30 分"电视栏目，普及推广农业科技成果和先进适用技术，提高广大农民科学知识和务农技术水平。

四、实施乡村振兴战略，加强"三农"工作队伍建设

按照党的十九大提出的决胜全面建成小康社会、分两个阶段实现第二个百年奋斗目标的战略安排，实施乡村振兴战略的目标任务，"三农"工作队伍建设是关键。

2018 年中央 1 号文件指出："实施乡村振兴战略，必须破解人才瓶颈制约。要把人力资本开发放在首要位置，畅通智力、技术、管理下乡通道，造就更多乡土人才，聚天下人才而用之[①]。"文件提出要"优先发展农村教育事业"，"大力培育新型职业农民。全面建立职业

---

① 2018 年中央 1 号文件，中共中央、国务院《关于实施乡村振兴战略的意见》，中国新闻网，2018 年 2 月 4 日。

农民制度，完善配套政策体系。实施新型职业农民培育工程。支持新型职业农民通过弹性学制参加中高等农业职业教育。创新培训机制，支持农民专业合作社、专业技术协会、龙头企业等主体承担培训。引导符合条件的新型职业农民参加城镇职工养老、医疗等社会保障制度。鼓励各地开展职业农民职称评定试点。"要"加强农村专业人才队伍建设。建立县域专业人才统筹使用制度，提高农村专业人才服务保障能力。推动人才管理职能部门简政放权，保障和落实基层用人主体自主权。推行乡村教师'县管校聘'。实施好边远贫困地区、边疆民族地区和革命老区人才支持计划，继续实施'三支一扶'、特岗教师计划等，组织实施高校毕业生基层成长计划。支持地方高等学校、职业院校综合利用教育培训资源，灵活设置专业（方向），创新人才培养模式，为乡村振兴培养专业化人才。扶持培养一批农业职业经理人、经纪人、乡村工匠、文化能人、非遗传承人等。"要充分"发挥科技人才支撑作用。全面建立高等院校、科研院所等事业单位专业技术人员到乡村和企业挂职、兼职和离岗创新创业制度，保障其在职称评定、工资福利、社会保障等方面的权益。深入实施农业科研杰出人才计划和杰出青年农业科学家项目。健全种业等领域科研人员以知识产权明晰为基础、以知识价值为导向的分配政策。探索公益性和经营性农技推广融合发展机制，允许农技人员通过提供增值服务合理取酬。全面实施农技推广服务特聘计划。"还要"创新乡村人才培育引进使用机制。建立自主培养与人才引进相结合，学历教育、技能培训、实践锻炼等多种方式并举的人力资源开发机制。建立城乡、区域、校地之间人才培养合作与交流机制。全面建立城市医生教师、科技文化人员等定期服务乡村机制。研究制定鼓励城市专业人才参与乡村振兴的政策。"

截至2019年，我国农业科技队伍已初具规模，通过多渠道、多形式培养了一大批各类专业科技人才，形成农业、林业、畜牧业、渔业、农业垦殖、农业机械化等各行业，国家、省、地多层次的农业科技人才队伍和农村新型职业农民。据统计，我国农业科技人员达62.6万，农业技术推广人员达50万，农村职业农民达200万，其中新型职业农民150万。同时，通过深化人事制度、职称制度改革，继续实施农业推广研究员评审制度，实施"百千万人才工程""杰出人才"等计划，评选出一批高层次科技人才队伍，在农村实践中涌现出一大批基层工作干部，这是乡村振兴的宝贵资源。

总之，要加强"三农"队伍建设，把懂农业、爱农村、爱农民作为基本要求，加强"三农"干部队伍培养、配备、管理、使用。各级党委和政府主要领导干部要懂"三农"工作、会抓"三农"工作，分管领导要真正成为"三农"工作的行家里手。制定并实施培训计划，全面提升"三农"干部队伍能力和水平。拓宽县级"三农"工作部门和乡镇干部来源渠道。把到农村一线工作锻炼作为培养干部的重要途径，注重提拔使用实绩优秀的干部，形成人才向农村基层一线流动的用人导向，为实施乡村战略提供人才支撑。

回顾70年的发展历程，有曲折也有起伏，但从总体上看，我国农业技术推广事业取得了举世瞩目的成就，其主要表现是推广机构健全，技术队伍壮大，工作条件明显改善，推广方式方法不断创新，公益性服务全面发展，经营性服务不断拓展，农业新技术、新成果、新产品推广成效显著，为农业增产、农民增收和乡村振兴做出了重要贡献。

第三章
新中国农业科学技术工作重要部署

新中国成立后，党和政府对农业科技工作的领导主要是通过农业科技规划和计划来实现的。农业科技规划是面向未来不同时期发展的总体设想、预测和展望，具有战略性、方向性和前瞻性，可分为长期规划、中期规划和短期规划，或专项规划。农业科技规划的核心内容一般包括发展的总目标、指导方针、主要科技领域和重点任务、支撑条件和政策措施。而农业科技计划是通过农业科技规划来体现的。农业科技计划包含若干科技领域，每个科技领域包含若干项目群、课题（专题、子专题）。农业科技计划对科技研究具有指导性和可操作性，同时又可以对农业科技规划进行反馈和修正。

第一节 科学技术（涉农）发展规划

新中国成立以来，在不同历史时期中，由国务院和政府部门直接组织，先后制定了十个科技发展规划[2]，即：《1956—1967年科学技术发展远景规划》（简称《十二年科技规划》）、《1963—1972年农业科学技术发展规划》《1978—1985年全国科学技术发展规划纲要》《1986—2000年科学技术发展规划》《1991—2000年科学技术发展规划和"八五"计划纲要》（简称《十年规划和"八五"计划纲要》）、《全国科技发展"九五"计划和到2010年长期规划纲要》《国民经济和社会发展第十个五年计划科技教育发展专项规划（科技发展规划）》《国家中长期科学和技术发展规划纲要（2006—2020年）和"十一五"科学技术发展规划》《国家"十二五"科学和技术发展规划纲要》和《国家"十三五"科技创新规划》，农业科技领域历来是历次规划的重点，其中《1956—1967年科学技术发展远景规划》（简称《十二年科技规划》）、《1986—2000年科学技术发展规划》和《国家"十二五"科学和技术发展规划》的制定，对农业科技工作产生的影响最为深刻。

下面重点介绍农业科技发展规划和历次科技发展规划中涉农科技的主要内容：

一、《1956—1967年科学技术发展远景规划》

新中国成立初期，随着国民经济的逐渐恢复，科技工作尚未从政治、军事和经济工作中分离出来，没有编制明确的农业科技规划（计划）。1955年，国务院科学研究计划工作小组提出了编制十二年科技规划的报告。随后，在周恩来总理的领导下，国务院成立了科学规划委员会，调集几百名各种门类和学科的科学家参加编制规划工作，还邀请了苏联著名科学家来华，帮助了解世界科学技术的水平和发展趋势。历经7个月，科学规划委员会完成了新中国成立后的第一个中长期科技规划，即《1956—1967年科学技术发展规划纲要》（简称《规划纲要》）和四个附件，标志着新中国科学技术发展规划的正式诞生。《规划纲要》确定了"重点发展，迎头赶上"的指导方针。规划包括序言、国家重要科技任务、任务的重点部分、基础科学的发展方向、科学研究工作的体制、科学研究机构的设置、科学技术干部的使用和培养、国际合作、结束语等九部分；四个附件分别是《国家重要科学任务说明书和中心问题说明书》《基础科学学科规划说明书》《1956年紧急措施和1957年研究计划要点》《任务和中心问题名称一览》[①]。

《规划纲要》十分重视农业科技的创建和发展，共提出了4项任务和51个中心问题，分解出330个课题，其中提高农作物单位面积产量的研究有167个课题，占总课题的50.6%；荒地开发问题7个课题，占总课题的2.1%；扩大森林资源、森林合理经营和森林合理利用42个课题，占总课题的12.7%；提高畜牧业、水产业和养蚕业的产量和质量问题114个课题，占总课题的34.6%。同时，对农业部门的科研体制、现有人才的使用方针、干部培养等做出了一般性规定，是一个对项目、人才、体制进行统筹安排的规划；在组织上，规划工作由总理亲自领导，成立了专门的规划委员会，下设农业组，并组织近百名农业科学家历时半年多讨论制定；在编制思路上，规划根据国民经济发展需要和科技发展的方向确定农业科技的重点任务，把农业行业的科技力量汇集到统一的目标下；在实施上，科学规划委员会农业组负责协调规划实施的重要问题，监督规划的落实与实施，并向党中央、国务院报告，确保规划任务的完成。

规划的制定和实施，对我国农业科技的创建和发展起了重要的推动作用。1957年3月，中国农业科学院的成立标志着我国农业科技发展进入一个新的阶段，对我国地方农业科研机构的设置和布局，高等农业院校学科及专业的调整，科技队伍的培养方向和使用方式，科技管理的体系和方法以及我国农业科研体制的形成起了决定性的作用。

二、《1963—1972年农业科学技术发展规划纲要》

根据党中央提出的以农业为基础、以工业为主导的发展国民经济的总方针，全国农业发展纲要规定的产量指标和技术措施、奋斗目标，以及国家科学技术委员会对今后10年科学技术发展规划要求着重解决我国人民吃、穿、用的科学技术问题的精神，在总结《1956—1967年科学技术发展远景规划》执行情况的基础上，就全国性的重大农业科学技术问题，制定了《1963—1972年农业科学技术发展规划纲要》（简称《十年农业规划》）[②]。规划由国家科学技术委员会负责组织制定，先后有几百名农业专家参与了规划的研究制定工作。规划于1963年6月定稿，12月报请党中央、国务院批准，由国家科学技术委员会汇同农业部等有关部门组织实施。

《十年农业规划》确定了"自力更生，迎头赶上"科学技术发展的方针，提出了今后10

---

① 1956年10月，党中央、国务院批准了《1956—1967年科学技术发展远景规划》。
② 1963年2月8日，国务院召开全国农业科学技术工作会议。会议制定了《1963—1972年农业科学技术发展规划纲要》。

年总的研究任务是：研究分区分类的农业规划，合理地综合利用资源；研究提高粮、棉、油料作物产量和积极发展经济作物及其他特产；研究提高畜、禽及其产品的数量和质量；研究抗拒自然灾害和控制农作物重要病虫与畜禽重要疫病的危害；研究提出改造低产地区和保持水土的经济有效的技术措施，变低产为高产；提供逐步实现农业技术改革，提高劳动生产率的科学依据；加强基础理论研究，积累基础资料，为实现农业现代化和提高我国农业科学理论水平打好基础。为此，提出 18 个方面的具体研究任务。规划包括纲要，重点项目规划，事业发展规划，专业规划等六个部分，共 5 卷。重点研究专题 50 项，主要研究项目 196 个。为了更好地完成规划安排的研究任务，还提出所要采取的重大措施[①]，主要有：建议农业部设立科学技术局，掌握全国农业科学研究和技术推广事业的管理工作；全面加强中国农业科学院的研究组织，使其担负起组织协调全国农业科学技术研究工作的责任，并在学术领导上发挥应有的作用；按照全国自然区划，在吉林、陕西、江苏、广东、四川省农业科学院（分院、所）的基础上，充实或建立中国农业科学院的大区分院；中国农业科学院建立学部委员制，加强对全国农业科学研究和技术推广的学术领导；根据《十年农业规划》的需要，制定相应的培养干部的规划；选择有条件的高等农业院校，招考在职或脱产的研究生，并在全国范围内选派留学生；改善农业科学研究工作条件等。

《十年农业规划》执行的头 3 年进展顺利，并取得了一批重要的农业科技成果，如籼型杂交水稻的突破等。同时，开始建立国家和地方两级农业科研体制，培养了一批农业科技队伍，农业科研机构的试验研究条件也有了一定改善。

三、《1978—1985 年全国科学技术发展规划纲要》

粉碎"四人帮"后，百废待兴，1978 年 3 月 18 日—31 日，全国科学大会在北京召开。10 月 9 日中共中央批转了《1963—1972 年农业科学技术规划纲要（草案）》（简称《纲要》），并责成国家科学技术委员会组织、掌管和检查《纲要》的执行情况。1977 年 8 月，邓小平同志在科学和教育工作座谈会上指出，我们国家要赶上世界先进水平，要从科学和教育着手，科学和教育目前的状况不行，需要有一个机构，统一规划，统一协调，统一安排，统一指导与协作。随后，各地方、各部门开始启动规划研究编制工作。1977 年 12 月在北京召开全国科学技术规划会议，动员了 1 000 多名专家、学者参加规划的研究制定。1978 年 3 月全国科学大会在北京隆重举行，大会审议通过了《1978—1985 年全国科学技术发展规划纲要（草案）》。同年 10 月，中共中央正式转发《1978—1985 年全国科学技术发展规划纲要》（简称《八年规划纲要》）并责成国家科学技术委员会组织、掌管和检查《纲要》的执行情况。

《八年规划纲要》提出了"全面安排，突出重点"的方针。《八年规划纲要》包括前言、奋斗目标、重点科学技术研究项目、科学研究队伍和机构、具体措施、关于规划的执行和检查五个部分，确定了 8 个重点优先发展领域和 108 个重点研究项目。同时，还制定了《科学技术研究主要任务》《基础研究规划》和《技术科学规划》。

《八年规划纲要》中，农业科学技术作为优先重点发展领域之一，包括 18 个重点研究项目，主要有：对重点地区的气候、水、土地、生物资源以及资源生态系统进行调查研究；总

---

① 全国科技规划办公室，《1963—1972 年农业科学技术规划纲要（草案）》，1972。

结研究不同地区不同作物的合理的群体结构和丰产栽培措施；研究与农业机械化相适应的农业技术体系，制定农机区划；发展育种理论和育种新技术，培育农作物和畜禽优良品种；研究黄淮海盐碱旱涝地区，南方红黄壤山丘地区、西北黄土高原和沙化等低产地区以及沙荒、沙漠的综合治理；研究快速增加有机质培肥土壤的途径以及科学施肥技术；研究农作物主要病虫害的综合防治技术，发展生物防治；在北方旱粮产区、华北粮棉高产区和南方水稻产区建立大面积农业现代化综合科学实验研究基地；进行农业生物种质和遗传理论及应用研究；研究农业生物生长发育理论及控制技术；研究草原建设，发展草原畜牧业的综合技术和草原畜牧机械，建立现代化草原畜牧业科学实验基地；进行机械化养猪、养鸡、养牛、养鱼的综合技术和配合饲料的研究；研究畜禽主要的传染病、寄生虫病以及营养代谢病的防治技术和现代检疫、消毒、防疫新技术等。同时，还编制了《农业科学技术发展行业规划》《畜牧业、渔业科学技术行业规划》《林业科学技术发展行业规划》，编制了《农业生物学技术科学规划》和《农业工程学技术科学规划》学科规划。上述《八年规划纲要》和行业、学科规划对农业科技发展有重要指导意义，并在实施中取得了一批重大科技成果。1982 年，将规划的主要内容调整为科技攻关项目，以"六五"国家科技攻关计划的形式实施，这是我国第一个国家重点科技计划[①]。

四、《1986—2000 年科学技术发展规划》（简称《规划》）

这一时期，是我国现代化建设非常重要的时期，科技创新和科技进步占有十分重要的战略地位。中共中央、国务院在 1981 年 4 月责成国家科学技术委员会会同有关部门准备起草科技发展规划。随后成立了由国家科学技术委员会、国家计划委员会、国家经济委员会共同领导的科技长期规划办公室，组织了 200 多名专家和领导干部集中工作，成立了 19 个专业规划组，开展规划研究和编制工作。

《规划》贯彻"科学技术必须面向经济建设，经济建设必须依靠科学技术"（简称"面向、依靠"）的基本方针，突出重点，不搞面面俱到；强调实事求是，不片面追求"赶超"，而是根据我国的实际情况，发展具有我国特色的科学技术体系。规划包括《1986—2000 年全国科学技术发展规划纲要》和 14 个领域的技术政策。规划纲要包括形势和现状、战略方针与基本任务、计划要点、主要措施等部分。技术政策概述了此项技术的国内状况，今后的基本发展方向、2000 年要达到的目标以及主要的技术路线和重点工作等。

农业是国民经济的基础。规划明确提出了 2000 年我国农业科学技术发展目标、主要任务、战略重点和政策措施；提出了农业领域的技术政策，对产前、产中、产后的 19 个方面及全国 8 个区域的农业科技发展方向、重点、关键技术及主要措施都做出了较明确的规定。

此次规划的主要特点，一是强调农业科技与生产、经济的结合，在"面向、依靠"基本方针的指导下，进一步推动了农业科技体制改革；二是农业技术政策的颁布实施，作为指导、监督、检查我国技术发展方向的基本政策依据，促进了农业科技成果迅速广泛地应用于生产；三是相继出台了高技术研究发展计划（简称"863"计划）、推动高技术产业化的火炬计划、面向广大农村的星火计划、支持基础研究的国家自然科学基金等科技计划，有力地保

---

① 农牧渔业部科技规划领导小组办公室，《农牧渔业科技工作"七五"规划和后十年设想》，1983 年 11 月。

证了农业科技规划的顺利实施。

五、《1991—2000 年科学技术发展十年规划和"八五"计划纲要》

随着科学技术和经济建设的发展，国家对 15 年规划的目标和内容进行了调整，于 20 世纪 80 年代末研究制定了《国家中长期科学技术发展纲领》（简称《纲领》）及《纲要》，对到 2000 年、2020 年我国科学技术发展前景作了宏观性、概括性的表述。根据《纲领》及《纲要》，1991 年 3 月国家科学技术委员会又组织制定了《1991—2000 年科学技术发展十年规划和"八五"计划纲要》，并于 1992 年向全国发布实施[1]。

《纲领》及《纲要》突出了"科学技术是第一生产力"的思想，全面总结 40 多年来我国科技事业发展的成就、经验和教训，阐明了我国中长期科技发展的战略目标、方针、政策和战略重点；《纲要》进一步选择了带有全局性、方向性、紧迫性的 27 个领域（行业），对中长期的重大科技任务进行了分析；《十年规划和"八五"计划纲要》进一步明确了 10 年和 5 年的科技发展目标和任务，包括前言、发展目标和指导方针、重点任务、科技体制改革、对外开放、支撑条件和措施等几个部分，继续坚持"面向、依靠"的战略方针，在各部门强化计划手段的形势下，规划和计划相对分离。

农业是关系国计民生、带有全局性、方向性、紧迫性的行业。《纲领》中比较明确提出了我国中长期农业科技发展的战略目标、方针和战略重点。农业行业《中长期农业科学技术发展纲要》[2] 是《国家中长期科学技术发展纲领》的配套文件之一，《中长期农业科学技术发展纲要》是 20 世纪末和 21 世纪初农业科技发展的指导性文件。《中长期农业科学技术发展纲要》在全面总结 1978 年以来我国农业科技成就的基础上，对今后 15 年农业科技发展提出了总体战略目标、重点任务和主要经济技术指标、政策和重大措施，并有 8 个附件，即：畜牧、水产、热带作物、农业机械化、农业气象、农业生物技术、农村能源和环境保护、农业人才培养纲要。《十年规划和"八五"计划纲要》进一步明确了十年和五年的农业科技发展目和任务，比较明确合理，体现了"面向、依靠"的战略方针，有力地推动了我国农业科技事业的发展。

六、《全国科技发展"九五"计划和到 2010 年长期规划纲要》[3]

1994 年，由国家计划委员会、国家科学技术委员会共同组织，并成立部际协调领导小组，开始编制《全国科技发展"九五"计划和到 2010 年长期规划纲要》，主要内容包括形势与现状、指导思想与基本原则、发展目标与任务、发展重点、科技体制改革、人才培养与科技队伍建设、支撑条件和措施七个部分。同时，在部际协调领导小组办公室指导下，各主要

---

① 1992 年 3 月 8 日，国务院《国家中长期科学技术发展纲领》，《纲要》阐明我国中长期自然科学技术发展战略、方针、政策和重点，指导我国到 2000 年、2020 年科学技术与经济、社会的协调发展。

② 农业部，《中长期农业科学技术发展纲要（1990—2000—2020）》。

③ 《全国科技发展"九五"计划和到 2010 年长期规划纲要》，科技发展"九五"计划和到 2010 年长期规划部际协调联席会议领导小组办公室，1995 年 5 月。

领域（行业）开展了《全国科技发展"九五"计划和到 2010 年长期规划纲要》编制工作。

根据国家科学技术委员会关于编制"重点领域科技发展协调计划指南"的要求，农业领域国家科技发展协调计划主要包括现状分析、战略目标与指导思想、农业科技领域的整体布局、深化农业科技体制改革、支撑条件和措施。农业科技领域协调计划编制从基础研究、应用研究、试验发展、产业化四个层次做出了安排。同时，还推进矩阵式管理，充分发挥协调计划的综合管理作用。

1998 年经国家科技教育领导小组讨论后，《全国科技发展"九五"计划和到 2010 年长期规划纲要》未对外正式发布。

七、《国民经济和社会发展第十个五年计划科技教育发展专项规划（科技发展规划)》

根据 1998 年 10 月国家科学教育领导小组第二次会议的决定，科学技术部自 1998 年 10 月开始着手进行"十五"科技发展规划的前期研究工作。2000 年 2 月，国家计划委员会、科学技术部牵头，国家经济贸易委员会、农业部等 11 家单位的负责同志组成"十五"科技发展规划起草领导小组，由科学技术部具体组织规划的编制工作。2001 年 5 月，根据国务院领导同志指示，由国家计划委员会和科学技术部联合发布《国民经济和社会发展第十个五年计划科技教育发展专项规划（科技发展规化)》[①]。

"十五"科技规划在"面向、依靠、攀高峰"的基础上，提出了"有所为、有所不为，总体跟进、重点突破，发展高科技、实现产业化，提高科技持续创新能力、实现技术跨越式发展（简称'创新、产业化')"的指导方针，并在"促进产业技术升级"和"提高科技持续创新能力"两个层面进行战略部署。规划的主要内容包括前言、形势与现状、指导方针与发展目标、战略部署与重点任务、关键措施与支撑条件 5 个部分。规划内容相对具体，有较强的操作性。在规划制定的同时，研究提出了"3+2"的科技计划体系，3 个国家主体科技计划，即"863"计划、攻关计划、基础研究计划，2 个环境建设，即研究开发条件建设、科技产业化环境建设。

"十五"期间的涉农科技规划和农业科技计划主要分为基础研究和高技术研究中。国家高技术研究发展计划（"863"计划）共安排六大领域 19 个主题，其中生物与现代农业领域包括生物工程技术、基因操作技术、生物信息技术和现代农业技术等 4 个主题。

国家重点基础研究发展计划（"973"计划）共安排 18 个项目，其中涉农项目有：光合作用高效光能转化机理及其在农业中的应用、农作物资源核心种群构建、重要新基因发掘与有效利用、水稻重要性状的功能基因组学研究等。

国家自然科学基金涉农重大项目有主要农田生态系统氮素行为与氮肥高效利用的基础研究。

国家重大科技专项共 12 个，其中涉农项目有：功能基因组和生物芯片研究、主要农产品深加工技术与设备研究开发、奶业重大关键技术研究与产业化技术集成示范、食品安全关键技术、现代节水农业技术体系及新产品研究与开发等。

国家科技攻关计划中，涉农重大项目 4 个，即主要农作物优质高效生产技术研究与开

① 科学技术部发展计划司，《国家"十五"科技发展重点专项规划（草案)》（农业)，2001 年 5 月。

发、畜禽规模化养殖技术研究与产业化示范、生态农业技术体系研究与示范、防沙治沙关键技术研究与示范；重点项目12个，即种质资源创新利用与新品种选育及产业化示范、农业信息化技术研究、农业机械化关键技术研究与产业化示范、区域持续高效农业综合技术研究与示范、农林重大病虫害和气候灾害预警及控制技术研究、林业生态工程构建技术研究与示范、工厂化农业关键技术研究与示范、水产健康养殖技术研究与示范、优质林木果树育种及高效利用技术研究、特产资源高效利用与产业化技术研究、粮食储藏及检测关键技术研究与设备开发、竹藤资源培育及高效利用产业化关键技术与示范等。

在科技成果转化和产业化环境建设中，国家高技术产业化工程共安排了14个涉农项目，主要包括：转基因抗虫棉和单双价抗虫杂交棉、优质超级稻、海洋褐藻生物制品、年产5 000吨寡聚糖生物农药、微生物饲料添加剂、利用分子标记育种技术及优质肉牛羊、复合微生物活菌制剂、渔用生物技术、年产6 000吨"武大绿洲"系列生物病毒杀虫剂、梭梭苁蓉种植及综合开发利用、库布齐沙地植被快速建设、优质高效甘蓝型黄籽杂交油菜种子、天然植物源杀虫剂菊酯等。

星火计划共安排1 042个项目，其中涉农项目56个，占项目总数53.4%。在项目安排上，种植业、农产品深加工和农用化工类项目明显增加。

火炬计划涉农项目33个，主要分布在农药、化肥、饲料和农产品加工与综合利用等领域。

科技型中小企业技术创新基金共安排项目1 008个，其中涉农项目21个，主要分布在转基因棉花、生物肥料、农药兽药及农产品加工等领域。

农业科技成果转化资金共安排项目809个，主要有：动植物新品种（品系）良种选育、繁殖技术成果转化，农副产品贮藏加工增值技术成果转化，集约化规模化种养技术成果转化，农业环境保护、防沙治沙、水土保持技术成果转化，农业资源高效利用技术成果转化，现代农业装备与信息化技术成果转化等。

农牧渔业丰收计划共安排项目36个，由省、自治区、直辖市、计划单列市及农业部组织实施。

农业科技跨越计划共安排项目25个，重点支持中国超级稻、优质小麦、优质花生、西部农业生态环境治理保护、主要粮食作物深加工、新型肥料、贝类健康化生产、机械化旱作节水、牧草生产机械化、优质肉羊、优质高效无毒饲料添加剂、优质水禽、热带作物等。

引进国际先进农业科学技术计划（"948"计划），以增产粮食为主，兼顾林业、畜牧、水产等方面技术；以先进适用技术为主，兼顾增强农业科研后劲的高新技术；以能直接运用近期见效快、覆盖面广的技术为主，兼顾农业长远发展所需的科技储备技术等，逐年做出项目安排。

研究开发条件建设中，国家重点实验室共计164个，基本覆盖了自然科学基础研究的各个领域，其中与农业科学相关的有7个，分别是：蛋白质工程及植物基因工程国家重点实验室、植物分子遗传国家重点实验室、热带作物生物技术国家重点实验室、农业生物技术国家重点实验室、植物病虫害生物学国家重点实验室、动物传染病生物技术国家重点实验室、作物遗传改良国家重点实验室。

国家重大科学工程中，农业项目有1个，即中国农作物基因资源工程。

国家工程技术研究中心共104个，其中农业领域21个，主要分布在种植业、林业、畜牧业、水产业、农产品加工业等行业。

科技基础性工作专项计划共安排 90 个项目，其中农业项目有 15 个，主要分布在数据采（收）集、加工处理与服务、种质资源和科技基础标准的建立等。

社会公益研究专项计划共安排 160 个项目，其中农业项目有 18 个，主要包括农产品质量检验和资源环境监测网络、食物安全预警体系和自然灾害防灾减灾技术体系，以及与农业相关的公益性科研工作。

农业部重点综合实验室共命名 85 个，基本涵盖了农业生物种质资源、作物遗传育种、动物遗传改良、作物重要有害生物综合防治、畜禽和水产重大疫病虫防治、作物栽培与营养生理、动物营养与生理、农业可持续发展、农产品加工与贮藏、农业生物环境工程、农业高新技术 11 个主要领域，涉及农学类、畜牧兽医学类、水产学类等 40 多个学科。

国家农作物改良中心、分中心在"九五"期间建设了水稻、小麦、玉米、棉花、大豆、油料、糖料、甘薯、马铃薯、谷子、高粱、蔬菜和分子育林 13 个中心、19 个分中心。"十五"期间在水稻、小麦等主要作物继续建设一批分中心，同时在果树、茶叶、麻类、桑树、橡胶、牧草等经济作物领域建设一批改良中心、分中心等。

在"十五"计划实施期间，我国加强了农业科技发展宏观战略研究，及时调整了农业科技工作思路：第一，调整农业科技创新的指导思想，加强基础研究，力争实现科学技术发展的跨越；第二，调整科技创新的理念和管理体制，牢固树立"以人为本"的理念和价值观；第三，调整科技创新的工作方针，有所为、有所不为，集中力量办大事；第四，调整科技创新的模式，从注重单项技术创新转变到更加强调各种技术的集成，强调在集成基础上形成有竞争力的产品和产业；第五，调整科技创新的政策对象，从注重科研院所转为调动和组织全社会科技力量。为了应对加入 WTO 的新形势，我国及时提出并实施了"人才、专利、技术标准"三大战略，突出重点，集中力量，实施了 12 个重大科技专项，深化科技体制改革，积极推进国家农业科技创新体系建设。

八、《国家中长期科学和技术发展规划纲要（2006—2020）和"十一五"科学技术发展规划》

（一）国家中长期科学和技术发展规划

制定国家中长期科学和技术发展规划，是党的十六大提出的一项重要任务，是建设创新型国家的重要举措。2003 年 3 月，在新一届国务院组第一次全体会议上，决定着手研究制定国家中长期科学和技术发展规划。5 月份召开国家科学教育领导小组第一次会议，审议并通过《关于国家中长期科学和技术发展纲要的工作方案》。6 月国务院成立了由 23 个部门组成的规划领导小组，负责规划制定过程中重大问题的决策。经国务院批准，21 名资深专家顾问组，成立了 20 个战略研究专题研究组，2 000 余名来自科技界、社科界和管理界的专家，从事 20 个专题的战略研究[3]。

规划确定今后 15 年，科技工作的指导方针是：自主创新，重点跨越，支撑发展，引领未来。到 2020 年，我国科技发展的总体目标是：自主创新能力显著增强，科技促进经济社会发展和保障国家安全能力显著增强，为全面建设小康社会提供强有力支撑基础科学和前沿技术研究综合实力显著增强，取得一批在世界具有重大影响力的科技成果，进入创新型国家行列，为在本世纪中叶成为世界科技强国奠定基础[①]。

未来15年，我国科技发展的总体部属：一是立足于我国国情和需求，确定若干重点领域，突破一批重大关键技术，全面提升科技支撑能力；二是瞄准国家目标，实施若干重大科技专项，实现跨越式发展，填补空白；三是应对未来挑战，超前部署前沿技术和基础研究，提高持续创新能力，引领经济社会发展；四是深化科技体制改革，完善政策措施，增加科技投入，加强人才队伍建设，推进国家创新体系建设，为我国进入创新型国家行列提供可靠保障。

（1）重点领域及优先主题主要包括11大领域，其中农业领域及优先主题有种质资源发掘、保存和创新与新品种定向培育；畜禽水产健康养殖与疫病防控；农产品精深加工与现代储运；农林生物质综合开发利用；农林生态安全与现代林业；环保型肥料、农药创新和生态农业；多功能农业装备与设施；农业精准作业与信息化；现代奶业。

（2）重大科技专项是我国科技发展的重中之重，共有16个重大科技专项，其中包括生物等领域。

（3）前沿技术包括生物技术、即靶标发现技术、动植物品种与药物分子设计技术、基因操作和蛋白质工程技术、信息技术、新材料技术等8个方面。

（4）面向国家重大战略需求的基础研究、重大科学研究计划从4个方面进行部署。其中提及农业生物遗传改良和农业可持续发展中的科学问题等。

（5）科技体制改革与国家创新体系建设主要包括：支持鼓励企业成为技术创新主体；深化科研机构改革，建立现代科研院所制度；推进科技管理体制改革；全面推进中国特色国家创新体系建设。

（6）重要政策和措施主要包括：实施激励企业技术创新的财税政策；加强对引进技术的消化、吸收和再创新；实施促进自主创新的政策采购；实施知识产权战略和技术标准战略；实施促进创新创业的金融政策；加速高新技术产业化和先进适用技术的推广；完善军民结合、寓军于民的机制；扩大国际和地区科技合作与交流；提高全民族科学文化素质，营造有利于科技创新的社会环境。

（二）"十一五"科学技术发展规划

"十一五"是实施《国家中长期科学和技术发展规划纲要》的开局阶段。科技工作要围绕经济社会发展的迫切需求，根据《国家中长期科学和技术发展规划纲要》确定的各项任务和要求，明确未来五年的发展思路、目标和重点，大力推进科技进步和创新，为建设创新型国家奠定坚实基础。

1. "十一五"科技发展规划在背景分析基础上，提出了发展思路和目标，力争五个方面的重大突破

（1）突破约束经济社会发展的重大技术瓶颈，攻克一批关键共性技术，组织实施一批重大专项，带动技术创新和社会生产力的跨越。

（2）突破制约我国科技持续创新能力的薄弱环节，超前部署前沿技术，稳定支持基础研

---

① 2005年12月30日，国务院发布《国家中长期科学和技术发展纲要》。

究，加强科技基础条件平台建设，夯实科技发展基础。

（3）突破限制自主创新的体制、机制性障碍。深化科技体制改革，强化企业在技术创新中的主体地位，构建以企业为主体、市场为导向、产学研相结合的技术创新体系，全国推进国家创新体系建设，形成结构合理、全面协调的体制格局。

（4）突破阻碍自主创新的政策束缚，制定和完善政策措施，加大实施力度，加强经济政策和科技政策的协调，形成激励自主创新的政策体系。

（5）突破不利于自主创新的社会文化环境制约，发展创新文化，培育全社会的创新精神，营造支持自主创新的文化氛围，加强科学技术普及，提高全民科学素质，创造有利于人才辈出的良好环境。

2."十一五"科技发展总体目标

要建立适应社会主义市场经济体制、符合科技发展规律的国家创新体系，形成合理的科学技术发展布局，力争在若干重点领域取得重大突破和跨越发展，研究与开发投入占GDP的比例达到2%，使我国成为自主创新能力较强的科技大国，为进入创新型国家行列奠定基础。

3.为实现"进入创新型国家行列"的中长期科技发展目标，"十一五"要奠定3方面基础

一是进一步完善中国特色国家创新体系；二是初步建成满足科技创新需求的科技基础设施与条件平台；三是造就一支规模大、素质高创新人才队伍。

4."十一五"科技发展规划的重点任务

集中力量组织实施一批重大科技专项，加强关键技术攻关，超前部署前沿技术，稳定支持基础研究，支撑和引领经济社会持续发展，要加强科技创新的基础能力建设，进一步深化科技体制改革，完善自主创新的体制机制，为科技持续发展提供制度保障和良好环境。

5.农业科技领域

（1）实施重大专项，共13项，其中包括转基因生物新品种培育。

（2）组织实施农林生物质工程、农林动植物育种工程、粮食丰产科技工程、食品加工关键技术研究与产业化、农药创制工程、奶业关键技术研究与示范、禽流感等重大动物疫病综合防控技术研究、林业生态建设关键技术研究与示范等重大项目。

（3）新农村建设科技促进行动。开展试点示范，引导建设300个新农村科技示范村，200个新农村建设科技示范乡镇，100个新农村建设科技示范县。

（4）农业科技成果转化。重点支持新产品、新技术、新工艺的开发与推广，熟化和示范应用2 000项最新农业科技成果，形成100个国家农业科技成果转化促进中心。

（5）国家农业科技园区。试点总数达到80～100个，认定30～50个国家级农业科技园区、转化、示范和应用农业新技术成果2 000项，形成国家级农业科技转化促进中心20个。

（6）超前部署前沿技术和基础研究，共7个方面，其中农业领域有：重点研究农业生物功能基因组学，生物多样性与新品种培育的遗传学基础，农业生物灾害预测、控制与生物安全，农业资源高效利用与生态保护及修复，农产品营养品质与农产品安全的基础科学问题，农业可持续发展中的环境和生态问题。

6."十一五"科技发展规划的重大任务

（1）强化共享机制，建设科技基础设施与条件平台。到2010年，重点建设一批高水平的国家实验室，国家重点实验室总数达到 250 个左右，建设若干大型科学工程或基础设施；搭建由大型科学仪器设备共享平台、科学数据共享平台、科技文摘共享平台、自然科技资源共享平台、网络科技环境共享平台、科技成果转化公共服务共享平台等，初步形成以共享为核心的制度框架，推动建立一批全国性的科学研究共享网络。

（2）实施人才战略，加强科技队伍建设。到 2010 年，形成一支与国家科技发展相适应的、高素质科技人才队伍，我国科技活动人员总量达到 700 万人以上，其中科学家和工程师为 400 万；从事研究与开发活动的科学家和工程师全时当量达到 130 万人年。

（3）营造有利环境，加强科学普及和创新文化建设。

（4）突出企业主体。培育一批具有自主知识产权、自主品牌和持续创新能力的创新型企业；建立一批工程中心和国家工程实验室；支持形式产学研战略联盟。进一步扩大建立和完善现代科研院所制度。

7."十一五"科技发展规划的保障措施

加强组织领导和统筹协调；大幅度增加科技投入；落实促进自主创新的各项激励政策；深入实施知识产权和技术标准战略；形成新型对外科技合作机制；完整科技法律法规体系；推进科技计划管理改革；建立有效的规划实施机制。

九、《国家"十二五"科学和技术发展规划》

为贯彻党的十七届五中全会精神和《国民经济和社会发展第十二个五年规划纲要》的战略部署，全面落实科教兴国战略和人才强国战略，深入实施《国家中长期科学和技术发展规划纲要（2006—2020 年)》（以下简称《科技规划纲要》)，充分发挥科技进步和创新对加快转变经济发展方式的重要支撑作用，按照国务院的部署要求，科学技术部会同有关部门制定了《国家"十二五"科学和技术发展规划》[①]。

（一）形势与需求

"十二五"时期，世界科技保持快速发展态势，学科交叉和技术融合加快，创新要素和创新资源在全球范围内流动加速，科学技术正孕育着新的突破。同时，我国正处在工业化、信息化、城镇化、市场化、国际化深入发展的重要时期，国内经济社会发展提出新要求，我国科技发展仍处于可以大有作为的重要战略机遇期。

面对新的形势，我们必须科学判断世界科技发展趋势和准确把握经济社会发展需求，着力解决科技发展中的突出问题，充分发挥科技对经济社会发展的支撑引领作用。

（二）总体思路、发展目标和战略部署

1. 总体思路

着力攀登科技发展制高点，着力促进产业结构优化升级，着力满足改善民生的重大科技需求，着力提升科技创新基础能力，着力培养造就创新型科技人才队伍，全面推进国家创新体系建设，实现我国科技发展的战略性跨越，为进入创新型国家行列奠定坚实

---

① 2006 年 2 月 9 日，国务院发布《国家中长期科学和技术发展规划纲要（2006—2020 年)》。

基础。

2. 发展目标

"十二五"科技发展的总体目标是国家综合创新能力世界排名由目前第 21 位上升至前 18 位，科技进步贡献率力争达到 55％，创新型国家建设取得实质性进展。

3. 战略部署

（1）加快实施国家科技重大专项。在"十一五"全面启动实施基础上，重点突破，整体推进，力争在重点领域实现战略性跨越。

（2）围绕培育和发展战略性新兴产业，加强技术研发、集成应用和产业化示范，集中力量实施一批科技重点专项。

（3）围绕产业升级和民生改善的迫切需求，加强重点领域的科技攻关，力争突破一批核心关键技术和重大公益技术，切实支撑经济社会发展。

（4）前瞻部署若干重大科学问题研究，突破制约经济社会发展的 8 个关键领域重大科学问题，实施 6 个重大科学研究计划，强化重点战略高技术领域研究，加强科技创新基地和平台的建设布局。

（5）组织实施创新人才推进计划，加强科技领军人才、优秀专业技术人才、青年科技人才的培养、引进和使用，建立 60 个左右科学家工作室、300 个左右重点领域创新团队和创新人才培养示范基地。

（6）深化科技管理体制改革和政策落实，深入实施国家技术创新工程和知识创新工程。加强知识产权的创造、应用、保护和管理。深化国际科技合作，营造更加开放的创新环境。

（三）加快实施国家科技重大专项

实施国家科技重大专项是科技工作的重中之重。国家科技重大专项共 11 项，其中第 8 项为转基因生物新品种培育。获得一批具有重要应用价值和自主知识产权的功能基因，培育一批抗病虫、抗逆、优质、高产、高效的重大转基因新品种，实现新型转基因棉花、优质玉米等新品种产业化，整体提升我国生物育种水平，增强农业科技自主创新能力，促进农业增效农民增收。

（四）大力培育和发展战略性新兴产业

农业科技领域主要有生物产业技术中的生物种业和农业生物药物。

（1）生物种业。重点突破现代生物育种技术和品种产业化技术，培育动植物新品种 1 000 个，其中重大突破性品种 100 个。加速动植物新品种和新技术大规模应用，主要农作物和蔬菜新品种示范推广约 10 亿亩*。建立规模化、标准化、机械化、智能化的育种基地、产业化基地及共性技术研究平台。打造具有国际竞争力、全产业链型的龙头企业 10 个以上。种业总产值提高 30％。

（2）农业生物药物。重点发展靶标发现和药物分子设计、药物源头的微生物及产物的高通量挖掘、纳米农业生物药物等前沿关键技术，获得发明专利 150 项，具有自主知识产权的

---

　*　亩为非法定计量单位，1 亩≈667 平方米。——编者注

重大产品 80 个，建立新工艺、新标准 100 项，50 个新药物、新制剂获产品登记。建立农业药物和生物制剂创新的产业化平台和核心基地，打造 10 个左右龙头企业。

（五）推进重点领域核心关键技术突破

1. 农业科技领域

（1）加强农业农村科技创新。加强农业关键技术突破和成果转化应用，为粮食单产年增长率达到 0.8% 提供科技支撑，保障国家粮食安全和农产品有效供给。建立健全信息化、社会化农村科技服务体系和农业科技成果转化体系，建立一支 20 万人左右的科技特派员队伍，推进农业农村科技创新创业。

（2）攻克农业的关键技术，促进现代农业发展。继续推进粮食丰产科技工程。加强农林动植物高产高效新品种创制，加快发展农作物种植技术、畜禽水产健康养殖技术、林业资源培育与利用技术、牧区畜牧业和草地保护技术、海洋农业技术等，保障主要农产品有效供给。加强先进多功能农业装备、食品绿色和安全加工、农产品贮藏与物流、现代农用物资、生物质能源与生物质综合利用等技术研发，构建现代农业产业体系。

2. 现代农业科技创新重点

（1）粮食丰产科技工程。针对确保粮食高产高效的科技需求，以良田、良种、良法的综合配套为核心，重点突破持续超高产技术，挖掘作物高产潜力。加强大面积丰产高效简化栽培技术研究与集成，实现大面积均衡增产。加强中低产田改良关键技术研究，发挥障碍性农田的增产潜力。开展多熟高效耕作制度、保护性耕作技术、机械化高效生产、资源节约高效和灾害防控等重大关键技术创新和集成示范。

（2）多功能农业装备。瞄准培育低耗低排智能农机装备产业，开展现代农机装备制造、农机智能装备、农机节能减排关键技术研究，重点突破支持精准和大型复杂农机重大技术，开展农业机械化技术集成与示范，培育具有较强国际竞争力的大型农机科技集团。

（3）食品绿色和安全加工。发展食品制造产业、功能食品产业、农产品物流产业、现代食品装备制造产业，开展以营养安全、绿色制造、高效利用、节能减排为目标和以生物技术、工程化技术和信息技术为代表的现代食品加工制造与质量安全控制关键技术与装备研发，攻克食品加工业发展急需解决的重大关键技术和节能减排新工艺，促进产业升级，增强食品产业国际竞争能力，培育具有国际竞争实力的大型食品工业集团。

（4）海洋农业。选择重点海洋产品生产区域，开展优良种苗培育、健康养殖与高效收获、养殖病害控制等关键技术研究；开发海洋资源养护、环境质量控制和选择性捕捞新技术；加强主要海洋经济种类探捕开发技术以及渔场快速监测和精确测报技术，提高远洋渔业装备水平和保鲜储运能力；加强大宗海洋水产品的加工增值技术，提高精深加工能力。

（5）节水农业。以提高农田水分利用效率和效益为核心，研究农业高效用水过程精量控制技术与产品，开发农用机井成井配套设备等大型灌排机械装备。开展干旱半干旱区节水农业技术与装备、粮食主产区水资源高效利用、旱区特色经济作物节水灌溉、半旱地农业高效用水、旱作农业降水高效利用、旱区农田水利工程建设、灌区自动化节水、非传统水资源综合利用等关键技术研究，建立节水农业综合技术体系。

（6）农村信息化。集成开发面向农村信息化服务的关键共性技术，构建农村综合信息服务体系，搭建省级综合服务平台，建设村级服务站点，以信息化促进新农村建设和城乡统筹发展，组织实施国家农村信息化示范省建设试点工作。

3. 提高农业科技成果转化应用能力，促进农业产业发展和农民增收

把加强农业科技成果转化体系建设作为促进农业发展和农民增收的关键环节。继续加强星火计划、农业科技成果转化资金、科技富民强县专项行动的实施，促进涉农科技型企业的健康发展，发挥龙头企业、合作社和大型种养户的示范带动作用。推动科研单位同农民专业合作社、龙头企业、农户等开展多种形式技术合作。积极培育涉农科技型中小企业、科技合作组织，加强涉农产业科技服务平台建设，大力支持新型农民和农村实用人才创业和就业。

4. 深入开展农村科技创业行动，促进新型农村科技服务体系构建

深入开展科技特派员农村科技创业行动，大力支持国家农业科技园区等基地建设，加快发展杨凌国家农业高新技术示范区，建设北京现代农业科技城、山东黄河三角洲现代农业科技示范区。加强农村信息化技术集成与示范，构建覆盖全国的公益性推广服务、社会化创业服务、多元化科技服务三位一体相互促进的农村科技服务新格局。

5. 加强气候变化科学研究和技术集成，全面提高应对能力

加强全球气候变化规律和观测技术研究，开发多源、多尺度观测数据同化、融合与集成技术，发展全球变化背景下极端天气及气候事件预测技术，建立温室气体排放的监测、统计和核查技术体系。加强不同尺度和相关领域气候变化影响和脆弱性评估研究。强化气候变化适应技术研发、集成与示范应用。发展林草固碳等增汇、土地利用和农业减排温室气体、二氧化碳捕集利用与封存等技术。加强应对气候变化重大战略与政策研究，围绕气候变化领域热点问题深入开展应对措施研究，为国家应对气候变化提供支撑。

（六）前瞻部署基础研究和前沿技术研究

1. 继续加强基础研究

其中农业科学领域要重点支持农作物高产、抗逆、优质、高效研究，农业动物高产、优质、抗病基础研究，农田资源高效利用研究，农林草综合农业系统的可持续发展，有害生物控制、生物安全及农产品安全等方向。

2. 强化前沿技术研究

其中现代农业技术的重点是攻克农业生物功能基因组和农业物联网等前沿技术。着力突破分子设计育种、食品加工与生物制造、海洋农业、数字农业与智能装备制造以及农产品生境控制等核心关键技术。创制优良动植物新品种、液体生物燃料、生物反应器、新型生物农药、基因工程疫苗和药物、农业智能装备、健康食品、海水养殖等重大产品。

（七）加强科技创新基地和平台建设

重点包括加强科技创新基地建设布局、加强科技条件资源的开发应用、推进科技平台建设和开放共享等。

（八）大力培养造就创新型科技人才

主要包括壮大和优化创新型科技人才队伍，造就一批高层次科技领军人才和创新团队、支持科技人员创新创业等。

（九）提升科技开放与合作水平

主要包括大幅提高科研活动国际化程度、进一步完善政府间科技合作机制、积极参与国际科技组织与国际大科学计划、加强与发展中国家的科技合作、加强与港澳台地区的科技合作等。

（十）深化科技体制改革，全面推进国家创新体系建设

主要包括加强科技宏观管理和统筹协调、创新产学研有机结合机制、推进科技计划和科研经费管理制度改革、深化科技评价和奖励制度改革、全面推进国家创新体系建设。

（十一）强化科技政策落实和制定，优化全社会创新环境

主要包括落实和完善科技政策法规、深入实施知识产权和技术标准战略、持续增加全社会科技投入、优化科技成果转化和产业化环境、加强科学技术普及工作、加强和改进基层科技工作。

（十二）切实保障规划实施

主要包括加强规划实施的组织领导、加强规划实施的衔接协调、加强规划评估和动态调整、加强科技管理的基础性工作。

十、《"十三五"国家科技创新规划》

主要明确"十三五"时期科技创新的总体思路、发展目标、主要任务和重大举措，是国家在科技创新领域的重点专项规划，是我国迈进创新型国家行列的行动指南[①]。

（一）迈进创新型国家行列

"十三五"时期是全面建成小康社会和进入创新型国家行列的决胜阶段，是深入实施创新驱动发展战略、全面深化科技体制改革的关键时期，必须认真贯彻落实党中央、国务院决策部署，面向全球、立足全局，深刻认识并准确把握经济发展新常态的新要求和国内外科技创新的新趋势，系统谋划创新发展新路径，以科技创新为引领开拓发展新境界，加速迈进创新型国家行列，加快建设世界科技强国。

1. 把握科技创新发展新态势

"十三五"时期，世界科技创新呈现新趋势，国内经济社会发展进入新常态。

全球新一轮科技革命和产业变革蓄势待发。科学技术从微观到宏观各个尺度向纵深演进，学科多点突破、交叉融合趋势日益明显。

我国经济发展进入速度变化、结构优化和动力转换的新常态。同时，必须清醒地认识到，与进入创新型国家行列和建设世界科技强国的要求相比，我国科技创新还存在一些薄弱

---

① 2016 年 7 月 28 日，国务院发布《"十三五"国家科技创新规划》。

环节和深层次问题。

2. 确立科技创新发展新蓝图

（1）指导思想。"十三五"时期科技创新的指导思想是：深入贯彻习近平总书记系列重要讲话精神，认真落实党中央、国务院决策部署，坚持"五位一体"总体布局和"四个全面"战略布局，坚持创新、协调、绿色、开放、共享发展理念，坚持自主创新、重点跨越、支撑发展、引领未来的指导方针，坚持创新是引领发展的第一动力，把创新摆在国家发展全局的核心位置，以深入实施创新驱动发展战略、支撑供给侧结构性改革为主线，全面深化科技体制改革，大力推进以科技创新为核心的全面创新，着力增强自主创新能力，着力建设创新型人才队伍，着力扩大科技开放合作，着力推进大众创业万众创新，塑造更多依靠创新驱动、更多发挥先发优势的引领型发展，确保如期进入创新型国家行列，为建成世界科技强国奠定坚实基础，为实现"两个一百年"奋斗目标和中华民族伟大复兴中国梦提供强大动力。

（2）基本原则。坚持把支撑国家重大需求作为战略任务；坚持把加速赶超引领作为发展重点；坚持把科技为民作为根本宗旨；坚持把深化改革作为强大动力；坚持把人才驱动作为本质要求；坚持把全球视野作为重要导向。

（3）发展目标。"十三五"科技创新的总体目标是：国家科技实力和创新能力大幅跃升，创新驱动发展成效显著，国家综合创新能力世界排名进入前 15 位，迈进创新型国家行列，有力支撑全面建成小康社会目标实现。

（4）总体部署。未来五年，我国科技创新工作将紧紧围绕深入实施国家"十三五"规划纲要和创新驱动发展战略纲要，有力支撑"中国制造 2025""互联网＋"、网络强国、海洋强国、航天强国、健康中国建设、军民融合发展、"一带一路"建设、京津冀协同发展、长江经济带发展等国家战略实施，充分发挥科技创新在推动产业迈向中高端、增添发展新动能、拓展发展新空间、提高发展质量和效益中的核心引领作用。

3. 建设高效协同国家创新体系

深入实施创新驱动发展战略，支撑供给侧结构性改革，必须统筹推进高效协同的国家创新体系建设，促进各类创新主体协同互动、创新要素顺畅流动高效配署，形成创新驱动发展的实践载体、制度安排和环境保障。

（二）构筑国家先发优势

围绕提升产业竞争力、改善民生和保障国家安全的战略需求，加强重点领域的系统部署，为塑造更多依靠创新驱动、发挥先发优势的引领型发展提供有力支撑。

1. 实施关系国家全局和长远的重大科技项目

（1）深入实施国家科技重大专项。其中涉农国家科技重大专项有：转基因生物新品种培育。加强作物抗虫、抗病、抗旱、抗寒基因技术研究，加大转基因棉花、玉米、大豆研发力度，推进新型抗虫棉、抗虫玉米、抗除草剂大豆等重大产品产业化，强化基因克隆、转基因操作、生物安全新技术研发，在水稻、小麦等主粮作物中重点支持基于非胚乳特异性表达、基因编辑等新技术的性状改良研究，使我国农业转基因生物研究整体水平跃居世界前列，为保障国家粮食安全提供品种和技术储备。建成规范的生物安全性评价技术体系，确保转基因产品安全。

（2）部署启动新的重大科技项目。其中启动新的涉农重大工程有：种业自主创新。以农业植物、动物、林木、微生物四大种业领域为重点，重点突破杂种优势利用、分子设计育种等现代种业关键技术，为国家粮食安全战略提供支撑。

2. 构建具有国际竞争力的现代产业技术体系

其中涉农现代产业技术体系和先进高效生物技术有：

（1）发展高效安全生态的现代农业技术。

①生物育种研发。以农作物、畜禽水产和林果花草为重点，突破种质资源挖掘、工程化育种、新品种创制、规模化测试、良种繁育、种子加工等核心关键技术，培育一批有效聚合高产、高效、优质、多抗、广适等多元优良性状的突破性动植物新品种；培育具有较强核心竞争力的现代种业企业，显著提高种业自主创新能力。

②粮食丰产增效。围绕粮食安全和农业结构调整对作物高产高效协同、生产生态协调的科技需求，在东北、黄淮海、长江中下游三大平原，开展水稻、小麦、玉米三大作物丰产增效新理论、新技术和集成示范研究，使产量提高 5%，减损降低 5% 以上，肥水效率提高 10% 以上，光温资源效率提高 15%，生产效率提高 20%。

③主要经济作物优质高产与产业提质增效。以种植规模较大的果树、花卉、茶叶、木本（草本）油料、热带经济作物、特色经济植物、杂粮等为对象，重点突破增产提质增效理论和方法，创制优异新种质，研发新产品，形成高效轻简技术，确保我国农业产品多样性和国家农业安全，促进主要经济作物产业提质增效。

④海洋农业（蓝色粮仓）与淡水渔业科技创新。研究种质资源开发、新品种选育、淡水与海水健康养殖、捕捞与新资源开发、精深加工、渔业环境保护等新原理、新装备、新方法和新技术，建成生态优先、陆海统筹、三产贯通的区域性蓝色粮仓，促进海洋农业资源综合利用，改善渔业生态环境，强化优质蛋白供给，引领海洋农业与淡水渔业健康发展。

⑤畜禽安全高效养殖与草牧业健康发展。以安全、环保、高效为目标，围绕主要动物疫病检测与防控、主要畜禽安全健康养殖工艺与环境控制、畜禽养殖设施设备、养殖废弃物无害化处理与资源化利用、饲料产业、草食畜牧业、草原生态保护和草牧业全产业链提质增效等方面开展技术研发，为我国养殖业转型升级提供理论与技术支撑。

⑥林业资源培育与高效利用。加强速生用材林、珍贵用材林、经济林、花卉等资源的高效培育与绿色增值加工等关键技术研究，开展林业全产业链增值增效技术集成与示范，形成产业集群发展新模式，单位蓄积增加 15%，资源利用效率提高 20%，主要林产品国际竞争力显著提升。

⑦农业面源和重金属污染农田综合防治与修复。突破农林生态系统氮磷、有毒有害化学品与生物、重金属、农林有机废弃物等污染机理基础理论及防治修复重大关键技术瓶颈，提升技术、产品和装备标准化产业化水平。制定重点区域污染综合防治技术方案，有效遏制农业面源与重金属污染问题。

⑧农林资源环境可持续发展利用。突破肥药减施、水土资源高效利用、生态修复、农林防灾减灾等关键技术，加强农作物病虫害防控关键技术研究，提升农作物病虫害综合治理能力，推动形成资源利用高效、生态系统稳定、产地环境良好、产品质量安全的农业发展格局。

⑨盐碱地等低产田改良增粮增效。加强盐碱地水盐运移机理与调控、土壤洗盐排盐、微

咸水利用、抗盐碱农作物新品种选育及替代种植、水分调控等基础理论及改良重大关键技术研究，开发新型高效盐碱地改良剂、生物有机肥等新产品和新材料。开发盐碱地治理新装备，选择典型盐碱地及低产田区域建立示范基地，促进研发成果示范应用。

⑩农业生物制造。以生物农药、生物肥料、生物饲料为重点，开展作用机理、靶标设计、合成生物学、病原作用机制、养分控制释放机制等研究，创制新型基因工程疫苗和分子诊断技术、生物农药、生物饲料、生物肥料、植物生长调节剂、生物能源、生物基材料等农业生物制品并实现产业化。

⑪农机装备与设施。突破决策监控、先进作业装置及其制造等关键核心技术，研发高效环保农林动力、多功能与定位变量作业、设施种植和健康养殖精细生产、农产品产地处理与干燥、林木培育、采收加工、森林灾害防控等技术与装备，形成农林智能化装备技术体系，支撑全程全面机械化发展。

⑫农林生物质高效利用。研究农林废弃物（农作物秸秆、畜禽粪便、林业剩余物等）和新型生物质资源（能源植物、微藻等）的清洁收储、高效转化、产品提质、产业增效等新理论、新技术和新业态，使农林生物质高效利用技术进入国际前列，利用率达到80%以上。

⑬智慧农业。研发农林动植物生命信息获取与解析、表型特征识别与可视化表达、主要作业过程精准实施等关键技术和产品，构建大田和果园精准生产、设施农业智能化生产及规模化畜禽水产养殖信息化作业等现代化生产技术系统，建立面向农业生产、农民生活、农村管理以及乡村新兴产业发展的信息服务体系。

⑭智能高效设施农业。突破设施光热动力学机制、环境与生物互作响应机理等基础理论，以及设施轻简装配化、作业全程机械化、环境调控智能化、水肥管理一体化等关键技术瓶颈，创制温室节能蓄能、光伏利用、智慧空中农场等高新技术及装备，实现设施农业科技与产业跨越发展。

（2）发展先进高效生物技术。

①前沿共性生物技术。加快推进基因组学新技术、合成生物技术、生物大数据、3D生物打印技术、脑科学与人工智能、基因编辑技术、结构生物学等生命科学前沿关键技术突破，加强生物产业发展及生命科学研究核心关键装备研发，提升我国生物技术前沿领域原创水平，抢占国际生物技术竞争制高点

②生物资源利用技术。聚焦战略生物资源的整合、挖掘与利用，推进人类遗传资源的系统整合与深度利用研究，构建国家战略生物资源库和信息服务平台，扩大资源储备，加强开发共享，掌握利用和开发的主动权，为生物产业可持续发展提供资源保障。

3. 健全支撑民生改善和可持续发展的技术体系

（1）发展生态环保技术。

其中涉农及相关生态环保技术有：

①土壤污染防治。针对农田土壤污染、工业用地污染、矿区土壤污染等治理，开展土壤环境基准、土壤环境容量与承载能力，污染物迁移转化规律、污染生态效应、重金属低积累作物和修复植物筛选，以及土壤污染与农产品质量、人体健康关系等方面研究。推进土壤污染诊断、风险管控、治理与修复等共性关键技术研发。

②水环境保护。加快研发废水深度处理、生活污水低成本高标准处理、海水淡化和工业高盐废水脱盐、饮用水微量有毒污染物处理、地下水污染修复、危险化学品事故和水上溢油

应急处置等技术，开展有机物和重金属等水环境基准、水污染对人体健康影响、新型污染物风险评价、水环境损害评估、高品质再生水补充饮用水水源等研究。

③生态保护与修复。围绕国家"两屏三带"生态安全屏障建设，以森林、草原、湿地、荒漠等生态系统为对象，研究关键区域主要生态问题演变规律、生态退化机理、生态稳定维持等理论，研究生态保护与修复、监测与预警技术；开发岩溶地区、青藏高原、长江黄河中上游、黄土高原、重要湿地、荒漠及荒漠化地区、三角洲与海岸带区、南方红壤丘陵区、塔里木河流域盐碱地、农牧交错带和矿产开采区等典型生态脆弱区治理技术，研发应对城市开发建设区域造成的生态破碎化、物种栖息地退化治理技术，开发适宜的生态产业技术，支撑生态退化区域可持续发展，提升陆地生态系统服务能力。

④重大自然灾害监测预警与风险控制。针对地震、地质、气象、水利、海洋等重大环境自然灾害，加快天气中长期精细化数值预报、全球海洋数值预报、雾霾数值预报、地质灾害监测预警、洪涝与旱灾监测预警、地震监测预警、森林火灾监测预警与防控、沙尘暴监测预警等系统研究，提升重大自然灾害监测预警与风险评估能力。

⑤全球环境变化应对。突破温室气体排放控制、生物多样性保护、生物安全管理、化学品风险管理、臭氧层保护、荒漠化防治、湿地保护等技术瓶颈，解决污染物跨国境输送机制、国际履约谈判等中的科学问题，提升我国履行国际环境公约的能力。

（2）发展资源高效循环利用技术。

其中涉农相关资源高效循环利用技术有：

①水资源高效开发利用。围绕提升国家水资源安全保障科技支撑能力，发展工业节水、综合节水和非常规水资源开发利用技术与设备，研究水资源综合配置战略、水工程建设与运行、安全和应急管理技术，发展水沙联合调控、河口治理及河湖生态安全保护技术，开展水资源系统智能调度与精细化管理等研究，构建水资源综合利用理论技术体系和示范推广平台，跻身国际水资源研究先进行列。

②废物循环利用。研究资源循环基础理论与模型，研发废物分类、处置及资源化成套技术装备，重点推进大宗固废源头减量与循环利用、生物质废弃物高效利用、新兴城市矿产精细化高值利用等关键技术与装备研发，加强固废循环利用管理与决策技术研究。加强典型区域循环发展集成示范，实施"十城百座"废物处置技术示范工程。

（三）增强原始创新能力

围绕增加创新的源头供给，持续加强基础研究，布局建设重大科技创新基地，壮大创新型科技人才队伍，力争在更多领域引领世界科学前沿发展方向，为人类科技进步做出更多贡献。

1. 持续加强基础研究

（1）强化目标导向的基础研究和前沿技术研究。面向世界科学前沿和未来科技发展趋势，选择对提升持续创新能力带动作用强、研究基础和人才储备较好的战略性前瞻性重大科学问题，强化以原始创新和系统布局为特点的大科学研究组织模式，部署基础研究重点专项，实现重大科学突破、抢占世界科学发展制高点。涉农有关重大科学问题为：农业生物遗传改良和可持续发展。其中涉农基础研究项目有发育的遗传与环境调控、合成生物学、基因编辑、全球变化及应对。

（2）开展重大科学考察与调查

其中涉农有关内容有：

①重大综合科学考察。在我国重要地理区、生态环境典型区等重点、特殊和空白地区，开展地理、地质、生态、环境、生物、农业、林业、海洋、健康等多领域多要素的科学考察与调查，采集、收集科技基础资源，摸清自然本底和动态变化状况。

②种质资源普查与收集。开展全国范围内的种质资源普查和征集，开展典型区域的种质资源系统调查，抢救性收集各类栽培作物的古老地方品种、重要作物的野生近缘植物以及其他珍稀、濒危野生植物种质资源等，丰富种质资源的数量和多样性。

（3）加强基础研究协同保障。完善基础研究投入机制，提高基础研究占全社会研发投入比例，充分发挥国家对基础研究投入的主体作用，加大中央财政对基础研究的支持力度，加大对基础学科、基础研究基地和基础科学重大设施的稳定支持。

2. 建设高水平科技创新基地

主要包括优化国家科研基地和平台布局、在重大创新领域布局建设国家实验室、推进国家科学研究与技术创新基地建设、强化科技资源开放共享与服务平台建设、提升科研条件保障能力。

3. 加快培育集聚创新型人才队伍

主要包括推进创新型科技人才结构战略性调整、大力培养和引进创新型科技人才、健全科技人才分类评价激励机制、完善人才流动和服务保障机制。

（四）拓展创新发展空间

统筹国内国际两个大局，促进创新资源集聚和高效流动。以打造区域创新高地为重点带动提升区域创新发展整体水平，深度融入和布局全球创新网络，全方位提升科技创新的国际化水平。

1. 打造区域创新高地

主要包括支持北京上海建设具有全球影响力的科技创新中心、推动国家自主创新示范区和高新区创新发展、建设带动性强的创新型省市和区域创新中心、系统推进全面创新改革试验。

2. 提升区域创新协调发展水平

主要包括推动跨区域协同创新、加大科技扶贫开发力度、提升基层科技创新服务能力、促进区域可持续发展。

3. 打造"一带一路"协同创新共同体

主要包括密切科技沟通和人文交流、加强联合研发和技术转移中心建设、促进科技基础设施互联互通、加强与"一带一路"沿线国家的合作研究。

4. 全方位融入和布局全球创新网络

主要包括完善科技创新开放合作机制、促进创新资源双向开放和流动、加强与港澳台的科技创新合作、深度参与全球创新治理。

（五）推动大众创业万众创新

顺应大众创业、万众创新的新趋势，构建支撑科技创新创业全链条的服务网络，激发亿万群众创造活力，增强实体经济发展的新动能。

1. 全面提升科技服务业发展水平

主要包括提升全链条科技服务能力、建立统一开放的技术交易市场体系、促进科技服务业国际化发展。

2. 建设服务实体经济的创业孵化体系

主要包括建设各具特色的众创空间、发展面向农村创业的"星创天地"、完善创业孵化服务链条。

3. 健全支持科技创新创业的金融体系

主要包括壮大科技创业投资规模、发展支持创新的多层次资本市场。促进科技金融产品和服务创新。

（六）全面深化科技体制改革

紧紧围绕促进科技与经济社会发展深度融合，贯彻落实党中央、国务院关于深化科技体制改革的决策部署，加强重点改革措施实施力度，促进科技体制改革与其他领域改革的协调，增强创新主体能力，构建高效协同创新网络，最大限度激发科技第一生产力、创新第一动力的巨大潜能。

1. 深入推进科技管理体制改革

主要包括健全科技创新治理机制、构建新型科技计划体系、进一步完善科研项目和资金管理、强化科技管理基础制度建设、完善创新导向的评价制度、增强民用技术对国防建设的支持。

2. 强化企业创新主体地位和主导作用

主要包括培育创新型领军企业、支持科技型中小微企业健康发展、深化产学研协同创新机制、推动创新资源向企业集聚。

3. 建立高效研发组织体系

主要包括全面提升高等学校创新能力、加快建设有特色高水平科研院所、培育发展新型研发机构。

4. 完善科技成果转移转化机制

主要包括建立健全技术转移组织体系、深化科技成果权益管理改革、完善科技成果转化激励评价制度、强化科技成果转化市场化服务、大力推动地方科技成果转移转化。

（七）加强科普和创新文化建设

全面提升公民科学素质，加强科普基础设施建设，加快科学精神和创新文化的传播塑造，使公众能够更好地理解、掌握、运用和参与科技创新，进一步夯实创新发展的群众和社会基础。

1. 全面提升公民科学素质

主要包括加强面向青少年的科技教育、提升劳动者科学文化素质、提高领导干部科学决策和管理水平。

2. 加强国家科普能力建设

主要包括强化科普基础设施和科普信息化建设、提升科普创作能力与产业化发展水平、促进创新创业与科普结合。

3. 营造激励创新的社会文化氛围

主要包括大力弘扬科学精神、增进科技界与公众的互动互信、培育企业家精神与创新文化。

（八）强化规划实施保障

强化各级政府部门在规划实施中的职责，充分调动科技界和社会各界的积极性和创造性，从政策法规、资源配置、监督评估等方面完善任务落实机制，确保规划实施取得明显成效。

1. 落实和完善创新政策法规

主要包括强化创新法治保障、完善支持创新的普惠性政策体系、深入实施知识产权战略、持续推进技术标准战略、强化政策统筹协调。

2. 完善科技创新投入机制

主要包括加强规划任务与资源配置衔接、建立多元化科技投入体系、提高科技投入配置效率。

3. 加强规划实施与管理

主要包括健全组织领导机制、强化规划协调管理、加强规划实施监测评估。

编制科技（涉农）发展规划的评价与经验

回顾 70 年来，在不同历史时期农业科技发展规划中，《1956—1967 年科学技术发展远景规划》《1963—1972 年科学技术发展规划》《1986—2000 年科学技术发展规划》《国家中长期科学和技术发展规划纲要（2006—2020 年）和"十一五"科学技术发展规划》，动员人力资源最多，影响最为深远。

值得指出的是，在《1956—1967 年农业科技发展远景规划》中，明确了农业的化学化、机械化、电气化的重大科学问题是 12 个科学研究重点之一。由于我国国情的特殊性，解决农业、粮食科学问题不能完全引用外国的经验和成果，必须独立自主研究解决。有的问题虽然在当前的经济建设计划中不一定是重点，但在科学上必须超前研究和解决；还有的问题在现阶段发展中是最紧迫的学科和新的生长点，这些学科和新的生长点又恰好是我国当前工作中的薄弱环节。以上这两类问题的解决，将会带动整个农业科学技术的发展。

在《1986—2000 年科学技术发展规划》中，值得借鉴的是，针对"七五"科技计划的各项任务比较繁重，难度较大，必须采取有力措施才能完成的情况，提出的 4 项措施是正确的，也是可行的。

（1）认真贯彻执行中共中央关于科学技术体制改革的决定精神。提倡科技与经济、生产结合。改革农业科技规划要从管理体制、简政放权入手，调动部门和科研机构的积极性。农业科技规划制定应以中长期为主，实行年度滚动计划。建立农业科技评价体系和决策体系，鼓励科技人员献计献策。为此，需着手准备组织制定农业科技评价方法、程序和条例。

（2）大力培养各类农业专业人才和科技管理人才。为加快科技干部的"四化"进程，应尽快建立一批专业培训和继续工程教育基地，分期分批对在职农业科技人员进行知识更新，提高其业务素质。要广开学路，培养农业科技创新人才队伍。同时，要抓住有利时机，引进海外人才和智力，以应急需，发展自己。

（3）加强农业科技对外合作和技术引进工作。为进一步贯彻对外开放政策，利用有利的国际环境引进先进技术，应抓紧组织制定统一的技术引进政策和规划。引进技术要避免盲目性和从动性，切实加强技贸结合，使引进技术和引进人才相辅相成。

（4）广开渠道增加农业科技投入。国家重点建设工程前期科研工作所需经费，应允许从该工程建设投资中列支，或划出一定额度解决；农业科研单位应充实必要的现代化仪器设备和基础设施，应纳入行业技术改造和基建投资计划；应建立银行科技贷款和风险资金；逐年增加农业技术引进和国际科技合作用外汇额度及相应的匹配资金等。

70年来，我国科技（涉农）发展规划工作的理论原则和操作方法，具有重要的指导作用。

（1）国民经济和社会发展规划与农业科技专项规划。农业科技专项规划问题是国民经济和社会发展规划的重要组成部分。农业是国民经济的基础。农业科技发展规划是科技专项规划的重点领域（行业）。农业科技发展规划的编制要以国民经济和社会发展规划、科技专项规划为主要依据，要充分体现农业科技发展对我国农业和农村经济，乃至整个经济社会发展的支撑和引领作用。在历次全国科技发展的规划中，农业科技规划贯彻了"科技与生产结合，为农业生产服务"和"面向、依靠""攀高峰"的科技方针，在执行和实施过程中，为我国农业和农村经济发展做出了重要贡献。据测算，科技进步对农业的贡献率"一五"时期仅为20%，到"十五"期末上升到48%。同时，农业科技规划是科技专项规划的重点领域（行业），农业科学属应用科学，不仅有应用研究、开发研究，而且还有基础研究，是一个完整的科学体系。这一认识，在编制《1978—1985年全国科学技术发展规划纲要》时有所突破，之后的几次农业科技规划编制中基础研究都有所安排，但力度不够，以至出现科技储备不足、创新能力下降，影响了农业科技可持续发展，这是一个值得注意的问题。

（2）国家科技专项规划"全局性"问题。农业科技发展规划是国家科技专项规划一个重点领域（行业），农业科技规划是面向一个时期内农业科技总体运行和发展的预先部署和安排，因此，农口各部门、各地区的在制定和实施规划中要相互协调、步调一致，树立全局观念；农口各部门、各地区的农业科技发展规划都要以国家科技专项规划为统帅来制定和实施，或者说，都是国家科技专项规划的具体化，是国家科技专项规划中的子系统。这就需要借鉴已有的几次国家科技专项规划工作的经验，正确处理好全局与局部、中央与地方、农口各部门以及地区之间的利益关系，要站在全局和长远发展的战略高度运筹谋划，发挥国家科技专项规划应有的功能和作用。

（3）国家科技专项规划"统筹兼顾、突出重点"问题。农业科技发展规划涉及科技、经济和社会发展的各个方面，是一个庞大的系统工程，这就要求在制定和实施规划时要统筹兼顾，树立系统的思想理念和工作方法。同时，要抓住农业和农村经济发展中带有全局性、关键性、基础性、前瞻性的重大科技问题。突出重点，"有所为、有所不为"，正确处理好重点和一般的关系。在这方面，过去几次农业科技发展规划都积累了成功经验。今后，仍要坚持统筹兼顾又要突出重点的原则，制定和实施农业科技发展规划，推动农业和农业科技持续快速健康发展。

(4) 国家科技专项规划"实事求是,留有余地"问题。农业科技发展规划必须从我国国情和农业所处的发展阶段出发,瞻前顾后,留有余地。从新中国成立以来的几次规划制定和执行情况来看,凡是从实际出发、尊重客观规律的农业科技发展规划,往往完成得比较好。既考虑需要又考虑可能,既要考虑当前又要着眼于长远,这是以往几次规划的共同特点。所以,制定农业科技发展规划一定要从实际出发,解放思想,实事求是,遵循正确的思想路线,同时还要留有余地。

(5) 国家科技专项规划"以近为主,近远结合"问题。从过去几次的农业科技发展规划来看,中长期的规划要与近期(五年或三年)计划相结合,中长期规划的目标要靠短期计划安排一步步去实现。只有中长期规划而没有短期计划作保证,中长期规划就会落空。相反,没有中长期规划引领,短期计划就会无所遵循,从而会产生"短期行为",因此,要在中长期规划指导下,重点安排好短期计划。短期计划应明确具体,具有权威性、指导性和可操作性,改变过去存在的规划、计划相互脱节的"两张皮"现象。

第二节　农业科技计划

国家科技计划是政府组织科研和开发活动的基本形式,也是政府合理配置科技资源,促进经济发展和社会进步,推动我国科技事业蓬勃发展的有效手段。

1982年10月,为贯彻党中央、国务院"经济建设必须依靠科学技术,科学技术工作面向经济建设"的指导思想,国家计划委员会与国家科学技术委员会着手制定1982—2000年的科技发展规划。国家计划委员会与国家科学技术委员会本着从经济建设中提出问题,科技为经济建设服务的指导思想,责成各部门在详细分析本行业、本领域国内外现状、发展目标和存在的主要技术问题的基础上提出科研项目建议。在这些项目建议的基础上,选出最急迫和最有条件实现的38个项目,编制成为"六五"国家科技攻关计划。该计划经第五届全国人民代表大会第五次会议讨论通过,被纳入国民经济和社会发展规划。

"六五"国家科技攻关计划的出台,标志着我国的科技计划已从科技发展规划分离出来,具备了相对独立的形式,是我国第一个具有高度综合性和可操作性的科技计划。在此基础上,国家陆续出台了一系列由国家财政和优惠政策支持的科技计划。到"十五"末期,已经有30多个科技计划,从不同角度支撑着国民经济和社会发展以及科技自身发展的科技需求,这些计划相互补充,形成了一个有机整体。同时在计划的组织管理上,形成了由中央、省(市)地方以及部门组成的多层次组织管理体系。

农业科技计划是国家科技计划重要组成部分。五年(或三年)农业科技计划的实施、研究与开发取得了许多重大科技成果,培养了一大批科技人才,使我国的科技发展能力有了显著提升,特别是党的十八大以来,在习近平总书记新时代中国特色社会主义思想指引下,全面深化改革,扩大开放,使农业科技取得了前所未有的重大进展和突破。

一、1949—1978年农业科技计划

根据国务院的部署和要求,1951年开始,国家着手编制第一个五年计划,农业部制定

了 1951—1955 年农业研究计划。这份农业研究计划针对当时农业存在的种子混杂、播种过稀、耕作粗放、肥料短缺和病虫害严重等问题，提出了三个方面的研究重点：一是调查研究和总结分析群众丰产经验，解决深耕、密植、合理施肥、适时播种及田间管理中的关键技术问题；二是收集、整理和选育作物优良品种，有计划、有步骤地进行品种改良；三是重点开展蝗虫、螟虫、小麦锈病、棉花枯黄萎病等主要病虫害的发生规律和防治方法。在研究总结群众丰产经验和增产技术的基础上，制定并发布了主要作物生产技术指导纲要，指导农民进行科学种田。1955 年 11 月，农业部召开全国农业科学研究工作会议，制定了 1956—1967 年农业研究工作方案和 1956 年工作要点，提出 4 项任务和 51 个中心问题，分解出 330 个课题。其中，第 45 项，提高农作物单位面积产量的研究有 167 个课题，占总课题的 50.6％；第 46 项，荒地开发问题有 7 个课题，占总课题的 2.1％；第 47 项，扩大森林资源、森林合理经营和森林合理利用有 42 个课题，占总课题的 12.7％；第 48 项，提高畜牧业、水产业和养蚕业的产量和质量问题共有 114 个课题，占总课题的 34.6％，畜牧业有 63 个课题，占 19％；水产业有 28 个课题，占 8.5％；蚕桑有 23 个课题，占 7.0％。

在 1956—1967 年全国农业科学研究工作方案中，国家明确提出农业科学研究的重点任务：

（1）研究提高粮食作物单位面积产量的综合技术。包括完成整理和鉴定主要作物的现有品种，培育高产质佳、抗逆性强的水稻、小麦、棉花、玉米、谷子、薯类、油菜等作物新品种；研究制定不同作物区域性的耕作栽培技术，主要作物的需水量、灌溉时间、灌溉定额和灌溉方法；研究不同地区主要耕地土壤保持和提高地力的方法，红壤、盐碱地、沙土的改良方法和丘陵地的水土保持以及各种肥料的使用技术；研究主要作物病虫害的防治、农药的试制和使用技术。

（2）积极研究经济、适用的农机具，对现有农机具进行改进和提高。

（3）研究大规模开荒、扩大耕地面积的有关技术问题。

（4）研究提高牲畜增长率，役用家畜的役用能力，畜产品的生产量和降低畜产品单位生产成本的方法。

（5）配合国家经济建设加强农业经济的研究。

（6）研究农业电气化以及原子能在农业上的应用等。

为了克服"大跃进"和"高指标、瞎指挥、浮夸风"等"左倾"错误给国民经济造成的损失，1962 年 9 月，中共中央召开党的八届十中全会，决定继续贯彻对国民经济进行调整的方针，并在公报中指出："特别要注意对农业科学技术的研究"。1963 年 2 月，党中央、国务院召开全国农业科技工作会议，制定了《1963—1972 年农业科学技术发展规划纲要》，提出包括农作物、畜牧、水产、林业、气象、农机、植保、土肥等 19 个行业（专业）研究项目 1 310 个，课题 3 845 个。其中重点研究项目 124 个，占项目总数的 9.4％；重点研究课题 1 006 个，占课题总数的 26.2％。由农业部直属科研单位承担的研究课题占课题总数的 30.5％；由地方科研单位承担的研究课题占课题总数的 51.9％；由高等院校承担的研究课题占课题总数的 17.6％。国家科学技术委员会制定了《1963—1972 年科学技术发展规划、计划管理实行办法》，农业部制定了《关于科研项目主持单位和参加单位问题的若干规定》（试行草案），明确了主持单位应具备的条件和任务职责，组织有关科研、教学单位开展协作研究，组织有关专家和科技人员深入农村，坚持试验、示范、推广相结合，坚持为农业生产服务。

1972年4月，根据国务院领导的批示精神，农林部组织召开了全国农林科技座谈会，编制了《全国农林科技重大协作项目》，共22项，其中重点项目有：选育早熟高产水稻、小麦新品种，解决水稻雄性不育系的保持系问题，解决"T"型小麦雄性不育系的恢复系问题；选育早熟高产优质的陆地棉新品种，创造中国新的棉花不育系；繁育和推广大豆良种、迅速提高大豆的产量和品质；盐碱土改良；综合防治稻麦病毒病；利用生物防治病虫害；选育生长快、适应性强的杂交猪；加速推广半细毛羊、提高半细毛羊的产量和品质；马传染性贫血病的诊断、免疫和治疗；猪口蹄疫的诊断和治疗；淡水养殖鱼类优良品种的选育；选择和培育速生用材树种的优良品种；采伐剩余物的收集运输、加工工艺和机械的研究；松毛虫及落叶松落叶病防治技术的研究等。同时，还制定了《农业、林业、牧业、渔业1972年科学技术发展计划》，共101项，1973年调整为47项，其中农业12项，林业、牧业、渔业各11项，橡胶1项，援外1项。这些项目由农林部所属科研院所主持全国性科研协作研究，在极其困难的条件下，先后取得了一批重要科技成果。截至1978年，科技进步对农业的贡献率为27%[①]。

二、1978—1990年农业科技计划（1978年）

党的十一届三中全会后，我国农业科技工作进入一个新的历史发展时期。1978年根据国务院部署，由国家科学技术委员会和中国科学院组织制定的《1978—1985年全国科学技术发展规划纲要》（简称《纲要》），确定了"六五"期间8个优先发展领域和108个重点项目，其中农业方面共18项，主要有：对重点地区的气候、水、土地、生物资源以及资源生态系统进行调查研究；总结研究不同地区、不同作物的合理群体结构和丰产栽培措施；研究与农业机械化相适应的农业技术体系，制定农业机械化区划；发展育种理论与育种新技术，培育主要农作物和畜禽优良品种；研究黄淮海盐碱旱涝地区、南方红黄壤山丘地区、西北黄土高原和沙化等低产地区以及沙荒、沙漠的综合治理；研究快速增加有机质培肥土壤的途径以及科学施肥技术，发展生物和化学模拟固氮；研究农作物主要病虫害的综合防治技术，发展生物防治和微生物农药；在北方旱粮产区、华北粮棉高产区和南方水稻产区建立大面积农业现代化综合实验基地；农业生物种质和遗传理论及应用研究；研究农业生物生长发育理论及控制技术；研究草原建设，发展草原畜牧业的综合技术和草原机械，建立现代化草原畜牧业科学实验基地；进行机械化养猪、养鸡、养牛、养鱼的综合技术和配合饲料的研究；研究畜禽主要的传染病、寄生虫病以及营养代谢病的防治技术和现代检疫、消毒、防疫新技术等。

在《纲要》的基础上，1982年，国家正式出台了"六五"国家科技攻关计划[②]，成为具有权威性、指导性和可操作性的科技计划。之后，在1983年、1984年国家又分别出台了国家重大科学工程、重点实验室的建设计划和重点工业性试验项目计划，使"六五"科技计划

---

① 农林部，《1976—1985年农林牧渔科学技术重点项目》，1976年6月。
　农业部科技教育司，农业部重点科研项目计划，1980年。
　农业部科技教育司，农牧渔业"丰收计划"，1980年。
② 第五届全国人民代表大会第五次会议通过"六五"全国科技攻关计划。

逐步拓展。

农林部根据国家计划委员会、国家科学技术委、财政部等部门编制的"六五"国家科技攻关计划，组织有关科研、教学单位的专家，分别提出重大科技攻关项目、重大科技推广项目和重大科技引进项目。

重大科技攻关项目共11项，包括优良品种选育及综合增产技术；农业区域治理增产技术；现代化科学实验基地；畜禽、鱼虾饲料技术开发；主要病虫害综合防治技术；提高土壤肥力科学施肥技术；水果、蔬菜、水产品储藏、保鲜及加工技术；新技术应用研究；农牧业品种资源研究；新能源开发和节能节材的研究；海洋渔业资源开发利用技术。

重大科技推广项目共18项，包括大力推广农作物优良品种和杂交组合；总结推广各种农作物高产、稳产、低成本的先进科学技术；推广科学用肥和种植绿肥，提高化肥利用率；加强病虫害预测预报，推广防治新技术；积极推广塑料薄膜地面覆盖技术；西北黄土高原综合治理技术推广；黄淮海平原旱涝盐碱地区，推广综合治理技术；南方红黄壤地区，推广低产地改良和合理开发山丘的技术经验；东北地区防御低温冷害，稳产、高产综合技术措施的推广；推广省水增产灌溉技术和抗旱技术；橡胶树高产综合技术的推广；饲料开发技术的推广；畜禽育种技术及繁育体系的建立和示范推广；池塘高产稳产低成本综合养鱼技术的推广；合理污水灌溉技术的推广；节能与能源开发技术的推广；农业机械及半机械化机具的推广等。

重大科技引进项目共7项，包括农作物育种技术引进和消化；土地开发、利用和改良技术引进；提高植物生产力研究技术的引进消化；先进植物保护技术的引进；畜牧兽医先进技术的引进消化；现代新技术的引进与应用；农业环境监测技术和标准化工作的引进。

1983年，根据国民经济和社会发展的要求，国家计划委员会、国家科学技术委员会、财政部等部门制定了"七五"国家科技攻关计划，共安排重点科技项目76项，其中农业行业重点科技攻关项目有：主要农作物品种资源研究，共19个专题；主要农作物品种选育技术研究，共41个专题；农作物病虫害防治技术研究，共12个专题；区域治理试验，共48个专题；饲料开发，共58个专题；畜禽水产开发，共59个专题；主要用材树种速生丰产技术，共105个专题；林业工程技术开发，共48个专题。

在此基础上，结合农业科技实际，研究提出重点科技项目、重大科技推广项目和新技术引进项目。

重点科技项目共10个大项，包括农业自然资源调查和开发利用的研究；选育各种作物优良品种和育种方法与良种繁育技术研究；研究各类地区主要作物、畜禽、水产与良种配套的综合增产技术；研究各种作物、畜禽、水产的产品加工、保鲜、贮运和综合利用技术；重点地区综合开发治理和稳产增产技术；国有农场现代化生产技术研究；农业生产机械化和多种经营装备的研究；农业工程、农村能源、农业环境保护和农业标准化的开发利用研究；农业的新技术应用和基础理论的研究；农业技术经济和科技管理的研究。

重大成果推广项目共30项，包括作物优良品种和杂交组合；各地区作物高产稳产综合栽培技术；各类中低产地区和低产草原的整套改良技术；地膜覆盖、工厂化育秧和保护地栽培技术；橡胶综合抗逆高产栽培技术；病虫害综合防治技术；培肥地力和科学施肥技术；种子加工处理技术；合理污水灌溉技术；机械化耕作技术；机械化节水灌溉和排灌技术；机械化收获技术；农机维修技术；瘦肉型杂交猪及饲养技术；畜禽科学饲养技术；饲养加工技术及配（混）合饲料；各种新类型的饲料；牛羊冷冻精液和猪人工授精技术；发展季节畜牧业；几种畜禽鱼疫病防治技术；畜禽环境工程技术；池塘高产稳产低成本综合养鱼技术；水产优良养殖对象增殖和养殖技术；海养贝类苗种及养殖技术；海水养殖机械；农畜水产品加工贮藏保鲜技术；液态 CO_2 压酸洗井技术；沼气利用技术和省柴、省煤炉及太阳炉；新技术的推广应用。

新技术引进项目共 20 项，包括农牧渔新品种和新的种质资源；种质资源保存和大批量筛选、鉴定的新技术和成套设备；科学实验的新技术、新设备；重点充实建设有关研究所、室的现代化实验设备；实验动物培育技术及监测设备；单细胞蛋白及赖氨酸生产技术和设备；小型移动式牛奶加工技术与设备；渔业生产新技术的关键设备；农垦新机具；小型林果机械化及农用航空技术与设备；农业机械使用维护设备与技术；低温低湿的除湿技术与设备；农业遥感技术；铀、氢、锆小型反应堆及其应用技术和全套设备；中型和微型电子计算机的应用技术；农业环境保护技术与设备；沼气工程技术的引进和仿制；高效率的沼气发电机；城市有机垃圾生产沼气技术以及沼气发酵残余物生产饲料蛋白的技术与设备；现代化的兽医生物药品厂设备。

1984 年，国家计划委员会设立了国家重点工业性试验项目计划，目的是在总体上验证项目的技术、装备的可行性和经济的合理性，为科技成果推广应用到生产中去提供成熟配套的技术装备、设计依据和生产规范等科技成果产业化的基础条件。农业方面共有 9 项，即：产地粮食干燥工厂工业性试验，农作物品种区域试验基地（5 种作物 168 个基地），新农药大田药效试验基地，农牧用单克隆抗体工业性试验，良种细毛羊繁育体系，马传染性贫血病冻干疫苗及诊断试剂盒工业性试验，农作物国外引种隔离检疫基地，全国土壤肥力和肥料效益长期定位监测点，北京、上海郊区大面积池塘养鱼高产技术试验。

星火计划是经党中央、国务院批准，于 1986 年实施的第一个依靠科技进步促进农村发展的科技计划。其宗旨：把先进适用技术引向农村，引导亿万农民依靠科技发展农村经济，促进农村的科技进步，提高农村劳动生产率，推动农业和农村经济持续、快速、健康发展。星火计划于 1985 年由国家科学技术委员会提出，1986 年开始组织实施。重点技术领域有：农副产品加工、农村资源综合利用与环境保护、农业高效种植、农业高效养殖、农用化工、农业机械与设备、农村建材、农村特色产业。

国家高技术研究发展计划（简称"863"计划）。1986 年 3 月由王大珩、王淦昌、杨嘉墀和陈芳允四位科学家建议，经中共中央、国务院批准实施高技术研究发展计划（简称"863"计划）。该计划从我国实际需要和现有条件出发，按照"有限目标，突出重点"原则，选择生物技术、航天技术、信息技术、激光技术、自动化技术、能源技术和新材料 7 个领域 15 个主题作为中国高技术研究与开发的重点，组织精干的科技力量，瞄准世界高技术发展前沿，缩小同国外先进水平的差距，力争在某些优势项目上取得突破。其中农业方面有 2 个项目，即：两系法杂交水稻技术、抗虫棉花等转基因植物。

1984 年，国家计委出台了国家重点实验室建设计划。"七五"期间，批准农业方面的国家重点实验室有 10 个，即：动物营养学国家重点实验室、农业生物技术国家重点实验室、农业微生物学国家重点实验室、热带作物生物技术国家重点实验室、植物病虫害生物学重点实验室、兽医生物技术国家重点实验室、水稻生物学国家重点实验室、鱼类种质与生物技术国家重点实验室、作物遗传改良国家重点实验室、作物遗传与种质创新国家重点实验室。国家重点实验室于 1991 年前建成，并通过了验收。

"六五"以来，我国广大农业科技人员团结协作，联合攻关，在国家和部门重点科技项目的实施中，取得了重要进展和突破。科技进步对农业的贡献率达到 30%。

三、1991—1995 年农业科技计划（1983 年）

在"七五"计划的基础上，"八五"农业科技计划有新发展，提出了重点科研项目、新技术新成果试验示范项目、重点推广项目和科研条件建设项目计划等。

（一）重点科研项目有国家科技攻关与农业相关的项目

1. 种植业方面

在"七五"基础上，农作物品种资源研究，要求完成 10 万份农作物种质资源的繁种、农艺性状鉴定、入库，大巴山、黔南、桂西山区的资源考察，完善青海 30 万份复份库和资源转移；主要粮食、经济作物、蔬菜、薯类、橡胶、热作等 16 种作物新品种选育技术研究，要求育成新品种、新组合 250 个；黄淮海、黄土高原、南方红黄壤丘陵、北方旱地农业等中低产区域综合技术研究，要求建立不同类型地区的综合试验区，研究提出综合治理技术；农作物病虫害综合防治技术研究，要求重点研究农作物病虫害的演变规律及暴发性病虫害发生，生物防治与化学防治协调技术。

2. 林业方面

短周期工业用林定向培育技术的研究，要求营造速生丰产林的战略任务，为发展我国林工结合的木材培育产业建立新模式，提供系列成套生产技术；生态林业工程技术体系研究，要求为 4 大防护林体系建设提供树种选择及不良立地条件下提高造林成活率和保存率等造林质量的关键技术，制定出生态经济效益优化模式的技术标准并提供样板，并使农业生态环境得到改善，农作物产量增加 5% 以上。

3. 畜牧业方面

畜禽良种选育技术研究，要求育成中国瘦肉猪配套新模式，提供系列成套生产技术品系，适合纺织工业需要的 48～50 支半细毛羊新品种，白绒山羊新品系，高产黑白花种公牛，提出肉羊高效集约化生产配套技术；畜禽疫病、虫害防治技术研究，要求对 10 种以上疫病的综合防治技术及集约化养猪、鸡疫病防治模式，研究生物制品菌（毒）种标准化及新兽药，使畜禽死亡率下降 30%；草地畜牧业优化生产模式研究，要求在南北方不同类型的草地建立试验区 11 个，研究不同类型草地的草畜配套优化生产模式；饲料添加剂和配方技术研究等。

4. 水产业方面

湖泊、海湾渔业养殖技术研究，初步提出"三网"养殖、人工增殖、天然繁殖保护以及草原更新利用技术相结合的充分利用自然生产能力的生态渔业高产技术模式，使试验湖泊水产品产量提高 20%～30%；鱼虾种质资源及病害防治技术研究，进一步建立并完善天然种质资源库的建库工作，达到生产应用水平；选育开发出 5 个以上可以应用于生产的优良新品种和新养殖对象，并在海水鱼类的苗种繁殖技术上有重大突破；重点解决危害较大的暴发性流行病的防治技术。

5. 农村能源方面

开展对新能源发电系统技术和装备的研究，重点研究大中型沼气工程成套技术与优化设计，生物质热解气化及发电技术等。

6. 气候变化方面

开展气候变化对农业、林业、水文和水资源、沿海地区海平面、自然环境的影响，并提出对策建议等。

（二）新技术新成果试验示范项目

中低产地区农业综合开发治理试验区建设，在黄淮海平原、黄土高原、北方旱作农区、南方红黄壤丘陵区、三江—松嫩平原等不同类型区，建设 50 个综合试验区，研究农业持续发展问题；主要作物品种区域试验基地建设，在"六五"基础上，选择有代表性地区和基础较好的科研、教学单位，新建 10 种作物品种区域试验基地 200 个；建立优良牧草原原种、原种的保护繁殖基地 7 个；建立淡水鱼原种基地 5 个；重点建设生物农药、饲料添加剂、食品加工、兽医药品等重大新成果新产品中间试验基地 10 个等。

（三）重点农业技术推广项目

种植业方面，推广农作物新品种、杂交水稻、杂交玉米和小麦模式化栽培技术、地模覆盖和塑料大棚技术、先进适用农机具等技术；畜牧业方面，推广猪、牛、羊杂种优势利用及规范化饲养，家禽新品种及杂种优势利用，优化配方饲料，畜禽疫病综合防治等；水产业方面，推广中低产池塘养鱼配套技术，淡水鱼优良品种及养殖技术，湖泊、水库等大中型水域鱼、蟹增养殖技术，海外综合养殖技术等；农业工程方面，重点推广省柴节煤灶（炕），农村机械加工型煤，沼气池和太阳能热水器等新型能源，及不同类型生态农业试点 50 个。

（四）农业科研条件建设项目

国家重点实验室和农业部开放实验室建设，充实和改善科研条件，加强农业基础研究和应用基础研究。

"八五"期间，国家高技术研究发展计划（简称"863"计划）安排重大项目（民口）15 个，其中农业方面继续安排 2 个，即两系法杂交水稻、抗虫棉花转基因植物；重大成果转化项目（民口）8 个，其中农业方面（民口）继续安排 2 个，即两系法杂交水稻的试种示范、抗虫棉花的试种示范。

为了加强农业科学的基础研究，1986 年，国家自然科学基金委员会生命科学部在"八五"期间资助自由申请项目 4 476 项，约占资助项目总数的 34.1%；资助重点项目 82 项，约占资助项目总数的 27.3%；资助重大项目 19 项，主要有东北大豆种质拓宽与改良、我国豆科植物根瘤菌资源和分类研究、黏虫褐稻虱迁飞行为机制研究、植物抗逆性机理研究、光合机构的运转与调节、水稻不育细胞质质量及其病理预测、野生大豆基础生物学研究、稻麦对主要真菌病害抗性的微观宏观对应研究、中国栽培稻的起源与演化、中国农业现代化建设理论、道路与模式研究等。生命科学部和地球科学部联合资助重大项目有华北平原节水农业应用基础研究等。

1987 年国家科学技术委员会出台攀登计划，1991 年开始实施，"八五"期间，先后有

45 个项目列入攀登计划，其中农业方面有 3 个项目，即：粮、棉、油雄性不育杂种优势利用基础研究，主要农作物高产、高效、抗逆生理基础研究，粮、棉作物五大病虫害灾变规律及控制技术基础研究等。

1994 年，经国家科学教育领导小组批准，由农业部、国家林业局、水利部、财政部共同组织实施的引进国际先进技术计划（简称"948"计划），是以增产粮食为主，兼顾林业、畜牧、水产等方面的技术；以先进、适用技术为主，兼顾增强农业科研后劲的高新技术；以能直接运用、近期见效快、覆盖面广的技术为主，兼顾农业长远发展所需的科技储备技术。"948"计划于 1995 年开始启动。

国家"八五"科技攻关及其成果转化与应用，成效显著，又取得了一批重要科技成果。科技对农业的贡献率达到 35％[①]。

四、1996—2000 年农业科技计划（1986 年）

农业科技发展的"九五"计划不断拓宽研究与开发领域，形成了 4 个层次若干重点的研究计划：

（一）第一个层次的科技计划

主要是面向经济建设主战场，迅速提高农业生产的技术水平，推进农业增长方式的两个根本性转变，为实现农业生产和经济发展的战略目标服务。主要包括星火计划、科技型中小企业技术创新基金、科技成果重点推广计划、国家重点新产品计划、农牧渔业丰收计划、农业科技跨越计划、引进国际先进农业科学技术计划（"948"计划）等，以市场为导向，以经济效益为中心，实现农业产业化经营，为农业增产、农业增效，农民增收提供有效服务。

1. 星火计划

到 1994 年年底，共安排各级星火示范项目 34 691 项，完成 18 175 项，开发和推广了 100 种适用农村经济发展的配套技术装备，培训了农民技术人员和经济管理人员 890 万人。"九五"期间重点开发推广的技术领域有：种植业、养殖业、农产品加工业、农用化工、农业环保和农村建材等。

2. 国家科技成果重点推广计划

1990 年正式出台。"八五"期间共安排农业项目 531 项，占重点项目的 37％；"九五"期间新增 1 500 项。主要包括：粮食作物新品种及配套增产技术、棉花新品种及配套增产技术、油料作物增产技术、新型肥料及增效施肥技术、畜禽新品种和综合饲养技术、优质高效综合饲养技术等。

3. 农业科技跨越计划

1999 年由农业部提出，1999—2000 年逐年安排项目 48 个。其中农业项目主要有：中国

---

①　科学技术部发展计划司，《国家"十五"科技发展重点专项规划（草案）》（农业），2001 年 5 月。
　　科学技术部，国家工程技术研究中心计划（农业），1978 年。
　　科学技术部，国家高技术研究发展计划（"863"计划），1978 年。
　　科学技术部，国家基础研究重大项目计划（攀登计划），1978 年。
　　国家自然科学基金委员会，国家自然科学基金项目计划，1986 年。

超级稻试验示范、优质水稻新品种生产技术体系试验示范、面包强筋小麦新品种生产技术体系试验示范、优质高蛋白玉米、高油玉米综合技术体系试验示范、优质大豆生产技术体系试验示范、优质棉新品种生产技术体系试验示范、双低油菜配套技术体系试验示范、优质肉牛生产技术体系试验示范、高产奶牛 MOET 育种核心群的建立、高产奶牛规范化饲养技术示范、新疆细毛羊生产技术体系试验示范、吉林优质细毛羊生产技术体系试验示范、优质瘦肉型杂优猪生产技术体系试验示范、优质高产苜蓿生产加工生产技术试验示范、幼畜腹泻双价基因工程苗的中试开发、优质罗非鱼雄性化养殖加工出口关键技术示范、中国对虾高健康养殖技术示范、紫菜养殖加工产业链开发、高性能水稻栽插与收获机械化实用技术、悬挂式玉米联合收割机中试、高效远射程均匀雾喷洒机具等。

4. 农牧渔业丰收计划

1987 年由农业部提出，其目的是促进科技与生产结合，加快科技成果转化，促进高产优质高效农业的发展。十多年来，农牧渔业丰收计划围绕农业发展目标，重点推广以杂交水稻、杂交玉米为主的粮、棉、油、糖等作物新品种，以杂交瘦肉猪为主的畜禽水产新品种，以地膜覆盖、水稻旱育稀植、水稻抛秧、北方暖棚饲养畜禽和稻田养殖鱼蟹为主的栽培与饲养技术，取得了巨大的经济和社会效益。1997 年统计，十年来丰收计划共安排推广项目 257 大类项目，实施遍及全国，经济社会效益显著。

此外，还有各类农业商品基地建设计划、区域农业综合开发计划、科技扶贫计划等。

（二）第二个层次的科技计划

主要包括：国家科技攻关计划、农业部重点科研计划等，面向农业和农村经济发展需要，集中解决农业数量和质量效益方面的重大关键技术问题，为传统农业技术改造提供技术支撑。

1. 国家科技攻关计划

宗旨是解决两方面的问题，一是针对当前国民经济和社会发展急需要办的大事，需要科技发挥先导作用解决的重大课题；二是对国民经济会发展产生重大影响，带有方向性、基础性、综合性的重大课题，组成协作，联合攻关。"九五"计划共安排 22 个项目，主要有：五大作物大面积高产综合配套技术研究与示范，主要农作物良种选育及产业化技术研究与开发，主要畜禽规模化养殖及产业化技术研究与开发，中低产田治理与区域农业综合发展研究，动植物重大病虫害防治技术研究，节水农业技术研究与示范，水产育种与规模化养殖技术研究，新型饲料及产业化技术研究与开发，农产品加工技术研究与开发，农业资源高效利用与管理技术，主要农作物和林木种质资源评价与利用研究，草地畜牧业综合发展研究，农业机械化适用技术研究和农业气象灾害防御技术研究。

2. 农业部重点科研项目计划

以提高农业科技含量、增强农业发展后劲为目标，重点安排应用研究和应用基础研究项目，探索农业科技与农村经济紧密结合的新途径，推动农业产业化步伐，为增加农民收入，振兴农村经济，不断丰富和满足城乡居民的"米袋子""菜篮子"做贡献。"九五"期间农业部重点科研计划项目共 49 项，297 个专题。

（1）种植业项目有农作物新品种选育及配套栽培技术，南方集约农区可持续高产高效农作制度综合研究，提高化肥利用率的高效施肥技术，农作物重要病虫害综合防治技术，产地农产品加工增值技术，农业生物技术应用研究，农业高技术应用研究和农业基础性研究。

（2）畜牧业项目有畜禽营养需要及调控技术研究与开发，畜禽牧草新品种（系）选育及综合配套技术，畜禽主要疫病快速诊断、检疫、检测及综合防治技术，畜禽用新疫苗、新兽药、新剂型、新工艺的研究与开发，应用免疫技术提高生产性能，主要牧草（草坪草）、饲料作物栽培及种子生产与开发利用技术，草地保护及高效利用综合配套技术，实验动物培育和实验动物疾病监测技术以及畜牧业重大基础性研究。

（3）渔业项目有渔业种质资源鉴定与保存技术，河蟹养殖应用技术合理配备，淡水名特优养殖品种病害防治技术，海水养殖品种病虫害防治技术，水产种质资源、育种及生物技术应用基础研究，海水经济品种增养殖技术，淡水经济品种增殖技术，水产病害防治技术，水产动物营养及饲料研究，水产品加工及综合利用技术，渔业机械、仪器及其他渔业装备，渔业资源调查、开发及管理与保护，环境保护研究等。

（4）农垦项目有热带作物育种、栽培、病虫害防治及产品加工技术，主要农作物育种及增产配套技术，畜禽水产良种选育、饲养技术和病害防治，农机具、垦区名特优产品开发，生物技术及软科学研究等。

（5）农业机械化项目有农业机械化发展软科学研究，农业节本增效工程技术，农业机械化标准化研究及维修技术，农业机械设备的研制，农机工程化配备技术及农机修理质量标准等。

（6）农业环保与农村能源项目有农业环境保护关键技术，沼气与节能装置及环保工程与对策研究等。

（三）第三个层次的科技计划

为适应世界新技术革命挑战的需要，坚持有限目标，"有所为，有所不为"，大力加强高技术研究开发与跟踪，我国继续实施了国家高技术研究发展计划（简称"863"计划）和火炬计划，进而实现商品化、产业化和国际化。

1. 国家高技术研究发展计划（简称"863"计划）

"九五"期间，"863"计划共有8个领域、20个主题。其中农业生物技术领域有优质高产抗逆动植物新品种、基因工程药物、疫苗和基因治疗、蛋白质工程4个主题，水稻基因图谱专项。重大项目27个，其中农业项目2个，即：两系法杂交水稻、抗虫棉转基因植物。重大产业化项目50个，其中农业项目5个，即：基因工程酵母生产饲料用植酸酶、抗病小麦新品种（扬麦9号、扬麦10号和生抗1号）、湘云鲫（鲤）繁育工程、转基因耐储西红柿和抗虫棉花产业化等。水产项目2个，即：海水养殖动物多倍体育苗育种及养殖和水产养殖育苗系列高效微颗粒饵料技术。

2. 火炬计划

火炬计划是高技术的下游计划。1987年经国务院批准，由国家科学技术委员会组织实施，在全国建立高新技术产业开发区56个，其中农业高新技术产业开发区1个，即陕西杨凌高新技术产业开发区。同时，选择新材料、生物技术、电子与信息、光机电一体化、新能源、高效节能与环保等重点领域，启动了一批项目，其中生物技术领域主要有：采用细胞工程、基因工程和转基因技术等培育高产、优质、抗病、抗虫、抗逆粮食作物、经济作物新品种，畜禽、水产新品种，生物新制剂等。

（四）第四个层次的科技计划

根据世界科技动向和发展趋势，特别是交叉和综合主导趋势，加强基础研究和前沿技术研究，继续实施了基础研究重大项目计划（攀登计划）、国家自然科学基金项目计划、国家重点实验室建设计划和农业部开放实验室建设计划，力争取得重要进展和突破，为经济社会和科技发展提供强有力支撑。

1. 基础研究重大项目计划（攀登计划）

在"八五"计划的基础上，1997年启动了国家重点基础研究发展计划（简称"973"计划），1998—2000年，重点围绕农业、能源、信息、资源环境、人口与健康、材料、交叉与前沿7个领域安排重大项目86项，其中农业领域占13%。主要项目有：作物抗逆性与水分养分高效利用生物学基础研究、农作物重大病虫害成灾机理及调控基础研究、动物遗传育种分子生物学基础研究、草地退化生态系统恢复与农牧复合生态系统的重建等。

2. 国家自然科学基金项目计划

"九五"期间，生命科学部批准面上项目6 170个和重点项目169个。批准农业领域重大项目8个（388个课题），约占重大项目总数的7.8%。主要有：挖掘生物高效利用土壤养分保持土壤环境良性循环、中国沿海典型增养殖区有害赤潮发生动力学及防治机理研究、植物光合作用光系统Ⅱ结构及超快速过程的机理和调控、我国畜禽四种主要病毒病病原生态学和分子流行病学研究、稻麦玉米重要基因的鉴定及利用途径的基础研究、中国东部陆地农业生态系统与全球变化相互作用机理研究、荒漠化发生机制与综合防治优化模式的研究和我国北方地区农业生态系统水分运行及区域分异规律研究等。

3. 农业部重点开放实验室建设计划

面向农业的基础研究和应用基础研究，重点开放实验室增至82个，基本覆盖农业科学的主要领域。

根据上述四个层次的科技战略布局，国家安排了一系列农业研究与开发项目，并取得了重要进展与突破，为农业和农村经济持续稳定发展提供强有力的技术支持。科技进步对农业的贡献率达到45%。

五、2001—2005年科技计划（1998年）

"十五"科技计划，主要围绕国民经济、社会、科技发展中的重大需求和前沿科学问题，涵盖了信息、生物、现代农业、新材料、先进制造、自动化、能源交通、资源与环境和社会事业等领域，形成"3+2"计划，即：高技术研究与产业化发展计划、国家科技攻关计划、国家重点基础研究发展计划（"973"计划）3个主体计划和研究开发条件建设计划、科技产业化环境建设计划。

（一）高技术研究与产业化发展计划

主要包括：国家高技术研究发展计划（简称"863"计划）、国家高技术产业化示范工程、火炬计划和国家转基因植物研究与产业化专项。

1."863"计划

"十五"期间,"863"计划重点在6个领域,围绕着110个重点方向新安排课题1 028项;启动了第一批"863"计划引导项目43项。在生物和现代农业技术领域共安排了第二批主题项目课题198项;启动了功能基因组和生物芯片、创新药物、现代农业节水技术和新产品、优质超高产农作物新品种、组织(器官)工程、生物反应器等6个重大专项。其中功能基因组和生物芯片重大专项,启动课题8项;创新药物重大专项,结合新药筛选6个技术平台建设,支持了150个具有重大市场前景,治疗疾病、常见病、多发病的药物品种的课题;现代节水农业技术和新产品重大专项,安排了34个课题;组织(器官)工程重大专项,第一批课题安排10项;生物反应器重大专项,启动课题10项;优质超高产农作物新品种选育重大专项,围绕着水稻、小麦、棉花、蔬菜、玉米、大豆、油菜、花生、马铃薯等作物安排了课题13项。

为了加强国家高技术研究发展计划(简称"863"计划)管理的科学性、规范性和高效性,国家制定了《("863"计划)课题评审程序规范》《"863"计划主题项目和重大专项各管理主体职责》《科学技术部"863"计划保密规定》等一系列管理办法,进一步规范了课题评审程序,明确了管理职责。同时,对主题专家组的职责和分工进行了调整,将主题专家组专家分为主题管理专家和主题评估专家,进一步完善了"863"计划管理体系。另外,还成立了"863"计划监督委员会,负责受理查处在"863"计划课题评审过程中发生的投诉和举报。监督委员会每届任期三年,第一届863计划监督委员会由9名科技界的中国科学院院士和中国工程院院士组成。

2. 国家高技术产业化示范工程

国家高技术产业化示范工程是对促进新兴产业形成和推动产业技术升级有重大影响、技术含量和附加值高、市场前景好、经济和社会效益显著、带动性强的重大关键技术进行系统集成,并提供完备合理的工程化技术方案和工艺设计,为产业推广应用提供工程示范的建设项目。其建设重点为:一是以促进产业结构调整为主线,围绕新兴产业的形成和传统产业的升级;二是把生态环境建设和可持续发展放到重要地位;三是关注人民生活质量的热点问题;四是关注地区经济平衡,着力促进西部地区高技术产业化发展。

国家高技术产业化示范工程,共安排续建项目408项。2001年安排启动国家农业高技术产业化示范工程项目14个,2002年进行续建项目8个。主要包括:转基因抗虫棉和单/双价抗虫杂种棉、优质超级稻、海洋褐藻生物制品、利用分子标记育种技术及优质肉牛羊、复合微生态活菌制剂、真菌生防制剂、渔用生物技术、年产6 000吨"武大绿洲"系列生物病毒杀虫剂。各项目组织单位以市场为导向,以农业增效、农民增收和提高农产品国际竞争力为重点,加强了对产业升级、农业结构调整有显著带动作用的共性关键技术的研究与示范,取得了阶段性成果,部分项目在研究中取得了重大突破。

3. 火炬计划

火炬计划是国家发展高新技术产业的指导性计划。火炬计划按照"十五"规划的目标,结合科技工作的重点,大力推动高新技术产业化,加大对产业结构升级的共性技术、关键技术及其配套技术的研究开发与推广的支持力度。围绕经济发展的主线,在促进高新技术产业化工作方面有了较快的发展,赋予了火炬计划管理新的内涵,注重了对火炬计划一系列相关问题的调研工作,注重实效性和宏观管理的指导,使各项工作进展顺利,并有所创新和发展。

"十五"期间国家级火炬计划项目共安排 1 358 项。其中生物工程与新医药 162 项，新材料及应用 405 项，环境保护 46 项等。其中涉农项目占总数的 12%。

4. 国家转基因植物研究与产业化专项

国家转基因植物研究与产业化专项是为加快我国转基因植物研究与产业化进程，提高我国在此领域的自主创新能力，形成具有国际竞争力的转基因植物产业，经国务院批准，由科学技术部、财政部于 1999 年联合启动实施的。专项研究执行时间为 1999—2003 年。专项的总体目标是建成 1~2 个现代化的高效的世界一流的植物基因研究中心，使我国农作物功能基因的研究以及转基因植物研究的整体水平达到世界中等发达国家水平，并在小麦抗白粉病基因、水稻光敏温敏不育基因、双价抗虫基因研究与利用等方面形成我国的特色和优势；获得具有我国自主知识产权的新基因 30 个左右；培育 1~2 个符合市场经济运行规律的转基因植物产业化基地；利用转基因方法，获得高产、优质、抗病、抗虫、抗逆的玉米、小麦、大豆、棉花和水稻新品种 15 个；培养和造就一批国际一流的中青年科技骨干、管理专家和现代企业家。

（二）国家科技攻关计划

主要包括国家重大科技专项和国家科技攻关计划。

1. 国家重大科技专项

为适应中国加入世界贸易组织后的新形势和新要求，满足国内经济结构战略性调整的需要，经国家领导小组批准，"十五"期间组织实施 12 个重大科技专项。国家重大科技专项的基本思路是：在目标上，注重创新突破，有所为，有所不为，通过重大专项实施，开发新产品，建立新产业，实现跨越式发展；在机制上，积极引进和探索新机制，大力推进"人才、专利、标准"三大战略，成为机制创新和体制创新的突破口，通过专项凝聚人才和队伍，大力促进中央各部门之间以及中央与地方之间的结合，调动各方积极性，建立共同推进机制；在实施上，政府引导与市场推动相结合，推进以企业为主体的创新和投入模式，实现产、学、研结合；在管理上，实行分类管理，建立项目责任制，锐意改革。

"十五"期间组织实施的重大科技专项共 12 项，其中涉农项目 5 项，主要有：功能基因组和生物芯片研究、主要农产品深加工技术与设备研究开发、奶业重大关键技术研究与产业化技术集成示范、食品安全关键技术、现代节水农业技术体系及新产品研究与开发等。

重大科技专项成立领导小组和各专项协调小组。科学技术部负责总体战略部署、重大问题协调与决策。组织部门或地方政府负责专项的日常管理工作。专项协调组对科技部和专项组织部门负责，在科学和技术层面进行专项的研究任务和实施方案设计，参与专项可行性论证、招投标、评估、监督检查、验收等工作。企业重点做好产业化的衔接、产业化机制的设计和运行工作，保证产业化资金的落实和到位，解决好利益共享机制，对产业的知识产权及标准进行必要的推广和应用。各专项可按需设立"专项专家咨询监督小组"等。

2. 国家科技攻关计划

国家科技攻关计划是面向国民经济建设主战场，重点解决我国国民经济建设和社会发展中的重大科技问题的科技计划。"十五"农业领域科技攻关计划以促进产业技术升级和结构调整、解决农业生产中的重大技术问题为主攻方向，力求通过重大关键共性技术的突破，促进技术创新和农业技术的应用，全面提高我国农业的整体效益。

"十五"农业领域科技攻关计划由重大项目、重点项目和引导项目组成。2001年，共启动了16个项目，其中包括4个重大项目和12个重点项目。4个重大项目是：主要农作物优质高效生产技术研究与示范、畜禽规范化养殖技术研究与产业化示范、生态农业技术体系研究与示范、防沙治沙关键技术研究与示范。12个重点项目是：种质资源创新利用与新品种选育及产业化示范、农业信息化技术研究、农业机械化关键技术研究与产业化示范、区域持续高效农业综合技术研究与示范、农林重大病虫害和气候灾害预警及控制技术研究、林业生态工程构建技术研究与示范、工厂化农业关键技术研究与示范、水产健康养殖技术研究与示范、优质林木果树育种及高效利用技术研究、特产资源高效利用与产业化技术研究、粮食储藏及检测关键技术研究与设备开发、竹藤资源培育及高效利用产业化关键技术与示范。

（三）国家重点基础研究发展计划

主要包括：国家重点基础研究发展计划，即"973"计划、国家自然科学基金项目计划。

1. "973"计划

"973"计划是面向国家重大战略需求的基础研究重大项目计划，重点围绕农业、能源、信息、资源环境、人口与健康、材料等领域可持续发展的重大科学问题，集中组织优秀科研力量，大力开展创新研究，为国民经济和社会可持续发展提供科学技术基础。通过计划的实施，培养了一批优秀人才，建设了一批高水平国家研究基地，从而增强了我国原始性创新能力。

2001年确定重大项目18个，其中涉农项目有：光合作用高效光能转化机理及其在农业中的应用、农作物资源核心种群构建、重要新基因发掘与有效利用、水稻重要性状的功能基因组学研究等。2002年涉农重大项目有：重要作物品质性状功能基因组学与分子改良研究、农林危险生物入侵机理与控制基础研究、西部典型区域森林植被对农业生态环境调控机理。"十五"后三年又进一步明确了农业基础研究重大项目的支持方向：重要农业动植物功能基因组学，重要农业动植物品质改良及其安全问题，农作物病虫害控制与农业动物重大疫病防治，农业生物资源的保护与利用，农业资源环境保护与生态系统，作物水、养分、光能高效利用。2003—2005年陆续安排涉农重大项目13项，约占重大项目总数14％。主要涉农重大项目有：农业微生物杀虫防病功能基因的发掘和分子机理研究、作物高效抗旱的分子生物学和遗传学基础、绿色化学农药先导结构及作用靶标的发现与研究、主要农作物核心种质重要功能基因多样性及其应用价值研究、棉花纤维品质功能基因组学研究与分子改良、畜禽肉品质性状形成的营养代谢与调控机理、重要养殖鱼类品种改良的遗传和发育基础研究、水稻重要农艺性状的功能基因组和分子基础研究、作物高效利用氮磷养分的分子机理、我国农田生态系统重要过程与调控对策研究等。

"973"计划项目组织管理继续实行首席科学家领导下的项目专家组负责制，首席科学家对项目的执行全面负责；成立高层次的专家顾问组，实行政府决策与专家咨询相结合的管理机制和运行监督机制。项目依托单位负责项目的日常管理，提供项目执行的相关条件保障。

2. 国家自然科学基金重大项目

国家自然科学基金重大项目以国民经济与社会发展中亟待解决的重大科学问题和重要的科学前沿问题为主要目标，重视学科交叉与综合性研究，重视基础研究和应用基础研究的结合，鼓励促进科学界与工业界对研究项目的联合支持。

2001年，国家自然科学基金委员会共受理面上项目申请27 590项，批准资助5 808项，其中生命科学部分受理申报11 964项，资助2 181项；国家自然科学基金委员会共受理重点项目申请697项，批准资助208项，其中生命科学部分受理申报175项，资助42项。国家自然科学基金重大项目"主要农田生态系统氮素行为与氮肥高效利用的基础研究"全面启动实施。之后，逐年陆续批准了国家自然科学基金重大项目4项。

（四）研究与开发条件建设

主要包括：国家重大科学工程（简称重大科学工程）、国家重点实验室建设计划、国家工程技术研究中心计划、科研条件建设、中央级科研院所科技基础性工作专项和科研院所社会公益性研究专项、国际科技合作重点项目计划、国家软科学研究计划和科学技术普及等。

1. 国家重大科学工程

国家重大科学工程是国家级的科学研究重大装置、重大设施和基础研究科研基地建设项目，是国家科技水平和综合国力的体现，是在党和国家领导人的亲自关注下启动实施的。大科学工程由科学技术部组织项目遴选和科学论证，国家发展和改革委员会立项，并经国务院科学教育领导小组批准。国家重大科学工程自1984年实施以来，已建成项目15个，在建项目11个。每建成一个重大科学工程项目，都标志着我国科学技术达到一个新的发展水平，是我国科技事业发展史上的一个新的里程碑。

中国农作物基因资源与基因改良工程重大科学工程项目是由国家发展计划委员会于2000年2月28日正式批准立项的，是我国第一个农业国家重大科学工程，这标志着我国开始建设高水平的、大规模的农作物基因资源与基因改良研究基地暨国家农业生物技术的研究中心。该科学工程的科学目标是：根据我国农业生产发展的需要和农业生物技术的发展趋势，对重大农作物特别是水稻、小麦、玉米、大豆、棉花等主要农作物，开展种质资源遗传多样性的分子检验，进行重要新基因的鉴定、分离与克隆，进行分子种质创新与分子遗传等农业生物技术和分子生物技术研究，为我国农业种质资源的改良和农业生产服务。

该项目依托中国农业科学院建设。在充分利用国家作物种质资源、种质库等现有条件的基础上，重点建设分子检测、基因克隆与功能研究、种质创新与分子育种方法、人工模拟环境与生物信息网络以及作物基因资源工作库等设施。项目总投资14 140万元。项目实行建设项目法人制。该项工程将结合农业科技体制改革，建立新的知识创新与技术创新体制，实行新的运行机制。中国农作物基因资源与基因改良工程重大科学工程项目正在实施之中。项目建成后，我国将建成具有世界先进水平的、大规模、高效率的现代化作物基因资源和基因改良研究基地；成为面向全国的、全方位开放的作物基因信息网络服务中心；成为农业生物技术领域国际知名的学术交流中心和人才培养中心。形成以基因资源为基础，以具有自主知识产权的基因为核心，以品种为载体的完整的研究与开发体系；提高农业基础研究的水平，增强农业科学研究的实力，促进我国农业生物技术产业发展，缩小同发展国家之间农业科技水平的差距。

2. 国家重点实验室建设项目计划

国家重点实验室是国家组织高水平基础研究和应用基础研究、聚集和培养优秀科研人才、开展国内外学术交流的重要基地，是依托大学、科研院所和其他具有原始性创新能力的机构建设的科研实体。1984—2004 年，已建成国家重点实验室 181 个，基本覆盖了我国基础学科的各个领域，其中与农业相关的国家重点实验室有 21 个。"十五"期间，农业方面新建国家重点实验室 6 个，即：作物遗传与种质创新国家重点实验室、植物生理学与生物化学国家重点实验室、水稻生物学国家重点实验室、农业微生物学国家重点实验室、植物基因组学国家重点实验室、动物营养学国家重点实验室。

"十五"期间，国家重点实验室建设以对现有实验室的改革、调整为主，以新建实验室为辅，加强管理，完善"开放、流动、联合、竞争"运行机制，形成学科布局合理、运行机制完善、研究水平较高、突出创新的实验室体系。国家对实验室实行分级分类管理。科学技术部负责实验室的宏观管理，国务院部门（行业）或地方科学技术主管部门负责实验室的行政管理，依托单位具体负责实验室的建设与运行管理。

3. 国家工程技术研究中心计划

国家工程技术研究中心（以下简称国家工程中心）是根据国家经济和社会发展的需要，以市场需求为导向，面向企业，对具有发展前景的科研成果进行系统化、工程化研究，为企业规模化生产提供成熟配套的技术工艺和装备，并推动集成、配套的工程化成果向相关行业辐射、转移与扩散的科技中介服务机构。

截至 2002 年年底，共建成国家工程技术研究中心 110 多个，其中农口国家工程技术研究中心 27 个，主要分布在种植业、林业、畜牧业、水产业等行业领域，其中已通过验收并正式命名的有 15 个。国家工程技术研究中心是独立的实体，实行主任负责制，可以根据实际情况选择发展模式，参照现代企业制度，健全人员、财务、资产、分配和考核等方面的管理制度。2002 年，科学技术部按照国民经济和社会发展第十个五年计划科技教育发展专项规划（科技发展规划）》中确定的优先发展重点领域的需求，批准组建了 10 个国家工程技术研究中心，其中在农业方面新组建了"国家油菜工程技术研究中心"。有 4 个工程中心通过科学技术部验收，其中在农业方面有国家农业机械工程技术研究中心、国家节水灌溉工程技术研究中心（北京、杨凌）、国家杨凌农业生物技术育种中心。国家农业机械工程技术研究中心被验收评为优秀。

2002 年，科学技术部实施第 4 批再建设计划，对 25 个工程中心进行了优化调整。其中涉及农业方面的工程中心有：国家杂交水稻工程技术研究中心、国家乳业工程技术研究中心、国家大豆工程技术研究中心、国家玉米工程技术研究中心、国家昌平综合农业工程技术研究中心等。

4. 科技基础性工作专项计划

科技基础性工作是一项通过对科学数据、种质资源、科学标本、资料、信息的采（收）集、整理、保存、传输以及制定相关技术基础标准，为科学研究与技术开发提供共享资源和条件的工作。"十五"期间，科技基础性工作按照"突出重点、有限目标、建设基地、凝聚队伍"的指导思想，通过稳定地投入和支持，使我国科技基础性工作的整体水平显著提高，基本适应科技发展和国民经济持续增长的需求。

科技基础性工作专项安排的项目中涉及农业的项目主要包括：农林科技基础数据库建设与共享服务；气象、地震、水文等科学数据共享服务；主要农作物及牧草种质资源收集、整理、鉴定、评价与入库保存；国家资源圃多年生和无性繁殖作物种质资源收集、整理、鉴定、评价与保存；林木种质资源收集、整理、鉴定、评价与入库保存；特有动植物种质资源收集、整理、鉴定、评价与保存；与农林、医药有关的微生物资源收集与信息系统建设以及国家野外试验站监测规范与数据标准化等。

科技基础性工作专项的实施以中央科研院所为主体，逐步建立和完善资源与成果的共享机制，保证社会共享的实现。"十五"逐年批准安排了一批项目。

5. 社会公益研究专项计划

社会公益研究专项计划是国家财政支持科技公共领域的重要渠道。专项重点支持若干社会公益研究基地建设，形成社会公益研究网络，为社会可持续发展和公益服务事业提供技术保障，促进社会公益研究的可持续创新能力和水平的提高。社会公益研究专项优先支持社会公益类科研院所的改革与发展，通过项目的形式，为社会公益研究人才提供良好的环境，提高社会公益研究的能力和水平。

"十五"期间，社会公益研究专项以"突出重点、优化机制、建设基地、凝聚人才、推动改革"为指导思想，重点在监测、预警、公共安全体系、人口健康与保障体系的科学研究及农业和社会发展等方面，支持相关公益性科技工作的开展。

社会公益研究专项计划安排的涉农项目主要包括：农林重大病虫及生物灾害监测、控制系统研究；水资源利用与水环境监测重要技术研究；南沙群岛及其邻近海区综合调查；重要生物资源动态监测；森林、湿地生态系统动态监测；草地沙化退化和干旱地区土壤监测与控制系统研究；数字土壤资源与农田质量预警；粮食储备安全技术体系研究；强灾害天气预警、损失评估与防治研究；畜禽、水产饲料及添加剂生物安全监测系统的研究与建立；动物源性生化药品安全监测关键技术研究；主要农产品及其加工质量控制、快速评定及标准研究；环境安全与环境管理体系研究；科技兴贸信息平台建设和重要农业、工业产品技术性贸易壁垒研究；我国区域发展和结构调整重大科技问题研究等。

社会公益性研究专项实行专项工作小组的管理机制，由工作小组对专项进行组织实施和监督管理。社会公益性研究专项分重点项目和一般项目两个层次实施，实行课题制管理，强化过程管理和动态监测。

6. 农业部重点开放实验室

农业部重点开放实验室是为加强农业基础和应用基础研究，在农业科研和教学单位中选择基础较好，由农业部评估命名和建设的一批重点开放实验室。旨在通过农业部重点实验室的建设，突破一批农业应用基础研究的关键性难题，发展一批农业重点学科和新兴学科，造就一批高水平的学科带头人。

农业部重点实验室依托有关农业科研和教学单位进行建设，实行实验室主任负责制，设立实验室学术委员会。按照"开放、流动、联合、竞争"的运行机制进行运行和管理。重点开放实验室在建设和管理中重点突出，一是重点稳住一批精干的应用基础研究队伍；二是重点投资改善研究条件和更新仪器设备；三是安排农业应用基础性研究和高新技术研究课题。农业部重点实验室每隔五年评估和命名一次，其间的第三年进行一次中期评估。

农业部在 2002 年开展了第四次评估命名工作，共命名重点实验室 84 个，基本涵盖了农业生物种质资源、作物遗传育种、动物遗传改良、作物重要有害生物综合防治、畜禽和水产重大疫病防治、作物栽培与营养生理、动物营养与生理、农业可持续发展、农产品加工与储藏、农业生物环境工程、农业高新技术 11 个领域，涉及农学类、畜牧兽医类、水产学类等的 40 多个学科。

7. 国家农作物改良中心、分中心

国家农作物改良中心、分中心（简称改良中心、分中心）建设是"九五"期间开始组织实施的国家种子工程建设的重要组成部分。旨在通过国家农作物改良中心、分中心的建设，进一步加快农作物新品种选育，推进种子产业化和现代化的步伐，提高农产品质量，改善人民生活，保障21世纪食物安全，增强我国农产品在国际市场中的竞争力。

国家农作物改良中心、分中心按照统一规划、资源优化、共同投资、高效高起点和"成熟一个，审批一个"等原则进行分期分批建设。"十五"期间，在水稻、小麦等主要农作物中继续建设一批改良分中心，同时，在果树、茶叶、麻类、桑树、橡胶、牧草、小杂粮等经济作物中建设一批改良中心和分中心，最终使国家农作物改良中心、分中心的建设总数达到100个。

农业部在2001年建设11个改良分中心的基础上，在2002年又建设改良分中心27个，使改良中心、分中心建设达到了70个。2004年改良中心、分中心建设总数达到了84个。

农作物改良中心、分中心在建设依托单位内部是一个相对独立的新型科研实体，经济上实行独立核算；实行理事会领导下的主任负责制；设立学术委员会；中心、分中心实行面向国内外开放的管理体制，按照"开放、竞争、招聘、流动、协作"的运行机制运行。改良中心在业务上对改良分中心进行指导。

（五）科技产业化环境建设

主要包括：星火计划、火炬计划、国家科技成果重点推广计划、国家重点新产品计划、科技型中小企业技术创新基金、农业科技成果转化资金、农业科技园区、科技兴贸行动计划、生产力促进中心、大学科技园建设、科研院所技术开发研究专项资金等。

1. 星火计划

"十五"国家级星火计划项目组织实施的基本原则是：认真贯彻全国农村工作会议和全国农业科学技术大会的精神，围绕《"十五"星火计划发展纲要》和《星火计划八大科技燎原行动实施方案》的总体目标和战略构想，配合科学技术部奶业发展、节水灌溉等重大专项的实施，突出技术创新，坚持市场导向，紧紧围绕农业增效和农民增收的重点和难点问题，重点支持一批能够促进农业和农村经济结构调整、促进农民增收和对地方经济有明显带动作用的农副产品加工、农村资源综合利用以及其他农业产业化项目，培育星火科技创新型企业，促进星火技术密集区、星火小城镇建设，推动星火西进，促进农村经济、社会和生态的协调发展。

2002年共安排国家级星火计划项目1 184项，其中农副产品加工337项、农村优势资源开发和特色产业176项、高效种植业140项、高效养殖业153项、农业机械与设备28项、农用化工57项、农村建材24项、环境保护62项、其他产业207项。国家级星火计划项目投资共268.1亿元。为落实西部大开发战略的实施，星火计划加大了对西部省份的支持，到2005年，西部地区星火计划重点项目比重超过35%；先后启动了全国"青年星火西进计划"和"星火西进示范县"建设，共批复西进示范县9个。

"十五"期间，星火计划管理继续按照科学化、程序化的决策机制，公平、公正、公开的项目管理机制和工作绩效考核机制进行组织实施和管理。

2. 农业科技成果转化资金项目

农业科技成果转化资金项目是为了贯彻落实《农业科技发展纲要（2001—2010年）》，

加快农业、林业、水利等科技成果转化，提高国家农业技术创新能力，为我国农业和农村经济发展提供有力的科技支撑，由中央财政支持设立。转化资金重点支持具有批量生产和应用可能的农业新品种、新技术和新产品的区域试验与示范、中间试验或生产性试验，为农业生产大面积应用和工业化生产提供成熟配套的技术。

"十五"期间，农业科技成果转化资金项目的支持重点包括：农林植物优良新品种与优质高效种植技术；畜禽、水产优良品种与优质高效养殖技术；重大动植物病虫害检测、监测、诊断和防治技术；农副产品加工增值与农业资源高效利用技术；农业生态环境保护、防沙治沙和水土保持技术；农业高效用水技术与设备；现代农业装备与农业信息化技术等内容。

2002年农业科技成果转化资金项目共立项支持295个项目，其中粮食作物33个，经济作物40个，畜牧业37个，水产业16个，林业25个，植物保护18个，动物保护11个，节水农业20个，农产品加工50个，农业生态环境15个，农业装备23个，农业信息技术7个。在295个项目中，东部地区130个、中部地区99个、西部地区66个，分别占项目总数的44.07%、33.56%、22.37%。之后，随着转化资金的增加，每年批准支持的农业科技成果转化资金项目有较大幅度提高。

3. 国家重点新产品计划

国家重点新产品计划是一项政策性引导计划，旨在促进企业新产品开发和科技成果转化及产业化，推动企业与科研单位的产品结构调整，提高我国企业的经济竞争力。

"十五"期间，新产品计划继续按照"创新、产业化"的方针，以"加强引导、鼓励创新、扶持重点、营造环境"为指导思想，采取政策引导和财政补助措施，引导、支持科研单位和企业的新产品开发与试制工作，并通过强化计划的引导示范和服务功能，逐渐形成以企业为主体的产品创新和技术创新机制，进一步推动科技产业化环境建设。

新产品计划项目立项采用评估（评审）认定和申报备案两种方式。各省、自治区、直辖市、计划单列市和国务院有关部门、直属机构按照科技部有关要求，在受理的4 000多个项目基础上，经评估（评审）和审核共推荐上报2 427项。经过科学技术部组织专家评审认定，共有945项列入国家重点新产品计划，有389项经备案直接列入计划。

新产品计划继续加大对西部地区项目和农业领域项目的支持，注重专利和知识产权的保护。列入2002年度计划的1 334个项目中，西部地区项目为204项，农业及涉农项目90项，有653项具有自主知识产权，分别占计划项目总数的15.29%、6.75%和47.60%。

新产品计划对创新性强、技术含量高、具有自主知识产权、对产业共性技术有较大带动作用的重点项目，给予财政拨款补助和贷款贴息支持。在2002年国家重点新产品计划的1 334个项目中，共有462个项目得到了国家财政补助，占计划项目总数的34.63%。

4. 国家科技成果重点推广计划

科技成果重点推广计划是促进科技成果向现实生产力转化、加速科技经济结合进程的一项国家指导性科技计划。

"十五"期间，推广计划围绕国民经济结构战略性调整的主线和国家科技计划的总体安排，继续与其他科技计划相衔接、相配合，面向经济建设和社会发展，重点做好信息、节水、农业现代化、污染治理和能源综合利用技术等领域的高新技术成果的推广应用工作。

共有433个项目立项列入国家科技成果重点推广计划，分布于全国30个省、自治区、直辖市。在立项项目中，农业方面共计 152 项，占全部项目的 35.10%，其中作物育种、栽培技术 55 项，肥料、农药及其病虫害防治技术 5 项，农业机械、农业工程 40 项，畜牧、水产 28 项，林业 24 项，分别占项目总数的 12.70%、1.15%、9.24%、6.47% 和 5.54%。

5. 国家农业科技园区

国家农业科技园区以市场为导向、以先进实用技术为支撑，发挥区域优势，突出地方特色，通过政府引导、社会参与，促进农业产业化经营，促进体制创新和科技创新，成效显著。借助农业科技园区这一平台，一大批农业高新技术成果得到了转化，大量实用技术得到了推广，技术、人才、资金等生产要素，在市场机制的作用下有效结合，推动了农业结构的战略性调整①。

"十五"期间，科学技术部批准了宁波慈溪等 15 个农业科技园区为第二批国家农业科技园区，连同已批准的国家农业科技园区共计 36 个，其中东部地区 12 个，中部地区 11 个，西部地区 13 个，初步形成了较合理的布局。

2002 年国家农业科技园区共引进项目 427 个，自主开发项目 363 个，引进技术 474 项、新品种 3 135 个、新设备 1 114 套，推广新技术 820 项、新品种 784 个，开展各种培训 31 万人次、吸纳就业人数 33 万人、带动周边地区 266 万农民致富。国家农业科技园区作为农业技术组装集成、科技成果转化及现代农业生产的示范载体，已成为农业新技术开发、转化、推广的重要基地，为提高农民素质、增加农民收入和促进当地经济发展起到了良好的示范和带动作用。

为了加强对农业科技园区的管理，有关部门联合成立了协调领导小组、联合办公室及专家委员会。2002 年 3 月，召开了国家农业科技园区部际协调指导小组第一次联席会议，4 月份召开了园区联合办公室会议，明确了各自的任务分工，安排落实了国家农业科技园区的有关工作。

6. 农业科技跨越计划（简称跨越计划）

农业科技跨越计划是一项全国性农业科技成果的中试和转化计划。在"九五"期间发展的基础上，农业科技跨越计划在 2001—2005 年共安排项目 114 个。

（1）农业方面有中国超级稻育种及试验示范、优质早中晚籼稻新品种生产技术集成及产业化示范、面包强筋小麦新品种生产技术集成及示范、优质高蛋白饲用玉米品种综合配套技术研究与示范、高油大豆新品种生产技术试验示范、优质棉新品种生产技术试验示范、优质双价转基因抗虫棉新品种生产技术集成研究与产业化、双低油菜新品种配套技术试验示范、优质高产甘蔗新品种（系）集成示范、无公害优质苹果生产综合技术试验示范、柑橘新品种示范与推广、三峡库区优质柑橘无病毒技术中试及无毒快繁技术示范、早晚熟柑橘生产及加工技术开发与示范、蔬菜全程无害化生产技术集成配套及示范、设施蔬菜无公害生产技术体系建立与应用。

（2）畜禽方面有优质肉牛生产技术体系试验示范、高产奶牛 MOET 育种核心群的建立、高产奶牛规范化饲养技术示范、新疆细型细毛羊生产技术体系试验示范、吉林优质细毛羊生产技术体系试验示范、波杂优势肉用山羊生产技术体系建立与示范、优质瘦肉型杂优猪生产技术体系试验示范、优质黄羽肉鸡产业化开发、绍兴鸭配备系中试示范、

---

① 2002 年，科学技术部会同农业部、水利部、国家林业局、中国科学院及中国农业银行等部门成立农业科技园区部际协调领导小组。随后又组织成立了农业科技园区联合办公室，专门负责园区工作的日常管理。

优质高产牧草生产加工生产技术试验示范、安全高效微生物饲料添加剂生产与使用技术中试、脲酶抑制剂添加剂产业化生产技术、新型安全兽药产业化及示范、幼畜腹泻双价基因工程苗的中试开发。

（3）水产方面有优质罗非鱼雄性化养殖加工出口关键技术示范、优质冷水性鱼类健康养殖技术示范、中国对虾健康养殖技术示范、优质河蟹标准化生产体系示范、贝类健康化生产技术体系示范、紫菜养殖加工产业链开发。

（4）热带作物、农业机械方面有天然胶乳生产氯化橡胶技术产业化示范、牧草生产机械化技术及配套机具中试、大豆降本增效机械化收获技术及配套机具示范推广、橡胶树 D/5 新割胶制度产业化示范等。

跨越计划继续按照"符合宏观政策、体现国家需求、核心技术先进、配套技术完整、成果推广合法、合作基础良好、项目目标明确"的立项标准，进行项目立项与管理。

7. 全国农牧渔业丰收计划（简称丰收计划）

丰收计划是为加速科技成果转化和实用技术普及，提高农业生产的科技含量和农业生产者的科技素质，推动农业科技和农业生产、农村经济的紧密结合，促进农村科技进步和农业的持续发展，带动农业大面积、大范围增产增收，保证农产品的有效供给，由农业部、财政部组织实施的一项农业科技推广计划。

2002 年，全国农牧渔业丰收计划根据农业部大豆行动计划的整体部署，重点支持了高油大豆生产技术。通过推荐高油大豆新品种，推广高产栽培新技术，举办高产栽培技术培训班和进行现场技术指导，建立高油大豆新品种、新技术示范样板等措施，全面超额完成了项目的各项计划指标。同时，项目区高油大豆生产的发展，促进和带动了当地大豆加工业以及畜牧业的发展，增加了农民收入，为当地种植业结构调整和农民增收提供了新途径。农业部对全国农牧渔业丰收计划实施管理办法进行了改革，采用了由技术支撑单位牵头实施这一重大举措，明确了项目人员的责任和义务，使项目实施工作能够有序、高效地开展，保证了项目推广措施得力、技术到位。

在已有科技计划的基础上，"十五"期间各项科技计划的实施又取得了一批重要科技成果，这批科技成果的扩散和转化，有效地促进了农业和农村经济的发展。至"十五"末期，科技进步对农业的贡献率达到 48%。

六、2006—2010 年科技计划（2003 年）

在"3＋2"计划基础上，"十一五"涉农科技计划有了新的调整，包括三部分，共计 16 项计划，即"863"计划、国家科技支撑（攻关）计划、"973"计划、国家重大科学研究计划、星火计划、国家科技成果重点推广计划、农业科技成果转化资金、国家农业科技园区、科技惠民计划、创新人才推进计划等。此外，农业部继续实施的科技计划有：重点开放实验室、国家农作物改良中心（分中心）、农业科技跨越计划、全国农牧渔业丰收计划等。

（一）第一个层次

1. "863"计划

"十一五"期间，"863"计划在生物和现代农业技术领域安排的主题项目课题有；功能基因组和生物芯片、现代农业节水技术和新产品、优质超高产农作物新品种、组织（器官）工程、生物反应器等重大专项。现代节水农业技术和新产品重大专项，共安排了34个课题；优质超高产农作物新品种选育重大专项，科学技术部继续围绕着水稻、小麦、棉花、蔬菜、玉米、大豆、油菜、花生、马铃薯等作物安排了13个课题。新增主要农业动物功能基因组研究与应用、林木花卉转基因育种研究、特色植物功能基因组学研究与应用等。

为了加强"863"计划管理的科学性、规范性和高效性，科学技术部继续实施《（"863"计划）课题评审程序规范》《"863"计划主题项目和重大专项各管理主体职责》《科学技术部"863"计划保密规定》等一系列管理办法，进一步规范了课题评审程序，明确了管理职责。同时，对主题专家组的职责和分工进行了调整，将主题专家组专家分为主题管理专家和主题评估专家，进一步完善了"863"计划管理体系。

2. 国家科技支撑（攻关）计划

（1）"十一五"期间，继续或新增的国家科技支撑计划项目（课题、专题）主要有：农林植物种质资源发掘与创新利用、粮食丰产增效科技创新、环渤海粮仓科技示范工程、主要经济作物优质高产与产业、中低产田改良科技工程、福建红壤区生态修复和持续经营关键技术集成与示范、提质增效科技创新主要蔬菜杂种优势利用与新品种选育、现代节能高效设施园艺装备、云南特色花卉高效生产技术集成创新与示范、外来与新发动物疫病预警与阻断技术研究与开发、大田作物机械化生产关键技术研究与示范、生鲜农产品绿色防腐与安全保鲜技术研发与应用、农产品产地商品化处理关键技术与装备、城郊环保型高效农业关键技术研究与示范、农村重要农资物流关键技术及装备研究与示范、循环农业科技工程等。

（2）试点专项有七大农作物育种、粮食丰产增效科技创新、化学肥料和农药减施增效综合技术研发、重大自然灾害监测预警与防范、全球变化与应对、生物安全关键技术研发、水资源高效开发利用、智能农机装备、畜禽重大疾病防控与高效安全养殖综合技术研发、现代食品加工及粮食收储运技术与装备、农业面源和重金属污染农田综合防治与修复技术研发、国家质量基础的共性技术研究与应用、食品安全关键技术研发、纳米科技。

（3）重点专项有动物源食品安全加工科技工程、蓝色粮仓科技创新、水产全产业链质量控制技术与示范、远洋捕捞技术与渔业新资源开发、林业资源培育及高效利用技术创新、林业资源培育及高效利用技术创新、林业资源培育及高效利用技术创新、木质复合材料制造关键技术研究与示范、绿色宜居村镇技术创新、村镇规划和环境基础设施配置关键技术研究与示范、传统村落保护规划与技术传承关键技术、长三角快速城镇化地区美丽乡村建设关键技术综合示范、美丽乡村生产生活综合循环利用技术集成示范、城郊集约型美丽乡村建设关键技术研究与示范、生物燃气热电联产及成套生物燃气工程化装备研制与示范美丽乡村绿色农房建造关键技术研究与示范、生物基材料制造关键技术与产品等。

3. "973"计划

主要包括：国家重点基础研究发展计划、"973"计划、国家自然科学基金项目计划。

（1）"十一五"期间，继续安排的涉农项目（专项）有农业微生物杀虫防病功能基因的发掘和分子机理研究、作物高效抗旱的分子生物学和遗传学基础、绿色化学农药先导结构及作用靶标的发现与研究、主要农作物核心种质重要功能基因多样性及其应用价值研究、棉花纤维品质功能基因组学研究与分子改良、畜禽肉品质性状形成的营养代谢与调控机理、重要养殖鱼类品种改良的遗传和发育基础研究、水稻重要农艺性状的功能基因组和分子基础研究、作物高效利用氮磷养分的分子机理、我国农田生态系统重要过程与调控对策研究等。

（2）"973"计划项目组织管理，继续实行首席科学家领导下的项目专家组负责制，首席科学家对项目的执行全面负责；成立高层次的专家顾问组，实行政府决策与专家咨询相结合的管理机制和运行监督机制。项目依托单位负责项目的日常管理，提供项目执行的相关条件保障。

（3）国家自然科学基金项目。2010—2015年期间，国家自然科学基金委员会生命科学部受理资助重点项目95项、杰出青年科学基金项目24项、优秀青年基金项目59项、创新研究群体项目5项。

4. 国家重大科学研究计划

重大科学工程是国家级的科学研究重大装置、重大设施和基础研究科研基地建设项目。"十一五"期间，国家重大科学研究计划在1984年实施以来已建成项目的基础上，又建成15个，标志着我国科学技术又出现新的发展和突破。

"十一五"期间，中国农作物基因资源与基因改良工程重大科学工程项目的实施取得了重要进展，获国家奖励科技成果3项。该项目面向国内外全方位开放，逐步成为作物基因信息网络服务中心，成为农业生物技术领域国际学术交流中心和人才培养中心。

（二）第二个层次

1. 星火计划

"十一五"期间围绕《"十五"星火计划发展纲要》和《星火计划八大科技燎原行动实施方案》的总体目标和战略构想，围绕农业增效和农民增收的重点和难点问题，重点支持一批能够促进农业和农村经济结构调整、促进农民增收和对地方经济有明显带动作用的产业化项目，培育星火科技创新型企业，促进农村经济、社会和生态的协调发展。

"十一五"星火计划管理继续按照科学化、程序化的决策机制，公平、公正、公开的项目管理机制和工作绩效考核机制进行组织实施和管理。

2. 国家科技成果重点推广计划

"十一五"期间，国家科技成果重点推广计划围绕国民经济结构战略性调整的主线和国家科技计划的总体安排，继续与其他科技计划相衔接、相配合，面向经济建设和社会发展，重点做好信息、节水、农业现代化、污染治理和能源综合利用技术等领域高新技术成果的推广应用工作。

（三）第三个层次

1. 农业科技成果转化资金项目

"十一五"期间，农业科技成果转化资金项目的支持重点包括：农林植物优良新品种与优质高效种植技术；畜禽、水产优良品种与优质高效养殖技术；重大动植物病虫害检测、监测、诊断和防治技术；农副产品加工增值与农业资源高效利用技术；农业生态环境保护、防沙治沙和水土保持技术；农业高效用水技术与设备；现代农业装备与农业信息化技术等内容。

2. 国家农业科技园区

"十一五"期间，科学技术部批准了宁波慈溪等15个农业科技园区为第四批国家农业科技园区，连同已批准的国家农业科技园区共计51个，分布在东部、中部和西部地区。

为了贯彻落实中央1号文件《关于促进农民增加收入若干政策的意见》精神，加快国家农业科技园区的建设步伐，科学技术部编制了《"十二五"国家农业科技园区发展规划》，计划在全国建设120个国家农业科技园区，同时还印发了《国家农业科技园区管理办法》。

(四) 其他有关农业科技计划

1. 农业科技跨越计划

在"十五"期间农业科技发展的基础上，农业科技跨越计划安排的项目有：中国超级稻育种及试验示范、优质肉牛生产技术体系试验示范、高产奶牛规范化饲养技术示范、新疆细型细毛羊生产技术体系试验示范、优质罗非鱼雄性化养殖加工出口关键技术示范、优质冷水性鱼类健康养殖技术示范、天然胶乳生产氯化橡胶技术产业化示范、牧草生产机械化技术及配套机具中试等。

跨越计划继续按照"符合宏观政策、体现国家需求、核心技术先进、配套技术完整、成果推广合法、合作基础良好、项目目标明确"的立项标准，进行项目立项与管理。

2. 全国农牧渔业丰收计划

在已有科技计划的基础上，"十一五"期间各项科技计划项目继续实施，取得了一批重要科技成果，并得到扩散和转化，有效地促进农业增产、农民增收和农村经济发展。

"十一五"各类科技计划项目的实施，又取得一批重大科技成果，科技进步贡献率高达到52%，超过土地、资本及其他要素的总和，粮食生产总产量基本稳定在5亿吨、肉类6 000万吨和水产品5 200万吨水平，我国粮食和主要农产品供给实现了历史性转变。

七、2011—2015 年科技计划（2010 年）

"十二五"涉农科技计划基本延续"十一五"涉农科技计划框架，即三个层次诸多科技计划，但计划项目数量增加，内容也有了新的调整，"十二五"涉农科技计划的宗旨是推动农业科技创新发展，争取在农业生物产业、食品产业与质量安全、农村与农业信息化、农业资源高效利用、农业装备与农用物资、农林生态环境、城镇化发展与农村民生等重点领域取得进展与突破，并得到高效转化与推广，确保粮食安全和主要农产品有效供给、农业农村的可持续发展。

(一) 第一个层次

1. "863" 计划

"十二五"期间，安排植物分子设计与品种创制技术、作物生境过程耦合与调控技术、主要农业动物功能基因组研究与应用，及绿色超级稻新品种选育重大专项、现代节水农业技术和新产品重大专项，继续围绕着水稻、小麦、棉花、蔬菜、玉米、大豆、油菜等作物安排了 7 个项目诸多课题，以及甘蔗基因组研究、林木花卉转基因育种研究、特色植物功能基因组学研究与应用等课题。

20 多年来，我国在超级杂交水稻、抗虫棉、基因工程等方面，成功开发了一批具有自主知识产权的产品，已经在世界市场上占有一席之地。

2. 国家科技支撑（攻关）计划

（1）"十二五"期间，继续或新增的国家支撑计划项目（课题、专题）主要有：农林植物种质资源发掘与创新利用；主要农作物商业化育种技术研究与模式示范；环渤海辽宁增粮技术集成与示范；黄淮区小麦抗逆增产技术研究集成与示范；蔬菜杂种优势利用与新品种选育；现代节能高效设施园艺装备；外来与新发动物疫病预警与阻断技术研究与开发；大田作物机械化生产关键技术研究与示范；鲟鱼、鲑鳟鱼、鲌鱼苗种产业提升关键技术研究与示范；生鲜农产品绿色防腐与安全保鲜技术研发与应用；农产品产地商品化处理关键技术与装备；农村重要农资物流关键技术及装备研究与示范；经济型装配式小康住宅体系研究开发与集成示范等。

（2）重点专项：七大农作物育种、粮食丰产增效科技创新、化学肥料和农药减施增效综合技术研发、农业面源和重金属污染农田综合防治与修复技术研发、食品安全关键技术研发、水资源高效开发利用、重大自然灾害监测预警与防范、全球变化与应对、智能农机装备、纳米科技、畜禽重大疾病防控与高效安全养殖综合技术研发、水产全产业链质量控制技术与示范、远洋捕捞技术与渔业新资源开发、林业资源培育及高效利用技术创新、木质复合材料制造关键技术研究与示范、现代食品加工及粮食收储运技术与装备、绿色宜居村镇技术创新、村镇规划和环境基础设施配置关键技术研究与示范、传统村落保护规划与技术传承关键技术、长三角快速城镇化地区美丽乡村建设关键技术综合示范、美丽乡村生产生活综合循环利用技术集成示范、城郊集约型美丽乡村建设关键技术研究与示范等。

（3）在保障措施和管理方面，集成各方资源，发挥部门地方作用；统筹项目、人才、基地建设；加强知识产权管理与保护，促进科技成果转化；加强公开与公正，完善评审机制；加强评估与监督；完善滚动方式，实现动态调整；加大计划实施保障力度，提高经费使用效率。

3. 农业科技跨越计划

在"十一五"基础上，农业科技跨越计划安排的项目有：中国超级稻育种及试验示范、优质肉牛生产技术体系试验示范、高产奶牛规范化饲养技术示范、新疆细型细毛羊生产技术体系试验示范、优质罗非鱼雄性化养殖加工出口关键技术示范、优质冷水性鱼类健康养殖技术示范、天然胶乳生产氯化橡胶技术产业化示范、牧草生产机械化技术及配套机具中试等。

跨越计划继续按照"符合宏观政策、体现国家需求、核心技术先进、配套技术完整、成果推广合法、合作基础良好、项目目标明确"的立项标准进行项目立项与管理，取得了重要进展。

4. "973" 计划

主要包括国家重点基础研究发展计划、"973"计划、国家自然科学基金项目计划。

（1）"十二五"期间，继续安排的涉农项目（专项）有作物高效抗旱的分子生物学和遗传学基础、主要农作物核心种质重要功能基因多样性及其应用价值研究、棉花纤维品质功能基因组学研究与分子改良、畜禽肉品质性状形成的营养代谢与调控机理、重要养殖鱼类品种改良的遗传和发育基础研究、农田生态系统重要过程与调控对策研究等。

（2）"973"计划的项目组织管理继续实行首席科学家领导下的项目专家组负责制，首席科学家对项目的执行全面负责；项目依托单位负责项目的日常管理，提供项目执行的相关条件保障。

（3）国家自然科学基金项目计划。"十二五"期间，国家自然科学基金委员会生命科学部受理资助共16项，其中农业方面有：生物种质资源的发掘与评价、主要农业生物重要性状遗传网络解析、主要农业植物水分、养分需求规律与高效利用机制、主要农业生物病虫害发生规律及防控机制、主要农业动物疾病发生规律及防控、食品贮藏与制造的生物化学基础等。

（4）国家重大科学工程项目是国家级的科学研究重大装置、重大设施和基础研究科研基地建设项目。1984年实施以来，在已建成项目基础上，又建成15个。"十二五"期间，中国农作物基因资源与基因改良工程重大科学工程项目的实施取得了重要进展，获奖励科技成果多项。该项目面向国内外全方位开放，逐步成为作物基因信息网络服务中心，成为农业生物技术领域国际学术交流中心和人才培养中心。

（二）第二个层次

1. 星火计划

"十二五"期间继续围绕《"十五"星火计划发展纲要》的总体目标和战略构想，围绕农业增效和农民增收的重点和难点问题，重点支持一批能够促进农业和农村经济结构调整、促进农民增收和对地方经济有明显带动作用的产业化项目，培育星火科技创新型企业，促进农村经济、社会和生态的协调发展。

2. 国家科技成果重点推广计划

"十二五"期间，重点推广计划围绕国民经济结构战略性调整为主线和国家科技计划的总体安排，继续与其他科技计划相衔接、相配合，面向经济建设和社会发展，重点做好农业信息、节水、农业现代化、污染治理和能源综合利用技术等领域高新技术成果的推广应用工作。

（三）第三个层次

1. 农业科技成果转化资金项目

"十二五"期间，农业科技成果转化资金项目的支持重点包括：农林植物优良新品种与优质高效种植技术；畜禽、水产优良品种与优质高效养殖技术；重大动植物病虫害检测、监测、诊断和防治技术；农副产品加工增值与农业资源高效利用技术；农业生态环境保护、防沙治沙和水土保持技术；农业高效用水技术与设备；现代农业装备与农业信息化技术等。

按照2006年2月发布的《农业部实施农业科技成果转化资金项目管理暂行规定》，农业科技成果转化资金项目管理遵循"突出重点、择优支持、规范管理、强化监督"的原则，提高农业科技成果的转化率。项目完成后，科学技术部将组织进行项目验收和绩效考评。凡未通过验收的项目，科学技术部、财政部将视情况予以通报。

2. 国家农业科技园区

"十二五"期间，科学技术部批准了宁波慈溪等15个农业科技园区为第四批国家农业科技园区，连同已批准的国家农业科技园区共计51个，分布在我国东部、中部和西部地区，基本覆盖了全国所有省、自治区、直辖市、计划单列市及新疆生产建设兵团，初步形成了特色鲜明、模式典型、科技示范效果显著的园区发展格局。

按照科学技术部《国家农业科技园区管理办法》有关规定，园区建设期为三年。建设期满后，由园区建设单位通过省级科技主管部门向园区管理办公室提出验收申请。园区管理办公室根据园区验收申请，组织专家进行现场审查，结合年度创新能力监测与评价结果，经综合评议后认定是否通过验收，并将评估结果以适当方式向社会公布。

3. 全国农牧渔业丰收计划（简称丰收计划）

在上一轮丰收计划的基础上，2014—2016 年度全国农牧渔业丰收计划项目继续实施，取得了一批重要科技成果，并得到转化和推广，有效地促进农业增产、农民增收和农村经济发展。

按照全国农牧渔业丰收计划奖励有关规定。经各地各单位初评推荐、形式审查、专家评审、初评结果公示等程序，农业部决定授予丰收奖农业技术推广成果奖一等奖 60 项、二等奖 159 项、三等奖 180 个项，还授予 484 名同志为全国农牧渔业丰收个人贡献，授予全国农牧渔业丰收合作奖 20 项。

"十二五"期间，我国积极推进农业科技创新，加快科技成果转化与推广，粮食生产实现了"八连增"，农产品有效供给保障能力增强，农村经济全面发展，农民生活质量显著改善，人民生活总体上达到了小康水平。根据国家科学技术部资料，科技对农业增产的贡献率达到 53.5%，10 年来增长了 5.5 个百分点。

八、2010—2018 年科技计划（2015）

进入"十二五"期间，在党的十八大精神指引下，国务院成立了国家科技改革领导小组，按照习近平总书记系列指示精神，在深入研究我国技体制改革和创新体系建设工作基础上，提出了优化中央财政科技计划（专项、基金等）布局，整合形成《关于深化中央财政科技计划（专项、基金等）管理改革的方案》（以下简称《改革方案》）。《改革方案》深刻分析了世界新科技革命发展趋势、国家战略需求、政府科技管理职能和科技创新规律，是一个全新的国家科技计划体制改革方案。

（一）十三五科技计划体系

1. 国家自然科学基金项目计划

资助基础研究和科学前沿探索，支持人才和团队建设，增强源头创新能力。进一步完善管理，加大资助力度，向国家重点研究领域输送创新知识和人才团队；加强基金与其他类科技计划的有效对接。

2. 国家科技重大专项

聚焦国家重大战略产品和产业化目标，解决"卡脖子"问题。进一步改革创新组织推进机制和管理模式，突出重大战略产品和产业化目标，控制专项数量，与其他科技计划（专项、基金等）加强分工与衔接，避免重复投入。

3. 国家重点研发计划

针对事关国计民生的重大社会公益性研究，以及事关产业核心竞争力、整体自主创新能力和国家安全的重大科学技术问题，突破国民经济和社会发展主要领域的技术瓶颈。将科学技术部管理的国家重点基础研究发展计划、国家高技术研究发展计划、国家科技支撑计划、国际科技合作与交流专项，国家发展和改革委员会、工业和信息化部共同管理的产业技术研究与开发资金，农业部、卫生和计划生育委员会等 13 个部门管理的公益性行业科研专项等，整合形成一个国家重点研发计划。

4. 技术创新引导专项（基金）

按照企业技术创新活动不同阶段的需求，对国家发展和改革委员会、财政部管理的新兴产业创投基金，科学技术部管理的政策引导类计划、科学技术成果转化引导基金，财政部、科学技术部等四部委共同管理的中小企业发展专项资金中支持科技创新的部分，以及其他引导支持企业技术创新的专项资金（基金）进行分类整合。

5. 基地和人才专项

对科学技术部管理的国家（重点）实验室、国家工程技术研究中心、科技基础条件平台、创新人才推进计划，国家发展和改革委员会管理的国家工程实验室、国家工程研究中心、国家认定企业技术中心等合理归并，进一步优化布局，按功能定位分类整合。加强相关人才计划的顶层设计和相互衔接，在此基础上调整相关财政专项资金。基地和人才是科研活动的重要保障，相关专项要支持科研基地建设和创新人才、优秀团队的科研活动，促进科技资源开放共享。

整合形成的新五类科技计划（专项、基金等）既有各自的支持重点和各具特色的管理方式；又彼此互为补充，通过统一的国家科技管理平台，建立跨计划协调机制和评估监管机制，确保五类科技计划（专项、基金等）形成整体，既聚焦重点，又避免交叉重复。

（二）五类国家涉农计划

结合我国农业科技工作实际，首先要诠释《改革方案》，深刻认识和理解五类科技计划（专项、基金等）的内涵，优化整合，搞好顶层设计，促进农业科技驱动发展，使农业科技发展既要符合科技创新规律、高效配置科技资源，又要加强科技与经济的紧密结合，最大限度调动农业科技人员的积极性和创新性，多出成果、快出人才。

1. 国家自然科学基金项目计划

属农业科学基础研究，是未来农业科学和技术发展的内在动力。研究成果要求遵循科学发展规律，通过观测、实验等手段将所获得的新发现的特征、运动规律，进行分析、归纳、抽象概括，并通过实践验证后形成。要求突出科学长远价值，稳定支持，超前部署，研究解决农业科学的重大基本问题，提高自主创新能力，为农业和农业科技发展提供理论依据。

2. 国家重大科技专项

为实现国家目标，通过核心技术突破和资源集成限时完成的重大战略产品、关键共性技术和重大工程，是农业科技发展的重中之重。计划通过实施重大科技专项，培育一批具有自主知识产权的农业高技术产业群，抢占未来竞争的制高点，带动产业结构调整和优化升级，实现农业生产力的跨越式发展，确保国家粮食安全、生态安全。

3. 国家重点研发计划

为适应新技术革命和产业变革的特征，面对国家农业发展的重大需求，以及事关农业产业核心竞争力、整体自主创新能力和农业科技发展优先领域，凝练一批目标明确、基础较好、近期能够突破的重大关键技术、核心技术和公益性科技问题，开辟新的技术途径和行之有效的新技术、新品种、新方法、新工艺等，提高核心竞争力和公共服务能力，为传统农业技术改造和优化升级提供有力的技术支撑。

4. 国家技术创新引导专项（基金）

针对现阶段我国农业企业尚未成为创新决策、研发投入、科研组织和成果应用的主体，政府应充分发挥市场配置技术创新资源的决定性作用，按照农业科技转制机构和农业企业技术创新活动不同阶段的需求，通过技术创新引导专项（基金），采用天使投资、创业投资、风险补偿、后补助等引导性支持方式，激励农业科技转制机构和农业企业加大自身科技投入，促进科技成果转移、转化与应用，不断提高技术创新能力和水平。

5. 基地和人才专项

对现有的农业国家（重点、工程）实验室、国家工程技术研究中心、农作物改良中心、科技基础条件平台、创新人才推进计划等归并整合，进一步优化布局，按功能定位分类。加强相关人才计划的顶层设计和相互衔接。在此基础上调整相关财政专项资金，确保基地和人才的科研活动，支持科研基地建设和创新人才、优秀团队的科研活动，促进科技资源开放共享。

这五类国家涉农科技计划，立足国家，面向未来，意义重大，影响深远。具体表现为：把过去分散农口9个部门近26个科技计划统归属国家五类科技计划，解决了部门之间长期存在的计划（项目）之争，权力之争；从源头上解决了存在的科技计划（项目）条块分割，分散交叉重复的问题；解决部门既管计划（项目）立项，又管计划（项目）实施，既是"裁判员"又当"运动员"，部门所有权利高度集中，易滋生腐败问题。同时，整合形成的五类国家涉农科技计划（专项、基金等）既有各自的支持重点和各具特色的管理方式，又彼此互为补充，通过统一的国家科技管理平台，建立跨计划协调机制和评估监管机制，确保这五类国家涉农科技计划（专项、基金等）形成整体，既聚焦重点，又避免交叉重复，以指导新时代我国农业科技驱动创新发展。

国家发展和改革委员会发布"十三五"前期研究重大课题共22项，其中农业方面有现代农业发展战略和粮食安全战略研究等。根据国家科学技术部通知要求，"十三五"涉农计划项目已陆续出台，可按五类计划项目对口申报，争取在新的高度创新驱动发展，为我国农业科技和乡村振兴战略做出更大的新贡献。

深化科技（涉农）计划管理体制的改革

新中国成立后，特别是改革开放以来，科技计划从无到有逐步发展。"六五"科技计划从科技发展规划中分离出来，具备了相对独立的形式，成为我国第一个具有高度综合性和可操作性的科技计划，"七五""八五"期间陆续推出新的科技计划，到"九五"后期，初步形成了四个层次若干个科技计划的格局，"十五"科技计划又有新的发展，形成"3＋2"计划，在各类科技计划中都有零星、不完整的涉农科技计划项目。随着形势发展和科技体制深化改革，"十二五"科技计划做了新的调整，"十三五"期间提出了优化中央财政科技计划（专项、基金等）布局，整合形成《关于深化中央财政科技计划（专项、基金等）管理改革的方案》（以下简称《改革方案》），是"十三五"期间，具有权威性、全局性、指导性和可操作性的国家科技计划方案。

新中国成立 70 年来，国家和部门科技（涉农）计划的组织实施取得了一大批重要农业科技成果。据统计，从 1979—2017 年获得国家"三大奖"（国家自然科学奖、国家技术发明奖、国家科学进步奖）的重大科技成果达 1 988 项。这些成果既有很高的科技水平，也产生了巨大的经济效益和社会效益，为农村经济发展，农民生活水平提高，全面建成小康社会奠定了坚实基础。

但是，我国同世界上主要发达国家和新兴工业化国家的农业科技水平相比仍有较大差距，其中科技（涉农）计划管理体制不力是原因之一。我国科技（涉农）计划管理体制存在的主要问题是：科技（涉农）规划、计划管理这两种农业科技计划项目与经费资源配置不协调，缺乏政策导向作用；农业科技计划重立项，轻过程管理；农业科技计划、项目管理层次多、效率低、过于繁琐，不利于出成果、出人才；农业科技计划、项目管理归部门所有，权力高度集中，统得过死等。所有这些问题表明，用行政办法管理替代科学管理，违背了农业科研自身规律，甚至在某些情况下还会滋长"垄断""霸权"等腐败现象，严重影响了政府形象和农业科技的可持续发展。

"十二五"以来，是我国实施乡村振兴战略、加快现代农业建设进程中非常关键的时期，科技进步和创新占有极其重要的战略地位。要以邓小平理论、"三个代表"重要思想和科学发展观为指导，要以习近平新时代中国特色社会主义思想为引领，认真贯彻全国科技创新大会和《国家中长期科学和技术发展规划纲要（2006—2020 年）》精神，改革现行的科技（涉农）计划管理体制，逐步建立起适应社会主义市场经济、符合农业科技自身规律、新型的涉农科技计划管理体制[4]，为此提出以下建议：

（1）建立健全科技（涉农）计划管理体制。科技规划是管方向、管发展战略的，具有全局性、前瞻性、政策性，科技计划是规划的基础，具有权威性、指导性和可操作性。科技项目是计划的延伸和具体化，要落实到实施。同时，科技计划可以调控和修正规划。要在国家科技规划指导下，有效地把规划、计划衔接好，避免相互脱节的"两张皮"现象。

（2）在各类国家科技计划涉农项目中，交叉重复较多，"十三五"期间有了新的重大调整。建议原有的相近的国家科技计划可合并，完全重复的可撤销；部门间的科技计划项目重复的要协调，相近的可合并。同时，国家科技计划项目经费分配要科学合理，体现不同时期的政策导向。

（3）国家科技（涉农）计划项目实施要按照现行的行政管理体制合理分工。国家下达部门的科技计划项目，建议综合性、跨部门的重大科技计划，如国家科技重大专项、"973"计划、"863"计划等的实施，由科技部门管理，其他相关部门配合；与经济、产业部门结合紧密的科技计划项目，如国家科技支撑（攻关）计划、科技成果转化与推广计划等的实施，应由行业主管部门和地方政府管理。

（4）国家科技（涉农）计划项目管理要减少层次，强化机制，切实体现公开、公正、公平和择优支持的原则，进一步提高工作效率。一般常规科技项目推行的面向社会的招投标制，不符合农业科研的自身规律和特点，不利于农业科技创新和多出成果、快出人才。

（5）扩大科研院所科技项目管理的自主权。要针对农业科研工作的特点，对周期长、连续性和稳定性强的常规研究项目，如动植物新品种选育、土壤肥力定位观测、病虫害发生规律和综合防治等，建议由科技主管部门下达，主要农业科研机构、高等农业院校承担，并接受上级主管部门监督检查，对主管部门负责。

（6）有关部门要加强国家科技计划宏观管理，简化项目管理程序，改变过去存在的五年农业科技项目，头年申报、论证、立项，最后一年检查、验收，实际只有三年工作时间的状况。建议简化项目管理，为科技人员创造良好外部环境，使他们有更多的时间在第一线专心致志从事科研工作，确保多出成果、快出人才。

第四章
新中国农业科技成果

新中国成立 70 年来，广大农业科技工作者在不同历史时期"理论联系实际，为农业生产服务""经济建设必须依靠科学技术，科学技术必须面向经济建设"和"自主创新、重点跨越、支撑发展、引领未来"的战略方针指引下，面向国家重大需求和农业技术前沿，团结协作，联合攻关，取得了一大批获得国家奖励的重要科技成果。这些科技成果都有很高的科技水平，也产生了巨大的经济社会效益，为我国农业持续稳定发展做出了重要贡献。

第一节　科技成果奖励发展历程

什么是科技成果？国家科学技术委员会成果登记办公室在 1963 年 9 月下达的《关于上报和登记科学技术研究成果的若干规定（试行草案）》中，明确提出："研究成果是指对某一科学技术研究课题，经过试点研究、调查考察后得出的具有一定学术意义或实用意义的结论"，后来国家科学技术委员会成果登记办公室又做了具体补充，即"各基础单位的科学研究成果，凡没有写成报告的，或虽有成果报告，但未经审查、鉴定都不要按成果上报"。直到 1978 年 11 月国家科学技术委员会下达了《关于科学技术研究成果的管理办法》，才对科学技术的定义和分类做出了明确规定。结合农业科学技术工作特点，农业部于 1995 年 10 月发布的《农业部进步奖励办法》[5]中规定了奖励范围，即基础理论成果及应用基础理论成果；应用技术成果；引进消化吸收以及转化和推广中取得重大效益的成果；软科学成果。

国家为了奖励在科技进步活动中做出突出贡献的公民、组织，调动科技工作者的积极性和创造性，加速科技事业的发展，提高综合国力，特制定国家科学技术奖励条例。

科学技术奖励制度是我国科技政策的重要组成部分，是党尊重知识、尊重人才的具体体现。

新中国成立初期，党和政府就十分重视科学技术奖励工作，科技奖励体系雏形初显。1950 年 8 月，中央人民政府财政经济委员会颁布了《保障发明权与专利权暂行条例》；1954 年政务院公布了《有关生产的发明、技术改进及合理化建议的奖励暂行条例》；1955 年国务院发布了《中国科学院科学奖金暂行条例》；1961 年 4 月，国务院颁布了《新产品、新工艺技术鉴定暂行办法》；1963 年 9 月，国家科学技术委员会发布了《关于上报和登记科学技术研究成果的若干规定（试行草案）》，11 月，国务院发布了《发明奖励条例》和《技术改进奖励条例》。这些条例和办法在不同时期对我国科学技术的发展起了一定的作用。但是，由于受到"文化大革命"10 年动乱的影响，刚刚起步的国家科技奖励事业遭到重创。

1978 年 3 月 18 日，党中央在北京召开全国科学大会，我国再次迎来了科学的春天[6]。会上对 7 657 项科技成果进行了隆重表彰，标志着我国科技奖励制度的恢复。1978 年 10 月重新发布《技术改进奖励条例》，11 月，国家科学技术委员会发布《关于科学技术研究成果的管理办法》，12 月，国务院发布《发明奖励条例》，2009 年 10 月实施《中华人民共和国专利法》，1979 年 11 月国务院颁布了《中华人民共和国自然科学奖励条例》。

改革开放后，我国的科技奖励工作进入了一个新的发展时期，有了更宽阔的视野和更丰富的内涵，开始更多地依据科技和经济社会的发展，来引导科技创新的方向。而这一原则，也成为我国科技奖励工作一直延续至今的基本精神。

针对当时我国科技发展以引进先进技术和跟踪国外发展为主的特点，为推动行业的科技进步和科技与经济的紧密结合，鼓励技术引进、消化、吸收和二次创新，1984 年，国家科学技术进步奖设立。1987 年，国家科技进步奖中增列"国家星火奖"（后于 1999 年停止），奖励在农村经济和乡镇企业发展中做出创造性贡献的科技成果。1987 年，农牧渔业部设立"全国农牧渔业丰收奖"，以提高农牧渔业的产量和品质，进一步调动推广、科技单位和科技工作人员的积极性。1994 年，中华人民共和国国际科学技术合作奖设立，以奖励对中国科技事业做出重要贡献的外国公民和组织。

1999 年 5 月，国务院对国家科技奖励制度进行了一次全面的改革，发布了《国家科学技术奖励条例》（后于 2003 年修订），国务院设立国家科学技术奖，包括国家最高科学技术奖、国家自然科学奖、国家技术发明奖、国家科学技术进步奖以及中华人民共和国国际科学技术合作奖。条例规定，国务院科学技术行政部门负责国家科学技术奖评审的组织工作，国家设立的国家科学技术奖励委员会，负责国家科学技术奖的评审工作；社会力量设立的面向社会的科学技术奖，应当在科学技术行政部门办理登记手续，在奖励活动中不得收取任何费用。

1999 年 12 月，科学技术部印发实施《国家科学技术奖励条例实施细则》（后于 2004 年、2008 年两次修订），对国家科学技术奖的候选人及组织、奖励范围和评审标准、评审机构、推荐工作、评审程序、异议及其处理、授奖等事项做出了规定。同年，科学技术部还印发实施《省、部级科学技术奖励管理办法》《社会力量设立科学技术奖管理办法》（后于 2006 年修订），鼓励并规范社会力量设立科学技术奖行为。

2003 年，科学技术部又印发实施了《关于受理香港、澳门特别行政区推荐国家科学技术奖的规定》。至此，一个相对完整、层次鲜明、管理规范、导向明确的国家科技奖励体系基本成形，我国科技奖励基本形成了一个"国家科技奖'少而精'、省部级奖和社会力量设奖健康有序发展"的新局面。

改革开放 40 年来（1978—2018 年），国家共奖励各类科技成果 15 874 项（不包括 1978 年全国科学大会上授予的 7 657 项），其中国家自然科学奖 1 023 项，国家技术发明奖 4 081 项，国家科技进步奖 10 801 项；授予 31 名我国著名科学家国家最高科学技术奖；授予 73 名外籍专家和 2 个外国组织国际科学技术合作奖；准予登记的全国性社会力量设奖达 196 项（后注销 9 项）。获奖项目的时代特色鲜明，是我国当时科学技术水平和政策的反映。

2001 年 2 月至 2018 年 1 月，中共中央、国务院在北京隆重举行国家科学技术奖励大会，共有 31 位著名科学家、中国科学院和中国工程院院士荣获国家最高科学技术奖。由国家主席签署并颁发证书和奖金，以奖励他们在当代科学技术前沿取得重大突破或在科学技术发展中做出的卓越贡献。

进入 21 世纪以来，国家科技奖励把推动自主创新摆在突出位置，国家自然科学奖和国家技术发明奖重视加强对原始性创新成果和尖子人才的奖励，国家科学技术进步奖重点奖励系统集成的创新和引进消化吸收再创新，以促进科技与经济社会的紧密结合，创造重大经济效益和社会效益。

新中国成立 70 年来，综合国力尤其是科技实力有了飞跃发展，这其中离不开科技奖励制度的贡献。在引导科技发展方向和创新模式、激励和表彰科技创新人才、促进社会进步和国家发展的道路上，科技奖励工作还将继续结出累累硕果，在共和国发展史上留下光辉的印记。

农业是国民经济的基础，农业科技历来是国家科技发展的重点领域。新中国成立 70 年来，在"经济建设必须依靠科学技术，科学技术必须面向经济建设"和"自主创新、重点跨越、支撑发展、引领未来"的战略方针指引下，广大农业科技工作者面向国家重大需求和农业技术前沿，团结协作，联合攻关，取得了一大批国家奖励的重要科技成果。据统计，从 1979—2017 年获得国家"三大奖"（国家自然科学奖、国家技术发明奖、国家科学进步奖）的重大科技成果达 1 988 项。这些成果具有很高的科技水平，有些已接近或达到世界先后水平。

第二节　国家科技成果奖励制度改革

一、全国科学大会奖（1949—1978 年）

1977 年 9 月，根据中共中央关于召开全国科学大会的精神，国家科学技术委员会做出统一部署和具体要求，各部委、各地方政府组织申报新中国成立 28 年来取得的科技成果，作为全国科学大会奖。农林部组织全国包括农林牧渔农垦各系统的科研机构和高、中等农业院校，全国半数以上的县、社、大队、生产队四级农科网，有组织的群众性科学实验队伍共 1 400 万人申报农业科技成果，经部门审核、专家评审，最后向全国科学大会上报农业科技成果 3 000 多项，经审核、评审、批准，最终确定有重要科学意义或有较大经济社会效益的重大农业科技成果 381 项（即国家科学技术奖），约占全国科学大会上授奖总数 7 657 项的 20.8％。

二、国家科学技术奖（1978—1999 年）

1978 年恢复和重新颁布国家科学技术成果奖励制度后，国务院先后发布中华人民共和国《发明奖励条例》《自然科学奖励条例》《国家科学技术奖励条例》。国家发明奖和国家自然科学奖分设 1~4 等奖、国家科学技术进步奖设 1~3 等奖，这三个奖项即国家"三大奖"。国家"三大奖"每年评审一次，每年奖励项目总数不超过 400 项。1987 年，国务院批准同意在国家科技进步奖中增列"国家星火奖"，农业部设"全国农牧渔业丰收奖"。此间，全国农业科研机构、高等农业院校和企事业单位等按照国家"三大奖"各自的条件和要求，按照国家科学技术委员会关于国家"三大奖"管理办法有关标准组织推荐、评审，经同行专家评审通过，并经国家科学技术委员会进行审核，报国务院批准，1978—1999 年国家农业科技成果"三大奖"共 1 558 项，其中国家自然科学奖 40 项、国家发明奖 241 项、国家科学技术奖 1 277 项。这些成果都有很高的科技水平，也产生了巨大的经济社会效益。

三、改革后的国家科学技术奖（2000—2018 年）

1999 年 5 月 23 日，中华人民共和国国务院令第 265 号发布的《国家科学技术奖励条例》，根据 2003 年 12 月 20 日国务院《关于修改〈国家科学技术奖励条例〉的决定》修订。国务院共设立五大奖，即：国家最高科学技术奖、国家自然科学奖、国家技术发明奖、国家科学技术进步奖、国际科学技术合作奖。其中国家自然科学奖、国家技术发明奖、国家科学进步奖分设 1、2 等奖。国家科学技术奖每年评审一次，每年奖励项目总数不超过 400 项。其中，国家发明奖改为国家技术发明奖，原国家发明奖分设 1～3 等改为国家技术发明奖设 1、2 等，原国家科学技术进步奖分设 1～4 等改为国家科学技术进步奖设 1、2 等奖。此次修订虽减少了奖励等级，却提高了标准，同时，对国家科学技术奖的评审和授予做出明确规定。科学技术部于 1999 年 12 月 24 日印发《国家科学技术奖励条例实施细则》，对国家科学技术奖励范围和评审标准、推荐、异议处理、授奖做出了具体规定。2000—2018 年，全国农业科研机构、高等农业院校和企事业单位等在组织验收、技术鉴定、审定的基础上，按照《国家科学技术奖励条例》和《国家科学技术奖励条例实施细则》规定，由科学技术协会、中介组织和院士推荐，经同行专家评审通过后，上报科学技术部科技成果奖励办公室，组织技术专家、管理专家评审通过，并报国务院批准，2000—2018 年国家奖励农业科技成果国家科学技术奖共 686 项，其中国家最高科学技术奖 2 项、国家自然科学奖 31 项、国家技术发明奖 73 项、国家科学技术进步奖 567 项、国际科学技术合作奖 13 项。这些成果的转化与应用，促进了农业和农业科技的发展。

第三节　国家农业科技成果奖

新中国成立 70 年来，农业科技投入数量和质量的逐步增加，科技产出的数量和质量也有很大提高，这是衡量投入与产出关系的重要依据。科技产出由直接产出指标和间接产出指标两部分组成。科技直接产出指标有科技成果、专利、论文、专著等，具体指标包括重大科技成果数量、国内期刊刊登论文数和国际检索论文数、专利申请量和授权量；科技间接产出指标有高新技术产业、技术交易、经济增长量，具体指标包括农业 GDP 增长率、劳动生产率、土地生产率等，初步反映出农业科技产出评价的指标体系。

新中国成立 70 年来，我国广大农业科技工作者在国家科技战略方针的指引下，面向国家重大需求和农业技术前沿，团结协作，联合攻关，取得了一大批获国家奖励的重要科技成果。这些科技成果有些已接近或达到国际先进水平，同时也产生了巨大的经济社会效益，为我国农业和农村持续稳发展做出了贡献[7-9]。

种植业、林业、畜牧业、水产业、农业各技术领域具有代表性、标志性奖励的重大农业科技成果分别列下：

一、种植业科技成果

（一）农作物种质资源与利用

我国是世界上作物种质资源最丰富的国家之一。新中国成立后，在 20 世纪 50 年代中期的农业合作化高潮中，全国范围内大规模地进行了作物种质资源的征集活动，共得到 53 种大田作物近 21 万份，种质资源和蔬菜作物地方品种约 1.5 万份，分散在各地保存。这些种质资源材料在"文化大革命"期间受到严重损失。1979 年我国深入开展了第二次全国性作物种质资源的补充征集工作，之后又组织了云南、西藏等地作物种质资源综合考察，以及全国性的野生稻、野生大豆、野生猕猴桃、野生油菜、近缘野生小麦专项考察，贵州野生荞麦、连云港璐鲁稻和重点地区牧草、饲料种质资源等专项考察，共得到 60 多种作物种质资源 11 万份，其中有不少是稀有名贵的种质资源和失而复得的地方品种。与此同时，国家加强了作物种质资源繁殖、鉴定和保存等研究工作，在全国不同生态区建设现代化国家作物种质库 1 座，国家作物复份种质库 1 座和地方作物种质库 10 座，实现了低温、干燥现代化保存。至 2003 年，我国已入国家作物种质库 180 种作物、28 科 160 属 400 多种（含亚种）580 个变种，448 个类型 33.2 万份，居世界第一位。在全国不同生态区还建设了以多年生作物为主的种质资源圃 32 个（包括试管苗库 2 个），保存分属 1 058 个种（亚种）的 50 多种作物的种质资源 6 万份。

在云南作物种质资源考察中，共收集到稻、麦、豆类、玉米、蔬菜、茶树、饲料作物等种质资源 5 000 多份，其中水、陆、籼、粳、糯等栽培稻 1 919 份，野生稻材料 2 051 份，获得稻种类型、分布、演变等新材料，并通过同工酶测定表明，云南稻种的酯酶类型几乎包括其他地区所有的类型，进一步证明了云南是世界水稻起源地之一。征集到的普通小麦材料分别属于 68 个变种，其中有 8 个变种在我国首次发现，有 15 个变种在国外尚未被报道过。征集到的玉米、豆类、麻类、蔬菜、柑橘、茶叶、桑树等种质资源中，也发现了一批新的种、亚种和地方品种新类型，如单果重 2.5 千克以上的西双版纳黄瓜、号称"辣椒之王"的涮椒、黑籽南瓜等，都是未被报道过的珍贵种质资源。在西藏作物种质资源考察中，共收集到 30 多种作物种质资源 14 787 份，种子（种茎）7 710 份，发现了一批新种、新亚种、新变种、新类型和野生种群落。其中杂草型野生大麦和半野生小麦（西藏小麦亚种）具有重要研究价值，双低野生油菜、单叶重 20 克的巨叶桑、含油量 70% 以上的核桃、白果草莓、红肉猕猴桃等一批种质资源材料有很高的利用价值。在全国野生稻考察中，共有 6 个省、自治区的 139 个县（市）发现野生稻，基本上查清了普通野生稻、药用野生稻和疣粒野生稻的地理分布，在北纬 28°14′的江西东乡发现了普通野生稻，从而将我国普通野生稻分布界限向北推移 3°。在全国野生大豆考察中，共采集到植株标本 4 000 多份，种子 5 000多份，发现了白花、细叶新类型，具有高蛋白（含量 55.37%）、抗病性强、分枝多、结荚多等优良性状，极大地丰富了我国大豆基因库，并为大豆起源、演变和分类的研究提供了宝贵材料。在西藏作物品种资源考察中，收集到大批地方品种、野生种和近缘植物，发现了一批新种、亚种、变种类型和野生群落，挖掘了一批具有优异性状和利用价值的种质资源材料。经初步鉴定，在已收集的 30 多种作物 14 787 份，包括有活力 7 710 份种质材料中，野生大麦有 169 个在国内未见报道的新变种；小麦中有 28 个新发现的变种，有大穗、大粒、品质优良粗蛋白含量15％以上的材料；首次发现野生大豆群落，有含油量在45％以上的栽培大豆3份；发现10多个果树新种、变种和野生原始林，其中包括含油量70％以上的核桃；发现1 000多年树龄的桑树王和单叶面积1 000厘米的巨形叶桑；收集到有利用价值的蔬菜和牧草资源。

我国在积极开展作物种质资源考察的同时，还加强了国外作物种质资源引种工作，1979—2000年从100多个国家和地区引进各种作物种质资源10万份（次），2012年增至11万份（次）。组织编写并陆续出版作物品种目录18种、作物品种志13种，在此基础上，新建立10项规范的作物种质资源抗病虫性鉴定技术和评价标准，共鉴定种质18.9万份。研究规范了抗旱、耐涝、抗寒、耐盐碱等11项抗逆性的鉴定方法，其中小麦抗旱、耐盐性鉴定方法，已分别颁布为农业行业标准。

近年来，我国农作物种质资源保存与利用研究，基本实现了农作物种质资源工作的标准化，种质资源保存量47万份，居世界第二位，有效保护了国家农作物种质资源，并为种质资源创新研究与利用提供了丰富的物资储备。

通过长期稳定的国家科技攻关协作研究，我国建成了国家作物种质资源信息系统，包括国家种质库管理、国家种质复份库管理、国家野生种质资源圃管理、作物种质资源性状管理、优异种质资源综合评价管理和国内外种质资源交换管理（从国外引进和向国外提供交换的种质资源）6个数据库子系统，以及作物种质资源地理分布图252幅，种质资源图像20万张，数据总量达200GB以上。国家作物种质资源信息系统的建成，实现了国家对作物种质资源的集中管理。通过设置高层管理控制层技术，国家作物种质资源信息系统在全国首次使用统一软件管理141种作物、27万份科质、590兆字节的种质信息，供农业科技工作者和生产者了解作物资源的特性，方便查询、检索和研究利用。20年来，国家作物种质资源信息系统共提供作物种质386个，育成高产、优质、抗病新品种427个，累计推广面积22 360万公顷，增产829亿千克。

此外，我国还建立了中国作物种质资源电子信息系统，首次在电子计算机上成功绘制出84种主要作物种子地理分布图272幅，为作物遗传多样性研究提供了依据。同时，还建立了染色体和同工酶图像分析系统，为作物基因图谱构建及DNA序列测定中绘制图形和识别图谱，以及开展生物信息学研究奠定了基础。

董玉琛、刘旭主持的中国农作物种质资源收集保存评价与利用研究，有部分省级农业科研机构和高等农业院校参加，经过长达三个五年计划的协作攻关，于2003年获国家科学技术进步奖一等奖。董玉琛、刘旭还撰编出版了共6卷的专著《中国作物及其野生近缘植物》，系列反映了作物品种资源研究的理论成果，受到同行重视和好评。

中国农作物种质资源收集保存评价与利用

主要完成单位：中国农业科学院、山西省农业科学院、湖北省农业科学院、四川省农业科学院、江苏省农业科学院、西北农林科技大学农学院、广西壮族自治区农业科学院、云南省农业科学院、山东省农业科学院、黑龙江省农业科学院

主要完成人员：

受奖情况：国家科技进步奖一等奖

成果简介：

该项目依据生物多样性保护原理，综合集成作物生长、发育、遗传、演化等学科理论和新技术，按照"广泛收集、妥善保存、全面评价、深入研究、积极创新、充分利用"的原则，通过跨地区、跨部门、多学科、多年的综合研究，取得了以下重大的突破与创新。

（1）创建了世界上唯一的长期库、复份库、中期库相配套的种质保存完整技术体系，并首创了利用超低温处理野生大豆等6种难发芽种子生活力的快速检测技术。建立了确保入库种质遗传完整性的综合技术体系，并长期安全保存种质资源达180种作物33.2万份，位居世界首位。

（2）查明了我国作物种质资源分布规律和富集程度，并新收集和引进新作物、新类型和名贵珍稀等各类种质7.5万份。其中，收集野生大豆种质6 000余份，占世界野生大豆90%以上，并首次发现了长花序、胰蛋白酶抑制剂缺失体等具有重要利用价值的8种新类型，确立了我国是世界野生大豆遗传多样性中心的国际地位；收集野生稻种质5 000余份，并首次在江西东乡、湖南茶陵和江永等地发现8处普通野生稻分布点，打破了国际上公认的普通野生稻分布北限为北纬25°的结论，特别是江西东乡野生稻的发现，使分布北限推移到北纬28°14′，向北延伸了3°14′，明确了我国普通野生稻在世界上的独特性。

（3）通过分子标记和等位性测验，发现1个小麦主效耐盐、1个大豆隐性抗花叶病毒3号株系和大麦的5个隐性、1个不完全显性矮秆等8个新基因，并将其定位于染色体上。在国际上首次突破了普通野生稻花药培养技术难关，建立了高效转移外源基因技术体系；创造携带较少与不利基因连锁与目前广泛应用的基因来源不同的优异基因的水稻、小麦、大豆等高产、抗病、耐盐新种质19个。

（4）新建和规范种质资源品质、抗病虫和抗逆性鉴定方法29项，并鉴定作物种质2 100万项次，从中评选出优异种质1 475份。其中，168份直接用于生产，累计种植面积3 680万公顷，新增利润203.55亿元；386份作为亲本育成新品种427个，累计推广22 360万公顷，新增产值1 647.63亿元。

近年来，刘旭、何中虎等主持开展的种质资源收集保存、新材料创制与育种技术研究，通过"联合攻关、协同创新"，在育种材料创制和育种方法研究等5个方面取得重大突破：在我国历次小麦品种更新换代中，90%以上主栽品种都利用了该团队提供的优异育种材料及其衍生后代，为实现小麦从严重短缺、基本自给到丰年有余的历史性转变提供种质支撑；首创矮败小麦高效育种技术体系，解决了小麦大规模开展轮回选择的国际难题，为提高育种效率提供新方法，用这一体系育成的新品种推广1.8亿亩；创建以面条为代表的中国小麦品质品质评价体系，用这一评价体系育成的优质品种累计推广4.8亿亩；在国际上首次完成D基因组测序，发掘的育种可用分子标记在美国等14个国家广泛应用；集成创新高产高效生产技术，为一年两熟耕作制度下粮食周年丰收提供了技术保障。小麦种质资源与遗传改良创新团队于2016年获国家科学技术进步奖一等奖（创新团队）。

（二）作物遗传育种与创新

农作物良种是农业生产的物质基础。长期以来，人类对良种的选育就很重视，但是重大的突破往往来自遗传学理论的指导与应用。新中国成立以后，广大农业科技工作者通过各种育种方法和途径，培育出一批早熟、高产、优质、抗逆性强、适应性广的作物新品种、新组合。据统计，1949—2002 年，全国共育成并推广 41 种大田作物品种 7 570 多个，果树、蔬菜等 36 种园艺作物品种 1 400 多个，其中推广面积在 100 万亩以上的品种有 465 个，使我国粮棉油等主要农作物品种在全国范围内更换 3～5 次，每次更换一般增产 10%～20%，且作物的品质和抗性都得到了改善。

早在 20 世纪 50 年代，广东省农业科学院的黄跃祥等人首先选育出水稻"矮脚南特"，接着通过杂交途径开展矮化育种，于 1959 年育成耐肥、抗倒、高产的籼稻矮秆良种"广陆矮"，随后又相继选育出珍珠矮、广解矮 9 号、广二矮、广陆矮 4 号、窄叶青 8 号等适合不同成熟期、不同类型的 50 多个矮秆良种，实现了水稻矮秆品种熟期类型配套，这是我国水稻育种史上第一次突破，当时在国际上处于领先水平。

20 世纪 50 年代，水稻杂种优势利用研究是国际技术前沿。我国农业科技工作者袁隆平等人经过努力，于 1964 年找到了自然不育株，开始艰难的研究历程。1970 年，袁隆平和他的助手李必湖来到海南岛考察寻找野生稻。当年 11 月，李必湖等来到荔枝沟，在海南崖县南湖农场附近的一片沼泽田里发现一株雄花败育的普通野生稻（简称野败），为雄性不育系的选育打开了突破口。1972 年，籼型杂交水稻研究列入全国农林重大科技协作项目，是由中国农林科学院和湖南省农业科学院主持，有农业科研机构、高等院校等 150 多个单位 1 400多人参加的全国性科研大协作。一个以野败为主要试验材料的水稻三系配套协作攻关研究在全国迅速展开。湖南农业科学院的袁隆平等人转育水稻雄性不育系和保持系获得成功。1973 年，江西省原萍乡市农业科学研究所的颜龙安等人育成了一批水稻雄性不育系和保持系，但是没有找到理想的恢复系。随后广西农学院的张先承等人先后在南亚水稻品种中找到杂种优势强、花粉发达、花粉量大、恢复率在 90% 以上的恢复系。1974 年 10 月，在广西南宁召开由中国农林科学院和湖南省农业科学院主持的第三次全国杂交水稻科研协作会，并进行了田间试验小区测产验收，杂交水稻强优组合增产显著，实现我国籼型杂交水稻三系配套的突破。1975 年 10 月 21～31 日，在湖南长沙召开第四次全国杂交水稻科研协作会，参会代表们现场考察了湖南、江西、广东、广西 4 省区 4 200 余亩的双季晚稻，并鉴定1 400亩早季稻的生产表现，随后一致同意宣布籼型杂交水稻研究成功。

1975 年 12 月，根据华国峰主席指示，农林部主持在广州召开南方 13 省、自治区、直辖市农林办公室主任、农业厅长、中国农林科学院长和有关省（自治区、直辖市）农业科学院长参加的杂交水稻扩繁生产会议，组织了 2 万多人的扩繁大军，去海南冬繁制种，使1976 年杂交水稻种植面积一举达到 208 万亩。1976—1978 年全国累积推广面积 2.2 万公顷，增产稻谷约 3 亿吨。进入 20 世纪 90 年代，三系杂交水稻稳步快速发展，1995 年全国累计种植杂交水稻面积达 1.86 亿公顷，累计增产水稻 2.85 亿吨，为我国粮食增产、农民增收做出了重要贡献。

中国农林科学院在组织全国杂交水稻科研协作期间，院领导十分重视，精心组织。1972 年 11 月在苏州召开全国水稻科研协作会议后，中国农林科学院先后与湖南省农业科学院等单位在南方有关省、自治区主持召开了全国水稻科研协作会议 9 次及相关会议共 13 次会议，确定杂交水稻研究协作方案，参加单位分工与协作，在试验材料和种子交换，检查研究进展和交流经验及协作经费分配等方面，做了大量富有成效的工作。

1981 年 6 月 6 日，国家科学技术委员会、国家农业委员会在北京召开了授奖大会，正式宣布杂交水稻获得国家技术发明奖特等奖。集体奖授给中国农林科学院主持的全国杂交水稻科研协作组，个人奖授给袁隆平等。

1981 年，袁隆平院士获国家最高科学技术奖。

20 世纪 90 年代以来，超级稻育种研究取得了重大进展，选育出一批新品种、新组合。包括两优培九、准两优 527、两优 1128、Y 两优 2 号等籼型二系超级杂交稻；协优 9308、Ⅱ优明 86、Ⅱ优航 1 号、Ⅱ优 162、D 优 527、Ⅱ优 7 号、Ⅱ优 602、Ⅲ优 98、中浙优 1 号、天优华占等籼型三系超级杂交稻；甬优 12 号等籼粳杂交超级稻；沈农 265、沈农 606、吉粳88、辽星 1 号、淮稻 9 号等粳型超级常规稻以及胜泰 1 号、桂农占、黄华占等籼型超级常规稻。2000 年和 2005 年分别突破了百亩连片单产每亩 700 千克，完成第一期目标和每亩 800千克的第二期目标。2006 年杂交稻两优 293 新组合亩产达到 841.6 千克。第三期育种目标每亩 900 千克，2011 年百亩单产达到 926.6 千克，已如期实现。

籼型杂交水稻

主要完成单位：全国杂交水稻科研协作组
主要完成人员：袁隆平等
受奖情况：国家技术发明奖特等奖
成果简介：

我国于 1964 年开始采用外国学者所采用的籼粳杂交和籼籼杂交方法进行水稻杂种优势利用研究，1970 年起采用国外所未曾采用的方法，即利用我国普通野生稻雄性不育株（简称野败）作母本，以我国矮秆籼稻品种为父本，经过连续回交，育成二九南 1 号、V20、珍珠九七等保持系及其同型不育系。在此基础上，通过广泛测交筛选，从东南亚籼稻品种中选育出 IR24、IR61、泰引 1 号、IR26 等优良恢复系，于 1973 年 10 月完成雄性不育系、保持系、恢复系"三系"配套，配制出南优 2 号、3 号，汕优 2、3 号，V 优 6 号等杂交组合。与高产亲本和同类常规良种比较，它们具有光合效率高，根系活力强等生理功能上的优势，表现在根系发达、分蘖力强、穗大、粒多、产量高等方面。与此同时，还研究出了一整套有关杂交水稻繁殖制种和杂种一代的高产栽培技术，使杂交水稻很快用于生产，走在世界各国的前列。在我国广大籼稻地区，可作一季中稻和双季晚稻栽培，一般每亩 20 万有效穗，每穗总粒数 140 粒以上，结实率 80%，千粒重 26 克以上，大面积种植平均亩产 800～1 000斤*，比在相同条件下的常规良种每亩增产 100～200 斤，增产 2～3 成。

1976—1980 年，全国累计播种面积 2.5 亿多亩，增产粮食 260 多亿斤。其中湖南省推广 6 000 多万亩，增产粮食 70 多亿斤，净增产值 3.5 亿元。目前，国内南方已有十三个省、市、自治区大面积种植杂交水稻。1980 年，杂交水稻作为我国第一项农业技术转让给美国。现在美国、柬埔寨等国先后引种试验杂交水稻成功，增产效果显著。

继三系杂交水稻实现突破之后，针对配组不自由等问题，石明松等人发现并利用光温敏

---

* 斤为非法定计量单位，1 斤＝500 克。——编者注

不育水稻新材料，开展杂交水稻两系法研究。后来袁隆平等人主持跨部门、多学科协作攻关，经过艰辛研究，创建了两系法杂交水稻理论和应用问题，选育并推广了一批高产优质两系杂交水稻组合，对农业增产、农民增收发挥了重要作用，为保障国家粮食安全做出了贡献。

该项研究创立了杂交水稻两系法应用理论和技术体系，解决了水稻杂种优势利用的难题，即建立了超级杂交水稻理想株型模式，选育出一批两系杂交稻组合；充分利用各类优质稻种资源，选育出一批达到国家优质稻标准的两系高产组合；利用各类早熟、高产稻种资源选育出一批超级杂交早稻组合，解决了长江中下游稻区产量和生育期"早而不优、优而不早"难题；水稻两系法杂种优势理论与技术的创立，带动和促进其他作物两系法杂种优势的深入研究，开创了作物杂种优势利用新领域、新途径。

该项研究共获省部级科技奖励 31 项、专利 9 项、品种权 38 项、软件版权 1 项、技术标准 5 项、出版专著 13 部、发表论文 549 篇。在全国育成实用不育系 168 个、组合 527 个。据不完全统计，截至 2012 年，两系法杂交水稻累计种植面积 4.99 亿亩以上，总产 2 358.2 亿千克，增产稻谷 110.99 亿千克。

2013 年袁隆平主持的"两系法杂交水稻技术研究与应用"，荣获国家科学技术进步奖特等奖。

小麦是仅次于水稻的第二大粮食作物。1949 年我国小麦单产只有 42.5 千克，随后西北农学院赵洪璋等人选育出碧蚂 1 号、6028、丰产 3 号小麦良种。北京农业大学蔡旭等人育成东方红号、农大 139 小麦良种。中国农业科学院作物育种栽培研究所庄巧生等人育成北京 8 号、北京 10 号良种等。这些品种产量高、抗锈病能力强，加上综合锈病防治技术的改进，基本上控制了小麦锈病的大流行。接着各地又选育出一批丰产性好、抗病性强的小麦良种，并进行大面积推广。20 世纪 60 年代，选育出抗病、丰产的济南 2 号、北京 8 号、石家庄 54、石家庄 407、内乡 5 号、徐州 14 号，在北方冬麦区推广。20 世纪 70 年代，选育出北京 10 号、农大 311、泰山 4 号、丰产 3 号、晋麦 2418、鄂麦 6 号、扬麦 3 号、甘麦 8 号等。20 世纪 80 年代，选育出丰抗 8 号、农大 139、郑州 761、百泉 3217、济南 13、豫麦 2 号、陕 7859 号、扬麦 5 号等。20 世纪 90 年代，加强了小麦品质育种和专用品种的科技攻关，育成一批抗锈、高产和优质专用小麦新品种，有石 4185、邯 6172、衡观 35、石麦 15、石家庄 8 号、济南 17、济麦 19、济麦 20、济麦 22、烟农 19、郑麦 9023、郑麦 366、豫麦 34、新麦 18、周麦 18、矮抗 58、皖麦 52、小偃 22、西农 979、扬麦 11、扬麦 12、扬麦 13、川麦 107、新冬 20 和龙麦 26 等。进入 21 世纪以来，选育出晋麦 47、皖麦 38、克丰 6 号、济南 17、郑麦 9023、济麦 19、川麦 107、烟农 19、矮抗 58、郑麦 366 等。这些大面积推广品种的产量潜力和加工品质较以往的小麦品种显著提高，对多种病害表现出较好的抗性，抗逆性强，适应性广，特别是一批强筋小麦品种的大面积推广使我国商品粮的整体加工品质明显改善。

太谷核不育小麦的发现、鉴定与利用的深入研究，使我国在国际上首创矮败小麦，并以此作为珍贵遗传资源，通过轮回选择，使基因不断优化，群体不断得到改良，从中选育出适应不同地区满足不同需要的新品种。全国上百个科研、教学等单位利用矮败小麦育种技术，选育出 42 个新品种，推广面积 1 亿多亩，还有 69 个品种（系）参加区域试验或生产试验，展现出广阔的发展前景。矮败小麦及其高效育种方法的创建与应用于 2010 年获国家科学技术进步一等奖。

中国科学院西北植物研究所李振声等人，利用普通小康与长穗偃麦草远缘杂交方法育成小麦新品种小偃 6 号、小偃 23 等。小麦与长穗偃麦草的杂交育种方法需分两步进行。第一步，创制远缘杂种新类型，通过 [[（小麦×长惠偃麦草）×小麦]×小麦]，建立完整的杂种新类型育种程序；第二步，利用杂种新类型与普通小麦杂交选育新品种。小偃 6 号就是利用育成的小偃麦新类型——小偃 96 与小麦品种 S·T·2422/464 杂交，到第四代经激光处理后选育而成。小偃 6 号一般亩产可达 350～500 千克，区域试验结果平均比对照品种增产 13.2%。小偃 6 号适应性广，除在陕西关中推广外，在河南、山西南部、山东、安徽、湖北北部，河北南部等地区都已推广种植。小偃 6 号自 1980 年推广起，种植面积迅速扩大，至 1985 年夏收已达 1 000 万亩。以小偃 6 号为代表的系列品种，具有矮秆、抗锈、丰产性好的特性，是我国北方麦区主要优质源之一，其衍生品种已达 79 个，累计推广面积 3 亿多亩。

远缘杂交小麦新品种小偃 6 号于 1985 年获国家技术发明奖一等奖。2006 年，李振声院士获国家最高科学技术奖。

远缘杂交小麦新品种"小偃 6 号"

主要完成单位：西北植物研究所
主要完成人员：李振声、陈瀛阳等
受奖情况：国家技术发明奖一等奖
成果简介：

"小偃 6 号"是利用小麦与长穗偃麦草远缘杂交方法育成的小麦新品种。小麦与长穗偃麦草的杂交育种方法需分两步进行。第一步，创制远缘杂种新类型，通过 [[（小麦×长惠偃麦草）×小麦]×小麦]，建立完整的杂种新类型育种程序；第二步，利用杂种新类型与普通小麦杂交选育新品种。小偃 6 号就是利用育成的小偃麦新类型——小偃 96 与小麦品种 S·T·2422/464 杂交，到第四代经激光处理后选育而成。小偃 6 号一般亩产可达 350～500 千克，区域试验结果平均比对照品种增产 13.2%。小偃 6 号适应性广，除在陕西关中推广外，在河南、山西南部、山东、安徽、湖北北部，河北南部等地区都已推广种植。自 1980 年推广起，种植面积迅速扩大，至 1985 年夏收已达 1 000 万亩。

玉米杂交种选育也取得了突破。20 世纪 50 年代初，我国玉米生产主要利用品种间杂交种，进入 20 世纪 60 年代后，以利用单交种为主，双交种、三交种、顶交种结合，综合利用杂种优势，20 世纪 90 年代后期推广面积达 2.8 亿亩，占播种面积的 85% 以上，平均单产提高到 340 千克。中国农业科学院作物育种栽培研究所李竞雄等人，于 20 世纪 70 年代中期选育出的玉米单交种中单 2 号，具有多抗、丰产、适应性广的综合性能，1983 年推广面积达 2 629 万亩，成为当时全国种植面积最大的玉米杂交种。多抗性丰产玉米杂交种中单 2 号于 1984 年获国家技术发明奖一等奖。

多抗性丰产玉米杂交种"中单2号"

主要完成单位：中国农业科学院作物育种栽培研究所

主要完成人员：李竞雄、石德权、潘才暹、刘文祥、赵福盛、孙建英、胡卓富

受奖情况：国家技术发明奖一等奖

成果简介：

中单2号是一种多抗性丰产玉米单交种。1983年已推广到2 629万亩（175万公顷），成为近年内中国种植面积最大的一个玉米杂交种。中单2号玉米杂交种的主要特点是：(1)高抗多种病害，对玉米大、小斑病的抗病级别为0.5～1.0，丝黑穗病的发病株率仅0.5%。(2)适应性广，能在全国17个省、自治区、直辖市良好地生长，其分布范围北起北纬42.8°，南到北纬22°，东从沿海东经122.5°起，西至东经77.5°。它还适用于各地的多种栽培制度，在一季春播区进行单作，或与大豆间作、麦垄套种，以及在麦茬玉米区进行夏播，并能在西南丘陵山区瘠薄的红壤酸性土上良好生长。各地反映，中单2号在苗期能抗旱；后期又能耐涝抗倒。(3)增产明显，1975年在北京市通县等10个不同地区试验，中单2号比当地所有的推广杂交种均显著增产，其中9处亩产超过500千克（每公顷7.5吨）。大面积生产试验的测定结果表明，中单2号比推广的杂交种的增产幅度约为15%～25%，每亩可增产75～100千克。

随后，中国农业大学许启凤等人，在20世纪90年代中期选育出产量高、稳产性好、综合抗性强、适应性广的玉米新品种农大108，现已大面积推广。山东省李登海等人选育的紧凑型具有产量高、稳产性好、综合抗性强的掖单13，也已大面积推广，增产效果明显。

进入"十五"期间后，高赖氨酸玉米、高油玉米、甜玉米等杂交种选育又取得新的进展。郑单958的育成将我国玉米育种水平提升到一个新的高度，一批高产优质玉米品种108、掖单13、郑单958、浚单20等在生产中大面积推广，为粮食增产、农民增收做出了贡献。

河北省张家口市农业科学院赵治海等人攻克谷子杂交种，经过20年的努力，培育出一批高产优质杂交组合，其中光温敏两系杂交种"张杂1号"和首个抗除草剂谷子杂交种"张杂2号"，最高亩产量达到810千克。张杂谷品种目前在北方干旱和半干旱地区累计推广面积达40多万公顷，并在非洲埃塞俄比亚连续4年试种成功，在春旱严重的气候条件下仍能获得好收成。

棉花从引种阶段过渡到自育阶段，增产效果显著。20世纪50年代初期，我国从美国引入岱字棉、斯字棉和德字棉等品种，使产量提高了15%，绒长增长2～4毫米。1956—1960年，以岱字15更换斯字棉和德字棉，使产量提高10%～20%，绒长增长2～3毫米。1964—1968年以岱字15复壮种进行更新，推广洞庭1号、徐州209等，使产量提高20%，部分地区绒长增加0.5毫米。1974—1979年，主要推广我国自育棉花品种，如沪棉204、邢台204、泗棉2号、徐州142、鄂棉1号、86-1、中棉所3号、中棉所7号、陕棉401等，使产量提高10%～30%。1980年初，山东省棉花研究所庞居勤等人利用常规育种与辐射育种相结合的方法，培育出鲁棉1号，大幅度提高了棉花产量。当原棉达到自给，并开始批量

出口后，自然就对纤维品质提出了新的要求，自育棉花品种的内在纤维品质也得到应有的重视。之后，中国农业科学院棉花研究所以喻树迅为代表的棉花遗传育种专家，相继培育出一批适应不同熟期、抗病、抗虫、高产的棉花新品种、新组合，如中棉所 10 号，中棉所 12，中棉所 16，中棉所 17，中棉所 19 和转基因抗虫棉中棉所 21，中棉所 20、中棉所 24、中棉所 27、中棉所 36 和中棉所 45，豫棉 1 号，冀棉 8 号等新品系，使棉花单产水平大幅度提高，纤维品质得到改善。

进入 21 世纪以来，随着我国黄淮、长江中下游棉区棉花种植面积减少，棉区西移，新疆成为我国最大棉花产区。根据新疆区域无霜期短、春季增温慢、秋季降温快、无霜期不稳定的气候特点，需要抗虫、高产、稳产的机采棉花新品种。新疆生产建设兵团等单位选育出抗虫、高产、稳产的机采棉花新品种新陆早 45、新陆早 50 等，并在北疆棉区推广；在南疆棉区则推广中国农业科学院棉花研究所选育的抗虫、高产、稳产的机采棉花新品种中棉所 49、中棉所 63 和河南省农业科学院棉花研究所选育的豫棉 19，以及当地选育的新陆早 32、新陆早 35、新陆早 37 等系列品种。这些棉花品种适应新疆气候特点和生态环境，为促进棉农增产增收做出了贡献。

高产稳产棉花新品种“鲁棉 1 号”

主要完成单位：山东省棉花研究所
主要完成人员：庞居勤等
受奖情况：国家科学技术进步奖一等奖
成果简介：

“鲁棉 1 号”是由山东省棉花研究所于 1961 年进行品种间杂交和经长期选育，又于 1971 年把选育出的一些较好品系在山东省原子能研究所用钴-60 进行辐射处理，于 1976 年选育而成的。鲁棉 1 号株型紧凑，主茎与果枝夹角较小，叶片肥厚、叶色深绿、缺刻较深、皱折明显、大小适中，具有结铃性强、早熟、高产、适应性广、抗逆性强、霜前花多等优点。纤维主体长度 28.7 毫米，细度 5 804 米/克，强力 3.85 克（纤维拉力强度较弱），衣分 35%～37%，铃重 5 克，籽指（即 100 粒棉籽的重量）10 克左右，最适宜在黄河中下游种植。1974—1978 年试种对比显示，平均皮棉产量比岱字棉 15 增产 39.48%，亩产皮棉最高达 135.75 千克。近两年在山东省大面积推广，1980 年种植面积达到 850 万亩，大幅度提高了棉花产量，促进了棉花生产的大发展，经济效益显著。

油菜作物品种经过 4 次更新。20 世纪 60 年代初推广甘蓝型油菜胜利油菜，而后选育出一批甘蓝型油菜新品种，如云油 7 号、川农长角、西南 302。从经过辐射处理的胜利油菜选育的中熟品种甘油 5 号具有生长势旺、油薹开花适时、受春寒影响小的特性，表现高产稳产，成为 20 世纪 70 年代长江中游地区主推品种。到了 20 世纪 80 年代油菜育种又有新的重大进展，中国农业科学院油料作物研究所选育的中油 821，具有适应性强、高产、稳产、抗病等特点，是长江流域种植面积最大的品种。据不完全统计，1988 年中油 821 夏收面积 800 万亩，冬播面积超过 1 000 万亩，约占全国冬油菜面积的 15%。20 世纪 80 年代中期，双低（低介酸、低硫甙）油菜育种取得新进展，先后培育出单低或双低油菜新品种（系）20 多个，如中油低芥 1 号、中油低芥 2 号、中油低芥 3 号，豫油 1 号，宁油 8 号，淮油 12 等，1988 年全国单、双低油菜面积达 400 万亩。同时，油菜杂种优势利用研究取得突破。陕西省农垦科学教育中心李殿荣育成甘蓝型"三系"配套杂交油菜新组合秦油 2 号。之后，中国农业科学院油料作物研究所又培育出以中双 9 号、中油杂 2 号等为代表的一批品质、产量和抗性均达到国际先进水平的"双低"油菜新品种。华中农业大学傅廷栋等人首次发现甘蓝型油菜波里马细胞质雄性不育，为国内外油菜杂交优势利用研究，选配并通过审定低芥酸雄性不育三系杂种华油（杂）2 号、3 号等，具有优质、高产特点，已在湖北、安徽、河南等地大面积推广。20 世纪 90 年代，我国重视抗病育种工作，选育出多个抗青枯病和抗病毒病的油菜品种，并广泛用于生产。进入 21 世纪后，中国农业科学院油料作物研究所王汉中等人应用多目标性状聚合育种技术，选育出高含油量中双 11，在长江流域 11 省（市）广泛推广，经济社会效益显著。安徽省农业科学院利用隐性上位互作核不育三系杂交油菜新品种在全国 10 省（自治区、直辖市）推广，提升了我国杂交油菜产业竞争力。

花生育种同样取得重要进展，先后选育出一批产量高、品质好、耐肥、抗倒、适应性广的品种，如豫花号、天府号、粤油号、海花 1 号等 40 多个品种，促进了花生增产和油脂加工业发展。

油菜波里马雄性不育系及其优质杂种的研究、选育与利用

主要完成单位：华中农业大学、华中优质杂交油菜研究开发中心

主要完成人员：傅廷栋、杨光圣、杨小牛、吴江生、伍昌胜、马朝芝、田辛初、魏泽兰、张毅、余凤群、段志红、吕梅、甘莉、任春玲、赵德平

受奖情况：国家科学技术进步奖一等奖

成果简介：

（1）该成果为国际上首次发现甘蓝型油菜波里马细胞质雄性不育（国际上通称为 Polcms），被认为是"第一个有实用价值的油菜 cms 类型"，已被国内外广泛应用，为国内外油菜及一些蔬菜杂种优势利用研究做出了重大贡献。到目前为止，国外审定的 12 个油菜雄性不育三系杂种中，就有 9 个是用该项目发现的 Polcms 育成的，国内共审定的 10 个油菜三系杂种中，有 5 个注明不育系来源，有 4 个是用 Polcms 育成的。

（2）对 Polcms 的遗传、分类、形态解剖、细胞质效应、恢复基因分布、杂种优势等进行了系统的应用基础研究，发表论文（著）20 余篇，取得一系列研究成果。

（3）利用 Polcms 育成我国第一个通过审定的低芥酸雄性不育三系杂种"华油（杂）2 号"（简称华 2 号，1992 年）和我国第一个通过审定的双低冬播油菜三系杂种"华油（杂）3 号"（简称华 3 号，1994 年）。由于具有优质（单、双低）、高产（比常规推广品种中油 821 一般增产 10%）的特点，这两个杂种在湖北、河南、安徽等省的推广面积迅速扩大，1992—1995 年秋播累计推广面积达 1 688 多万亩，其中湖北省 1995 年秋播面积为 510 万亩，约占全省总面积的 40%。

20 世纪 60 年代后，我国科学家从甘蔗品种资源材料中选育 150 个作为亲本应用于杂交育种工作，已培育出一批优良品种，如广东 3 号、广东 7 号、广东 10 号、华南 53 - 63、崖

城 62 - 70 等。通过定向培育选择,先后选育出适应不同产区的丰产、高糖、抗逆性强的早、中、晚熟优良品种 100 余个,如广东粤糖 63 - 237、粤糖 64 - 395、广西桂糖 57 - 624、桂糖 60 - 149、桂糖 69 - 360、桂糖 73 - 167、云南云蔗 59 - 115、云蔗 71 - 388、CO419、CO997、福建闽选 703、四川 3 号、四川 6 号、四川 10 号、四川 13、江西 1 号、江西 8 号、江西 14 等。

甜菜育种工作起步晚,但进展快、成效大。20 世纪五六十年代初选育出抗褐斑病标准型品种,如双丰 1 号、内蒙古 5 号、范育 1 号,综合性状好的如双丰 2 号、双丰 5 号、合作 2 号、工农 2 号。通过杂交育种选育出甜研 3 号、甜研 4 号、甜研 6 号等,在生产上推广应用,使单位面积产糖量提高 10% 以上。1978 年,中国农业科学院甜菜研究所杨炎生以杂种优势理论为指导,先后选育出甜研 301、甜研 302 等系列品种,这些品种具有丰产、高糖、抗褐斑病等特点,在产区大面积推广,经济社会效益显著,深受农民和糖厂的欢迎。

蔬菜常规育种成效显著。天津市黄瓜研究所候锋育成黄瓜 1 - 5 号,特别是津研 2 号,表现出丰产、适应性广、抗霜霉及白粉病的特点,在全国广泛推广,约占全国黄瓜栽培面积 60% 以上。浙江育成豇豆品种豇 - 28,质优、高产、抗性强,在各地大面积推广。各地还育成了一批蔬菜品种,如番茄品种中蔬 4 号、5 号,强丰,抗青号,红玛瑙,扬州红,红玫瑰,甜椒同丰,农大 40 等。

蔬菜杂种优势利用研究取得重要进展与突破。中国农业科学院蔬菜花卉研究所方智远等人,采用自交,分离鉴定,定向选择的方法,选育出一批甘蓝自交不亲和系,解决了的选育和一代杂种制种等技术难题。先后配制出京丰 1 号等 7 个系列新品种,其特点为丰产性好、早中晚熟配套、抗逆性较强、适应性广、品质较好,在国内推广面积 400 多万亩,创经济效益 6 亿多元。甘蓝自交不亲和系的选育及其配制的七个系列新品种于 1985 年获得国家技术发明奖一等奖。

甘蓝自交不亲和系的选育及其配制的七个系列新品种

主要完成单位: 中国农业科学院蔬菜研究所、北京市农业科学院蔬菜花卉研究所
主要完成人员: 贾翠莹、方智远、孙培田、乐宁、杜广岑、刘王梅
受奖情况: 国家科学技术进步奖一等奖
成果简介:

采用自交,分离鉴定,定向选择的方法,选育出 7224 - 5 - 3 等 10 个甘蓝自交不亲和系,解决了自交不亲和系的选育和一代杂种制种等技术难题。甘蓝自交不亲和系都具有配合力好,花期自交亲和指数在 1 以下,蕾期自交结实好,经济性状优良并整齐一致等特点。利用它们先后配制出京丰 1 号等七个系列新品种,新品种的主要特点是:(1)丰产性好,七个新品种可比原有同类型主栽品种增产 20%~30%;(2)早中晚熟配套,其中报春为早熟,暮春初夏为中早熟,庆丰为中熟,京丰 1 号为晚熟,有利于蔬菜周年均衡供应;(3)抗逆性较强,报春、京丰 1 号等春甘蓝下易先期抽薹,秋丰、晚丰等秋甘蓝对花叶病毒的抗性达到"抗病"水平;(4)适应性广,七个新品种中的京丰 1 号、晚丰在我国南北各地均可种植,其他四个品种适于在我国黄河流域及其以北广大地区栽培;(5)品质较好,叶球外观符合市场要求。京丰 1 号、暮春、报昔的 VC、糖、粗蛋白含量达到或超过同类型主栽优质品种的

水平。该发明已在国内 28 个省（自治区、直辖市）推广应用，1997—1984 年累计推广面积达 414 万亩，其中 1984 年为 140 万亩。1978—1984 年累计增收 6.04 亿元，1984 年年增收值达 2.04 亿元。

热带作物遗传育种研究也取得了重要进展。我国从各国引进橡胶树优良无性系 208 个，通过组配杂交，成功选育出新一代无性系并大规模推广，使橡胶产量达到一个新水平。利用国外优良亲本杂交育成的热研 7 - 33 - 97、大丰 95、海垦 2、云研 277 - 5 等品种，产量超过 RRIM600。其中，中国热带农业科学院橡胶研究所刘松泉等人选育的热研 7 - 33 - 97 和大丰 95 在品种综合性状方面达到世界先进水平。我国还筛选出具有较强抗寒性的 GT1、IAN873 和具有较强抗风性的 PR107 为我国橡胶垦区的主栽品种等，至 1995 年年底，在海南、云南、广东三大垦区农垦系统共种植国外橡胶优良无性系达 484.8 万亩，占总种植面积的 88.3%，1981—1995 年累计增产干胶 193.5 万吨，增加产值 151.65 亿元。

经过近 30 年的努力，我国建立了国家木薯种质圃及种质评价技术体系，共收集保存国内外木薯种质资源 500 多份。通过引进和杂交选育共育成木薯新品种 15 个，新品种亩产鲜薯平均增产 28.11%，块根淀粉含量平均提高 3.36 个百分点。该成果已在广西、广东、海南等南方 11 省（区）大面积推广种植，良种良法推广面积达到 45% 以上，使我国木薯主栽区实现了良种区域化，商品化加工率达 85% 以上，极大地促进了我国木薯的产业化发展。

橡胶树优良无性系的引种、选育与大面积推广应用

主要完成单位：中国热带农业科学院、海南省农垦总局、云南省农垦总局、广东省农垦总局

主要完成人员：刘松泉、徐广泽、郑学勤、邓鸣科、潘化苏、吴云通、姜天民、周钟毓、何世强、杨少笨、曾宪松、区晋汉、张世杰、庞廷祥、罗仲全

受奖情况：国家科技进步奖一等奖

成果简介：

该成果主要创新点有（1）全面引进世界各国最主要优良无性系 208 个；（2）应用无性系进行组配杂交，培育成功我国新一代无性系并大规模推广，使我国橡胶产量处于世界主要植胶国的同一水平上；（3）利用国外优良亲本杂交育成热研 7 - 33 - 97、大丰 95、海垦 2、云研 277 - 5 等，产量超过 RRIM600，其中热研 7 - 33 - 97 和大丰 95 在品种的综合性状方面达到了世界先进水平；（4）筛选出具有较强抗寒性的 GT1、IAN873 和具有较强抗风性的 PR107 做为我国橡胶垦区的主栽品种；（5）以叶片蜜腺形态和大小叶柄"骨架部分"的形态特征为主要依据的无性系形态鉴定技术，得到广泛应用；（6）采用人工气候室结合前哨梯度系比进行橡胶树抗寒早期预测技术、选配抗寒"三合树"、修枝整型技术提高抗风能力、划分环境类型小区对口配种的研究，为我国特色。

至 1995 年年底，仅海南、云南、广东三大垦区农垦系统共种植国外橡胶优良无性系达 484.8 万亩，占总种植面积的 88.3%，1981—1995 年累计增产干胶 193.5 万吨，增加产值 151.65 亿元。该研究成果全面迅速提高我国橡胶产量水平，实现我国橡胶良种化，处于世界先进水平。

其他作物，如果树、茶叶、麻类、烟草等新品种的选育与推广，也取得了重要进展，经济效益和社会效益显著。

作物育种方法和育种理论上也有新突破，如水稻起源及其演化，小麦分类及其分布，水稻品种对光温条件反应特性，印水型水稻不育胞质的发现及利用，小麦品种及其系谱的分析，太谷核不育小麦的发现与利用，光（温）敏核不育水稻的发现、鉴定及利用研究。通过染色体加倍使小麦与黑麦杂交育成的异源八倍体小黑麦，采用小麦与偃麦草远缘杂交育成小偃系列品种（系）的遗传理论创新等，极大地丰富和发展了我国作物遗传育种的理论与实践。

（三）土壤调查与科学施肥

土壤是农业的重要资源，肥料是发展农业的物质基础。20世纪50年代初期，我国农业科学工作者结合开荒、兴修水利和地区开发，对三江平原、江汉平原、黄淮海平原、黄土高原、内蒙古、新疆、青海等地进行了大量的土壤调查和综合考察，为这些地区的土地开发利用和综合治理提供了重要的科学依据。1958年开展了以耕地为主要对象的第一次全国土壤普查，初步调查和评定了农业土壤资源，总结了农民鉴别、利用和改良土壤的经验，编制出1:250万农业土壤图、1:400万农业土壤肥力图、1:400万土壤改良图、1:400万土壤利用现状图和《中国农业土壤志》。1978—1994年开展了全面深入的第二次全国土壤普查，其规模和深度都是空前的，这次土壤普查基本查清了中国的土壤类型、面积、分布与属性，各类土地利用现状、面积及分布，土壤有机质及氮、磷、钾、微量元素养分状况，低产土壤障碍因素，汇总编写和编绘了《中国土壤》《中国土壤志》《中国土壤普查数据》及数据库，1:100万中国土壤图集、1:250万中国土壤图和1:400万中国土壤系列图（包括14种图件）。这次土壤普查有力地推动了我国农业生产和土壤学的发展，为土壤的合理利用和综合治理提供了依据。

中国水稻土

主要完成单位：中国科学院南京土壤研究所
主要完成人员：李庆逵、姚贤良、龚子同、丁昌璞、谢建昌
受奖情况：国家自然科学奖二等奖
成果简介：

该项目主要是中国科学院南京土壤研究所在建国40多年来系统研究我国水稻土的形成、分类、分布、基本特性、合理施肥及耕作、水分管理等方面的综合成果，于1992年由科学出版社正式出版。全书分四篇，共三十章。第一篇，系统介绍了我国水稻土的形成过程、分类系统、地理分布及资源评价；第二篇，全面阐述了水稻土的矿物类型和组成、有机物质、吸附性能、酸度、结构状况、氧化还原过程及微生物学特性；第三篇，深入剖析了水稻土中氮、磷、钾、硫以及微量元素的贮量、形态和有效性，水稻土根际土壤环境及合理施肥原则；第四篇，详细叙述了水稻土的管理技术、高产水稻土的培肥、低产水稻土改良及水稻土的污染及其防治。全书内容系统、综合，具有资料新颖、立论明确、论据充实及实用性强等特点。出版后不仅受到国内从事土壤学、环境生态学、植物营养学以及作物栽培学等方面的

科学家和专家们的好评，亦受到国外同行，如日本、加拿大等国学者们的高度赞扬。日本著名土壤学家菅野一郎教授已将本书译成日文。总之，此书具有很高的学术水平和应用价值，不仅在国内，在国际上都有重要影响。

在土壤普查的基础上，中国科学院南京土壤研究所李庆逵等人开展了中国水稻土系统研究，取得了水稻土的形成、分类、分布、基本特性、合理施肥及耕作、水分管理等方面的综合成果，在国际上产生了重要影响。《中国水稻土》于1992年由科学出版社出版。此项研究针对不同类型的低产土壤（盐碱、红黄壤、低产水稻土、风沙土等），开展了大规模的综合治理，取得了重要进展。新疆维吾尔自治区焉耆北大渠灌区、宁夏回族自治区灵武农场等通过竖井排灌种稻、水旱轮作培肥等措施，有效地控制了土壤大面积盐渍化，实现了改土增产；河南省人民胜利渠，河北省曲周县，山东省陵县、禹城市实行井渠结合、井灌井排、抽咸补淡等灌排措施，农林牧结合、改土培肥结合，成为综合治理的示范样板。南方红黄壤改良利用和低产水稻土改良也取得了重大进展。江西省红壤利用和低产田改良、旱地改水地、一季改双季达1 600多万亩。湖南省红壤改良研究，总结提出了行之有效的技术措施，取得了成功的经验。四川省改造瘦薄坡土和下湿、冷浸、烂泥冬水田2 650万亩；江苏省里下河地区一熟沤田通过"三沟"配套改良灌排，实行稻麦绿肥油菜轮作，已改造成稳产高产田。

我国有长期施用农家有机肥料的历史和经验。通过施肥，可使土壤肥力经久不衰。20世纪50年代随着化肥进口和生产，我国逐步形成了有机肥与化肥配合使用的制度，施用化肥成为农作物增产的重要措施。20世纪70年代后，我国化肥工业高速发展，1999年化肥总产量达4 125万吨，其中氮肥2 181万吨，磷肥697万吨，钾肥366万吨，复合肥880万吨。2005年化肥施用量（按纯法计算）4 766.2万吨，其中氮肥2 229.7万吨、磷肥743.8万吨、钾肥489.8万吨、复合肥1 303.6万吨，肥料结构发生了较大变化。当时，全国农作物平均每公顷施肥量达261千克，并且在施肥方法上坚持有机肥与无机肥结合、基肥与追肥结合，及看天、看地、看庄稼施肥等，使施肥在农作物增产中发挥了重要作用。同时，从20世纪70年代研究提高氮肥利用率技术，总结出氮肥深施、球肥深施、配方施肥、测土施肥、平衡施肥等技术，提高肥效20%～30%。据2008年统计，全国推广配方施肥、测土施肥面积达10亿多亩，占当年作物播种面积近60%，各种作物增产幅度一般在8%～15%，平均每亩增产粮食25～50千克、皮棉5～10千克，花生和油菜籽15～30千克，经济效益明显。

提高作物养分资源利用效率的根际调控机理研究

主要完成单位：中国农业大学
主要完成人员：张福锁、李晓林、李春俭、申建波、张固
获奖情况：国家自然科学奖二等奖
成果简介：

该项目属农业科学（农学）的应用基础研究领域。该项目以作物根际营养调控机理研究为主线，以提高我国作物养分资源利用效率为目标进行了长达15年的系统研究，取得了一系列创新性成果。

（1）突破改土施肥调控作物生长环境的传统观念，形成了以挖掘作物生物学潜力为突破

口、以根际营养调控为核心的提高作物养分资源利用效率的学术思想，推动了我国植物营养学科的建立和发展。

（2）创建了一系列根际研究的新方法，其中首创了 VA 菌丝际养分动态的定量化方法和根分泌物及其养分活化能力的测定方法，为国际同行广泛采用。

（3）在作物养分高效利用的根际过程及其调控机理研究方面获得突破。证明缺铁或缺锌条件下禾本植物根系分泌的铁载体不仅能活化难溶性铁，也能活化锌和铜，并能在田间显著改善与其间作作物的营养状况，使根际营养调控从模拟研究走向大田实践。

（4）阐明了菌丝际养分利用的机理。首次证明 VA 菌根真菌可使作物吸收土壤磷的范围扩大 60 倍，对植物吸磷的贡献潜力高达 70%，使根际研究深入到菌丝际水平。

（5）揭示了间套作体系养分高效利用和增产的根际营养调控机理。发现作物种间营养竞争与互惠作用是间套作体系养分高效利用和作物增产的关键，其贡献率高达 50%，成为国内外根际营养理论研究与实践相结合的范例。

（6）以根际营养调控原理为指导，创建了养分资源高效利用的根际调控技术体系，为解决作物高产、资源高效和环境保护之间的尖锐矛盾提供了现实可行的途径。

该项目共发表论文 193 篇，其中 SCI 收录 61 篇，出版专业书籍 12 部。英文论文被 SCI 引用 471 次，他引 354 次，另被 20 多部国际专著和教科书引用。

新型肥料品种研制与开发有了重要进展。复混肥施用量占化肥施用总量的 20%，各种专用有机肥在果树、蔬菜、花卉上使用，深受用户欢迎。20 世纪 50 年代研究推广花生、大豆以及紫云英、苕子根瘤菌肥，在紫云英北移和草木樨引进的过程中，接种根瘤菌起了关键作用。近些年，我国南方红壤荒山和北方黄土高原大面积飞播根瘤菌拌种豆科牧草成功，效果显著。随着现代化学工业的发展，化肥的新品种、新剂型不断研制成功，如高浓度化肥、复合化肥、长效化肥、缓释控释化肥等，将逐步取代单一元素、低浓度的化肥，实现产业化、商品化生产，得到广泛应用与推广。

随着化肥施用量增加，土壤板结、环境污染和施肥成本提高问题引起了多方重视，近年来农业科技工作者开展农田节肥增效促进绿色现代农业发展研究取得进展，科学出版社出版专著《集约化农田节肥增效理论与实践》，可供参考。

进入 21 世纪后，被深入研究的土壤形成演变规律、土壤养分时空分布特征等问题，为改善农业土壤资源质量和提高利用效率提供了理论和技术基础。中国农业大学张福锁等人开展了提高作物营养资源利用效率的根际调控机理研究，初步完成了覆盖我国各主要农区的耕地质量评价指标体系，建立了适合我国不同地区农业特点的耕地质量培育技术模式和技术体系，为作物科学施肥提供了依据。

（四）水资源开发与节水农业

我国是一个水资源不丰富的国家，年平均水资源总量为 2.6 万亿立方米，居世界第 6 位。人均占有量为 1 945 立方米，约为世界人均占有量的 1/4，居世界第 88 位。我国水土资源分配组合极不平衡，在耕地和人口分别占全国总量 36% 和 54% 的南方，水资源量却占全国的 81%，而耕地和人口分别占全国 45% 和 38% 的北方，水资源量仅占全国的 19%。以耕地水资源占有量计算，全国每亩平均不足 800 立方米，而华北、西北和东北地区远低于平均水平。从 20 世纪 50 年代开始，有效地利用水资源提高作物产量成为灌溉科学研究的重点课题。我国在全国范围内建立了 400 多个区域试验站，对水稻、小麦、玉米、棉花等作物的需水量、需水规律和灌溉制度进行研究，初步明确了水稻需水量为一季稻每亩 500～800 立方米，双季稻每亩 800～1 000 立方米，并明确了小麦返青、分蘖、拔节、孕穗开花、乳熟到成熟期的需水比例。在南方稻区，总结出浅灌技术，建立了早稻浅—深—浅的灌溉制度。

对小麦、玉米、棉花在不同地区各生育期需水量、土壤适宜含水量、地表水利用量、有效降水及灌溉制度等方面的研究，均有不少科技成果。在我国自然条件下，小麦需水量为每亩250～400 立方米，应在冻前、返青、孕穗至抽穗、灌浆期灌水。棉花需水量为每亩250～400立方米，在开花到吐絮期需水最多，约占总需水量的 40%～50%，每次灌水定额为每亩 20～25 立方米。通过对这几种主要作物的节水灌溉研究，取得的基本结果是：产量越高需水量越大，但不成直线关系；产量越高，需水系数越小。这对作物高产灌溉合理用水提供了科学依据。

先进的农业技术和灌溉制度要求先进的灌溉技术相配合。20 世纪 60 年代，北方地区广泛进行了小麦畦灌和玉米、棉花沟灌的试验研究，取得了适合当地的沟畦规格和控制沟畦水量的方法，以及田间渠系的合理布置方案。1982 年，我国农业科技工作者将系统工程学的最优化决策理论应用到灌溉水资源合理利用研究方面，并提出灌溉水管理的科学报告。

西北地区农业高效用水原理与技术研究及应用

主要完成单位：西北农林科技大学、中国科学院水利部水土保持研究所
主要完成人员：康绍忠、蔡焕杰、胡笑涛、马孝义、朱凤书、林性翠、王密侠、汪志农、熊运章、张建华
获奖情况：国家科学技术进步奖二等奖
成果简介：

"西北地区农业高效用水原理与技术研究及应用"涉及农田水利、土壤物理、植物生理等学科领域。该项目把生物节水、工程节水和管理节水作为一个整体，对多种农业节水技术进行创新研究，取得了如下主要成果。

（1）提出了水分胁迫条件下作物蒸发蒸腾量的估算方法；获得了不同地表湿润条件和膜下滴灌的作物系数值，建立了作物系数与地下水埋深的定量关系式，修正和补充了 FAO 灌溉排水丛书第 56 分册推荐采用的作物系数值，为农业节水提供了科学依据。

（2）获得了西北旱区小麦、玉米、棉花、春小麦—玉米带田、籽瓜和白兰瓜等作物的非充分灌溉制度以及较系统的小麦、玉米、棉花等大田作物的最佳调亏阶段和最适调亏程度，建立了调亏灌溉指标体系，其中对地膜籽瓜和白兰瓜耗水量与非充分灌溉制度的系统研究在国内属首例。

（3）首次系统提出了"控制性作物根系分区交替灌溉"的节水新方法，它能有效刺激作物根源信号产生和最优调节叶气孔开度，达到不牺牲光合产物积累而减少水分消耗的目的，节水效果达 30% 以上。

（4）提出了长畦分段灌溉法进水口间距的确定方法，得到了阶式水平畦灌的合理灌水技术要素组合；提出了膜下滴灌管网优化设计方法和棉花、加工番茄与籽瓜的膜下滴灌技术模式。

（5）研制了平底抛物线形无喉段量水槽、移动式量水堰板及闸前短管式量水分水装置，其结构简单、测流误差小于 3.5%，较好地解决了 U 形渠道和多泥沙渠道的量水问题。

（6）建立了 4 种适合西北不同类型地区的综合节水技术集成模式，并在甘肃河西石羊河流域、新疆石河子、陕西关中等地建设了示范区。

该项成果在国内外发表论文 179 篇，出版著作 4 部，论著被国内外他引 1 994 次，在学术界产生了重要影响，对揭示作物高效用水机理、开拓新的节水途径、促进农业节水科技进步和推动学科发展起到了重要作用。成果已在陕西关中 10 大灌区，甘肃引大入秦工程、武威黄羊河、金塔河、西营河及民勤灌区，内蒙古河套灌区，山西霍泉灌区，新疆兵团农八师等地大面积应用，累计推广控制面积 24 559.37 余万亩次，取得 45 287.258 万元的经济效益。

进入 21 世纪，农业节水灌溉技术推广面积达 2.8 亿亩，其中渠道输水灌溉面积 1.5 亿亩、低压管道输水灌溉面积 7 848 万亩，可提高水利用率 30%～40%，降低能耗 50%，增产粮食 20%～30%；喷灌面积 2 392 万亩，喷灌技术一般比地面灌溉节水 30%～50%，节省劳力 20%～30%，增加种植面积 7%～10%，增产粮食 10%～30%；微灌（微喷灌、滴灌）面积 800 万亩，微灌技术在棉花、果树、蔬菜、花卉等高附加值经济作物上应用，一般比喷灌节水 30%～40%，增产 20%～50%，有明显的节水增产效果。2005 年全国农业用水量持续下降，为 3 578 亿立方米，占总用水量的 63.5%。节水农业是水利措施、农业措施、工程措施与生物相结合的综合体，包括水资源、生物工程管理等系统，需要把单项技术成果组织集成综合运用。我国在各地建立一批高标准节水灌溉综合示范区，为农业节水灌溉实践提供了经验。西北农林科技大学康绍忠等人在西北不同类型地区研究提出的 4 种综合节水技术集成模式，累计推广面积 24 559.37 余万亩次，取得 45 287.258 万元的经济效益。新疆生产建设兵团等单位经过试验研究提出的主要作物膜下滴灌技术，由 2001 年的 80 万亩发展到 2005 年的 700 多万亩，棉花膜下滴灌与常规灌溉相比，膜下滴灌节水能达到 42%，水产比为每立方米 0.85 千克，比常规灌溉的每立方米 0.45 千克高每立方米 0.4 千克，膜下滴灌玉米节水 22.24%，水产比比常规灌溉的每立方米 0.87 千克高每立方米 0.77 千克，是高产高效的节水技术。以黑河下游的民勤县为基地，农业科技工作者们系统研究了干旱区内陆河流域水资源循环规律、作物需水过程及调控技术、生态植被需水及演变规律，在考虑区域生态用水需求的基础上，以保证区域农业可持续发展为目标，提出了有限水资源的合理配置理论及调控技术，并在生产实践中取得了节水、增效、促生态的效果。

干旱区棉花膜下滴灌综合配套技术研究与示范

主要完成单位：新疆生产建设兵团水利局、新疆农垦科学院、石河子大学、新疆生产建设兵团农八师、新疆生产建设兵团农一师

主要完成人员：刘兰育、柴付军、李明思、马富裕、荣航义、苏军、周建伟、苏亮、程鸿、杨国跃

获奖情况：国家科学技术进步奖二等奖

成果简介：

滴灌技术能将作物生长所需的水分和各种养分适时适量地输送到作物根部附近的土壤

中，使作物根系层土壤始终保持在最佳的水、肥、气、热状态，具有显著的节水、节肥、节地、省机力、提高劳动生产率等优势；地膜栽培技术能提高农田早期地温、减少田间棵间蒸发、抑制膜内杂草生长。棉花膜下滴灌技术是将滴灌管（带）铺设于地膜下，使滴灌技术和地膜栽培技术有机结合、优势叠加，并应用于机械化大田棉花栽培，在新疆生产建设兵团的棉花生产中发挥了显著的节水、增产、增效作用，该项目为棉花膜下滴灌技术的大面积应用提供了技术保证。为干旱地区发展高效节水农业开辟了一条新路。它突破了滴灌技术不进大田的禁区，是节水灌溉方面的一个创造。

高新技术在农业水资源现代化管理中的应用研究取得重要进展，3S技术的应用提升了农业水管理的现代化水平。农业水资源管理更加重视工程措施、农艺生物措施与管理措施的有机结合，并开始走向标准化、规范化、模式化、定量化和智能化。

我国研制的智能化植物需水诊断平台，提出了都市灌溉型植物SPAC水分传输关系方法，揭示了灌溉型植物耗水规律及其与土壤水分环境的响应关系，明晰了灌溉型植物土壤水分—产量/品质—根冠发育交互作用机制，提出了滴灌土壤水氮调控技术与方法以及基于目标耗水量的农业用水管理方法，构建了设施农业水肥一体化高效节水技术集成模式、果园智能化精量灌溉技术集成模式和都市绿地"清水零消耗"生态节水技术集成模式。

排水科研工作的发展也很迅速。农业科技工作者在灌区建设上总结出"防洪当先，排为基础"的经验，并结合低洼易涝地区，先抓治河、防洪，研究推广暗管排水技术，防渍增产效果比较明显，南方地区已广泛推广应用。

（五）作物病虫害发生规律及综合防控

我国农业科学工作者在同作物主要病虫草害的斗争中，取得了一批重大科技成果，在农作物主要病虫害发生规律和综合防治技术上达到世界先进水平。20世纪50年代初，原华北农业科学研究所的邱式邦等人深入蝗区调查，对蝗虫类型、发生规律、生物学特性和防治技术进行了系统研究，总结提出"改治并举"的治蝗策略，结合兴修水利、开垦荒地、植树造林等，基本控制了蝗虫危害，不少昔日蝗虫窝，今日已变成米粮川。20世纪50年代后，原华东农业科学研究所的林郁等人，通过系统研究发现三化螟的发生危害与水稻生育期有密切关系，提出农业防治和化学防治相结合的办法，常年防治1亿～2亿亩，螟虫损失率由10%～15%控制到1%左右。小麦条锈病是一种能给小麦带来毁灭性危害的病害，1950年曾在全国范围内大流行，1964年再度发生，危害面积约1.2亿亩，占麦田总面积的32%。中国农业科学院植物保护研究所陈善铭、汪可宁等人，陕西省农业科学院刘汉文，西北农学院李振岐等人，从1956年起组织协作研究，初步摸清小麦条锈病的流行规律，提出以"抗病品种为主，药剂防治和栽培措施为辅"的综合防治策略。20世纪90年代，经过研究后又提出"重点治理越夏易变区、持续控制冬季繁殖区和全面预防春季流行区"的病害分区治理策略，创建了以生物多样性利用为核心，以生态抗灾、生物控害、化学减灾为目标的小麦条锈病菌源基地综合治理技术体系，在研究鉴定生理小种和品种抗锈性等方面达到世界先进水平。21世纪初期，中国农业科学院植物保护研究所等在已有工作基础上，对小麦条锈病菌源基地综合治理技术体系进行科技攻关研究，取得了新进展与突破，查清秋季菌源和春季菌源两大菌源基地的精确范围与关键作用，明确了病害源头与防治重点区域，为病害大区流行进行异地测报，其测报吻合率达 100%；系统揭示了基因突变、异核作用和遗传重组是条锈菌毒性变异的主要途径；再次提出"重点治理越夏易变区、持续控制冬季繁殖区和全面预防春季流行区"的病害分区治理策略，创建了以生物多样性利用为核心，以生态抗灾、生物控害、化学减灾为目标的小麦条锈病菌源基地综合治理技术体系。该项成果已大规模推广应用，防病保产效果十分显著。

中国小麦条锈病流行体系

主要完成单位：中国农业科学院植物保护研究所、西北农业大学植物保护系、陕西省农业科学院植物保护研究所、北京农业大学植物保护系、甘肃省农业科学院植物保护研究所

主要完成人员：陈善铭、汪可宁、李振岐、刘汉文、曾士迈

受奖情况：国家自然科学奖二等奖

成果简介：

中国是世界上最大的小麦条锈病流行区。该病危害重，情况复杂，研究基础薄弱。协作组经过 30 多年的努力，已系统完整地完成了小麦条锈病全国流行体系的研究，成绩显著，达到国际先进水平。

（1）查明病菌的越夏地区、方式和条件。确定 5 个越夏区，其中甘、青、宁、川连片最大，为主要越夏区，该区的陇南为越夏、易变区，陇东为越夏、传播桥梁区，其越夏菌源分别由西向东传播引至流行的主要基地是关键区。

（2）查明病菌的越冬地区、方式和条件，发现华北德州—石家庄—介休线以北病菌不能或难越冬，以南可越冬，其中江汉、川、滇平原病菌冬季可继续繁殖，是当地及其他麦春季流行的主要菌源基地。

（3）建立一套切合中国实际的鉴别寄主和监测系统，对各时期流行小种组成、变化做了系统检测，先后发现 28 个小种，为抗锈育种和品种合理布局提供必要依据；阐明了新中国成立后品种抗性 6 次大变化主要是小种、品种互作所致；查明陇南易变区的成因及山区低温对品种抗性丧失的作用。

（4）制订防治策略，提出可行的测报方法，准确率达 78%。

此外，条锈病研究前沿技术也有较大进展。

本研究有重要的理论和实际意义，对 1965 年以来未发生小麦条锈病全国大流行起了重大作用，对我国植物病理学科发展有明显影响，在国际上对小麦条锈病研究有重要参考价值。

黏虫是一种远距离迁飞害虫，中国农业科学院植物保护研究所李光博等人，通过全国性科研协作，采用大规模标记回收、海面捕捉、高山捕虫网、飞机空捕、雷达观测等手段对其迁飞规律进行深入系统的研究，阐明了黏虫迁飞路径，制定了异地测报方法，并在越冬和迁飞两项关键问题研究方面，取得了重大突破。同时，为稻褐飞虱、稻纵卷叶螟、小地老虎等迁飞害虫的研究提供了宝贵经验。20 世纪 90 年代以来，中国农业科学院植物保护研究所郭予元主持开展的主要农作物病虫害综合防治的科技攻关，实行化学防治与农业防治相结合，在 500 多万亩农田上示范，使农作物病虫害损失减轻 50%，农药用量减少 50%~55%，经

济社会效益和生态效益显著。

黏虫越冬迁飞规律的研究

主要完成单位： 中国农业科学院植物保护研究所

主要完成人员： 李光博、王恒祥、胡文秀

受奖情况： 国家自然科学奖四等奖

成果简介：

通过对黏虫越冬的广泛调查，越冬模拟试验和耐寒力测定与气象分析，阐明了我国黏虫的越冬习性与规律，首次提出以一月份0摄氏度等温线为其越冬地区的北界及越冬区划。

研究员采用诱标自然界成虫的方法，开展了大规模成虫标记回收试验，获得成功。1961—1963年在17个地点共标出成虫201万头，分别在不同地区收到标色成虫12头，如1963年6月在山东临沂标记的成虫48.9万头，在辽宁大连、新金、兴城、吉林省公主岭、柳河等地都能收到。标记两地的直线距离最远达1 100余千米，证实了假设的所有论点，阐明了我国东半部地区黏虫迁飞为害的规律与路径，及各地主要为害世代的虫源性质，创造性地设计出黏虫"异地"测报办法，经10余年测报实践的检验，基本准确及时。1963—1979年先后共发布预报50余期，准确率高达85%左右。对指导黏虫防治，控制其危害，起到了重要作用，经济与社会效益显著。

近年来，我国在重大流行性病害和迁飞害虫的成灾规律、成灾机理、病虫种群遗传变异等方面均取得突破。我国科学家经研究证实小麦条锈病菌产生新小种的主要途径是突变和异核作用；探明了棉铃虫、黏虫和麦蚜地理型及其生态区划、滞育及兼性迁飞与远距离迁飞的生物学特性和生态机制。

我国是开展"以虫治虫""以菌治虫"最早的国家。20世纪50年代之后，我国在全国范围内对重要作物的主要害虫天敌资源进行了调查，并进行了分类鉴定，出版了各类天敌资源图集。据统计，我国作物的主要天敌有姬小蜂科900多种，捕食性瓢虫380多种，寄生蝇400多种，农田蜘蛛150多种，蚜茧蜂100种以上。同时，我国还开展了农业害虫生物防治研究，取得了重要进展。20世纪50年代，南方柑橘产区研究应用大红瓢虫防治吹绵介壳虫，山东省研究引进目光蜂防治苹果棉蚜，取得了明显效果。吉林省农业科学院筛选出优良松毛虫赤眼蜂品系3个，并用于玉米螟大面积防治。20世纪70年代以来，利用赤眼蜂防治玉米螟、稻螟等均取得良好效果。利用苏云金杆菌制剂（Bt）和白僵菌防治多种农业害虫效果稳定，已大面积推广应用。现有76个相关企业生产Bt制剂，年产量达3万吨，用于防治农业20多种害虫，使用面积达5 000万亩次。利用农用抗生素防治病虫草害也有新的进展。

农药剂型筛选和施药技术同样取得了明显进展。20世纪50年代原华北农业科学研究所农药室杀虫剂"六六六"研制成功，在防治飞蝗和抗美援朝的反细菌战中起了重大作用。20世纪60年代和70年代应用有机磷类和氨基甲酸酯类，80年代应用除虫菊酯类杀虫剂，90年代创制新农药高效杀菌剂氟吗啉，同时我国研制并推广使用了一批新型杀菌剂、除草剂和杀鼠药。21世纪初，高效低毒低残留化学农药品种已达250多种，并且在施药技术方面有

很大进步。飞机（无人机）和地面超低量喷雾技术得到应用，其节省劳力、提高工效、减少环境污染的成效十分显著。

2013 年，中国农业科学院植物保护研究所吴孔明等人，研究阐明了种植 Bt 作物对农业生态系统的显著生防功能。这是国际上首次从景观生态学尺度对 Bt 作物生态服务功能和机制进行系统研究，对发展利用 Bt 植物可持续控制重大害虫区域性灾变的理论与方法有重要科学意义；深入研究发现棉铃虫田间种群对 Bt 棉花的抗性基因存在遗传多样性，首次发现并证实非隐性抗性基因在 Bt 作物抗性演化中具有关键性作用；成功破译重大农业害虫小菜蛾的基因组，完全拥有自主知识产权，宣告世界上首个鳞翅目昆虫原始类型基因组的完成，同时也是第一个世界性鳞翅目害虫的基因组的完成。

（六）作物栽培与耕作制度

新中国成立初期，农业科学工作者深入农村，研究总结作物栽培技术和多熟制的经验，因地制宜地进行推广，对农业增产起了重要作用。早在 20 世纪 50 年代，南方稻区就已从单季稻改双季稻，北方旱区发展间作套种，改两年三熟为一年两熟，在总结群众经验的基础上，推广耕作保摘、密植、施肥、防止春霜冻害、防止倒伏，以及麦棉、麦玉米等间套复种保证两季丰收的栽培技术。浙江省系统总结水稻育秧、改制、发展双季稻的经验，江苏省总结劳模陈永康种植单季粳稻"三黄三黑"的经验，河南省总结劳模刘应祥的小麦"马耳朵、驴耳朵、猪耳朵"的经验，直接促进了农业的增产。

进入 20 世纪 60 年代，在全国范围内开展的以密植为中心的作物丰产栽培研究，逐步把群众经验总结提高，上升到理论，中国科学院上海植物生理研究所殷宏章等人提出了"植物群体"概念，即把大田作物当做一个整体，分析它的生长发育规律，研究农业及自然条件对它的影响，以及如何合理运用农业措施，充分利用自然资源，达到单位面积创纪录的产量，从而建立起具有我国特色的植物生理、生态和栽培学的一些理论，对指导农业生产起了很好的作用。

20 世纪 70 年代，随着高产栽培技术和多熟制研究工作的深入，我国农业科技工作者对作物生长发育与外界条件的关系，田间作物群体与个体的关系，营养生长与生殖生长的关系，都有了进一步的了解，认识到要提高作物产量，必须掌握规律，采取相应的技术措施，建立区域化、规格化和指标化的栽培技术体系，创造出作物高产奇迹。据报道，1978 年青海省香日德农场春小麦 3.91 亩平均亩产 1 013 千克，1979 年西藏自治区日喀则地区冬小麦高产试验田平均亩产 871.1 千克，江苏省苏州地区三熟制平均亩产 1 121.5 千克，这是当时国内的最高产量纪录。20 世纪 70 年代末，我国从日本引进地膜覆盖栽培技术，经过消化吸收和技术改进，在全国 80 多种作物上大面积推广，由 1979 年的 600 多亩扩大到 2000 年的 1.4 亿多亩，大大提高了粮、棉、油、瓜、菜等作物的产量。

聚乙烯地膜及地膜覆盖栽培技术

主要完成单位：地膜覆盖栽培技术引进试验研究推广协作组、长沙塑料三厂、大连第九塑料厂

主要完成人员：胡昭玲、郑静睦、王耀林、吴国良、孙宝隆

受奖情况：国家科学技术进步奖一等奖

成果简介：

应用厚度为 0.015 毫米的聚乙烯地膜覆盖地面，所产生的提高地温、保持水分、提高土壤肥效、保持土壤疏松的物理结构等效应，能有效地促进作物根系生长，加速作物生长发育，使作物提早成熟、改进品质，从而达到高产多收的效果，是一项成功的促根栽培技术。该技术首先在蔬菜上试验应用获得成功，通过组织联合试验和技术协作，很快便在其他多种经济作物及粮食作物上应用推广。在地膜植棉、甜菜与宿根蔗栽培、盐碱地利用、水稻覆膜育秧、沙田区地膜覆盖、一膜多用等多种覆盖方式方面有重要的创新和发展。这项技术在低温寒冷区以提高地温为主；在干旱及半干旱区以保水抗旱保墒为主；在低洼易涝区以防土壤养分流失为主，适应地区和适用作物非常广泛，且都有显著的早熟增产优势。我国在地膜覆盖栽培理论研究方面已达国际先进水平，同时提出了不同作物的配套栽培技术体系。

该项技术已在全国 29 个省、直辖市、自治区全面推广，应用于棉花、花生、蔬菜、瓜类、水稻育秧、水稻旱种、烟草、麻类、果树、林木育苗、药材、玉米、甘薯、小麦、高粱、向日葵等 40 多种作物，作物普遍早熟 5～20 天，增产 30%～50%，多的可达一倍以上，蔬菜、瓜类亩净增收 100 元以上，多的可达 400～500 元。1984 年地膜覆盖面积共 133.3 万公顷，居世界之首。至 1985 年地膜累计覆盖面积 353.3 公顷，净增效益达 28 亿元。

20 世纪 80 年代后，随着作物生产栽培技术水平的提高，多熟制得到迅速发展。从北向南，小麦玉米两熟、小麦棉花两熟、稻麦两熟、双三熟（稻稻麦、稻稻油等）的面积达到 4 亿亩。20 世纪 90 年代以来，水稻、小麦、玉米、棉花等作物的高产模式化栽培技术体系及生产管理决策系统发展很快，如小麦叶龄指标促控技术和水稻叶龄模式栽培技术，水稻旱育稀植技术，立体种植技术，棉花节本增效轻型栽培技术和高产、优质、高效农业的综合配套技术等，这些技术提高了复种指数。20 世纪 90 年代初期，全国复种指数从 1949 年的 128% 提高到 157% 左右，最高地区可达 250%。间套种面积也有很大发展。大体上，全国现有耕地的 1/3，播种面积的 2/3 实行多熟制。实践证明，推行多熟制是提高土地利用率和增加农业产量的重要途径。

进入 21 世纪，我国的作物高产栽培理论与技术研究有了新发展。扬州大学等单位经过 10 多年的攻关研究，创立了水稻以生育进程、群体动态指标、栽培技术措施"三定量"和作业次数、调控时期、投入数量"三适宜"为核心的水稻精确定量栽培技术，有效提高了栽培方案设计、生育动态诊断与栽培措施实施的定量化和精确化，促进了水稻栽培技术由定性为主向精确定量的跨越。该项技术被农业部列为全国水稻高产主推技术，先后在 20 多个省（市、区）示范推广。中国农业科学院作物科学研究所等单位研究构建作物产量潜力模型，探明不同目标产量实现的关键限制因素、技术需求结构，提出我国玉米高产高效生产技术的方向和策略；明确了东北、黄淮海、西南三大优势产区玉米高产高效生产潜力、限制因素与技术优先序，为玉米高产突破和实现大面积高产高效提供了理论依据。该项成果依托农业部农业科技入户示范工程等，在全国 16 个玉米主产省建立 76 个核心示范县进行关键技术及扩散模式的示范推广，经济社会效益显著。

河北农业大学等单位在海河平原不同生态类型区经过 11 年的协作研究，首次揭示了高产玉米生育期调配的光、温利用规律，提出了小麦"减温、匀株"和玉米"抢时、延收"的光、温高效利用途径，提高了资源生产效率；建立了麦田墒情监测指标，创新了小麦玉米两熟"减灌降耗提效"水分高效利用综合技术；创建了"调氮、稳磷、增钾、配微"的丰产高效施肥技术，提高了肥料生产效率；创建了小麦"缩行匀株控水调肥"、玉米"配肥强源、增密扩库、延时促流"的高产栽培技术，集成创新了 3 套不同类型区丰产高效技术体系（地方标准），连创海河平原小麦、玉米及两熟大面积超高产纪录。科研团队还针对黄淮粮食主产区粮食产量不稳定、小麦冬前冻害、玉米后期早衰、阶段性光热资源浪费与水肥失衡等制约粮食增产的关键问题，从 2001 年起，在国家粮食丰产科技工程等重大项目资助下，组织 29 个单位通过系统研究，首次揭示小麦春化发育基因型及其与表现型的对应关系；探明了基于土壤—作物水势理论的小麦—夏玉米高产节水原理；明确了小麦—夏玉米超高产养分吸收特征；获得小麦—夏玉米两熟亩产吨半粮栽培技术体系等创新性成果，为小麦—夏玉米一年两熟均衡增产提供了科技支撑。2007—2009 年在河南、山东、河北、山西和安徽五省粮食主产区累计推广 1.102 3 亿亩，新增粮食 690 万吨，创造经济效益 111.62 亿元。

保护性耕作是防治我国农牧交错区农田风蚀沙化、草场退化、生态环境恶化等问题的主要途径。内蒙古自治区农牧业科学院等单位通过长期试验研究，首次量化牧草与小杂粮免耕播种对种床的要求，创新专用开沟器和小粒种子精量排种技术与装置，研发适合农牧交错区牧草与小杂粮的系列免耕精量播种机，并列入国家补贴目录。仅在内蒙古自治区、宁夏回族自治区、新疆维吾尔自治区应用，3 年累计应用面积 1 626.9 万亩，应用项目机具 3 848 台。经测算，该项成果带来的经济效益达 16.9 亿元，创汇 32 万美元。

世界生产性栽培橡胶树仅限于赤道以南纬 10°到赤道以北纬 15°范围内，北纬 17°以北为"植胶禁区"。我国于 1951 年开展橡胶北移跨部门、多学科协作研究，通过选择宜植胶地，划分环境类型区和对口配置品种，选育抗性高产品种，研究抗风抗寒栽培技术，研究适应北移种植的采胶技术，实行管、养、割结合和产胶动态分析，使我国橡胶种植取得了重大突破，种植范围可北移到北纬 18°~24°，种植面积已占世界植胶面积的第四位，产量也占第四位，是世界唯一在纬度最北范围内大面积种植橡胶成功的国家。橡胶树在北纬 18°~24°大面积种植技术于 1982 年获国家技术发明奖一等奖。

橡胶树在北纬 18°~24°大面积种植技术

主要完成单位：全国橡胶科研协作组
受奖情况：国家技术发明奖一等奖
成果简介：

该技术研究成功前，世界生产性栽培橡胶树仅限于赤道以南 10°到赤道以北 15°范围内。视北纬 17°以北为"植胶禁区"。

我国自 1951 年开始大面积植胶，种植范围现已北移到北纬 18°~24°，种植面积已占世界植胶面积的第四位，产量也占第四位，是世界唯一在纬度最北范围内大面积种植成功的国家。

橡胶树从原产地的南纬 4°~5°北移到北纬 18°~24°种植，由于纬度高，常年有风、寒、旱的威胁，我国适宜橡胶树生长的时间比东南亚植胶的国家平均每年少 2~4 个月，这给我国的橡胶生产带来了许多困难。但我国植胶工作者经过三十年的生产实践和科学研究，基本上解决了这些问题，采取的主要技术措施如下。

(1) 选择宜植胶地，划分环境类型区和对口配置品种。

(2) 选育抗性高产品种。

(3) 研究抗风抗寒栽培技术。

(4) 研究适应北移种植的采胶技术，实行管、养、割结合和产胶动态分析。

（七）中低产田治理与综合发展

在我国的耕地中，中低产田占70%以上，这些耕地受旱、涝、盐碱等因子的影响，农业产量长期低且不稳。20世纪50年代后期，中国农业科学院土壤肥料研究所的王守纯等人在山东陵县开展了黄淮海盐碱地改良的研究，取得了初步成效。20世纪60年代，中国农业科学院土壤肥料研究所的王守纯，中国农业科学院农田灌溉研究所的贾大林，北京农业大学的石元春等人，分别在山东陵县、河南商丘、河北曲周开展黄淮海中低产土壤改良研究，取得了一定进展。20世纪70年代中期至90年代，国家计划委员会、国家科学技术委员会，财政部等将黄淮海平原、松嫩—三江平原、北方旱区、黄土高原、南方红黄壤地区的中低产田治理与区域农业开发研究列入国家重点科技攻关计划，先后在25个省、自治区、直辖市建立了51个综合试区，开展了以中低产田改良与区域农业发展为主攻方向的科技攻关。该项研究总结提出了区域治理与农业发展模式及可适应不同类型区的主要作物高产、优质、高效栽培技术，并通过组装集成，形成综合配套技术体系，在各地农业增产中发挥了重要作用；提出了适应不同类型区的以粮食为先导，农牧结合、农林牧渔业综合发展的模式，并在实验示范区推广应用，取得了重大经济社会效益和初步的生态效益。经过3000多名科技人员近20年的艰苦努力，联合攻关，我国中低产田治理与综合发展取得了辉煌的成就。据统计，共取得各类获奖科技成果809次，其中获部级以上奖励的重大科技成果323项，推广各类先进实用技术500多项，获经济社会效益200多亿元。同时，通过深入持久的技术培训，当地干部和广大农民的科技文化素质和科学种田水平不断提高，为振兴地方经济做出了新的贡献。

黄淮海平原是我国最大的平原，其耕地面积约占全国耕地的1/6，是我国粮、棉、油、肉的主产区。经过科技人员的协同攻关，黄淮海平原的农业和农村经济有了长足发展。"七五"期间12个综合试验区和6个重大超前技术的推广，增产粮食183万吨、皮棉250万担 *、油料17.6万吨、肉类2.8万吨，有效节水、节肥，累计经济效益达74亿元。"八五"期间取得各类科技成果122项，其中有85项得到了推广，转化率达69.5%，新增粮食产量160万吨，经济效益56.5亿元。1993年，中国农业大学石元春、中国农业科学院农田灌溉研究所贾大林主持的科研协作项目——"黄淮海平原中低产地区综合治理的研究与开发"获国家科学技术进步奖特等奖。

松嫩—三江平原是我国重要的商品粮基地，耕地2.2亿亩，其中松嫩平原粮食单产300千克以下和三江平原单产150千克以下的中低产田占60%。经过科技人员10多年的科技攻关，共取得科技成果43项，其中省部级以上的奖励成果10多项。这些科技成果和先进的适用技术在试验示范区示范推广，辐射面积9780多万亩，取得直接经济效益8.94亿元，间接经济效益30多亿元。"八五"期间试验区平均粮豆单产比"七五"期间提高了92.7%，

---

* 担为非法定计量单位，1担≈50千克。——编者注

人均收入提高近 2.3 倍。

北方旱区主要分布在淮河、秦岭及昆仑山一线以北的广大地区，耕地面积 5.7 亿亩，约占全国耕地面积的 38%。由于长期耕作粗放，农业结构单一，土壤干旱贫瘠，生态环境脆弱，抗灾能力不强，产量低且不稳，严重制约着北方旱区的农业生产的发展。我国在"六五"期间北方旱地农业战略研究的基础上，将北方旱区综合发展列入国家科技攻关计划，在"七五"至"八五"的 10 年间共组织 52 个单位 750 人的科技力量联合攻关，最终取得重要科技成果 87 项，推广适用技术 198 项，辐射面积 9 669 万亩，增产粮食 42 万吨，取得经济社会效益 44.2 亿元。

南方红黄壤地区位于热带、亚热带，遍及华南、西南及长江中下游的大部地区，耕地面积 2 800 万公顷，占全国耕地面积的 28%，是我国粮、棉、油、肉、水产等主要产区。长期以来，由于受资源开发利用不够合理，土地垦殖指数低，水土流失严重，季节性干旱等影响，农业产量一直不稳不高。20 世纪 80 年代初，我国将南方红黄壤中低产区综合治理和农业持续发展列入国家科技攻关计划，组织跨部门、跨地区的联合攻关，共取得了科技成果 20 项，试验区近 20 万亩耕地粮食单产 383.7 千克，比"七五"期间增长 40.7%；人均纯收入达到 1 355.6 元，比"七五"期间增长 168.7%。2011 年，推广科技成果 5 015.8 万亩，累计经济社会效益 38.45 亿元。

黄土高原地区总面积 64 万平方千米，其中水土流失面积 43.40 万平方千米，注入黄河的泥沙占总沙量的 90%。该地区自然条件差，水土流失与干旱缺水并存，一直是限制农业发展的重要因素。进入"七五"期间后，国家将黄土高原水土流失综合治理与农业持续发展列入了国家科技攻关计划。经过联合攻关，共取得各类科技成果 300 多项，推广适用技术 180 多项，累计经济效益 30 多亿元。

中国林业科学研究院通过野外模拟试验、数学模型及林网的辐射平衡、热量平衡等观测研究，为黄淮海平原中低产区防护林体系配套技术应用提供科学依据，为"三北"地区防护林体系建设提供了技术支撑，使 1 100 万公顷农田实现了林网化保护，输入黄河泥沙减少 2 亿～3 亿吨。

（八）农业机械化与设施工程技术

新中国成立后，农业机械化有了很大发展，研制出了大、中、小型拖拉机系列，研制成功东风 25 型机动插秧机、广西-65 型插秧机和多种人工插秧机，还研制出水田机耕船，在广大水田地区，特别是潮田地区推广应用。20 世纪 60 年代后，各地研制出大批播种、中耕、收获、脱粒和加工等机械，如吉林研制的 BZ 型综合号播种机、Z-7 中耕机，黑龙江研制的 TW-2 型甜菜挖掘集条机、SL67-12 型螺旋齿亚麻碎茎机，HB-500 型黄、红麻动力剥皮机，以及 5H2K-400 型烟叶初烤机和 3GW-1000 型牵引式果树弥雾机等。

20 世纪 80 年代后，我国的农业机械化工作进入新的发展时期。在区域上以经济发达地区、粮食主产区、大中城市郊区和国有农场为重点；在实施对象上以小麦、玉米、水稻为重点；在项目形式上以农业综合开发、商品生产基地、"菜篮子"工程和创汇农业为重点，紧密围绕机耕、机播、机收、机械脱粒、机械植保等开展研究工作，取得了一批重要科技成果，主要有各种型号的播种、收割、脱粒机械，地膜覆盖机械，水稻工厂化育秧及配套设备，水田耕整机，棉籽泡沫硫酸脱绒成套设备与技术，以及农用运输车，农副产品加工机械等,并在生产上推广应用,极大地提高了农业机械化水平。2016 年我国三大粮食作物均达到较高机械化水平,小麦机耕、机播和机收的比重分别达到 94.5%、82.0% 和 92.2%;玉米机耕、机播和机收的比重分别为 73.7%、69.9% 和 61.7%;稻谷机耕、机播和机收的比重分别为 83.3%、29.0% 和 80.1%。2000 年农业机械化对全国种植业的贡献率为 18.33%。

棉花铺膜播种机的研制与推广

主要完成单位: 新疆生产建设兵团农业局、新疆生产建设兵团科学技术委员会

主要完成人员: 叶良中、陈学庚、孔宪厚、徐永亮、韩风臣、张国礼、孟繁祥、王能勇、王序俭、朱家训、许登龙、刘贵岭、张鑫、苏守志、韦全生

受奖情况: 国家科学技术进步奖一等奖

成果简介:

(1)新疆生产建设兵团棉花铺膜播种机的研制与推广以 2MBS 和 2BMG 两个系列为主,1983 年 5 月通过部级科研成果鉴定,换代产品 2BMS(A)和 2BMG(A)于 1988 年 9 月通过自治区级科研成果鉴定。至 1993 年年底,棉花铺膜播种机已累计生产 24 000 余台(组),新疆生产建设兵团垦区保有 9 800 台(组),占全国拥有量的 15.2%。机具结构简单,功能齐全,联合作业能满足工艺要求,功能多、造价低,综合技术性能和产品质量处于国内领先水平,达到同类机械国际先进水平。

(2)新疆生产建设兵团地膜棉机铺 1983 年即达 46.6 万亩,以后逐年大幅度递增。1990年达 225 万亩,占全国地膜棉机铺面积的 49%,1993 年达 331 万亩,占全国棉花铺膜面积的 100%。除在新疆全面推广外,还推广到全国 16 个省、自治区的 100 多个地区。

(3)地膜机一机多用,可播棉花、玉米多种作物,能满足棉花 1.3 万株/亩的密植要求,施肥深度达 8~10 厘米,出苗率≥95%。还适宜推广膜上灌水作业,1993 年达 58 万亩,可节水 25%~30%。

(4)1990 年新疆生产建设兵团皮棉单产平均 75 千克/亩,比 1979—1981 年 3 年平均水平提高 1.5 千克/亩。1990 年新疆生产建设兵团皮棉单产比全国平均水平高 20 千克/亩。截至 1993 年,10 年累计机铺膜面积 2 001 万亩,增产皮棉 26 750 万千克,增收节支 135 546万元。

随着工业化进程加快和现代科学技术的发展,设施农业发生了革命性的变化。20 世纪80 年代,农业科技工作者在塑料大棚和中小棚的基础上,研究设计出适应我国不同地区各种建筑结构、环境控制和栽培技术的,具有造价低、耗能少、操作简单、经济效益好等特点的日光温室,至 2004 年已推广 2 350 万亩。同时,把引进的国外现代温室技术与我国的实际情况相结合,经过引进、消化、吸收和创新,自行设计出大型连栋温室,以蔬菜生产为主,全国推广面积已达 1 360 万亩。20 世纪 70 年代后期,我国将从日本引进的塑料薄膜覆盖栽培技术进行消化吸收,首先在蔬菜上获得成功,以后扩展到水稻育秧、棉花、玉米等作物上,使之成为一项促进作物早熟、丰产、优质的高效种植技术,2003 年推广面积达 2.7亿亩,其中蔬菜面积 9 000 万亩以上。20 世纪 90 年代,我国的温室无土栽培技术发展很快,

基本格局是北方地区以固体基质培为主，华东地区以营养液膜技术浅水培为主，华南地区以深液流水培为主，2005年达8 000多万亩。

同时，设施工程技术研究发展迅速。农业科技工作者在塑料大棚和中、小棚的基础上，设计出各类日光温室。在北方高纬度高寒地区设计出新型节能日光温室，以及各具南北特点、拥有自主知识产权的大型智能连栋温室等，并在生产中应用温室无土栽培及温室环境人工智能管理系统，收到显著经济效益。

近年来，我国还开展现代温室环境自动控制技术研究，借助电子学与自动控制技术，研究提出了温室适宜作物生长发育的环境条件，包括温度、湿度、风的自动调节，灌水量及水温自动调节，二氧化碳施肥自动调节及通风换气的自动调节等。还将人工智能、神经网络等高技术专家系统引进了温室管理、决策和咨询，使研究取得重要进展。据统计，截至2016年年末，全国温室占地面积达334千公顷，比2006年末增长312.6%，大棚占地面积981千公顷，比2006年末增长111.0%。我国温室大棚占地面积稳居世界第一，工厂化种养也呈快速发展态势。

二、林业科技成果

（一）林木遗传育种与应用

20世纪50年代后，我国林业科技工作者选育出一大批优良树种，主要有小黑杨、北京杨、群众杨、合作杨、白林1号杨、白林2号杨、豫林1号泡桐、石林刺槐、旱快柳、选柏1号、选柏2号、文成寿桃柏、分水葡萄柏等。20世纪70年代，我国系统开展了树种遗传改良研究，如杉木、马尾松、落叶松、红松、湿地松、火炬松、侧柏等重要树种的种源试验和引种研究，分别选出了不同树种的153个优良种源，1 500多个优良家系和部分无性系品种，这些品种的生长量平均遗传增益达到20%以上，最优种源和家系达80%以上。研究提出了重要树种的地理变异模式及其种子区划方案，为合理、高效、科学地使用这些优良种源和长期持续改良提供了理论依据。福建、湖南、浙江、广东等省的工程项目造林，基本上实现了良种化，使我国良种使用程度和林木种子管理跻身于世界先进行列。其中，南京林业大学陈岳武等人的杉木第一代种子园研究成果的推广应用，中国林业科学研究院林业研究所洪菊生等人的杉木地理变异和种源区划研究所取得的试验成果，有力地推动了我国的林木遗传改良工作和良种化进程。

据不完全统计，截至20世纪80年代初，我国已建立杉、松、落叶松类种子园11万亩，采穗圃1万亩，许多树种进行了优良家系的子代鉴定，杉木等重要用材树种已完成第二代遗传改良研究，形成了各个树种的遗传改良和良种繁育体系。20世纪90年代，育苗技术也取得了显著进展，尤其是在菌根化育苗技术、组培苗培育技术、ABT生根技术、全光照喷雾扦插育苗技术、稀土育苗技术等方面，以及在苗木生产的集约化、自动化水平等方面均达到国际先进水平。

沙棘遗传改良系统研究

主要完成单位： 中国林业科学研究院林业研究所、黄河水利委员会、阜新市水利局、中国林业科学研究院沙漠林业实验中心、黄河水利委员会天水水土保持试验站、青海省农林科学院林业研究所、黄河水利委员会西峰水土保持试验站、内蒙古自治区鄂尔多斯市水土保持科学研究所、山西省右玉县沙棘研究所

主要完成人员： 黄铨、赵汉章、佟金权、李忠义、吴永麟、徐永昶、李建雄、李敏、朱长进、江承敬、曹满、王愿昌、李毓祥、高成德、董太祥

获奖情况： 国家科学技术进步奖一等奖

成果简介：

该成果主要研究内容包括育种策略；表型结构；种群变异与类型划分；地理种源试验、小群体比较试验与母树林选择；引种试验与引进材料再选择；优良雌、雄株选择；子1代的选择和利用；良种系育与高世代育种的基础研究。探明了中国沙棘的种群结构与种群变异规律，划分了生态地理群和种质资源类型，为六省各选择了一个优良小群体供采种之需。在全国选出368个优良单株，通过配合选择，选出60个优良家系与最佳单株，构成高世代能种的育种群体。又精选出24个雌株、6个雄株，为用于建立第二代无性系种子园，其综合效益值超出对照105%。在引进材料和乡土材料的基础上，经广泛分析和测试，包括各种营养成分分析，又精选出8个无性系品种原种。经济型品种乌兰沙林、桔黄大果、桔黄丰产、辽阜1号、辽阜2号，果实产量超出天然种的10～25倍，亩产可达1 000千克至1 500千克，且无刺、果大、柄长。牧用品种草原新兵无刺、萌蘖力强、生长势旺。观赏兼经济型品种红霞、乌兰蒙沙，果色美观，赏果期长，株产果20千克以上，较天然种提高10倍。该成果具有系统性、实用性及创新点多的特点，为生态经济型树种育种走出一条路子。小群体选择的研究成果在我国已广泛应用，仅通过课题组自身育苗推广造林面积便达21万亩，创效益1.3亿元以上。新品种推广应用前景广阔。

杨树、柳树、泡桐、刺槐、白榆等重要阔叶树种已选出了150多个速生、优质和抗性较强的工业用材新无性系，使平原农区实现了造林良种化和品种化。其中毛白杨的优良基因资源收集、保存、利用研究，中林46等12个杨树新品种的杂交育种研究和抗天牛的美洲黑杨、南抗杨新品种选育等成果，为黄河流域、三北地区和东北地区的杨树栽培良种化提供了重要保证，使单位面积的木材产量提高了30%左右。南京林业大学的王明庥等人开展的黑杨派南方型无性系的引种和推广，不仅突破了我国杨树栽培不能低于北纬32°的禁区，而且还育成了一批比原种生长表现更为优越的新无性系，在长江和黄河流域迅速推广，取得了显著的经济和社会效益。

20世纪90年代后，我国开展了杨树、杉木、马尾松、桉树等重要树种的遗传图谱的研究。美洲黑杨×欧美杨、银白杨×响叶杨群体、美洲黑杨×青杨杂交群体及美洲黑杨抗天牛回交群体的遗传图谱研究取得了新进展。尤其是美洲黑杨×欧洲杨三元交配的作图策略取得突破性进展，获得了600多个分子标记位点的遗传图谱，是目前世界上密度最高的遗传图谱之一，并首次发现了其中3个遗传标记与杨树的性别分化密切相关。

转基因741杨

主要完成单位： 中国林业科学研究院

主要完成人员：郑均宝、田颖川、梁海永、高宝嘉、杨敏生、王进茂

获奖情况：国家技术发明奖二等奖

成果简介：

该项目属于林业生物工程领域。

转基因受体树种为1974年育成的经过两次有性杂交的优良白杨派新品种，其杂交组合为［银白杨×（山杨＋小叶杨）］×毛白杨。该组合杂种优势突出，材积生长量超过毛白杨50％～70％，为基本不飞絮的败育雌株，木材具有优良的物理力学性质，树干通直，形态酷似毛白杨。本项研究采用农杆菌介导法转化了两个不同杀虫机制的基因，即在一个表达载体上构建了部分改造的 Bt 基因 $Bt\,Cry1Ae$ 和慈姑蛋白酶抑制剂基因 API，符合延缓害虫产生抗性和扩大了杀虫谱的策略。1998—2002年，在实验室内和试验地上两种环境条件下，进行了5年饲虫试验研究。测试的昆虫均为鳞翅目的害虫，其中杨扇舟蛾，舞毒蛾，美国白蛾，杨小舟蛾等高抗无性系（一龄）死亡率达82.6％～100％。分子生物学检测 $Bt\,Cry1Ac$ 和 API 基因导入转基因741杨基因组中，且为单拷贝插入。

转基因741杨适于栽植在我国北纬30°～41°，东经105°～125°。范围内的河南、山东全省，京津两市，河北长城以南以及坝下地区，陕西关中一带，山西晋中、南各河流流域，安徽北部、淮北平原，江苏东北部，辽宁南部，甘肃天水、兰州以南等地区。其适栽区还可往北扩展到内蒙古河套平原区，往西扩展到宁夏黄河冲积平原以及山西大同盆地，可试栽到我国西部河北杨、新疆杨的分布区。转基因741杨成为速生丰产林工程建设和平原绿化的首选树种之一。

该成果的特点有用分子生物技术获得转双价抗虫基因741杨，并在一个植物表达载体上构建部分改造的 $Bt\,Cry1Ae$ 和 API 具有显著的技术创新；两次杂交的亲本均是我国乡土树种，抗逆性强；其抗虫性有对鳞翅目害虫的毒杀率、对尚存活昆虫生长发育的抑制，抗虫性具有持续性和稳定性以及生态抗虫性；木材材质为杨树中最优者。

进入21世纪后，我国开展了对杨树、落叶松、马尾松、杉木等树种的基因工程研究，首次获得欧洲黑杨抗虫转 Bt 基因的植株，经分子生物学和生物学测定，证明 Bt 基因能够插入到杨树 DNA 上去，并能够表现出其抗虫活性。首次研究成功的利用白蛾周氏啮小蜂和 HcNPV 病毒控制入侵我国的美国白蛾的新技术，有效控制了美国白蛾的种群数量和危害，取得了显著的防害效果。新疆玛纳斯平原林场经过3年的田间试验结果表明，用基因工程品种营造的人工林有虫无灾，这一研究结果在国内外尚属首次。在单价转基因获得成功的基础上，研究人员又成功地将 Bt 和蛋白酶抑制剂抗鳞翅目昆虫的双价基因和利用抗鞘翅目（天牛）的抗菌肽基因进行转化，并获得杨树高抗的转基因植株。

2005年，中国林业科学研究院林业研究所等单位，创建了研究与保存相结合的基本保存库、区域保存库、扩展保存库和低温保存库多级配套的中国林木种质资源保存库体系；研制出林木种质资源界定以及保存、测定、评价与利用相结合的组合技术，创建了国家林木种质资源保存技术体系；还建立并实施了我国林木种质资源界定归类、描述规范、数据登录及数据库技术。同时，在林木引种驯化领域，通过广泛的国外引种试验，获得了很大的成功，刺槐、桉树、柚木、相思和木麻黄等重要阔叶树种和重要针叶树如湿地松、火炬松等，现已成为我国主要造林树种。

（二）森林培育技术

根据我国森林资源贫乏且分布不均，水土流失严重，自然灾害频繁，木材资源短缺的现状，20世纪50年代初，我国开始大面积营造人工林。同时，大力开展在人工林培育方面的系统研究，并取得了一系列重要科技成果。进入20世纪80年代后，科技支撑着我国用材林基地迅速发展，造林质量不断提高，使现有人工林面积达到3 425万公顷，约占世界人工林的1/4，居世界首位。2017年12月5日，联合国环境规划署宣布，中国塞罕坝机械林场建设者获得联合国环保最高荣誉"地球卫士奖"。

在种子管理与苗木培育方面，我国对杉木、马尾松、落叶松、红松、云南松、华山松等主要造林树种划分了种子区，制定了《林木种子检验方法》，解决了种子发芽难的问题。一些难于无性繁殖的树种，如马尾松、湿地松、日本落叶松等的扦插育苗技术有了突破，组培苗工厂化育苗技术在桉树等树种上得到应用。一些育苗设施和技术，如ABT生根粉、温室（大棚）及容器育苗、菌根化育苗、组培苗培育、全光照喷雾扦插育苗、稀土育苗等在生产中得到广泛推广应用。尤其是中国林业科学研究院的王涛等人研究的复合型高效植物生长调节剂ABT生根粉，是一种新型广谱高效植物生长调节剂，它突破了国内外单纯从外界提供植物生长发育所需外源激素的传统方式，通过强化、调控植物内源激素的含量及重要酶的活性，促进生物大分子的合成，诱导植物不定根或不定芽的形态建成，调节植物代谢作用强度，达到提高育苗造林成活率及作物产量、质量与抗性的目的。该项研究自1989年列入国家科技成果重点推广计划以来，在30个省（自治区、直辖市）1 582个植物品种上广泛应用，从扦插育苗、播种育苗、苗木移栽、飞机播种到农作物、蔬菜、果树、药用和特种经济植物应用，都能普遍提高成活率，并有明显的增产效果。累计在农林业上推广面积达3亿亩，增产粮食11.2亿千克，林业育苗101亿株，已覆盖全国80%的行政县（市），获得显著的经济效益、社会效益和生态效益。1996年获国家科学技术进步特等奖。

ABT生根粉系列

主要完成单位：中国林业科学研究院林业研究所、北京市农林科学院、黑龙江省农业技术推广总站、吉林省浑江市科学技术协会、山西省林学会、昆明市农业科学研究所、内蒙古海拉尔农牧场管理局植保公司、解放军总后勤部农业技术推广总站、四川省江津县ABT推广办公室、广西壮族自治区林业技术推广总站、山东省莱西市林业局、天津市农林局、海南省林业技术推广站、辽宁省农业广播电视学校、陕西省林业厅林业技术推广站、江西省上饶地区林业局、云南省大理白族自治州科学技术委员会、中国农业科学院品种资源所、北京大学数学系、上海市农业科学院作物所

主要完成人员：王涛、陈国平、胡德琨、于龙生、齐德恩、金佩华、晋宗道、蔡世英、梁桂芝、李仕臣、倪刚、王贞培、农韧刚、高鹏、张桐先、刘兆华、林睦就、白阳明、徐慧、杜增宝、李中元、黄文思、黄辉铨、叶昌淳、黄亨履、高崇明、陈士良

受奖情况：国家科学技术进步奖特等奖

成果简介：

ABT生根粉系列是一种复合型的高效植物生长调节剂，用于提高植物育苗、苗木移栽、

造林、飞机播种的成活率，促进幼苗生长，提高苗木等级及增加农作物、蔬菜、特种经济植物的产量。ABT 生根粉系列的推广，以科技成果推广任务带动应用技术、基础理论的研究与人才的培养和选拔，创造性地建立了研究开发、示范推广、生产经销、学术交流与国际合作良性循环运行机制，并建立了具有中国特色的技、工、贸相结合的全程服务体系，在此基础上建立了 ABT 基金会，拥有 190 名国内外专家，24 万人组成的技术骨干与 1 700 万人的培训队伍，形成了庞大的研究、推广、经销体系，同时动员了集电影、电视、广播、报纸、杂志为一体庞大的 4 万次电教宣传网络。仅仅 4 年，ABT 由 1 种型号开发形成 5 个系列，应用植物达 1 133 种，推广覆盖面达全国 79.6 % 的县（市），推广面积达 0.1 亿公顷，育苗 57.73 亿株，获得 58.68 亿元的经济效益。提出推广总结报告 15 078 篇，提供研究报告 2 501 篇，县级以上鉴定成果 97 项，出版技术手册 6 本，论文集 7 集，开发新产品 13 种。在国际上建立起有五大洲 30 个国家 32 名专家参加的以亚太地区为核心，发展中国家为骨干，吸收发达国家专家与公司参加的国际合作委员会。该成果有力地推动了该学科的发展，并取得了显著的经济效益，社会效益和生态效益，在全国和国际同类型项目上处于领先地位。该项目有以下关键技术及创新点。

（1）ABT 生根粉突破了国内外在植物生长调节剂的应用上，单纯从外界提供控制植物生长发育所需的植物激素的传统方式。它能在植物整个生育期内持续地调节植物内源激素的合成比率，促进酚类化合物的合成，增加 DNA 含量，提高多种酶的活性，加速蛋白质叶绿素等生物大分子的合成，调节控制着植物生育期内多种互相关联的生理、生化过程，从而促进植物不定根的形态建成与地上部分的生长发育，提高育苗造林成活率与增加作物的产量。

（2）突破了传统的科研、推广、经营的"老框框"，建立了科技成果推广带动应用技术、基础理论的研究与人才培养、研究开发、示范推广、生产经销、学术交流与国际合作的良性循环运行机制。并从理论上研究了 ABT 推广系统的资金效益、技术发展和人才动态 3 个侧面系统模型及其相互作用，将 ABT 推广经销模式提高到理论上进行分析与评估。

（3）建立了 ABT 基金会与国际合作专家委员会，领导着 ABT 的研究、开发、示范推广、学术交流成果评选、人才选拔与国际合作。

在人工林培育方面的发展主要有，提出适合我国（包括用材林区和防护林区）的立地分类和评价体系；对主要造林树种如杨树、落叶松、杉木等树种的生理生态特性进行了测定，如杨树丰产栽培的生理基础研究，以及杉木人工林地力衰退及防治技术研究，为人工林的定向培育技术提供了理论依据。"八五"期间，杉木、马尾松、湿地松、火炬松、杨树、落叶松、泡桐、刺槐的优化栽培模式得到了深入研究，创造了一批优质高产林的典型，如南方的杉木、马尾松、国外松、桉树，西南地区的柳杉、华山松，华北平原地区的杨树、泡桐，东北地区的落叶松等，比一般天然林的生长量高出许多倍。选择了一批抗旱耐旱树种，提出了适生与栽培条件，开展以小流域为单元的综合治理、集水灌溉及径流林业等，如黄土高原抗旱造林研究成果提高了半干旱地区造林技术。2010 年，中国林业科学研究院林业研究所的张守攻等人，以落叶松定向培育速生、丰产、优质和高效的纸浆材、大中径材为目标，开展了选择育种、杂交育种和分子聚合育种的综合研究，突破落叶松高世代生态育种、干细胞同步化繁育、杂种优势利用，创新纸浆材性状改良及速生丰产培育、大中径材林分结构优化培育等技术，构建了落叶松遗传改良、良种繁育及定向培育一体化的技术支撑体系。该研究先后在 4 个育种区建成国家重点林木良种基地 6 处，试验示范基地 29 处，10 年累计生产良种 1 200 千克，培育优良苗木 1.98 亿株，实现材积增长 20% 以上。该研究成果在 13 省区推广应用 43.75 万公顷，新增产值 50.70 亿元，可新增利税 5.07 亿元，经济、社会、生态效益显著。

在经济林发展方面，林业科技工作者对我国南北方的主要木本粮油树种核桃、板栗、柿、银杏、枣、杏、油茶、油桐、竹子等树种的资源和分布进行了系统研究，已选育出了一大批经济林优良单株，同时培育出一批适应不同地区的丰产、优质品种，解决了主要木本粮油树种的良种无性繁育及嫁接等技术和栽培配套技术，为早实丰产奠定了基础，如竹林资源培育与加工利用技术的研究、竹林丰产及综合利用技术开发，特别是竹子的科技成果，居世界领先地位。由于经济林各项技术的迅速推广普及。"八五"期间，我国经济林总面积已达 1 600 万公顷，其中木本粮油面积达到 800 万公顷，年产值 400 亿元。2010 年，北京农学院等单位与多部门经过 20 多年的联合攻关，分别从实验设计、林间调研、室内实验、区域示范、有害生物生态调控等多层面入手进行了试验研究，取得了重要的科技创新成果，初步查明了中国枣林植食性害虫 129 种，天敌 78 种，建立了枣林高效生态调控数据库；首次研究出了枣林害虫生命表并成功用于害虫测报与防治，其害虫防治效率由 72.8% 提高到 93.6%；发现并开发害虫环保新病毒长效杀虫物质和新型植物杀螨活性物质，防效良好；创建了枣林高效生态调控的推广应用体系，降低了用药次数，提高了防治效果，取得了显著的经济、生态与社会效益；通过调查研究、广泛引种、室内测试、大田小区和中间试验及示范推广等系统实验技术及生理、解剖、组织培养、植物病理和数量化研究方法，对我国棕榈藤的种群资源、地理分布、资源利用、基因资源搜集保存、引种驯化、繁殖方法、丰产造林和经营技术、栽培区划及藤材性质进行多学科配合研究和综合分析，取得了全面系统的研究成果，达到国际先进水平，其中壮苗配套培育技术、藤林生物量结构及养分分配和生长动态模式研究达到国际领先水平。

森林培育取得的重大成果还体现在天然林经营和保护、混交林、薪炭林等领域。我国天然林在林分组成、结构、天然更新规律与类型（林型）的划分，不同森林类型的采伐更新试验、封育、抚育，次生林改造等方面都进行了系统研究，制定了《森林采伐更新规程》，提出了各地次生林的培育制度和封山育林方法。提出了如马尾松＋栲树，杨树＋刺槐，落叶松＋水曲柳等一些能改良土壤、林分稳定、生产力高的混交林，促进了混交林营造技术的发展。在陕西、甘肃、山西、广东、广西等地推广飞播造林技术，成效显著，提出 60 个适应性强、萌生性能好、生物量大及热值高的优良薪炭林树种，以及主要薪炭树种的经营技术。

（三）森林生态工程

在林木栽培生态方面，开展了系统的实验与定位观测研究，如土壤物理状况、水肥条件与杉木生长的关系，整地方式对水土保持和杉木生长的关系，泡桐与农作物间作对农田小气候和土壤条件变化的生态效果及经济效益分析，杨树片林栽培中间种绿肥压青或间种农作物的改土丰产效果、养分循环及水分与杨树生长的关系等。其中南方丘陵栽杉、农桐间作综合效益、杉木整地对水土保持和林木生长影响等项研究，为合理栽培提供了科学依据。

20世纪80年代，全国各地相继在人工林和天然林区开展了一系列单项或多项的森林生态定位研究。在江西大岗山、湖南株洲、湖南会同和广西桂西北区对杉木人工林生态系统开展了定位观测，提出了以发挥最大生态经济效益、防止地力衰退为目的的杉木林的合理经营措施。在江西、浙江采用小集水区技术，动态研究了毛竹林的养分循环及森林水文特征，及竹叶的光合速率变化规律，为竹林丰产栽培提供依据。在四川卧龙、王朗等自然保护区建立了四川高山森林综合定位观测站，在动植物区系本底调查的基础上，对亚高山森林的水源涵养及森林演替规律等进行了系统观测研究，提出了我国西南亚高山森林应以发挥其重要水源涵养功能为主要经营方向等重要结论。针对海南普遍存在的毁林游耕情况，在尖峰岭开展了热带林生态系统定位研究，阐明和论证了热带生态系统高度适应和生命系统与非生命系统协同进化的理论，揭示了热带林的结构及动态变化规律，从实验生态学方法研究了游耕农业的生态恶果，并提出了相应对策，撰写出《中国海南岛尖峰岭热带林生态系统》专著。在东北大兴安岭、小兴安岭、长白山天然林区进行长期定位研究，重点加强在天然林林隙动态演替等领域的研究，为天然林保护和恢复提供科学依据。

2001年，山西省林业科学研究院等单位开展太行山不同类型区生态林业工程综合配套技术研究，在生态林业工程林种组成及林种比例、植物材料选择、林分结构调整技术、水土保持林综合配套营造技术、山地经济林综合配套营建技术、整地技术等方面，取得配套性强，成熟度高，技术简便实用的科技成果，已在太行山生态林业工程建设中得到广泛应用。据不完全统计，生态林在山西、河南、河北累计推广428万亩，增收节支共3.26亿元，造林成活率、保存率提高15%～30%，土壤流失量减少30%～50%，土地承载力提高9%，为3.4万人提供了就业机会。

2007年，南京林业大学等单位针对长江中下游山丘区森林植被退化、生物多样性锐减、土壤侵蚀剧烈等突出生态问题，以治理水土流失、改善山丘区生态环境为目标，紧紧围绕水土流失治理和森林植被恢复与重建这一主题，历时15年，在极度侵蚀退化红壤、破坏山体废弃劣地、石灰岩山地等立地，筛选植被恢复与重建优化模式30多种，提出了优良植物材料选择与应用技术、次生林择优封育补植技术、低丘陵林农复合经营技术、极度侵蚀红壤植被重建技术、森林土壤地力维护技术等10项关键技术，制定了《江苏省露采矿山环境整治技术要求（试行）》，实现了成果的集成创新。3年来，研究成果推广应用面积达60.75万公顷，创造直接经济效益41亿多元，生态、经济和社会效益极其显著。

此外，中国林业科学研究院林业研究所等单位根据不同的自然环境、经济条件和社会状况，从国土生态安全角度考虑，按照点、线、面相结合的原则，开展中国森林生态网络体系建设宏观研究，取得科技成果，为建立国家森林生态网络体系提供了依据。

（四）森林资源调查与经营管理

1984年，中国林业科学研究院资源信息研究所的徐冠华等人，为开展我国森林资源调查，引进微机技术，研制出一个汉字人机对话系统，系统内主要有边界决策技术、训练样地处理技术、快速有监分类、各种纹理信息分类以及应用专家系统分类技术、应用遥感数据估测生物量技术、资源变化监测技术。应用计算机编制各种比例尺专题图技术等，为从宏观上分析和预测森林资源的消长变化提供了依据。

用于森林资源调查的卫星数字图像处理系统

主要完成单位： 中国林业科学研究院资源信息研究所

主要完成人员： 徐冠华、李志清、唐守正、眭锁发、曹发骥、鞠洪波、张德宏、邹勤

受奖情况： 国家科技进步奖三等奖

成果简介：

现研制的系统是一个汉字人机对话系统，用 FORTRAN 语言写成，可以在 NORD、FELIX 和 IBM 微机上运行。本系统除具有一般图像处理系统的数据读入、预处理、影像增强、影像分类、后处理等功能外，还适应森林等再生资源调查的需要，发展了一系列新的技术，主要有边界决策技术、训练样地处理技术、快速有监分类、各种纹理信息分类以及应用专家系统分类技术、应用遥感数据估测生物量技术、资源变化监测技术、应用计算机编制各种比例尺专题图技术等。本系统曾在瑞典斯德哥尔摩大学自然地理系、吉林省临江林业局等遥感攻关课题和研究生毕业论文研究中应用，是一项开拓性成果，图像处理软件在资源调查实用化方面处于国内领先地位，达到国际同类研究应用的先进水平。

该项目有以下关键技术及创新点：

（1）边界决策技术。应用简单算法，在通用机上实现卫星影像上不规则区域内的计算机分析。

（2）训练样地处理技术。提出了直方图编辑和不同类型及波段的可分性分析的数学方法。

（3）分类技术。根据模式识别理论，改进最大似然分类器，提高分类速度；以纹理分析为基础，用地域分类代替逐点分类，建立空间信息分类模型；应用基于规则的表示结构，采取不确定性推理的专家系统，根据专家知识综合分析影像数据及各种辅助数据，提高分类精度。

（4）生物量估测技术。建立有多因子交互作用的非线性数学模型，应用卫星数据配合少量样地估测蓄积量或其他生物量，绘制蓄积等级图。

（5）资源变化监测技术。研制了不同片种、时相的卫星图像的配准、对比和显示程序，以确定变化区域位置、面积和性质。

（6）大比例尺专题图编制技术。根据不同比例尺成图要求，按不同类别规定的最小图斑标准，应用计算机对分类图像加以综合，并应用再抽样技术，打印各种比例尺专题图。

"三北"防护林生态效益遥感综合研究，取得了对公共实验区、东北平原农田林网区和华北石质山风沙防护林区等的调查研究成果，为林业建设的布局和规划提出科学依据。目前，我国在利用卫星资料成图、卫星定位、利用卫星磁带数据和地面训练样地相结合估计森林蓄积量、病虫害情况、火灾情况等研究领域均达到了国际先进水平。

"三北"防护林生态效益遥感综合研究

主要完成单位： 中国林业科学研究院资源信息研究所、中国科学院沈阳应用生态研究所、全国绿化委员会中国科学院新疆生物土壤沙漠研究所、中国科学院植物研究所

主要完成人员： 虞献平、贺红仕、徐吉炎、常兴武、朱俊凤

受奖情况： 林业部科技进步奖三等奖

成果简介：

该成果以"三北"地区为研究对象，探讨应用遥感技术调查防护林工程体系的生态效益的可能性和应采取的技术路线，即以航天遥感手段为主，对"三北"防护林防止水土流失和沙漠化为主的生态效益进行综合研究，完成了土壤、植被、地貌等防护林生态效益评价因子的遥感信息提取，在防护林生态效益评价的数学模型、遥感图像处理等方面，形成一套先进可行的技术方法；建立了防护林生态效益动态遥感监测系统，解决了从遥感图像经分析处理后直接快速成图的技术问题；并将 NOAA 资料和超小比例尺彩红外高空航摄应用于防护林生态效益调查研究，将数学模型应用于沙漠化过程监测和造林效益分析。该成果对我国北部地区这一至关重要的生态保护圈进行遥感监测，从理论、技术和实践上进行了可行性论证，具有显著的经济效益和社会效益，居国际先进水平。

关键技术有图像的筛选、纠正、镶嵌、增强、分类、光学处理、信息合成；计算机应用、地理信息系统和专家系统；图像解译、自动识别分类、生态遥感制图、机助制图和图像输出；抽样调查、数理统计和建模等数理方法应用。

创新点有建立了在"三北"广大区域内应用航天遥感进行防护林生态效益研究的技术路线和方法；利用数字图像建立了一系列与防护林生态因子评价有关的首创的数学模型；拓宽了生态研究领域；全面探讨了生态遥感制图的理论、方法和前景；独立研制和建立了防护林生态效益动态监测系统；探讨了植被生态效益遥感研究的理论依据。

应用现代高新技术进行森林资源的经营管理是当今世界营林科技发展的趋势。20 世纪 80 年代后，航空遥感技术、地理信息系统和全球定位系统的 3S 技术以及计算机技术的发展与广泛应用，推动了我国森林资源信息管理的网络化、信息化和模型化进程。中国林业科学研究院资源信息研究所等，有关森林资源管理信息系统的研究，在一定程度上缩小了我国在森林资源的系统管理和科学经营森林的水平上与发达国家的差距，标志着我国森林资源数据的统计、分析、经营决策等方面管理水平的全面提升。

现代化经营管理技术

主要完成单位： 中国林业科学研究院资源信息研究所、中国林业科学研究院热带林业实验中心、中国林业科学院林业研究所

主要完成人员： 唐守正、韦扬宣、杨继镐、乔彦友、李希菲、杨民胜、洪玲霞、刘继宏、张会儒、汪炳根、蔡道雄、黄镜光、陈永富、范东璞、范晋瑜

受奖情况： 国家科技进步奖二等奖

成果简介：

该研究提出一套以人工林为主的林业局（场）森林资源现代化经营管理的理论、方法和技术。首次提出森林资源经营管理应采用由信息反馈、实施反馈和决策反馈3个反馈环构成的动态森林资源经营管理模式。这个模式把森林资源经营管理工作看成以动态的森林资源信息为基础的科学组织营林工作的过程，目的是要引导森林资源持续发展。为实现上述模式，研究人员设计并完成了2个微机软件程序包，森林资源管理程序包（FOPMAN）和进行图面管理的微机地理信息系统（PCGIS），提出了全林整体模型，解决了林分各测树因子之间的相容性及生长模型与经济模型之间的联系，营林活动效果数量分析公式可以分析各种营林活动在提高生产力中所起的作用。该研究成果还涉及立地分类、林木培育等多方面内容。部级鉴定认为研究提出的技术系统及其微机专业软件整体上达到世界先进水平。其中经营管理理论模式、全林整体生长模型系统及营林措施定量评价技术处于国际领先水平。

关键技术有森林资源管理模式中3个反馈环的接口技术，尤其是把营林活动的结果及时返回信息流程，其中包括资源数据更新库技术和生产用图返回PCGIS系统的坐标配准技术；利用过渡库产生资源消长和土地面积平衡表的技术；建立全林整体模型的参数估计技术。

创新点有把森林资源管理看成是以资源信息为基础的科学组织营林生产的全过程，因而提出森林资源管理应采用由信息、决策及实施3个反馈环组成的森林资源管理模式；将林分生长收获模型和林分经营模型一体化，提出整体模型的思想，并由此得到营林活动效果数量分析公式；将资源信息管理、林业用图管理、生产管理、生长收获模型和经营模型融为一体，实现逐年数据更新的资源信息动态管理。

我国南方人工用材林林业局（场），对森林资源现代化经营管理技术提出了一套以人工林为主的林业局（场）森林资源现代化经营管理的理论、方法和技术。该成果将资源信息管理、林业用图、生产管理和生长经营模型相结合，保证资源数据、图面资料不断更新，使林业经营单位及时进行经营措施的调整和开展森林资源的可持续利用。林业生长模型、经营模型和优化控制成果在建模理论、精度验证和评价方法等方面取得重大进展，由单变量回归发展到包括密度指标、立地在内的整体模型和考虑人为经营措施的经营模型。2000年，我国森林资源发展趋势的研究，以国民经济发展、人口增长、环境保护对林业需求和林业现状及技术发展趋势为基础，建立产品、林地、蓄积、政策分析等多项模型，用系统工程方法对我国森林资源发展做了定量预测，成为林业发展宏观决策的依据。

2009年，中国林业科学研究院资源信息研究所等单位经过近十年的联合研究，首次建立了多阶遥感监测抽样技术体系，突破了森林资源遥感数据综合处理、分析及其集成应用的关键技术，规范了遥感技术应用的技术流程与标准，自主研发了森林资源调查遥感数据处理通用软件系统，建成了面向一类调查和二类调查两个服务层次的森林资源遥感监测业务应用系统，实现了森林资源遥感监测与信息管理的自动化、智能化和流程化。自2005年起，县级森林资源规划设计调查遥感监测系统在辽宁、内蒙古、山西、浙江等8省（区）586个县和长防林工程区内的100多个县得到全面的业务化运行，取得间接效益约3 000万元。

（五）森林病虫害与保护

我国是世界上林业灾害发生最严重的国家之一。通过对危害严重的约 60 种病害的病原、发生规律、寄主抗病系列及综合防治方法系统进行研究，科研人员在松针褐斑病、松材线虫、枯萎病、杨树枝干病虫害等主要森林病虫害的预测预报及控制上提出了一批研究成果，基本掌握约 800 余种昆虫的生活史、习性及其保护利用价值，170 种重要成灾害虫的生物学、生态学、种群动态及营林技术措施、抗虫品种选育、物理机械化学等防治手段。提出了对松毛虫、竹蝗、松干蚧、松突圆蚧等一批危害特别严重的害虫的综合管理技术，其中松针褐斑病发生规律及防治技术和赤（油）松毛虫综合管理技术等研究成果，取得显著的经济社会效益和生态效益。

在控制病虫害方面，我国已从最初的单纯防治目的进入对病虫害的综合控制和系统管理，组建了病虫害系统管理模型及相应的计算机软件，大力开展微生物、有益天敌的研究，合理使用低毒及仿生性农药，率先研制出我国第一个 Bt 杀虫剂，使 Bt 研究走上系列化，林用高毒 Bt 菌株不断被发现利用。已收集到苏云金杆菌（Bt）、白僵菌、病毒等菌株 300 株以上，对每种昆虫病毒，如舞毒蛾 NPV、杨扇舟蛾 Gv、杨尺蠖 NPV、松毛虫 CPV 等进行系统研究，其中松毛虫 CPV 实现了规模化生产。对重要天敌的生物—生态学，繁殖技术及林间自然控制机理进行研究。其中引进并大规模繁殖、释放花角小蜂防治松突圆蚧取得显著成效，应用航天、航空遥感手段，雷达技术，引诱剂，免疫学技术及 PCR 技术等新技术已开始用于重要森林病虫害种群动态监测、灾害形成的动态规律及防治技术研究。

松毛虫细胞质多角体病毒杀虫剂中试

主要完成单位：中国林业科学研究院森林生态环境与保护研究所、广东省茂名市林业科学研究所、云南省林业科学研究院森林生态环境与保护研究所、广东省林业科学研究所、中国科学院动物研究所、河北省微生物所

主要完成人员：陈昌洁、王志贤、邓常发、陈尔厚、吴若光、陈世维、黄冠辉、蔡秀玉、章宁

受奖情况：林业部科技进步奖二等奖

成果简介：

自 1980 年以来，中国林业科学研究院林业研究所先后两次从日本得到赤松毛虫质型多角体病毒，对我国的马尾松毛虫、赤松毛虫以及文山松毛虫进行了较系统的研究，均获成功。研究内容涉及病理、形态、生化、病毒增殖、制剂配制、林间使用效果等各个方面。在此基础上，本项目又对松毛虫 CPV 大量复制及提取工艺规范化、生产的主要剂型、产品质量的生测程序、产品质量的生化检测、产品质量的卫生检测、产品的使用效果等开展了研究，并提出了产品的企业标准草案。以林间活寄主为复制对象大量增殖 CPV，以整虫捣碎、过滤、沉淀及差速离心提纯病毒，建立一套 CPV 复制、提取及加工工艺的最佳参数，生产点年加工规模为 50 万亿病毒体，可供防治的面积不少于 333.3 公顷。

2002 年，宁夏回族自治区林业局等单位针对杨树天牛灾害的主要成因，提出了以多树种合理配置为主的持续控制理论和技术，建立了杨树天牛灾害的综合控制体系。整体成果在宁夏、内蒙古、甘肃、青海、北京、天津等省区推广，综合控制成效显著。

进入 21 世纪，安徽农业大学等单位系统地研究了如何利用我国丰富的真菌资源开发真菌杀虫剂，以实现其产业化及持续控制森林害虫的科学和技术问题，其主要创新成果有：基本查明我国的虫生真菌资源；建成位居世界前列的菌种库；球孢白僵菌菌种防止退化技术和转基因技术研究取得突破性进展；建成全球最大的真菌杀虫剂产业化生产基地；开发出一批新产品，在国内率先实现真菌杀虫剂产品的登记注册；开发出森林害虫持续控制新技术等，先后获发明专利授权 11 项，实用新型专利 2 项。

针对美国白蛾入侵害虫，我国开展了利用本土天敌生物防治的研究。经过系统调查，共发现 27 种美国白蛾的天敌昆虫，筛选出生物防治美国白蛾的重要寄主性天敌——白蛾周氏啮小蜂（新属新种）；研究清楚了美国白蛾的生物学特性。通过研究，掌握了美国白蛾的天敌周氏啮小蜂的行为学、繁殖和控制能力、发育与温度的关系；攻克人工繁蜂的技术难关——利用替代寄生柞蚕蛹人工繁蜂，以及释放小蜂防治美国白蛾的成套技术；筛选出防治美国白蛾幼虫的核型多角体病毒（HcNPV）优良毒株，并通过利用人工饲料常年饲养美国白蛾幼虫，然后将幼虫接种扩增病毒的新技术，攻克病毒大量生产和质量控制难题；成功研究出在白蛾幼虫期喷洒 HcNPV 病毒，在蛹期放蜂防治美国白蛾的新技术，防治效果显著，并可达到持续而长期的控制效果。

为减少森林火灾的发生，我国对火行为及火生态等因子进行定性定量研究，提出 10 多种火险预报方法。其中采用 Matlab6.5 软件对 1950—2002 年中国和黑龙江省的林火统计资料进行小波分析。结果表明，1950—2000 年森林火灾受害森林面积总体上呈下降趋势，1995 年以后受害森林面积基本控制在比较低的水平，年际间变化不大。另外，在林火阻断、监测、扑救、通讯等方面也都取得实用科技成果。近年我国还在大力发展人造卫星探火、森林火险报警器、多功能防火电脑、火行为预报计算器和遥感探测火险等。全国重点林区已经形成卫星监测、飞机巡护、地面瞭望的立体观测网，从中央到省、地、县三级无线通信网初具规模，指导森林防火取得成效。90 年代初我国森林火灾受害率连续控制在 1‰以下，大大低于 1987 年以前年均森林火灾受害率 8.5‰的水平。

（六）生态工程与荒漠化治理

据不完全统计，新中国成立 70 年来，防护林研究共获各类科技成果奖约 400 余项，为防护林建设、太行山绿化、荒漠化防治、荒山荒地绿化和改善生态环境等方面作出重大贡献。如"以林为主、灭螺防病、综合治理与开发'三滩'"从生物防治的角度，把林业与环境治理有机地结合起来，通过科学造林和林农间作等多种模式，改变钉螺的生长环境，以达到防病、治穷、改善生态环境的目的，并获得显著的社会、生态和经济效益，在国内外产生广泛影响，在改善生态环境、提高国民素质、发展区域经济等方面，有极其重要的应用和推广价值。黄淮海平原中低产区综合防护林体系配套技术，通过对野外模拟试验和数学模型及林网的辐射平衡、热量平衡和对农田蒸散影响的研究，为防护林体系配置和结构设计提供了科学依据，为"三北"防护林体系、长江中上游防护林体系、太行山绿化工程、沿海防护林体系、平原绿化工程建设提供了技术支撑，并取得了显著的经济、社会和生态效益。据

1994 年资料统计，"三北"地区的防护林建设使 1 100 万公顷的农田实现了林网化保护，893 万公顷草场得到保护和恢复，输入黄河泥沙量减少 2～3 亿吨，并解决了部分地区群众的烧柴和饲料问题。

太行山人工水土保持林系列化造林技术

主要完成单位： 中国林业科学研究院林业研究所、山西省林业科学研究所、河北省林业科学研究所、河南省林业科学研究所、河北农业大学、河北林学院

主要完成人员： 李昌哲、孙吉定、刘启慎、冯巾帼、栾景仁、王棣、杨立文、张金香、杨继镐

受奖情况： 国家科技进步奖三等奖

成果简介：

太行山人工水土保持林系列化造林技术为"七五"期间国家重点科技攻关项目。主要研究内容有太行山水土保持林立地类型区划，根据生物及生态因子，将太行山 7.4 万平方千米的水土流失区划分为立地亚区、立地小区、立地类型组、立地类型 4 级立地系统；按照不同立地类型区，提出 5 种人工水土保持林系列化造林技术，即石灰岩中山区水土保持林造林技术、石灰岩低山区水土保持林造林技术、花岗片麻岩中低山区水土保持林造林技术、花岗片麻岩低山丘陵区水土保持经济林造林技术及砂页岩低山区水土保持林造林技术。该系列化造林技术具有从立地调查、树种选择、育苗、整地方式及造林施工等各项技术环节相互配套的特点。该项成果达到国际先进水平。

关键技术及创新点有充分利用天然灌草植被，人工适当增加针阔叶树种，形成疏林灌草复层结构的水保林，在国内外均为首创；根据太行山不同立地条件，采用不同配套技术营造人工水土保持林，形成系列化配套技术；在花岗片麻岩缓坡实施爆破整地，构筑深沟状梯田，发展水土保持经济林，实行立体混作。利用换床针叶树（侧柏），大苗带土坨雨季造林，对加快水土流失区绿化速度及城郊绿化非常重要。上述技术在国内外水土保持林营造中均属首创。其次在花岗片麻岩区的二次整地技术、刺槐提前出圃技术、侧柏截干技术及抗旱剂在造林中的使用技术、极干旱石灰岩低山丘陵区随整地随造林技术等也属国内外首创。

我国是世界上受荒漠化危害最严重的国家之一。新中国成立 70 年来，我国在防治荒漠化方面取得了诸多成功经验，总结研究出近百项防治荒漠化的技术成果，其中干旱、半干旱流沙地带飞机播种造林技术，设置沙障固沙造林技术，窄林带小网格式农田防护林造林技术，钻孔深栽造林技术，乔灌草结合固沙技术和固沙植物品种选育技术成果等处于世界领先水平。大范围绿化工程对荒漠化环境质量作用的研究，是迄今国内外最大的荒漠化综合开发实验示范区，是首次研究以林为主的大范围绿化工程、在荒漠化土地资源开发中改善区域环境的数量化指标和经济效益。干旱、半干旱和半湿润偏旱地区流动沙地飞播造林技术，铁路、公路沿线防沙技术，以及包头线沙坡头地段铁路治沙防护体系的建立等成果都在生产上大面积推广应用，共营造防风固沙林 100 万公顷，完成治理开发面积 173 万公顷，使 10% 的风蚀荒漠化土地得到治理，4 400 万公顷退化草场得到恢复和保护，1 100 万公顷受风沙

危害的农田实现了林网化，粮食增产 10%～30%。进入"九五"期间后，国家又把荒漠化治理技术研究与示范列入国家科技攻关计划，结合我国防治荒漠化工程建设中急需解决的关键技术和重大难题，组织多部门、多学科力量协同攻关，并将已有科研成果在示范基地进行组装配套，形成示范模式，为全国不同类型区荒漠化防治工程建立示范和样板。

我国沙漠化发生规律及其综合防治研究也取得了重要进展。中国林业科学研究院等单位首先完成了中国沙漠化生物—气候分区，并在国家尺度上建立了适用于大范围荒漠化监测与荒漠化评价指标体系框架，为全国荒漠化监测提供了理论与方法；揭示近万年来沙漠、沙地的消长变化，并与千年尺度上气候变化的干湿周期完全一致；筛选出 11 种耐寒、耐盐、抗旱的优良抗逆性乔灌木种质材料，其抗旱性表现为可突破 100 毫米降水线，耐寒性表现为可突破极端低温冻害和 90 天生长期的限制，耐盐性表现为可在表层土硫酸盐含量 1.6%～2.3% 及盐结皮含盐量高达 24.16% 的条件下生长正常；集成创新地提出了四大典型区域的荒漠化综合治理模式，并在新疆、甘肃、青海、内蒙古等省（区）累计推广 388.8 万余亩，取得综合效益超过 1.5 亿元。

2012 年，中国林业科学研究院森林生态环境与保护研究所等单位依托我国天然林资源保护工程，开展了我国典型天然林的动态干扰体系、重要珍稀濒危树种保育技术、退化天然林分类与评价技术、退化天然林生态恢复技术、天然林景观恢复与空间经营规划技术的研究，建立了典型退化天然林的生态恢复示范模式，解决了我国天然林保护工程建设中的多项关键技术，显著提高了典型退化天然林的生态恢复速度和质量、生物多样性和稳定性，改善了区域生态环境。该成果在我国 9 省区天然林保护工程区示范应用，推广面积 21.9 万公顷，产生了良好的生态、经济和社会效益，对我国天然林保护工程提供了强有力的科技支撑。

（七）木材科学与加工技术

我国的人工林木材性质及其生物形成与功能性改良研究在不断取得新进展。揭示了人工林木材性质的特点和规律，对人工林培育及加工利用的作用和影响，为人工林培育与木材性质及人工林木材加工利用之间的关系提供了科学依据。在细胞和分子水平上，系统研究木材超微结构、化学分子构成及木材流体渗透性，发现杨树心、边材的木质素具有不同的化学式和化学键结构，揭示了边材管胞长度和末塔接率之积与管胞膜缘厚度的比值大于心材是边材渗透性优于心材的主要原因；运用同步辐射光源和有限元算法研究了木材断裂过程，发现木材顺纹断裂韧性是材料固有属性，运用分形理论研究人工经济林木材的密度和孔隙度，发现木材密度和孔隙度具有分形特征等；利用数量遗传学和分子标记方法，发现与杨树木材密度相连锁的 5 个分子标记，并定位在遗传连锁图谱上，为选育生长快、抗性强、密度高的优良品种提供技术手段；利用溶胶—凝胶方法阐明了陶瓷体与木材官能团之间的化学键结合机理，提出了机械犁铧预处理、超临界二氧化碳预处理和陶瓷化复合三种新方法，为人工林木材功能性改良开拓了新方向。

人造板优质高效胶粘剂制造及应用关键技术

主要完成单位：北京林业大学

主要完成人员：李建章、雷得定、于志明、陈红兵、李黎、周文瑞

获奖等级：国家技术发明奖二等奖

成果简介：

该项目属于林业工程科学技术领域，与林业产业的技术水平、经济和社会效益密切相关，对发展资源节约、环境友好型木材加工业作用重大，直接影响林业的可持续发展及人居环境质量，对我国生态文明建设具有重要意义。

该项目技术发明攻克了人造板胶粘剂制造及应用关键技术难题，创造性地解决了长期困扰我国木材加工业发展的人造板环保、性能及成本之间的矛盾。主要技术内容如下。

（1）发明了甲醛高效活化技术，并与脲醛树脂分子结构调控技术有机结合，制备出分子结构稳定的低游离甲醛含量改性脲醛树脂。采用特种活化物质激活甲醛，在脲醛树脂合成时，降低反应活化能，提高甲醛反应活性；在脲醛树脂固化时，促进甲醛与树脂中氨基、亚氨基以及木质材料中羟基等官能团快速反应。同时，采用分子结构调控技术，控制树脂结构中 Uron 环、羟甲基等基因数量，有效降低人造板甲醛释放量。

（2）发明了以多元酸与多元胺为主成分的聚合物基、低成本高效甲醛消除剂制造技术，充分保证了甲醛消除效果和人造板力学性能。

（3）发明了具有甲醛消除功能的细木工板芯板制造技术，有效解决了细木工板甲醛释放量高的问题。

（4）发明了生物质蛋白活化技术，利用生物质部分替代酚醛树脂，节省了化石原料，降低了生产成本。

（5）发明了高保水低毒脲醛树脂、酚醛树脂制造技术，提高了胶合板预压性与产品合格率。

该项目获发明专利授权 8 项，实用新型授权 5 项。

该项目技术经济指标如下。

（1）改性脲醛树脂游离甲醛含量 0.05%～0.2%，人造板产品甲醛释放量降低 40% 以上，纤维板、刨花板甲醛释放量<5 毫克/100 克，胶合板、细木工板甲醛释放量<0.3 毫克/升，达到 E0/F＊＊＊＊级。

（2）减少纤维板和刨花板施胶量 10 千克/立方米或木材消耗量 30 千克/立方米以上，降低生产成本每立方米 15 元以上。

（3）产品物理力学性能达到国家标准优等品要求。

（4）生物质蛋白替代率达 40%。

（5）胶合板合格率 97% 以上。

项目技术发明通过产学研紧密结合，已在我国 26 个省市 230 多家大中型企业实施推广。近三年来，应用该项目技术仅在大亚人造板集团（亚洲最大的人造板生产企业）便生产纤维板 310 万立方米，刨花板 70 万立方米，产品附加值大幅度提高，新增利税 8 亿多元。全国总计生产纤维板超过 2 600 万立方米，约占纤维板总产量的 30%，企业降低生产成本超过 4 亿元，新增利税 30 多亿元；总计减少甲醛排放量 1 700 多吨（不包括人造板生产车间的甲醛排放），减少胶粘剂耗量超过 10 万吨、木材耗量超过 30 万立方米，产生了巨大的经济和社会效益。

该项目技术发明使用改性脲醛树脂胶粘剂生产 E0/F＊＊＊＊级人造板，属于国内外首

创，技术思路和方法创造性突出，技术独特，总体技术水平及主要技术经济指标达到国际领先水平，并已实现大规模生产与推广应用，取得了显著经济、社会效益。该项目技术发明对促进人造板行业科技进步作用巨大，发展前景广阔。

围绕木材干燥、木材保护、人造板、木建筑、木材循环利用、木材能源等方面开展的深入研究与开发，取得明显经济社会效益。在应用基础研究方面，已经取得近700个树种木材解剖学性质，近400个树种木材物理学性质和木材力学性质，近200个树种木材生物学性质及近100个树种木材化学性质的研究结果，近50个树种木材切削、耐磨、钉着、流变和无损检测等木材力学和工艺学性质的研究结果，木材超微结构、木材微机鉴别等木材解剖学研究结果，取得了主要人工林树种木材性质及其与营林培育、加工利用关系的研究结果。撰写出多部著作，如：《中国木材学》《中国木材物理力学性质》《中国裸子植物木材的解剖性质和用途》《中国重要木材化学成分》《中国木材志》《中国主要人工林树种木材性质》和《木材品质和缺陷》等。其中，中国热带及亚热带木材识别、材性和利用，中国木材渗透性及其可控制原理和途径研究、中国主要人工林树种木材性质等分别取得了重要科技成果，为我国实现林木定向培育和木材高效利用提供了科学依据。

中国木材渗透性及其可控制原理和途径的研究

主要完成单位： 中国林业科学研究院木材工业研究所
主要完成人员： 鲍甫成、胡荣、吕建雄
获奖情况： 国家科学技术进步奖三等奖
成果简介：

该研究成果是一项基础性研究成果，在理论上有很高的学术价值，使我国木材渗透性的研究达到一个新阶段，为国际木材渗透性研究领域提供了新论据、新结果、新论点，同时，对我国木材加工处理技术（防腐、阻燃、干燥、浸提、油漆、胶粘、制浆、造纸等）的进一步发展有重要理论指导作用。该项研究采用国际先进试验技术和首创独有的木材显微渗透试验技术和自行设计的木材高压下液体渗透试验技术，对中国木材流体渗透性进行全面、系统、深入的研究，并取得6个方面成果，分别是中国重要树种木材流体渗透性的研究；泡桐木材渗透性与扩散性的研究；木材中流体流动形态和机制的研究；木材有效毛细管结构的研究；木材流体渗透性可控制原理研究；木材渗透性可控制途径的研究。该成果属当代世界木材流体渗透性研究领域的前沿，理论充分，见解新颖，结论正确，达到国际领先水平。

关键技术有在我国首次提出了国产40种重要树种木材渗透性参数，从理论上揭示了我国木材渗透性特点和规律；首次研究报道世界木材科学热点木材流体动力学，流体流动形态和机制；在国内首次报道了当代木材科学前沿木材具有流体可渗性有效毛细管结构；探明了木材渗透性可控制原理；提出了木材渗透性可控制途径。

创新点有研究得出早、晚材渗透性高低因树种而异的新见解，一反国内外认为晚材渗透性比早材高的论点；实验提出木材渗透性与密度无关的新创见，对国内外长期公认密度低的木材渗透性高的观点提出了异议；首创了国内外至今未见的木材显微渗透试验法，能进行木

材微区和解剖分子渗透性试验，把木材渗透性的测定从宏观水平提高到微观水平，大大深化了研究深度；研究用细菌选择性降解纹孔塞，成功地改善了难浸浸注木材渗透性，取得了其他国家所未有的突破性结果。

在加工技术方面，TJ 型小带锯摇尺进料装置研究和 QJ - 1 型带锯条适张度自动处理系统研究，在车间工艺最佳流程、锯割参数选择与匹配、优化下锯技术等方面进行了革新；研制出的 WP 系列木材防腐剂和 WFR 系列木材阻燃剂，为保护北京天安门、西藏布达拉宫等古建筑提供了技术保障。利用非木质原料研制成的系列新型木基复合材料，如各类刨花板、纤维板、木塑复合材料、纤维复合材料，以及单板层积材、指接胶合木、人造装饰薄膜、刨花模压制品、纤维模压门板等产品，对推动我国木材综合利用，提高木材利用率，增加林产品种类，提高林产品质量，做出了重要贡献。

中国林业科学研究院木材工业研究所等单位针对我国竹材人造板产业存在资源利用率低、生产效率低、产品同质化严重等产业问题，开展高性能竹基纤维复合材料制造关键技术与应用的联合攻关，突破了竹材单板化制造、精细疏解、高效重组等关键技术，创制了疏解、高温热处理和成型等关键装备，开发出四大系列高性能竹基纤维复合材料，攻克了竹材青黄难以有效胶合、竹材难以单板化利用等制约产业发展的瓶颈技术，取得多项创新性成果，并通过专利技术实施许可，在全国建成包含产品、设备和胶黏剂等生产线 28 条。竹基纤维复合材料系列产品在北京、新疆等 21 个省、区、市推广应用，并出口到美国、德国等 46 个国家；创制产品的关键设备在浙江、四川等 13 个省推广应用，并出口到新加坡、印度等 9 个国家。

（八）林产化学加工与利用

林产化学工业包括树木提取物化学加工利用和木材化学利用两大部分。单宁系列精细产品深加工领域已研制出染料单宁酸新产品和新工艺，并以此产品为原料进一步研制出焦性没食子酸、食用单宁酸、白色染料单宁酸、三甲氧基苯甲酸甲酯、三甲氧基苯等新产品，畅销西欧、南美、日本、美国和印度等地。

竹山肚倍资源综合开发利用的研究

主要完成单位：中国林业科学研究院林产化学工业研究所、湖北省竹山县林产化工厂
主要完成人员：张宗和、吴在嵩、肖尊琰、陈笳鸿、孙先玉、汪咏梅、肖乾勇、邓庆安、吴江、顾人侠、马莎、严立楠、徐进、方志新
受奖情况：国家科学技术进步奖二等奖
成果简介：
五倍子是中国的特产，利用其富含的单宁可生产单宁酸、没食子酸、甲氧苄啶等系列精细化工及医药产品，经济价值很高，市场紧俏。竹山产区历史上仅以原料出售五倍子，为充分发挥该地区的资源优势，并针对国内五倍子加工利用系列产品的生产工艺落后、设备陈旧、产品质量较差、收率较低、劳动强度大等问题，开展了以新工艺、新技术、新设备为特点的试验、应用、开发综合性研究，在较短时间内将多项试验研究成果用于生产，并取得显

著的经济效益和社会效益，产品出口创汇，技术水平处于国内领先地位，并达到国际同行先进水平，成果中的许多关键技术属首创。

关键技术及创新点：

（1）单宁酸生产新工艺的研究。包括五倍子原料连续净化新技术、连续浸提新工艺、降膜蒸发新技术及二级回收的干燥新技术。应用新工艺设计建成单宁酸车间（生产能力为500吨/年），原料单耗降低1.4吨五倍子/吨产品，产品质量优于国标一级品的要求，实现文明生产。

（2）没食子酸生产新工艺的研究。采用加压酸水解法生产，新工艺的研究包括用一步结晶法脱色制纯，药用炭的品种筛选，废炭再生利用。应用新工艺建成没食子酸车间（生产能力为200吨/年）。一步结晶法脱色制纯新工艺为国内外首创，缩短生产周期30％，收率提高4％～6％，节省基建投资10％～15％。

（3）甲氧苯胺嘧啶（以下简称TMP）中间体制备新工艺的研究。包括五倍子粉直接制备三甲氧基苯甲酸甲酯和复合电解氧化法制备三甲氧基苯甲醛。两项制备新工艺均属国内外首创，试验表明可降低成本，消除环境污染。

（4）以五倍子单宁及其衍生物为原料的新产品开发研究。包括食用油脂抗氧化剂——没食子酸甘油酯的研制、试制单宁酸及高纯单宁酸的研制，其中前者为国内首创的新产品，后者提出了产品的制备新工艺，为进行工厂规模的生产提供技术依据。

橡椀栲胶生产新工艺的研究，首先成功地解决了椀刺分离及散装原料仓储技术，既能生产出低温椀刺胶和椀壳胶新产品，又能生产橡椀栲胶；除尘和原料净化方面处于国际领先地位。经生产运转证明，橡椀栲胶生产新工艺合理，设备可靠，生产互换性强，产品质量稳定，具有较好的经济效益，为提高栲胶生产水平和产品竞争力开辟了新途径。

松香、松节油深加工技术在采脂、松香松节油性质、加工和利用等方面取得了多项成果。新的采脂工艺使松脂增产30％，提高劳动生产率约27％。研制出的聚合松香、氢化松香、松香脂等新产品，使我国松香产量由1949年的1万吨发展到1995年的40万吨，成为世界上最大的松香出口国。氢化松香及其脂类产品是松香主要改性产品之一，可以广泛应用于胶粘剂、食品、电子、涂料等方面。松香、松节油深加工技术的成果主要内容为研究设计了新型酯化设备，将氢化松香与不同脂类酯化得到系列产品，产品质量可达到国外同类产品先进水平；研究新型制备工艺和设备，采用高真空蒸馏技术进行精制、酯化、后处理，得到食品级产品，卫生指标优于国外同类产品；研究并设计国内外首创新工艺，将氢化松香半酯化、精制和复配制得电子工业级产品；研究设计新工艺，将副产品经过精制、氢化、脱色等深加工，得到显微镜浸油产品。该研究成果达到国际同类研究的先进水平，产品在4家企业推广，年产值约1 000万元，利税270万元，创汇100万美元，经济社会效益显著。

松香松节油结构稳定化及深加工利用技术

主要完成单位：中国林业科学研究院林产化学工业研究所、株洲松本林化有限公司
主要完成人员：宋湛谦、赵振东、孔振武、商士斌、陈玉湘、高宏、王占军、李冬梅、王振洪、毕良武
获奖等级：国家科学技术进步奖二等奖

成果简介：

该项目利用我国丰富的林业特产生物质资源松香松节油，经化学改性，在松香无色化、松香松节油化学结构稳定化机理方面取得重大理论突破，解决了松脂深加工利用技术瓶颈；通过集成创新，研发了一批具有自主知识产权的高稳定深加工新产品及相关关键技术；与企业结合，建立中试示范生产线，得到产业化推广应用。

该项目在前期探索及国家自然科学基金倾斜项目取得理论研究成果的基础上，通过承担国家"十五"期间科技攻关重大专项等课题，进行深加工系列产品生产技术的集成创新研究与开发。在松香无色化机理、松香松节油化学结构稳定化及其产物深加工利用方面取得了重大理论和技术突破，解决了松香松节油结构稳定化关键技术问题。发明了松香无色化、高稳定化新方法，松节油系列高级香料合成的一体化技术及乙炔化新技术；创制了无色松香低成本的酯化复合功能催化剂及松节油结构稳定化的空气氧化催化剂；独创了无溶剂、无水条件下固体碱制备环氧树脂的新技术。创新开发了无色松香及无色松香树脂系列产品、户外电气绝缘特种环氧树脂、萜烷类氢过氧化物系列产品和松节油萜类高级香料等一系列高附加值深加工产品，并实现产业化与推广应用。

发表学术论文 27 篇，EI 收录 11 篇；申请专利 11 项，已授权 4 项；培养研究生及博士后 28 人；制订企业标准 10 项；建立中试、示范生产线 4 条，在 4 家企业建立 4 条生产线。2005—2007 年共实现新增产值 3.13 亿元，出口创汇 789 万美元，实现净利润 3 577 万元，税收 1 431 万元，节支总额 1 940 万元。总体达到国际水平，部分超过国际水平。

该项目的实施，拓展了松香松节油利用新途径。大幅提高深加工产品附加值，明显提升了我国松脂资源开发利用的整体水平，对利用可再生资源发展精细化学品起到积极示范作用，有效促进了我国松脂林化支柱产业及相关行业的发展与技术进步，为实现林业资源的环境友好综合利用、可持续发展及山区农民脱贫致富创造了良好条件。

松脂深加工产品的研制重点集中在松脂加工及松香再加工利用上，主要有以松香为基础的工业表面活性剂及其相关产品的研制与开发；特殊用途的高分子材料及其助剂的研制与开发；以松香、松节油为基础的某些具有生物活性的产品研制与开发。

利用薪炭材和加工剩余物制造药用炭是用材林高效利用的重要途径之一，也是林产化学工业重要的组成部分。我国在 20 世纪 80 年代开展了药用炭开发与工艺技术研究，在热解过程、热解固相及液相产品加工、基础理论方面取得多项成果，使药用炭年产量达到 5 万吨，品种超过百种，到"九五"末期已成为国民经济不可缺少的工业门类。

中国林业科学研究院林产化学工业研究所等单位针对农林剩余物热解气化过程中存在的原料适应性窄、系统操作弹性小、运行稳定性和可控性差、燃气品质低、技术单一、气化固体产物未高值化利用等问题，开展热解气化反应过程的基础理论、控制机制、反应器新型结构等研究，突破内循环锥形流化床气化、大容量固定床气化、富氧催化气化、联产高附加值炭材料等技术瓶颈，取得了多项创新性成果：成功地实现了生物质气化发电、供热和供气的产业化应用，总体技术达到国际先进水平；首次开发了锥形流化床热解气化联产药用炭、气化固体炭产品高值化利用等技术，并建成了世界最大规模的气化供热联产药用炭生产线，技术水平处于国际领先。

三、畜牧业科技成果

（一）畜禽品种资源调查与利用

我国畜禽品种资源十分丰富。20 世纪 50 年代，我国开展了全国性畜禽品种资源调查，特别对各地猪的品种进行了调查，整理编写出《祖国的优良家畜品种》《中国猪种介绍》等。1983 年，中国农业科学院畜牧研究所的郑丕留等人主持开展全国家畜、家禽品种资源调查，成立了《中国畜禽品种志》编辑委员会，组织农业科研单位、高等农业院校和生产部门，完成了 29 个省、自治区、直辖市家畜、家禽和特种经济动物品种资源的调查，发掘出具有特殊性状的品种共计 299 个，其中马 32 个、驴 10 个、牛 46 个、羊 53 个、猪 66 个、家禽 73 个、骆驼 4 个、兔 3 个和特种经济动物 12 个，编辑出版了《中国猪品种志》《中国牛品种志》《中国羊品种志》等 5 部著作，约 150 万字，并附有彩色品种照片 464 张。同时，各省、自治区、直辖市农业部门也分别结合本地实际，开展了家畜、家禽品种资源调查，并编辑出版本地区的畜禽品种志等，为保存与利用这些品种资源提供了科学依据。

通过畜禽品种资源调查和"九五"期间畜禽品种资源多样性补充调查，我国的畜禽品种研究取得了突破性进展。发掘了一些新品种的特征、特性并重新作出评价，同时，根据生态条件、品种形成特征等，进行了合理归并或重新命名，基本上解决了跨省（自治区、直辖市）界的地方品种中同种异名和同名异种的问题。在全国畜禽品种资源调查的基础上，深入开展了研究工作，如以牛为示范项目，研究提出了中国黄牛是两大体系三个群组的分类，纠正了过去国内外学者对中国黄牛的错误分类与评价。还开展了中国地方猪种质特性的研究，为猪种的培育提供依据。20 世纪 90 年代，在我国西南 4 省、自治区畜禽品种调查中，科研人员分析了畜禽品种资源的动态变化，发掘了畜禽特异品种 18 个，建立了猪、牛、羊、马等品种的资源信息数据库。

进入 21 世纪，河南农业大学利用遗传多样性，发掘优异性状并创新应用，培育出 8 个包括（表观）性状突出、生产性能优良、具有自主知识产权、应用广泛的核心品系。创建了系列制种模式，为中国地方鸡种质资源保护和开发利用提供了新思路、新方法和新材料，对抵御外来鸡种侵略、防止我国优质鸡种质资源流失、提升优质鸡行业核心竞争力提供了科技支撑。

中国农业大学系统地阐明了畜禽遗传资源保存的理论，提出了保种的优化设计，解决了保种群体的大小、世代间隔的长短、公母畜最佳的性别比例和可允许的近交程度等一系列保种的实际问题，提出了把一个保种群划分为若干亚群，再作亚群间的种畜交换，可提高保种的效率。同时，在宏观上采用计算机技术对保种的理论问题，如遗传漂变、选择、迁移、近交等作计算机模拟，分析保种的长期效应，同时引入地理信息系统和图像分析系统，加强对遗传资源作动态的管理；微观上采用分子生物技术研究种群间的亲缘关系，并对某些有特殊功能的基因进行研究。该项成果为今后对畜禽遗传资源的开发利用提供依据。

（二）畜禽品种改良

新中国成立以来，广大畜牧科技工作者运用常规育种技术与生物技术相结合的方法，培育出各种畜禽新品种、新品系73个，其中猪 20 个、羊 12 个、牛 4 个、马 12 个、鹿 1 个、貂 1 个、兔 2 个、家禽 21 个，并与科学的饲养管理相结合，为提高畜禽产量做出了贡献。

早在 20 世纪 50 年代，我国在全国范围内开展了杂种猪群的整群、选择提高工效，先后培育成功的猪种有哈尔滨白猪、新淮猪、上海白猪、新金猪、北京黑猪、东北花猪、伊犁白猪、汉中白猪、泛农花猪、赣州白猪、山西黑猪、新疆黑猪、宁夏黑猪、浙江中白猪（子系）、温州白猪、关中黑猪、乌兰哈达猪、北京花猪（子系）、三江白猪、湖北白猪等。20 世纪 80 年代，中国农业科学院畜牧研究所利用国外引进的瘦肉型猪种与地方良种猪进行二元、三元杂交，筛选出 9 个较好的商品瘦肉型猪杂交组合，使瘦肉率达 63%，料肉比由 5：1 降至 3：1。2006 年，华中农业大学选育出 3 个具有自主知识产权的高效父本新品系和 3 个繁殖力高、肉质优良、适应性强的母本新品系，优选出杂优组合 5 套，其中，母本品系作为"湖北白猪"品种通过了湖北省新品种审定。华中农业大学还开发了批量分子标记检测技术，发现 50 多个 SNP 位点，在 GENBANK 上登录新基因序列 87 个，初步获得 21 个与主要经济性状显著相关的 DNA 分子标记；开发出预防仔猪腹泻卵黄抗体和早期断奶抗应激新型饲料添加剂、"双低"菜粕饲料用标准及专用酶制剂和"远著"牌猪用"双低"菜粕添加剂、预混料和浓缩料产品；进行猪场疫病监测、诊断、防制与净化技术研究，有效地解决了生产中疫病的监控和防制。建立核心育种场 2 个，扩繁场 5 个，商品猪示范基地 21 个，累计出栏优质种猪 29.98 万头，商品猪 323.5 万头，全群料肉比 3.28：1，达 100 千克体重日龄 160 天，出栏率 186.72%，取得了显著的经济和社会效益，促进了我国猪育种技术的升级和优良种猪的自主培育，带动了华中地区养猪业的快速发展。2001 年以来，优质猪的培育技术在湖北、湖南、江西、福建、广东等省、自治区、直辖市推广应用，累计利润 2.84 亿元，社会效益十分显著。

中国瘦肉猪新品系选育与配套技术

主要完成单位：中国农业科学院畜牧研究所、北京市农林科学院畜牧兽医研究所、华中农业大学、浙江省农业科学院畜牧兽医研究所、苏州市太湖猪育种中心、杭州市种猪试验场、湖北省农业科学院畜牧兽医研究所

主要完成人员：赵含章、赵书广、熊远著、王津、王子林、邓昌彦、黄德品、卢伟、王雨文

获奖情况：国家科学技术进步奖二等奖

成果简介：

利用中国优良猪种繁殖力高、肉质好的资源优势和引进猪种生长快、瘦肉率高的特点，通过杂交育种，选育出 9 个繁殖力、肉质、窝产瘦肉量均达国际先进水平的瘦肉猪专门化品系，并在生产中得到了广泛应用。

9 个瘦肉猪新品系有以下突出特点。

（1）繁殖力和母猪窝产瘦肉量高。5 个母系猪平均产仔 12.5～14.18 头，6 个配套组合母猪窝产瘦肉量为 450～490 千克，达国际领先水平。

（2）肉质优良。新品系猪肌肉颜色鲜红、pH、系水力、大理石纹值正常，肌肉脂肪含量适中（2.8%～3.5%），保持了良好风味，未出现 PSE 和其他不良肉质。

（3）生命力强，适应性广。4 个父系猪引进后经多年选育，肢蹄和体质健壮，适于中国广大农村饲养。

（4）瘦肉率高。父系猪 62% 以上，母系猪 54%～62%。

9 个瘦肉猪新品系在全国 28 个省、自治区、直辖市推广种猪 15 万头，经济社会效益显著。同时，也丰富了猪育种标记与技术，发展了中国养猪学。

1954 年，新疆毛肉兼用细毛羊的育成，使我国有了第一个细毛羊品种。继而又先后培育出东北细毛羊、内蒙古细毛羊、敖汉细毛羊、甘肃高山细毛羊、山西细毛羊、陕北细毛羊、青海细毛羊、鄂尔多斯细毛羊、中国美利奴细毛羊、青海半细毛羊等品种。东北半细毛羊、青海高原半细毛羊、云南半细毛羊和中国美利奴细毛羊品种群的形成，使我国的半细毛羊和细毛羊培育步入了世界先进行列。

之后，新疆巩乃斯协作组等单位将澳洲美利奴羊与我国新疆细毛羊、军垦细毛羊及进口的波尔华斯羊杂交，把亲本的优良性能结合在一起，培育成我国的澳美型种羊，经在新疆、内蒙古、吉林三省区的 4 个育种场培育，羊毛的品质均有提高。经试纺证明，澳美型种羊羊毛的理化性能和成品的各项指标均达到 55 型和 56 型澳毛水平。新疆生产建设兵团等单位在已有工作基础上，经过四年研究试验，建成了适合我国细毛羊业实际的中心育种场、繁育场、生产场配套的三级繁育体系，新疆生产建设兵团农业建设第七、八师垦区的 40 余万只细毛羊品质全面显著提高。至 1988 年，中国美利奴羊达 78 033 只、过渡羊 156 629 只，超额完成项目任务指标。当年共有 412 502 只羊剪毛，总产羊毛 2 254.54 吨，单产 5.47 千克，其中优质细特羊毛 1 263.13 吨，为项目任务的 126.31%。4 年羊毛长度提高 1.28 厘米，净毛率提高 7.5%。中国美利奴羊新品种的育成扩大了中国美利奴羊新品种的科技开发能力，且繁育体系效益十分明显。4 年累计获得直接经济效益 2 245.46 万元，大批优秀种羊向省内外推广。

中国美利奴羊新品种的育成

主要完成单位：新疆巩乃斯协作组、新疆紫泥泉协作组、内蒙古畜牧科学院协作组、吉林协作组

主要完成人员：傅寅生、杨尔济、刘守仁、范国臻

受奖情况：国家科学技术进步奖一等奖

成果简介：

该项目通过将澳洲美利奴羊与我国新疆细毛羊、军垦细毛羊及进口的波尔华斯羊杂交，把亲本的优良性能结合在一起，培育成我国的澳美型种羊，经过在新疆、内蒙古、吉林三省区的四个育种场培育，羊毛品质均有提高，经试纺证明，羊毛理化性能和成品的各项指标，均达到 55 型和 56 型澳毛水平。十年共推广种公羊 4.9 万只，可增加经济效益 3.62 亿元。三省区四场每年可提供种公羊 1 000 只，每年提供优势羊毛 300 吨，产值约 400 万美元。特级成年母羊剪毛后体重 45.84 千克，剪毛量 7.21 千克，体侧部净毛率 60.87%，毛长 10.48 厘米。

云南省畜牧兽医科学研究所在 1970—1995 年间完成云南 48～50 支半细毛羊品种培育工作，历经 25 年共 10 个世代。该品种具有肉用体型，适应亚高山（海拔 3 000 米）地区湿润气候，可常年放牧饲养，羊毛品质优良，具有高强力、高弹性、全光泽（丝光）毛的特点。供应云南省改良区使用后逐步扩散到四川、贵州等省。2002 年，该项目获国家科学技术进

步奖二等奖。

20世纪70年代后，中国奶牛协会等单位陆续成立了中国黑白花奶牛、肉牛、西门塔尔牛、草原红牛、水牛、牦牛繁育科研协作组，有计划地开展联合育种。通过对秦川牛、南阳牛、鲁西黄牛、晋南牛和延边牛的品系育种，科研人员摸清了中国良种黄牛的优良特性。在使用国外引进肉牛改良黄牛方面，科研人员筛选出了最佳组合，还通过南、北方黑白花奶牛科研协作研究，培育成功了中国黑白花奶牛，并形成了品种群，广泛推广应用。

中国黑白花奶牛的培育

主要完成单位：中国奶牛协会、北京市奶牛协会、上海市奶牛协会、黑龙江省奶牛协会、江苏省奶牛协会、陕西省奶牛协会、山西省奶牛协会、辽宁省奶牛协会、天津市奶牛协会、新疆维吾尔自治区奶牛协会

主要完成人员：赵海泉、秦志锐、王伟琪、黄国卿、丁丽娟、熊汉林、张国钧、王煜、魏荣禄、洪广田、李亚力、杨效章、孙尚德、洪振中、冀一伦

受奖情况：国家科学技术进步奖一等奖

成果简介：

该项目应用数量遗传学、生理学及营养学的原理，开展了育种繁殖、饲养、疾病等研究工作，并根据研究结果制定了切实可行的措施和规程，向全国推广应用后收到明显效果。该项研究开展了以下工作。

（1）培育和选育种公牛技术。采用非亲缘交配法培育了大量后备公牛，并用亲缘交配法培育出少量近交后备公牛。在此基础上选择后备公牛，并进行后裔测定。在估计种公牛育种值方法上，逐步将单性状选择改为多性状选择；从简单的相对值，改为使用遗传参数的预期差值，最后提出总性能指数法。

（2）开展冷冻精液人工授精技术。某些技术如对精子顶体的评定，如用电磁波仪延长精子存活时间等，对提高冷冻精液的质量起到较大的作用。

（3）研究并推广饲料加工调制技术。推广了各种不同的青贮饲料。从过去的玉米、甘薯青贮，发展到象草、甜菜丝、胡萝卜、红薯秧、甘蔗尾、玉米秸、高粱秸、野青草及块根、大头菜等十几个品种，数量也有所增加，对解决粗饲料和蛋白不足问题起到较大作用。

（4）改进饲养技术。成年牛按标准饲养，用发酵初乳和低奶量培育犊牛。采用我国黑白花奶牛饲养标准，按牛只营养需要饲养，打破了我国长期凭经验和根据国外标准饲养的落后局面，初步试验可提高产奶量5％～30％。在犊牛培育工作中，应用发酵初乳和低奶量培育犊牛已获得成功，犊牛哺乳期喂奶量一般降到400千克左右，最少为90～100千克，且已证明低奶量喂犊牛，对成年后的产奶量没有影响。

（5）改进生产记录方法。产奶量每月测3次，乳脂率在一个泌乳期内测3次（第2、5、8月）。

（6）开展疫病防治。主要是对结核、流产进行防治，到1985年，这两种病的发病率已降到10％以内。

（7）制订各项技术规程和规范。《种公牛后裔测定技术规范（修改）》《奶牛产奶记

录暂订标准》《奶牛乳脂率测定暂订标准》《奶牛冷冻打号暂订技术规程》《公牛精子顶体检查技术规范》《冷冻精液制作操作规程和质量标准》《制作发酵初乳喂犊牛操作规程》《高产奶牛饲养规范》《良种牛登记方法规定》《中国黑白花奶牛标准（GB 3157—1982)》。

以上各项技术向全国推广后，对提高牛群的生产性能，改进体型结构，都起到了关键性的作用，到 1984 年，我国黑白花奶牛达到国家品种标准的成年母牛为 21 095 头。

2003 年，中国农业科学院畜牧研究所利用国外西门塔尔牛和我国黄牛的优良基因，采用现代计算机和生物技术，育成乳肉性能高、遗传稳定的中国西门塔尔牛新品种，并在我国迅速发展的肉牛生产和黄牛改良区域大面积推广，西门塔尔牛或其杂种生产的高档牛肉占国内高档牛肉市场的 24%左右，缓解了发达国家的种牛和牛肉对我国市场的冲击。

我国在家禽品种、品系方面的研究也取得了重大进展。蛋鸡有京白 938、京红 939，肉鸡有浦江 1、2 号和青壳 1 号，以及黄羽肉鸡杂交组合，并建立了繁育体系，还培育出金定鸭、芙蓉鸭和北京瘦肉鸭配套系。此外，在选择适宜生产鸭肝、鹅肝的鸭、鹅及鸭肝、鹅肝生产工艺的研究方面，也取得了较好的成果。

2015 年，中国农业大学以"节粮"和"优质"为主要育种目标，采用创新的育种技术，培育出农大 3 号小型蛋鸡配套系并广泛推广。以该品种为基础，建立标准化饲养技术体系和优质鸡蛋加工技术，推动了蛋鸡全产业链技术体系的发展。从 2011 年起，农大 3 号已连续 4 年入选农业部主导品种，商品代辐射到全国 28 个省市，累计推广饲养量达 6.3 亿只，节省了 500 多万吨饲料。2012—2014 年推广新品种和配套饲养技术新增产值 27.89 亿元，新增利润 7.25 亿元，取得了重大的经济、生态和社会效益。

（三）草地资源调查与草场改良

草地科学在我国作为一门独立的科学进行研究，是新中国成立后才逐步发展起来的。20世纪 50 年代中期，由中国科学院牵头组织有关省、自治区的草原专业调查队，对新疆、青海、甘肃、内蒙古地区的草地资源进行调查，对各地的草地形成及土壤、气候、水文、植被等进行了描述，测定了产草量、载畜能力，积累了大量的基础资料，为草地开发与利用提供了依据。20 世纪 60 年代初，进行了第二次草地资源调查，这也是一次专业性强、突出重点地区、内容十分丰富的草地资源调查，共提供各种调查报告 36 份，图件 33 份。20 世纪 80年代初，为了落实《1978—1985 年全国科学技术发展规划纲要》，由农业部组织，在全国范围内开展了以重点牧区（11 片）为主的第三次大规模的草地资源调查，基本查清了中国草地资源的数量、质量、分布、生产能力和发展潜力，科学地界定了草地资源等级评价的原则和标准，提出了开发利用对策与措施，先后出版了《中国草地资源》《中国草地资源图集》《中国草地饲用植物资源》《中国重点牧区草地资源及其开发利用》等著作，为我国草地资源开发与利用提供了依据。

我国在牧草种质资源和新品种选育方面的研究不断取得新进展。在云南地区牧草资源考察中，共采集牧草标本 3 万余份，种子 1 500 多份。在青藏高原、黄土高原和大兴安岭等地区的考察中，共搜集到有价值的牧草种子 2 799 份，并完成了 3 186 份牧草种质生物学特性和农艺性状鉴定，筛选出具有优良性状的育种材料 142 份，可直接利用的优良草种 26 个。

新中国成立 70 年来，我国草地科技工作者通过引种、选育和野生驯化等途径，培育出优良草种 174 个，其中禾本科 81 个、豆科 73 个、菊科 6 个、苋科 8 个、藜科 3 个、蓼科 2 个、葫芦科 1 个。这些品种中属于新育成品种的有 56 个，占 32.18%；地方品种 46 个，占 26.44%；引进品种 47 个，占 27.01%；野生栽培品种 25 个，占 14.37%。这些草种在加速我国人工草地建设和天然草地改良方面起到了积极作用。

草地改良和合理利用研究是草地科学的重要内容之一。早在 20 世纪 50 年代，各地草地改良试验站在不同类型的草地上对草地产草量、草地再生性、草地主要牧草生长发育规律等进行定位观测，积累了大量基础数据。20 世纪 70 年代初期，由于草库伦建设的兴起，草地改良与利用研究由单项技术向综合技术方向发展，并提供一些行之有效的草地改良技术。进入 20 世纪 80 年代以来，盐碱化草地改良研究取得了实质性进展，应用酸茅改良重盐碱退化草地研究成果处于国际领先地位，应用补播、灭除有毒有害植物、补播牧草种子包衣化、保水剂研究与应用等技术研究的开展，标志着我国草地改良技术进入新的发展阶段。

中国北方草地草畜平衡动态监测系统试点实验研究

主要完成单位：中国农业科学院草原研究所、北京师范大学、内蒙古大学、北京大学、内蒙古草原勘测设计院、内蒙古气象灾害检测服务中心

主要研究人员：李博、任志弼、史培军、袁清、苏和、牛建明、色音巴图、杨哲、刘桂香

获奖情况：国家科学技术进步奖二等奖

成果简介：

该项目以生态学和草地科学理论为基础，以遥感与地理信息系统（GIS）为技术支持，实现了大面积草地估产、草畜平衡估算、草地灾害评估与草地资源动态监测，建成了一套可运行的草地资源信息系统，使我国草地资源的信息管理进入一个新阶段。

该技术系统包括建成专用于草地动态监测的气象卫星接收和预处理系统；建成了 19 个地面监测点；建立了草地估产的遥感模型、地学模型与草地利用模型；建成了草地资源数据库；自行设计与研制了专用的 CDMS 软件，包括 256 色图像快速显示与漫游模块、GIS 运算模块、GIS 模块与制图模块；完成了系统的集成，解决了统计数据库、图像数据库、模型库与 GDMS 核心模块之间的接口，实现了多功能及快速运行。

该系统从 1995 年开始正式运行，可按要求及时提供北方 10 省区 221 个县的产草量和草畜平衡状况、季节与年度间的变化情况及灾害情况。过去由上百人按照常规方法，需要 10 年才能完成的工作量，该系统七天可以完成。该项成果可在全国牧区、北方各省区以及牧业盟（地区）推广应用。

20 世纪 80 年代以来，我国草地科技工作者开展了在不同类型地区建立人工、半人工草地综合技术的研究，同时对主要优良牧草如羊草、披碱草、沙打旺、红豆草、紫花苜蓿等进行了中间试验和区域性试验，提出了在不同生态条件下建立人工草地的方法、技术与措施，对推动我国人工草地建设起了积极作用。据农业部统计，1996 年全国人工草地保留面积达 1 427.6 万公顷，占天然草地总面积的 3.64%。同时，我国还十分重视草地保护的研究。20

世纪50年代，我国草地科技工作者开始了天然草地鼠、虫害的种类、分布、危害程度及防治调查，初步摸清了天然草地鼠、虫害的现状与分布特点。在此基础上，开展了综合防治研究，利用天敌灭鼠、以虫治虫、性引诱以及生物毒素灭鼠、灭虫等生物防治研究，取得了重要成果，不仅控制了草地鼠、虫的危害，还改善和保护了草地生态环境。

兰州大学、内蒙古大学、甘肃农业大学等单位在1996—2006年间开展了系统的草地定位研究，共采集样品3万余份，获得数据25万余个，揭示了我国北方草地退化与恢复过程中土壤、植物、微生物、家畜与啮齿类动物的动态及其对草地生态系统的作用，明确了草地退化的主要原因，阐明了草地围封禁牧对草地生态系统的正、负作用。研究提出了合理利用与改良草地的技术体系，建立了4 660公顷的示范样板，以畜产品单位衡量，不同区域的草地生产力提高了33.3%～100%，部分草地已达到或接近发达国家的水平。该项目研究成果分别向国务院和农业部、甘肃省、内蒙古自治区提出了发展草地农业的建议，得到了温家宝总理和有关部省（区）领导人的肯定与支持，已付诸实施。

随着国土整治，生态环境建设的发展，草坪草研究发展迅速。通过引种、驯化选育，已筛选了出一些适合我国不同地区种植的草坪绿地品种，使草坪种植走出了庭院，进入了户外居住区绿地、公共绿地、道路绿地、公园、景点、休闲娱乐场所等，受到居民的普遍欢迎。在此基础上，我国全面开展了草坪草野生资源的收集与利用、遗传育种、病虫害防治和杂草防除及不同用途的草坪建植与管理技术研究，取得了重要进展，为城市绿化和生态环境建设提供了技术支持。

（四）畜禽饲料标准与饲料营养

我国饲料工业是一个新兴产业，标准的制订不仅是产品质量保证体系的基础，还关系到行业的健康发展。20世纪80年代中期，经过广大科技人员的辛勤工作，研究并经过批准颁布的各种标准175项，其中国家标准56项，行业标准119项。这些标准的贯彻执行，使我国猪饲料合格率达到58.1%，鸡饲料合格率66.1%。20世纪90年代后期，我国为适应加入WTO的需要，加强了饲料质量监测与标准化研究，又制定了《鸡的饲料标准》《猪的饲料标准》《奶牛饲料标准》《肉牛饲料标准》和《中国美利奴羊饲料标准》等一批新的国家和行业标准，为指导畜禽现代化集约饲养提供了依据。

中国饲料成分及营养价值表

主要完成单位：中国农业科学院畜牧研究所、四川农学院、北京农业大学、东北农学院、华南农业大学
主要完成人员：张子仪、杨凤、冯仰廉、韩友文、李永禄
获奖情况：国家科学技术进步奖二等奖
成果简介：

饲料配方设计是饲料工业的关键性技术之一。摸清国产饲料的化学成分及营养价值是优选全价饲料配方的先行性科研项目。先进国家除了通过计算机建立有饲料数据库外，还出版有各具特点的营养价值表，并设有专门机构组织全国的饲料营养价值的评定工作。

该项工作是在全国大协作的基础上完成的，除了在饲料营养成分分析、营养价值评定方

面进行了大量的工作外，在测试手段上也引进、吸收了国外最新技术，如鸡饲料代谢能值的测定方法，猪饲料消化能值的离体消化试验法，奶牛、肉牛饲料的 NND（奶牛净能单位）及 RND（肉牛净能单位）等净能体系的建立，氨基酸、植酸磷、矿物质微量元素等项目的补充等，使得本表成为国内最完整、质量较好的版本。修订后的版本经农牧渔业部批准命名为《中国饲料成分及营养价值表》，全书共分十章，由农业出版社作为重点书出版。

饲料营养价值评定表与畜禽饲养标准，是设计最佳配方时的配套技术资料，两者缺一不可。据统计，1981—1985 年全国累计饲料加工量为 4 700 万吨，其中约有 10%，估计约有 500 万吨左右直接或间接地采用了该项成果。

动物营养学是饲料营养研究的基础，也是各种饲料配方设计的科学依据。20 世纪 50 年代，我国研究推广了青贮饲料、碱化和氨化秸秆技术。20 世纪 60 年代，研究推广发酵饲料、藻类饲料和水生饲料。20 世纪 70 年代，研究纤维素酶、担子菌、人工瘤胃液处理饲料，在提高饲料营养价值方面取得了一定进展；棉籽饼、菜子饼经处理后去毒效果达 60%～90%，为扩大饼粕蛋白质饲料的利用提供了新途径。20 世纪 80 年代后，在中国农业科学院畜牧研究所张子仪等人主持下，系统分析了中国畜、禽常用饲料营养成分，营养价值评定，并编制出《中国饲料成分及营养价值表》。东北农学院许振英、中国农业科学院畜牧研究所王和民、北京农业大学冯仰廉等人，组织对猪、鸡能量代谢及能量需要量，日粮的能量浓度，粗蛋白需要量和蛋白的能量比，氨基酸及可利用氨基酸需要量，以及维生素、矿物质和微量元素等方面进行了大量的研究。特别是对鸡（肉鸡）的营养需要量研究比较深入，对蛋鸡和猪的营养需要量研究次之，接下来依次是反刍动物、鱼类和特种动物。从饲料转化率的进步看，1980 年肉鸡料肉比、蛋鸡蛋料比均为 3.6，猪的料肉比为 5.8，到 1996 年，上述三个指标分别为 1.9、2.7、3.1。进入 21 世纪以来，饲料添加剂研制取得了重要进展。新化学合成了一些饲料添加剂，如矿物盐氨基酸化合物、酯化维生素、甜菜碱、混旋肉碱、大蒜素等；研制微生态制剂芽孢杆菌成功；研制的转基因植酸酶得到高效表达，其酶活性高于国外报道的同类研究近 50 倍，高于国外专利 80%，在国际上处于领先水平。

我国在猪健康养殖的饲料营养研究方面不断取得进展。2008 年，中国农业大学等单位以猪健康养殖为目标，建立猪免疫应激模型，系统、多方位地研究并阐明日粮重要营养素对免疫功能和肠道健康的调控机理；改进猪饲料养分利用率的测定方法，测定了 62 种饲料消化能，系统研究了 3 种新型饲料和 21 种非常规蛋白饲料的营养价值，开发 4 种提高饲料利用率的酶制剂和 3 种可部分替代抗生素、增强免疫力和抗病力的添加剂；研究形成我国主要饲养模式下猪健康养殖的营养调控技术，制定了五阶段饲养的饲料配制方案。研究团队还首次建立猪饲料中 13 种违禁药物的同步检测技术及转基因豆粕生物安全评价技术，制定了 6 个有关饲料安全的国家和行业标准，在示范区内建立饲料和生猪安全生产 HACCP 管理体系，为健康养殖提供了重要的技术支撑。先后在四川新希望集团等大型企业示范，建成试验基地 8 个，示范生产线 11 条，示范猪场 560 个，覆盖农户 15.6 万多户，示范规模 5 580 多万头，推广健康养殖饲料 1 655 万吨，培育了正虹等 5 个知名品牌饲料和乡里乡亲等 3 个知名品牌猪肉，获直接经济效益 15.68 亿元。该项成果已通过教育部组织的鉴定，总体技术水平达国际先进水平，部分技术达国际领先水平。

2009 年，国家粮食局科学研究院等单位成功开发了与制油工艺相匹配的油籽脱溶饼粕高效脱毒新技术、方法及设备，能使菜籽粕中的有毒组分（ITC、OZT 和腈）一次脱除率达 90％以上，棉籽粕游离棉酚含量可达 100ppm 以下；棉、菜籽粕粗蛋白质含量提高 5％～15％，蛋白质（赖氨酸）消化利用率提高 10％以上；新型饼粕主要营养成分及毒素含量指标国内领先，优于美国等国的营养成分表的相关数据；研发了大豆类蛋白饲料挤压膨化工艺和新技术、生产新工艺及成套设备，解决了大豆饼粕生产过程中脱皮、灭酶与保护氨基酸消化利用率相矛盾的技术难题；开发了发酵、酶解等技术生产优质蛋白饲料的新工艺，并将果渣及酒糟等食品工业废弃物转化为含蛋白质高的饲料原料；研发了茶籽饼粕、蓖麻饼粕、胡麻饼粕等资源的脱毒及饲用技术，实现了常规蛋白质资源的部分替代。该项目研发了蛋白质饲料的显微镜快速鉴别真假技术，攻克了腈毒素提取纯化和饲料小肽快速检测等技术难题；完成了棉籽粕、菜籽粕等 9 个国标（行标）的制、修订。从提高原料饲用价值及改善原料外观入手、开发了畜、禽、水产动物的无鱼粉、低（无）豆粕饲粮配制新技术，该技术可使原料替代 75％～100％豆粕和 50％～100％鱼粉。该项目通过了国家及省、部级验收和鉴定，达国内领先或国际先进水平，部分关键技术达国际领先。其成果已在全国 20 多个省、自治区、直辖市推广应用，对 40 多家用户的统计，已新增产值 2 598 亿元，新增经济效益 128 亿元，减少豆粕、鱼粉进口，节约外汇达 92 亿美元，为养殖户等创造间接经济效益 315 亿元，对缓解我国蛋白资源进口，确保粮食安全具有重要意义。

中国农业科学院饲料研究所姚斌等人，依靠我国微生物资源丰富的背景，筛选性质更为优良的植酸酶天然产生菌，从中分离克隆植酸酶的编码基因，在分子水平上对植酸酶基因进行改造，采用安全性好、发酵工艺简便的酵母作为受体菌，构建出单位表达量比天然菌株高3 000 倍以上的重组酵母，确立了重组酵高密度发酵生产植酸酶的生产工艺和酶后加工工艺，建立了植酸酶产品的质量标准和使用标准，使我国能产业化廉价生产植酸酶，并将该技术在饲料生产中推广应用。该项目具有自身的独特性和先进性，处于国际领先水平。1998年通过农业部的技术成果鉴定。1999 年 11 月，中国农业科学院饲料研究所与江西民星饲料企业集团签署协议，在江西实现产业化生产，到 2000 年 10 月，产品已在全国 10 余个省区、120 万吨以上的饲料中使用，使饲料中磷酸氢钙的用量减少了 8 000 吨以上，动物粪便中排出的磷减少了 40％，约 1 万吨，取得了较大的经济效益和较好的社会、生态效益。2014 年，该项目在已有基础上又进行创新发展，建立了完整的酶基础研究和产品开发自主技术体系，系统地解决了饲料用酶的性能、成本、知识产权和可持续研发等产业化应用的瓶颈问题，在全国 31 个省、区、市的上千家饲料及养殖企业推广应用，并出口欧美等 20 余个国家。产品已应用于全国 80％以上的猪、鸡、水产等动物饲料，间接经济效益 546.53 亿元，并节约粮食 5 000 万吨、磷资源 1 000 万吨，减少养殖业磷氮等有机物排放 1 300 万吨。

现代饲料工业的快速发展，为畜牧业集约化、机械化、设施化生产提供了条件。研制推广的牧草收割机占收割牧草总量的近三分之二；研制出的拥有自主知识产权的机械化养鸡、养猪、养牛等成套现代化设备已广泛应用，产蛋量和产肉量在全国总量中均达到 80％以上，为促进农民增收、致富做出了贡献。

2015 年，四川省畜牧科学研究院等单位构建了优质肉鸡饲养管理技术体系。建立了累积生长与生产效益耦合模型等新品种养殖配套技术体系；创建了氮素循环的耕地肉鸡承载能力评估模型；设计了标准化鸡舍建设工艺方案。应用配套技术使产蛋量、饲料报酬、全期成活率分别提高 9.03％、8.76％和 4.57％，用药成本降低 23.48％。优质肉鸡饲养管理技术获授权和申请国家发明专利 23 项；制定养殖技术标准 10 项；近 3 年推广新品种和配套养殖技术获经济效益 52.62 亿元。

中国农业大学等单位开展奶牛饲料高效利用及精准饲养技术创建与应用研究，创建了奶牛精准饲养技术体系。科技工作者建立了以数字化信息平台，标准化养殖技术，牛群饲养效果评价和甲烷、氮、磷减排技术为核心的奶牛精准饲养技术体系，为改变我国奶牛饲养粗放和生产水平低的局面提供了综合技术措施。示范奶牛场单产达到 7.3 吨，比全国奶牛单产提高 1.8 吨，乳蛋白率提高 0.1 个百分点，饲料转化率提高 18.2%，甲烷、氮和磷分别减排 26.7%、11.6% 和 28.7%。该项目获得专利 20 项（其中发明专利 9 项），软件著作权 6 项，制订行业或地方标准 5 项；2011—2013 年核心技术作为农业部主推技术广泛应用，支撑了三元绿荷、天津嘉立荷等世界一流奶牛养殖企业，培育了两个有机奶知名品牌；新增产值 45.4 亿元，新增利润 7.0 亿元。

（五）养蜂和特种经济动物繁育与饲养技术

20 世纪 80 年代以来，在养蜂科学研究方面，我国科研人员深入开展了蜜蜂为农作物授粉效果的研究；总结推广中华蜜蜂活框科学饲养技术；调查了中华蜜蜂蜂种资源，开展蜜蜂品种改良和杂交组合选配。筛选出喀尼阿兰×意大利蜂、喀尼阿兰×高加索蜂等组合，比本地饲养的意大利蜂增产蜂蜜 20%～30% 以上；研究出"输送卵虫法"推广蜜蜂良种新方法；蜜蜂早春快繁技术的推广，加快了蜂群发展；利用双王培养强群和利用早春蜜源提高蜂蜜产量等均取得显著效果。在病虫害防治方面，研制出杀螨 1、2、3 号和"强力"巢房熏蒸杀螨剂，有效地防治了蜂螨的危害。对蜜蜂麻痹病、中蜂囊状幼虫病的研究也取得了较大进展。研制出巢础机母机、吸浆器、脱粉器、电取蜂毒器等蜂产品采集机具和养蜂专用车。此外，在蜂产品加工和综合利用方面，也取得了一批系列成果，促进了养蜂业的快速发展。

2004 年，河北（秦皇岛）出入境检验检疫局研究制定了一系列与国际先进标准完全接轨的蜂产品安全卫生国家标准。该标准集化学、微生物学两大门类近 20 种先进技术，研究建立了蜂产品中 369 种安全卫生指标的定量检测方法，解决了样品萃取、干扰物分离和检验测试的一系列复杂技术难题，破解了中国蜂产品在世界三大主销市场（欧洲、美洲和日本）的所有技术壁垒。该标准对蜂产品安全卫生指标提出的新的检测要求，获得了欧洲、美洲和日本所有进口中国蜂产品国家客户的认可，促进了我国蜂产品质量的提高，保证了出口质量。

我国水貂病毒性肠炎病原分离、鉴定、特异性诊断及同源组织灭活苗

主要完成单位： 中国农业科学院特产研究所、中国人民解放军兽医大学军事兽医研究所
主要完成人员： 高云、于永仁、韩慧民、吴玉林、宋纯林
获奖情况： 国家科学技术进步奖二等奖
成果简介：

水貂病毒性肠炎是养貂业三大病害之一，可造成严重的经济损失，我国在 1957 年引种时带入该病，由于无特异性诊断及防治方法而造成该病在全国流行。为了控制该病，促使我国水貂生产高速发展，中国农业科学院特产研究所与中国人民解放军兽医大学合作，对该病的病原、诊断及灭活苗等工作进行了研究。研究中首次在我国分离到六株水貂细小病毒。通

过组织培养、电镜观察、血清学反应、理化学试验以及应用免疫试验，证明与标准 MEV（美国株）有同样抗原性，在诊断上确定了 HA·H 特异性诊断技术，并建立了我国的微量血凝及血凝诊断技术。但为了确保我国养貂业的发展，必须有安全有效的疫苗进行防治。在对病原、诊断进行研究的基础上，该所首先鉴定毒株，并用它作为制苗的毒种，用经过六代筛选证明毒力稳定、免疫原性良好的水貂细小病毒 SMPV-11 株制造疫苗，该毒株水貂最小感染量为 10～3 毫升，其毒力标准为感染水貂 3～4 天粪便排毒，HA 试验 256× 以上，使接毒水貂在 4～5 天内出现典型症状，用该种毒株研制成的灭活苗，保存期可达半年以上，免疫期六个月。成龄貂在 1—2 月份及 7—8 月份接种，幼龄貂最早可在四周龄接种，每只水貂免疫剂量 1 毫升（皮下），遵照免疫程序用苗可安全保护水貂达 12 月，即至貂皮成熟期，可收取皮张创造经济利益。

1984 年曾先后在山东、青海两省大面积应用疫苗防制该病，接种水貂 15 715 只，共中紧急接种水貂 54 709 只，使疫情得到控制，发病停止，三万只水貂免遭死亡。1985 年后又向各疫区提供 90 万份疫苗，均获得良好免疫效果。

实践证明，该疫苗与目前国外广泛应用的组织培养灭活苗具有同样的免疫效果，且更适用于疫区紧急接种，能使处于潜伏期及患病初期的水貂康复，此为国外疫苗所不及。

我国在特种经济动物养殖方面的研究也有很大进展。20 世纪 50 年代后期，人工放养茸鹿试验成功，使养鹿业得到迅速发展，1987 年茸鹿存栏达 30 多万只，鹿茸年产量达 70 多万吨。紫貂人工饲养繁殖技术关键问题解决后，产仔率达到国际先进水平。雉鸡大群饲养成功，为发展雉鸡饲养业奠定了种源和技术基础。研究提出了鹿、水貂、雉鸡等经济动物主要疫病的防治技术与疫苗；选育出吉林白水貂、双阳梅花鹿等新品种；成功研制锯茸保定器、鹿茸加工新工艺，以及特种经济动物产品开发与加工利用技术，取得了明显的经济社会效益。

同时，中国农业科学院特产研究所针对我国梅花鹿、马鹿的营养生理、鹿茸生长调控、营养需要、饲料配制、疾病防治及鹿茸加工等亟待解决的关键技术难题，研究了梅花鹿瘤胃消化代谢特点、能量代谢规律、茸角的发生发育机制与营养调控机理。研制出了梅花鹿、马鹿在不同生理时期的专用预混料，编制了鹿用饲料营养价值表，制定了茸鹿常发性传染病综合免疫预防程序和仔鹿非传染性常发病的防治措施，建立了带血大枝型茸加工和鹿茸低温干燥加工的新工艺，提高了茸鹿的生产性能和成品鹿茸的优质率，有效降低成年鹿和仔鹿的死亡率，节省精饲料和蛋白质类饲料等，经济效益和社会效益显著。

2010 年，中国农业大学等单位首次探明了青藏高原牦牛泌乳特性及微生物菌相变化规律，探明了牦牛乳酪蛋白结构，开发了酪蛋白溶解与改性技术、干酪素护色与干燥技术、酪蛋白功能多肽制备技术，自主开发了 3 种牦牛乳干酪素生产新工艺，干酪素和酪蛋白磷酸肽获批国家重点新产品，实现了牦牛发酵乳、高品质干酪素等 8 种产品的产业化生产。3 年共生产精制牦牛乳干酪素 2.5 万吨、酪朊酸钙（钠）3 660 吨、黄油粉 1 000 吨，其中产品的 75% 出口。实现销售收入 17.26 亿元，利税 2.5 亿元，创汇 1.5 亿美元。同时，拉动藏区 20 万户牧民毛收入增加 21 亿元，对藏区牦牛乳产业升级发挥了巨大带动作用。

（六）兽医疫病诊断与防控

70 年来，我国研制出一批实用有效的疫苗，为控制和消灭畜禽疫病发挥了重要作用。

仅 1978—1998 年，经农业部审定颁布的兽医生物制品就有 11 种，疫（菌）苗 64 种。在这些疫（菌）苗中，牛瘟、猪瘟、马传染性贫血、牛肺疫、猪肺疫、猪丹毒、羊痘、布氏杆菌病等弱毒疫苗和马淋巴管炎、羊支原体苗等均居国际先进水平，为消灭牛瘟，有效控制牛肺疫、猪瘟、猪肺疫、马传染性贫血等主要传染病的流行做出了贡献。

1950 年，由东北人民政府兽医科学研究所陈凌风主持，利用牛瘟兔化弱毒及其牛体反应疫苗研制成牛瘟山羊化兔化弱毒疫苗；1952 年，该所袁庆志等人利用牛瘟山羊化兔毒通过绵羊继代，定向培育成了牛瘟山羊化兔化弱毒（简称绵羊化兔毒），对各类牛种免疫效果均佳，为在全国范围内彻底消灭牛瘟做出了重要贡献。1954 年，由农业部兽医生物药品监察所方时杰、周泰冲，中国农业科学院哈尔滨兽医研究所陈凌风、袁庆志等人合作研制的猪瘟免化弱毒疫苗，有效控制了猪瘟的流行。同时，该疫苗为欧洲许多国家所利用，对控制和消灭欧洲地区的猪瘟起到重大作用。

猪瘟兔化弱毒疫苗

主要完成单位：中国兽药监察所、农牧渔业部畜牧局、中国农业科学院哈尔滨兽医研究所

主要完成人员：方时杰、周泰冲、李继庚、袁庆志、刘宇山、李维山

受奖情况：国家技术发明奖一等奖

成果简介：

猪瘟是一种毁灭性传染病。我国先后用四个品系的猪瘟病毒，连续通过 1 500～2 000 克的大耳白兔，培育成功一株猪瘟兔化弱毒疫苗是一株毒力稳定，对猪十分安全、没有残余毒力、免疫效果良好的弱毒疫苗。注射猪瘟兔化弱毒疫苗三天后就可产生免疫力，对断奶仔猪的免疫期可达 1.5 年。而且成本低，注射一头猪不到一分钱。

1975 年，由中国农业科学院哈尔滨兽医研究所沈荣显等人研制成功的马传染性贫血病弱毒疫苗，对马的保护率在 85% 以上，对驴的保护率达 100%，免疫持续期长达 3 年之久，是免疫理论上的一项重大突破，后转让古巴等国。于 1998 年获国家技术发明奖一等奖。

马传染性贫血病驴白细胞弱毒疫苗

主要完成单位：中国农业科学院哈尔滨兽医研究所

主要完成人员：沈荣显、徐振东、何云生、张盛兴等

受奖情况：国家技术发明奖一等奖

成果简介：

马传染性贫血病（简称马传贫）是一种由反转录慢病毒引起的马、骡、驴传染病。在马群中一旦发生，急性病马绝大多数死亡，慢性病马则终生带毒反复发病，成为传染病继续流行的传染源。马传贫在世界上传播了 130 多年，已有 40 多个国家流行过此病，有的国家污染率高达 50% 以上，造成了极大的经济损失。过去世界各国防治马传贫主要靠检疫、扑杀病马，但这种方法未能达到控制和消灭此病的目的，特别是病马多的地区，会出现检不净、

杀不绝的状态。

　　1975 年，中国农业科学院哈尔滨兽医研究所成功研制了马传贫弱毒疫苗，突破了马传贫免疫技术的难关。用马传贫强毒攻击接种马传贫疫苗的马、驴，疫苗对驴的保护率达100％，马的保护率达 85％以上；免疫持续期长达 3 年以上。马传贫弱毒疫苗从 1977 年在全国推广应用至今，已对我国主要马传贫流行区域的疫情起到了控制作用，保护了数百万牲畜免受马传贫感染死亡。根据中国农业科学院农业经济研究所专家核算，该项成果带来的经济效益达 13.3 亿元。

　　马传贫疫苗的成功研究，突破了马传贫等慢病毒不能免疫的理论，为一系列人畜慢病毒病免疫的研究作出了开拓性的贡献。马传贫疫苗的研究现已成为 AIDS 病等慢病毒预防疫苗研究的模型。在生产实践上，为消灭马传贫提供了一项先进的关键技术，为在我国和世界范围内控制和消灭马传贫起到重大作用。

　　2005 年，针对禽流感的大面积流行，中国农业科学院哈尔滨兽医研究所于康震等人研制出 H5 亚型禽流感灭活疫苗和禽流感、新城疫重组二联活疫苗，疫苗在各地广泛使用，防病效果显著。2013 年，中国农业科学院哈尔滨兽医研究所陈化兰等人以 H5N1 高致病力禽流感病毒（H5N1 病毒）为模型，针对其进化、跨宿主感染哺乳动物及致病力机制等科学问题，开展了探索研究，发现 H5N1 病毒在自然进化中逐步获得感染和致死哺乳动物的能力，发现决定 H5N1 病毒跨越禽—哺乳动物种间屏障及在哺乳动物之间水平传播能力的重要分子标记。禽流感病毒具有宿主特异性，一般不具备感染哺乳动物的能力，但 H5N1 病毒在多个国家传播并致人感染死亡，其突破种间屏障感染人类的原因及在人间的传播潜力和机制仍是未解之谜。研究人员发现 NS1 是影响 H5N1 病毒对禽和哺乳动物致病力的关键基因，并揭示其影响致病力的关键位点及机制。该项研究成果为科学认知禽流感病毒做出了贡献，为禽流感的防控提供了科学依据。2013 年获国家自然科学奖二等奖。

H5 亚型禽流感灭活疫苗的研制及应用

　　主要完成单位：中国农业科学院哈尔滨兽医研究所、华南农业大学、上海市畜牧兽医站、农业部动物检疫所动物流行病研究中心

　　主要完成人员：于康震、陈化兰、田国彬、辛朝安、唐秀英、廖明、张苏华、李雁冰、冯菊艳、李晓成、罗开健、施建忠、乔传玲、姜永萍、邓国华

　　受奖情况：国家科学技术进步奖一等奖

　　成果简介：

　　该项目属畜牧兽医科学领域，适用于禽类 H5 亚型禽流感的免疫预防。内容包括中国大陆 H5 亚型禽流感病毒毒株库的建立、H5N2 亚型禽流感灭活疫苗和 H5N1 亚型禽流感基因工程灭活疫苗的研制、产业化生产及推广应用。

　　该项目自 1996 年鉴定我国第 1 株 H5N1 亚型禽流感病毒以来，已从全国各地分离鉴定538 株 H5N1 禽流感病毒，建立了中国大陆 H5 亚型禽流感病毒毒株库，基本阐明了我国 H5 亚型高致病性禽流感流行病学规律。H5N2 疫苗 2003 年获农业部颁发的新兽药证书，是我国第一个研制成功并应用于 H5 亚型高致病性禽流感防治的疫苗。该疫苗种子株为实验室

驯化培育的 H5N2 亚型低致病力禽流感病毒，具有高度生物安全性，疫苗免疫原性良好，一次免疫鸡有效保护期达 6 个月。

2004 年初，农业部指定全国 9 家兽医生物制品厂生产该疫苗，用于我国高致病性禽流感的紧急免疫，对我国 H5N1 高致病性禽流感疫情的有效控制发挥了关键作用。H5N1 疫苗2005 年 1 月获农业部颁发的新兽药证书，是国际上首次研制成功并大规模应用的流感病毒反向基因操作疫苗。该疫苗种子株系人工构建的 H5N1 亚型低致病力禽流感病毒，与我国流行的 H5N1 高致病力禽流感病毒抗原性高度一致，鸡胚生长滴度较 H5N2 疫苗株提高 4倍左右。H5N1 疫苗免疫鸡的有效免疫保护期比 H5N2 疫苗延长 4 个月以上；两次免疫鸭、鹅产生的有效保护抗体持续期分别为 10 个月和 3 个月以上，是目前国际上唯一经政府批准、对水禽高致病性禽流感有可靠免疫保护力的疫苗，被农业部指定为全国水禽强制免疫疫苗。至 2005 年年初，2 种疫苗已累计应用 39 亿羽份，结合其他防治措施，较快地控制了 2004年我国暴发的禽流感疫情。自 2004 年 7 月至今，禽流感向人传播的可能性大大降低，且从未发生人的感染，与越南和泰国禽流感防治效果形成鲜明对比。该项目经济和社会效益极其显著。

口蹄疫是一种人畜共患疫病。我国于 20 世纪 50 年代成立了专门科研机构开展口蹄疫的研究，取得了一系列科技成果。1897 年。中国农业科学院兰州兽医研究所研制出牛 O型口蹄疫灭活疫苗，其制苗毒种的免疫原性、抗原广谱性及稳定性优良；对牛、羊、猪等易感动物安全，近期效力保护率达 90%，接种免疫持续期 6 个月，4～8 摄氏度贮存有效期 12 个月。1993 年农业部批准该疫苗列入防疫计划用苗。1999 年，该所研制的猪 O型口蹄疫灭活疫苗（Ⅱ）研制及其生产工艺取得成功。疫苗免疫效力提高 10～20 倍，较国际猪苗标高出 3 倍，达 200MID 攻击全保护，并可抗同居感染。该所研制的猪口蹄疫灭活疫苗（Ⅱ）已正式列入我国兽医生物制品规程。2000 年，开始研究由口蹄疫病毒引起的全球性动物烈性传染病，口蹄疫病毒的主要危害对象是牛、猪、羊等重要畜种。课题组采用分子进化学研究方法，分析了不同时期、不同地区的 100 多个病毒株和分离物的主要免疫基因核苷酸序列，比较了这些病毒之间、这些病毒与周边国家和国际参考毒株之间的核苷酸序列同源性，最后根据序列同源性程度绘成了第一个 O 型口蹄疫病毒分子系统树。今后如果有新病毒出现，一经核酸测序，可立即在该系统树中找到它的位置，迅速制定相应的防制措施。

在畜禽寄生虫学研究方面，我国科研人员基本查清了中国畜禽主要寄生虫的种类、区系分布。对中国马属动物园线虫和广义盅口科线虫进行了系统分类，并发现 5 个新种和 1 个新变种。在家畜血吸虫病研究方面，查明了家畜血吸虫病的地区流行规律，阐明了家畜血吸虫与人血吸虫病的疫源关系，并提出了有效的诊断方法和防治措施，使一些地区的家畜血吸虫病得到控制并被消灭。对猪囊虫病、细粒棘球蚴病、弓形体病、旋毛虫病等人畜共患病的诊断和防治技术也取得了重要成果。对寄生虫病免疫技术的研究已经取得进展，研制成功了牛泰勒焦虫裂殖体胶冻细胞苗，取得了良好的预防效果。

在畜禽寄生虫学研究方面，我国科研人员已查明畜禽白肌病、幼驹拉稀、马血－肌红蛋白尿、骨软症、水牛低血磷性血红蛋白尿、牛黑斑病甘薯中毒、马霉玉米中毒、耕牛霉稻草蹄腿肿烂病、牛栎树叶中毒、羊萱草根和氟中毒等的发病机理、诊断及防治方法。同时，还基本查清了全国微量元素硒含量的分布和中国猪肝中微量元素和常量元素的含量。

中国农业科学院兰州畜牧与兽药研究所等单位在兽疫发病机理、疫病监测等方面也取得了重要进展。兽医病毒学、免疫学和病理学研究已进入分子水平，并取得成功。对马传染性贫血病理组织的微细结构、病害发生机理、鸡马立克氏病发生机制及其病理变化等的研究均取得重要成果，为畜禽疫病诊断和防治提供了理论依据。在试验动物研究方面，已培育出无特定病原（SPF）鸡群、猪群、可供监测鸡、猪疫病。此外，在兽医药械方面，研制出了IC-40型多功能兽用超声波诊断仪等；研制出生物制品冻干新工艺；研制出静松灵、痢菌净、球虫净、蝇毒灵等药品，并面向市场销售。

（七）中兽医疫病诊断治疗与防治

我国中兽医具有独特的理论体系和良好的治疗效果。20世纪50年代后，在全国组织中兽医"采风"活动的基础上，我国中兽医研究人员编写出系统的学术专著，如《中兽医诊断学》《兽医中药学》《中兽医针灸学》《中兽医治疗学》及重编校正《元亨疗马牛驼经全集》；整理出版了一批兽医古书，如《司牧安骥集》《痊骥通玄论》《养耕集》《牛经备要医方》等。20世纪70年代起，中国农业科学院兰州兽医研究所在深入总结传统兽医针灸术的基础上，把传统兽医学与现代科学技术结合起来，创造了电针、水针、磁穴、电子捻针、激光针、微波针等新针灸技术，用各种针灸法治疗马、牛、猪、骆驼的内科、外科、产科疾病均获得较好的疗效，据1400多症例统计，新针灸技术对疾病的治愈率达95.6%。研究人员还进一步确定了马、牛、骆驼的针灸穴位，探索出了猪、羊、禽、兔、狗等动物的有效针灸穴位及其适应证。

江西省中兽医研究院研究提出牛穴位85个，刺激点119个；猪穴位67个，刺激点98个；禽常用穴位34个，刺激点65个，基本上适应牛、猪、禽各系统疾病的临症施治。中国农业科学院兰州兽医研究所提出马、骡风湿症等20余种四肢病的针灸治疗穴位和手法。中国针灸、针麻术具有特殊功能，在国际上享有很高的声誉。中国农业科学院兰州兽医研究所筛选出适用于马属动物和牛的岩池针麻穴组，经83例临床针麻手术，成功率达98.7%；北京探索出三阳络组穴；湖北找到镇痛效果好、麻醉区广、操作简便、安全的百会穴等，通过24种外科手术，748例临床试验，有效率达98%。研制成功的人畜兼用经络穴诊断仪，运用声发射技术检测绵羊胃、脾两经，首次证实了羊体具有类似人体的传感现象存在，羊体声信息循经、双向和重复。

奶牛重大疾病防控新技术的研究与应用

主要完成单位：中国农业科学院兰州畜牧与兽药研究所、华中农业大学、中国农业科学院特产研究所、四川省畜牧科学研究院、江苏农林职业技术学院

主要完成人员：杨国林、李宏胜、郁杰、郭爱珍、巩忠福、陈立志、李新圃、廖党金、李世宏

获奖情况：甘肃省科技进步奖二等奖

成果简介：

本项研究针对我国奶牛养殖技术落后，重大疾病发病率居高不下，养殖经济效益低下的现状，开展联合攻关，通过近30年的努力，取得了以下研究成果。

（1）对我国奶牛乳房炎和不孕症进行了系统的流行病学调查，查明了主要病因、发病率及病原菌区系分布，建立了奶牛乳房炎主要病原菌菌种库，制定了奶牛乳房炎乳汁细菌的分离和鉴定程序，首次明确了引起我国奶牛乳房炎的无乳链球菌和金黄色葡萄球菌血清型分布及优势血清型，为我国奶牛乳房炎的预防与治疗研究提供了科学依据。

（2）研制出了奶牛隐性乳房炎诊断液（LMT）、子宫内膜活检器、牛结核 IFN-γ 体外释放检测试剂盒、结核抗体 ELISA 诊断试剂盒、牛结核通用型胶体金试纸条、奶牛腐蹄病原基因检测试剂盒、奶牛寄生虫诊断监测箱等系列诊断监测产品，并建立了目视 ELISA 黄体酮检测技术，为奶牛重要疾病的监测与净化提供了技术支撑。

（3）研制了奶牛乳房炎灭活多联苗、腐蹄病灭活疫苗及 4 种腐蹄病基因工程疫苗，可使临床型乳房炎和腐蹄病发病率分别下降 50%～70% 和 85%，两种疫苗免疫持续期均达 6 个月。

（4）研制出了治疗奶牛临床型乳房炎的乳康 1 号和乳康 2 号，治疗干奶期乳房炎的干奶安，治疗奶牛子宫内膜炎的清宫液 1 号、清宫液 2 号、清宫液 3 号和产复康，治疗卵巢疾病的催情助孕液，这些新型药剂和纯中药制剂，在全国大规模推广应用，疗效显著。

（5）研究提出了适用于我国奶牛重大疾病防控的奶牛安全用药技术规范、奶牛主要疾病综合防控技术规范、奶牛主要寄生虫病防控技术规范及奶牛乳房炎综合防治配套技术。

鉴定委员会专家认为，该项研究紧密结合生产实际和市场需求，研究获得奶牛疾病诊断技术与试剂盒 5 套，兽药制剂 8 种，新疫苗 6 个，专利 9 个，综合防治技术 4 个，国家标准 1 个及地方标准 3 个。在全国奶牛场推广应用 170 多万头，已累计取得 13.21 亿元的经济效益。总体上达到国际先进水平，为我国奶牛重大疾病防控提供了理论支撑和技术保障

我国在中草药资源调查，药用植物栽培、炮制、配方和剂型改进，对畜禽疾病的防治药理作用，有效成分的分析、提取和合成，以及复方的研究等方面，均取得可喜的成绩。中药治疗马流感、仔猪白痢疗效显著，预防骡驹溶血症的效果达 95% 以上，对牛泰勒焦虫、牛双芽巴贝斯焦虫、鸡球虫等有较强的驱杀作用。同时，研究人员发掘出一些具有镇静、镇痛作用的中草药，用于耕牛剖宫产手术、瘤胃切开术和肠管吻合术都取得了较好的效果。应用藏医、蒙医技术治疗畜禽常见病、多发病，也取得了满意的效果。

2009 年，中国农业科学院兰州畜牧与兽药研究所运用中、西医结合的方法，研制出拥有自主知识产权的新兽药喹烯酮，并实现了产业化。这是新中国成立后第一个获得国家一类新兽药证书的兽用化学药物。喹烯酮的化学结构明确，合成收率高达 85%，稳定性好；促生长效果明显，对猪、鸡、鱼的最佳促生长剂量分别为 50 毫克/千克、75 毫克/千克、75 毫克/千克，增重率分别提高 15%、18% 和 30%，可以使畜禽的腹泻发病率降低 50%～70%；无急性、亚急性、蓄积性、亚慢性、慢性毒性，无致畸、致突变、致癌作用；原形药及其代谢物无环境毒性作用；动物体内吸收少，80% 以上通过肠道排出体外。2004 年科学技术部、商务部、国家质量监督检验检疫总局、国家环境保护总局国家四部委联合认定喹烯酮原药及预混剂为国家重点新产品。截至 2008 年年底，已累计生产喹烯酮 1 929 吨，在包括我国香港、台湾在内的 33 个省市区的猪、鸡、鸭和水产动物上推广应用，部分产品已出口到东南亚国家，取得经济效益 282.9 亿元，具有极其显著的经济、社会效益和广阔的应用前景。

四、水产业科技成果

（一）渔业生物资源调查

我国海洋渔业资源调查始于 1953 年，首先对山东烟台外海鲐鱼渔场进行综合调查，随后又进行了黄海、东海鲐鱼渔场调查，黄海底层鱼类越冬场结合全国海洋普查在渤海、黄海、东海近海进行的鱼类资源大面积试捕调查，绘制了渤海、黄海、东海主要经济鱼类的海涝海图。20 世纪 60 年代后，在长江口和珠江口进行了河口及附近水域海洋学和渔业资源调查，全部完成了我国水系河口栖息地的水文、水化学、初级生产力及浮游生物等生态环境因素，以及渔业资源等全面系统的调查。同时，还基本摸清了带鱼、大小黄鱼、鲐、鳓、鲱、对虾等经济水生生物资源洄游和数量变化的规律，及有关水生生物的生活史，为开发渔场、合理利用渔业生物资源和进一步开展资源生物学研究奠定了基础。

进入 20 世纪 70 年代，渔业资源调查和监测研究受到国家的极大重视，中国水产科学研究院长江水产研究所等单位重点开展渤海对虾渔业资源的开发、预报和合理利用的研究，为我国渤海秋汛对虾生产提供了相应的管理目标和方案；东、黄海及外海远东拟沙丁鱼资源调查和开发利用研究，证实了黄海海域和东海外海的远东拟沙丁鱼同属九州群系，掌握了中心渔场形成、范围、环境条件以及渔群特点，并可准确判断鱼群映象及其分布；在鳀鱼资源调查和合理利用研究方面，首次利用声学方法测评出黄、东海鳀鱼资源量为 300 万吨以上，可捕量为 50 万吨以上，摸清了秋冬季黄、东海鳀鱼的分布规律，渔场探察指标，渔期及其与环境的关系，查清了鳀鱼年龄、生长、补充、死亡等渔业生物学特性、洄游规律、海场海洋学特征，为开发丰富的鳀鱼资源和进行渔业开发后的有效管理提供了依据；东海北部及毗邻海区绿鳍马面鲀等底层鱼资源调查与探捕、东海群系带鱼资源变动和管理技术、广东省海岛水域海洋生物和渔业资源的研究等，都为合理开发利用相关资源提供了依据。南海渔业资源声学调查与评估是世纪之交的一次重要调查，覆盖了南海北部、中部和南部（除岛礁区之外）的广阔海域，是迄今为止南海区覆盖范围最广、技术含量最高的渔业资源科学调查，完成北纬 4°～23°、东经 107°～119°除近岸和岛礁区水域之外的南海区渔业资源声学调查，包括陆架区海域和深海海域，其中陆架区海域调查水深最浅为 14 米，最深为 200 米；完成生物学拖网取样 871 网次，累计声学有效航程数据 28 492 海里；评估了经济种类和重要生态种类的资源量，其中南海北部海域评估 25 类 132 种、南海中南部海域 26 类 116 种；研究了评估种类的数量分布特征，揭示了其季节变化规律并阐明渔业资源的开发潜力；发现南海中南部储量着丰富的大洋性头足类资源可供商业性开发；建立了声学调查生物学拖网取样数据库和声学评估数据库；出版《中上层生物资源》《专属经济区生物资源声学调查生物量密度分布》等专著。

该项研究可在南海专属经济区生物资源管理、南海陆架区外海渔业资源开发和陆架区外深海海域区渔业资源开发等多方面应用，并为有效指导当前渔业生产提供了根据。对西北太平洋鱿鱼资源进行多次综合科学考察，研究掌握了鱿鱼的渔汛特性、渔场形成机制和资源分布状况，首次开发了北太平洋海域的鱿钓渔场，使之成为我国远洋鱿钓商业性捕捞的重要作业海域；自主研制了船用数据仪，实现了渔场海洋环境信息、船位动态信息自动采集，温盐度分别达到 0.1 摄氏度和 0.1；利用自主研发的 INTERSAT 通信卫星专用控制了软件，在中小型渔船上实现了高质量的船基大数据量（600米/天）自动传输；研发了海场环境遥感信息获取、传输、处理、分析与产品制作系统、渔情速预报系统和生产指挥决策辅助系统，实现了海况信息产品的自动制作、中心渔场智能预报、生产信息的实时获取和渔船的动态管理。应用系统集成技术，首次建成我国具有知识产权的远洋渔业信息应用服务系统，实现了该系统的分布式业务化运行，渔海况信息每周发布1～2次，可信度达70%。该项成果的取得对拓展我国远洋渔业发展空间、促进海洋发展具有重要意义。

我国专属经济区和大陆架海洋生物资源及其栖息环境调查与评估

主要完成单位：中国水产科学研究院黄海水产研究所、中国水产科学研究院东海水产研究所、中国水产科学研究院南海水产研究所等

主要完成人员：唐启升、贾晓平、郑元甲、王衍亮、孟田湘、陈雪忠、李永振、金显仕、赵宪勇、赵江等

受奖情况：国家科学技术进步奖二等奖

成果简介：

该项目针对家底不清、对外谈判和渔业可持续发展的瓶颈问题，使用先进科考船对我国专属经济区和大陆架广大海域生物资源与栖息环境进行同步综合调查，总调查面积230万平方千米，建立地理信息系统，绘制了内容丰富翔实的生物资源及环境专业技术图件，全面、系统地评估了渤、黄、东、南海生物资源、栖息环境及其变动趋势。应用声学技术对我国广大海域混栖型生物资源进行调查评估，有效声学探测航程12.5万千米，面积201.6万平方千米，评估了46类、182种生物资源，使我国声学资源评估达到世界先进水平，在多种类生物量评估方面处于国际领先地位；应用海洋生物资源与环境调查的高新技术，完成各海域4个季节的全水层、同步综合调查（生物2 175站次、环境1 577站次），录入数据224.5万个，包括生物资源及其鱼卵仔鱼的种类、数量、生物量、生物学特征、栖息环境的水温、盐度、各种化学因子、初级生产力、浮游生物和底栖生物等因子；采集海洋生物新纪录标本16种；完成了系统集成，出版专著10部共694万字、论文143篇、图集12册共4 849幅图件，是迄今为止我国海域生物资源与栖息环境研究内容最丰富、最全面的科学资料和专业技术图件，明显提高了对我国专属经济区和大陆架生物资源及其栖息环境现状的认识水平。项目的实施不仅发展了全水层生物资源评估技术和渔业环境质量综合评价技术，也从整体上推动了我国海洋生物与环境调查研究技术方法的进步。项目成果直接为中韩、中日和中越渔业谈判、中越北部湾划界及东—黄海划界方案研究提供了基础数据和技术图件，为国家维护海洋权益做出了重要贡献。项目成果为现在和今后我国海洋生物资源养护、渔业发展新模式探索和实现生态系统水平的渔业管理提供了可靠、系统的基础数据和重要的科学依据。

进入21世纪，中国科学院水生生物研究所等单位重点分析了长江与鄱阳湖交界区域的鱼类种群幼苗的互补流通量，提出了不同类型湖泊的渔业发展对策。同时，比较了解我国常见的养殖品种在不同食物质量条件下出现生长差异的能量学和营养学机制，为鱼类的定向育种提供了新的科学依据。

2014年，浙江海洋学院等单位在东海区重要渔业资源可持续利用关键技术研究中取得

重要进展，通过一系列调查探测、评估分析、试验实践等综合手段，掌握了重要渔业资源变化规律、突破了增殖放流与生境修复关键技术、创新了渔业资源管理策略，发展和丰富了东海区重要渔业资源养护和可持续利用理论、方法和技术，促进了东海区渔业经济社会的可持续发展。该项目建立了东海带鱼国家级水产种质资源保护区和吕泗渔场小黄鱼、银鲳国家级水产种质资源保护区，建立了一批增殖放流和生境修复示范区，开展了规模化增殖放流。2008—2012 年，仅浙江省，放流品种达 30 种、放流数达 37.4 亿尾，建立了 18 个增殖放流区与 12 个人工鱼礁区（47.91 万平方米）、4 个人工藻场区（53 万平方米）与 5 个保护区。与伏季休渔前 5 年（1990—1994 年）平均值相比，1992—1994 年约累计新增产量 765.98 万吨、新增产值 459.59 亿元。

（二）水产种质资源与遗传育种

20 世纪 70 年代，我国首次对 10 种主要淡水养殖鱼类进行了比较系统的研究，取得了大量数据和基础资料，为制定鱼类种质资源的利用提供了可能。接着又对长江、黑龙江、珠江的鲢、鳙、草三种鱼的形态特征、生化遗传、生长与性成熟等方面进行了历时 9 年的系统研究，揭示了长江、黑龙江、珠江的鲢、鳙、草鱼种群间的显著差异，为种质资源保存与利用提供了科学依据。20 世纪 90 年代，随着国内外市场的需求扩大，我国进一步加强了名、特、优水产品，如甲鱼、河蟹、鳗鱼等种质资源研究与开发，取得了显著的经济效益和社会效益。

21 世纪初，中国水产科学研究院建立了我国海水养殖鱼类基因资源发掘和应用的技术平台，构建了半滑舌鳎等鱼类 Cdna 文库 6 个、BAC 文库 2 个和半滑舌鳎等 32 种海水鱼类卫星富集文库，克隆了大菱鲆、真鲷、半滑舌鳎、牙鲆和花鲈等鱼类抗病、性别和生长相关基因共 75 个，并对其中 30 多个基因进行了特征分析和表达研究。深入开展了我国重要养殖鱼类精子、胚胎冷冻保存和胚胎干细胞培养技术等系统研究，建立了在细胞、精子、胚胎 3 个层次保存鱼类种质的技术体系；发明了鱼类精子批量冷冻保存的实用化技术，研制了适合不同鱼类精子冷冻保存的稀释液配方，冻精活率达 65%～90%，受精率为 80%～94%，孵化率达 85% 以上；发明了鲟科鱼类精子超低温冷冻保存方法，将鲟科鱼类冷冻精子活力提高到 60% 以上；建立了大菱鲆等 30 种鱼类精子冷冻保存技术和冷冻精子库，并在渔业生产中进行了产业化应用；采用微卫星标记等技术首次证明冷冻精液受精鱼苗与鲜精受精鱼苗之间的遗传结构没有差别；发明了鱼类胚胎玻璃化冷冻方法，突破海水鱼类胚胎冷冻保存技术难关，在国际上首次获得冷冻复活的海水鱼类胚胎和鱼苗；发明了真鲷胚胎程序化冷冻方法，首次获得冷冻复活的真鲷胚胎和鱼苗；建立了我国海水鱼类胚胎干细胞分离与培养方法，建立了鲈鱼和真鲷胚胎干细胞系；共建立了 18 个鱼类细胞系和细胞库；发明了鱼类胚胎干细胞移植制备嵌合体的方法，证明花鲈胚胎干细胞具有分化发育的多能性。

此外，研究提出了在人工生态和低温、超低温条件下鱼类种质资源的保存技术，并建立了淡水鱼种类资源人工生态综合库和单种种质资源库；建立了中国水产种质资源数据库网站和水产原良种资源信息平台，编辑出版了《中国水产种质资源及利用》一书，为水产种质资保存、开发和利用提供了参考。

对珍贵稀有中华鲟物种的保护也受到国家重视。2007 年，中国水产科学研究院、长江水产研究所等单位对 1981 年葛洲坝截流后的中华鲟产卵群体数量、群体结构、长江口幼鱼资源和自然繁殖进行 20 多年不间断监测；研究出了中华鲟超声波遥测、江底采卵、苗种标志放流技术；发现了交配区至播卵区的负坡地形特征和流场特征，提出了产卵场功能分区模型；建立了大规格苗种批量培育技术体系，向长江等水域放流中华鲟苗种 190 万尾；贮备 1～9 龄中华鲟 F_1 后备亲鱼近万尾；突破了野生、产后亲体的开口摄食难关；发现亲鲟体内人工合成的内分泌干扰物较高，暗示污染可能也是中华鲟致危原因。该研究成果已应用于中华鲟自然保护区建设及管理、多项国家特大和重大建设项目论证和运行、我国鲟鱼籽酱出口配额争取、广泛科普和公益性宣传以及我国鲟鱼产业化中，为政府决策提供了关键科学依据。同时，将所采集的中华鲟自然繁殖生物与非生物同步数据应用于生态水文学研究，促进了我国生态水文学的发展。

中华鲟物种保护技术研究

主要完成单位：中国水产科学研究院长江水产研究所、农业部淡水鱼类种质资源与生物技术重点开放实验室

主要完成人员：危起伟、杨德国、陈细华、刘鉴毅、朱永久、王凯、柳凌、汪登强、文华、杜浩

获奖等级：国家科学技术进步奖二等奖

成果简介：

中华鲟为大型江海洄游性鱼类，国家一级重点保护动物，产卵场目前仅发现于长江葛洲坝下。该项目对 1981 年葛洲坝截流后的中华鲟产卵群体数量、群体结构、长江口幼鱼资源和自然繁殖进行 20 多年不间断监测；采用世界先进技术对产卵场及其交配区进行精确定位和测量，研究中华鲟产卵行为和生态因子；承担历年中华鲟人工增殖放流任务，通过技术改进和系统集成突破苗种成活率低的技术瓶颈，采用先进技术评估放流效果；进行中华鲟产后亲鲟海洋馆驯化康复、多种模式的子一代养殖试验、三峡库区中华鲟自然种群构建试验，探索多途径保护中华鲟。

该项目达到以下技术经济指标。

（1）获得了中华鲟产卵群体及其自然繁殖连续 25 年的监测数据。

（2）建立了中华鲟超声波遥测、江底采卵、苗种标志放流技术。

（3）定位了中华鲟产卵场范围，调查了中华鲟自然繁殖主要环境因子，发现了交配区至播卵区的负坡地形特征和流场特征，提出了产卵场功能分区模型。

（4）突破了苗种培育成活率极低的技术瓶颈，建立了大规格苗种批量培育技术体系，向长江等水域放流中华鲟苗种 190 万尾。

（5）贮备 1～9 龄中华鲟 F1 后备亲鱼近万尾。

（6）突破了野生、产后亲体的开口摄食难关。

（7）发现亲鲟体内人工合成的内分泌干扰物较高，暗示污染可能也是中华鲟致危原因。

发明专利通过初审 1 项，实用新型专利授权 2 项，共发表论文 78 篇（SCI 16 篇，CSCD 核心 28 篇），会议宣读 17 篇（国际 10 篇，国际大会特邀 2 篇）。

该项目主要研究成果已应用于中华鲟自然保护区建设及管理、多项国家特大和重大建设项目论证和运行、我国鲟鱼籽酱出口配额争取、广泛科普和公益性宣传以及在我国鲟鱼产业化中为政府决策提供关键科学依据。同时，所采集的中华鲟自然繁殖生物与非生物同步数据

应用于生态水文学研究，促进了我国生态水文学的发展。在国际上，还为 IUCN 红色目录中国鲟鱼种濒危等级划分、国际濒危物种贸易公约对中国政策的制定提供了关键依据。

鱼类遗传育种研究取得了重要进展。20 世纪 50 年代，中国水产科学研究院黄海研究所在已有工作基础上，选育出"四大家鱼"。20 世纪 60 年代，我国科研人员通过 4 个鲤鱼品种杂交、回交、雌核发育和系统选育，选育出抗寒力强、生长快和遗传稳定的鲤鱼当家品种松浦鲤，在黑龙江、辽宁、吉林和内蒙古等地推广 42.47 万亩，覆盖面达到 62.7%。

天鹅洲通江型故道"四大家鱼"种质资源天然生态库研究

主要完成单位：中国水产科学研究院黄海水产研究所、中国水产科学研究院长江水产研究所、中国海洋大学等
主要完成人员：陈松林、章龙珍、张士璀、李军、田永胜、柳凌
受奖情况：国家科学技术进步奖三等奖
成果简介：

该项目完成了以"四大家鱼"种质资源天然生态库方式开发利用水域自然生态环境，在种群水平保护的同时利用长江"四大家鱼"种质资源，大规模生产其原种亲鱼（后备亲鱼）的应用基础与应用技术研究。查明了长江"四大家鱼"每年夏季进入天鹅洲通江型故道水域，9～10 月份返回长江的洄游规律，及故道"四大家鱼"种群资源补充量约 26 万尾，自然死亡率 15.7%，捕捞死亡率 61.5% 的数量变动规律。"四大家鱼"的生长特性指数与长江同种鱼相似，种群年龄结构简单且低龄化，完成了种群遗传结构分析。查明了故道水域鱼类的生态类型，群落组成及 H'、H''、D 等多样性指数。查明了故道水域的水文、水化状况随长江水位涨落而变化，水质符合 GB11607 - S9 国标，属中营养型水域，水生生物种数繁多，鱼类饵料生物资源丰富，产"四大家鱼"潜力 665.7 吨。解决了故道"四大家鱼"有效截留、培育及资源管理等关键技术。完成了天鹅洲"四大家鱼"种质资源天然生态库的试验研究设施建设。该研究成果及时应用于实践，指导生产，明显地提高了天鹅洲故道水域及老河故道水域的"四大家鱼"原种产量及质量，产生了显著的经济效益和社会效益。

经过 20 多年的连续选育，我国科研人员突破雄性化关键技术，培育出体壮种纯的夏奥 1 号奥利亚罗非鱼，与多个尼罗非鱼品系杂交的雄性率稳定保持在 95% 以上，已通过全国水产良种审定委员会审定为新品种，并作为主导品种在全国 30 个省市推广，单产可达 1 000 千克以上，每亩利润 2 000 元以上，累计产值 30 多亿元。

20 世纪 80 年代末，中国水产科学研究院黄海水产研究所赵法箴等人采用群体选育与家系选育和现代分子生物学技术相结合的方法，经过连续 7 代选育，培育出我国第一个人工选育的海水养殖动物新品种"黄海 1 号"中国对虾，被农业部确定为水产主导推广品种。

科研人员研究出了中国对虾 SPF 苗种生产和抗 WSSV 群选育技术工艺，培育出高健康、无 WSSV 感染的中国对虾苗种；分别研究出了对虾流行病病原核酸探针点杂交检测试剂盒等 4 种对虾暴发性肽聚糖等免疫增强防病技术，半地下式塑料大棚对虾工厂化养殖等 3 种对虾健康养殖新模式，自 2000 年以来，中国对虾选育种群累计推广面积超过 15 万亩，产

值超过 10 亿元。

中国对虾"黄海 1 号"新品种及其健康养殖技术体系

主要完成单位： 中国水产科学研究院黄海水产研究所
主要完成人员： 王清印、李健、黄倢、孔杰、刘萍、宋晓
受奖情况： 国家技术发明奖二等奖
成果简介：

项目采用群体选育和与家系选育和现代分子生物学技术相结合的方法，经过连续 7 代选育，培育出我国第一个人工选育的海水养殖动物新品种"黄海 1 号"中国对虾，2004 年 1 月通过国家水产原良种审定委员会审定，获水产新品种证书。在选育过程中，利用 RAPD、SSR 及 AFLP 等分子标记技术对各选育世代的群体遗传结构进行分析，监测遗传多样性变化，保证了留种群体的遗传响应。"黄海 1 号"中国对虾具有生长快等优良性状，同比体长比未选育群体平均增长 8.40%，体重增长 26.86%，被农业部确定为 2006 年和 2007 年水产主导推广品种。对中国对虾的亲虾越冬、促熟、苗种培育和池塘养殖等关键技术进行研究，建立了中国对虾 SPF 苗种生产和抗 WSSV 种群选育技术工艺，培育出高健康、无 WSSV 感染的中国对虾苗种。围绕该新品种的疾病诊断控制及健康养殖等技术，分别研究出了对虾暴发病病原核酸探针点杂交检测试剂盒等 4 种对虾暴发病快速诊断技术，肽聚糖等免疫增强防病技术，半地下式塑料大棚对虾工厂化养殖等 3 种对虾健康养殖新模式，综合运用该技术体系的对虾养殖试验成功率达 90%。本项目获国家水产新品种证书 1 项；申报国家发明专利 12 项，已获授权 7 项；发表论文 107 篇，其中 SCI 收录期刊论文 9 篇，EI 收录期刊论文 8 篇；形成国家标准 1 项，行业标准 1 项。

（三）水产养殖与增殖技术

中国的海水养殖历史悠久，但品种单一，技术含量低，发展缓慢。新中国成立后，海水养殖得到全面迅速发展，到 20 世纪 90 年代，养殖面积达 58.67 万公顷，平均产量 300 万吨，占海洋渔业产量的 27%，占世界海水养殖产量的 50%，成为世界第一海水养殖大国。

我国海水养殖的育苗养殖技术研究进展迅速。20 世纪 50 年代，研究提出的海带浮筏式养殖和自然光育苗技术，促进了海带养殖业迅猛发展。20 世纪 60 年代，研究解决了紫菜采苗、育苗及养殖技术，以及牡蛎、缢蛏采苗养殖技术，20 世纪 70 年代，攻克了对虾工厂化育苗及养殖技术，以及扇贝采苗、引种、育苗和养殖技术，使我国海带、对虾和扇贝养殖产量跃居世界第一。同时，对海水鱼类育苗和养殖技术进行了广泛研究，突破了梭鱼、牙鲆、大黄鱼、黑鲷、真鲷、河豚、石斑鱼等多种鱼类的种苗培育技术，采用海上网箱养殖也获得成功，促进了海水渔业的快速发展。在山东、辽东半岛，室内全封闭循环水牙鲆工厂化养殖已初具规模，发展前景很好。

20 世纪 90 年代，中国水产科学研究院黄海水产研究所从国外引进大菱鲆，经过 7 年科技攻关和自主创新，解决了采卵难、白化率高、成活率低等技术难点，在驯化、养成、亲鱼培育、苗种生产、营养饲料、病害防治等方面取得了研究成果。同时，取得了年周期内分批采卵、多茬育苗，育苗平均成活率达 17%，年出苗量超过 100 万尾的良好结果；创建了符

合国情的"温室大棚＋深井海水"工厂化养殖模式，使大菱鲆养殖业在我国北方获得迅猛发展，成为年产值达 20 多亿元的大产业，并且引领了其他鲆鲽类养殖的发展。目前，国产苗已经完全达到自给自足的生产和供应水平。

大菱鲆的引种和苗种生产技术的研究

主要完成单位：中国水产科学研究院黄海水产研究所、蓬莱市鱼类养殖试验场、山东崮山水产集团公司综合育苗养殖场等

主要完成人员：雷霁霖、马爱军、刘新富、胡建成、高淳仁、门强、赵凤亭、邹文、连建华、张樨令等

受奖情况：国家科学技术进步奖二等奖

成果简介：

大菱鲆是东北大西洋和欧洲沿岸的一种特有比目鱼类，具有生长迅速、适应低水温生活、肉质好、价格高、养殖和市场潜力大等特点，是国际公认的不可多得的海水鱼类养殖良种。为从根本上改变我国北方沿海鱼类养殖"当年不能养成商品鱼"和"越冬难"等海水鱼类养殖产业发展长期滞后的局面，经过多年调研，该项目选择了大菱鲆作为引种对象。大菱鲆于 1992 年首先从英国引进我国，经过 7 年科技攻关和自主创新，我国科研人员解决了采卵难、白化率高、成活率低等技术难点，在驯化、养成、亲鱼培育、苗种生产、营养饲料、病害防治和基础研究等方面取得了系列性研究成果。同时取得了年周期内分批采卵、多茬育苗，育苗平均成活率达 17%，年出苗量超过 100 万尾的良好结果；创建了符合国情的"温室大棚＋深井海水"工厂化养殖模式。这种模式具有简易、节能、投资小、回收快等特点，使大菱鲆养殖业在我国北方迅猛发展，成为年产值达 20 多亿元的大产业，并且引领了其他鲆鲽类养殖的发展方向。突破种子工程是大菱鲆引进后的首要任务，经历了"从无到有"、"由小到大"的发展历程，随着技术和设备的不断完善，目前，国产苗已经完全达到自给自足的生产和供应水平。

2012 年，中国海洋大学等单位针对创建既增产、增收又能实现资源节约、环境友好养殖模式的技术难点，研究创建了陆基围隔实验系统，克服了水族箱实验失真、池塘试验的起始条件难均一等困难，引领水产养殖的现场研究从经验走向可重复、检验的科学方法；开创性地构建、优化出我国海水池塘主养动物的 17 种综合养殖模式；系统地创建和优化出 9 种对虾高效清洁养殖模式；创建出刺参—海蜇—对虾—扇贝综合养殖模式，创建出牙鲆快速养成和清洁养殖模式；发明了封闭围栏、切断对虾 WSSV 传播途径的无公害生态防病技术；系统地研究了滤食性鱼类、贝类和大型海藻调控水质技术，发明的对虾与滤食性鱼类网隔式混养方法可使对虾产量提高 13.1%，同时获鱼产量 1 224 千克/公顷；发明青蛤—江蓠原位修复池塘水质技术；发明了多种环保型饲料、肥料，为清洁生产提供了保障性生产资料等。该项技术成果已在山东、江苏、辽宁、浙江部分地区规模化应用，1999—2011 年技术应用面积累计 5.77 万公顷，新增产值 24.0 亿元。授权国家发明专利 13 项、实用新型专利 11 项；制定地方标准 3 项、企业标准 2 项。

刺参为名贵海产品，列"海产八珍"之首。2015 年，辽宁省海洋水产科学研究院等单

位针对刺参养殖无苗种、无良种、无养殖技术等难题，开展了刺参重要的生物学和生态学研究，突破了刺参规模化人工苗种繁育关键技术，创建了刺参良种培育技术体系，构建了刺参高效健康养殖模式，推动我国刺参养殖产业成为一个年产量19余万吨、产值近300亿元的新兴海水养殖业，引领了第五次海水养殖浪潮。该项研究获发明专利授权32项，实用新型专利14项；制定相关国家行业标准3项，地方标准3项；建设了国家级刺参遗传育种中心1个、国家级刺参原良种场4家、刺参全国现代渔业种业示范场2个、省级工程技术研究中心2个、省级良种场8家。通过技术服务、转让、培训、媒体传播和建立示范基地等方式广泛应用推广，辽宁、山东等省份成为主产区，并以"北参南养"等形式延伸到闽浙沿海的养殖产业群，技术应用养殖面积共274万亩；成果应用2012—2014年累计销售收入536亿元，利润213亿元；同时还带动了加工、饲料、保健食品等相关行业的发展，为沿海渔业经济结构调整和渔民就业增收做出了重要贡献。

对虾工厂化全人工育苗技术

主要完成单位：中国水产科学研究院黄海水产研究所、中国科学院海洋研究所、山东海洋学院、山东省海水养殖研究所、浙江省海洋水产研究所

主要完成人员：赵法箴、曹登官、王克行、陈宗尧、朱振杏

受奖情况：国家科学技术进步奖一等奖

成果简介：

1980年国家水产局下达8012号任务"对虾工厂化育苗技术的研究"，承担单位经过共同努力，协作攻关，成功地突破了对虾育苗技术中的几项关键措施，达到了对虾工厂化育苗成批量生产苗种的目的。每立方水体出苗量平均高达3.78万尾（1981年结果），推广应用于生产的效果良好。该项目有以下主要技术关键措施。

（1）产卵亲虾的保证。通过研究，摸清亲虾繁殖习性，从而使育苗所用亲虾，无论人工养殖的对虾还是捕自自然海区的亲虾，都可以在人为条件下交配、越冬，进而育成符合采卵要求的亲虾，使可苗用亲虾的来源得到保证。

（2）育苗用水净化。一般海水经12~30小时沉淀，便可符合亲虾产卵、孵化和幼体发育变态的要求。

（3）适宜育苗水环境条件的控制。系统研究了对虾幼体发育、成长同水温、盐度、pH、氨氮、溶氧量、光照等重要环境条件的关系，找出它们有利于幼体发育的适宜范围和最适条件。

（4）培养幼体的饵料。筛选出适宜幼体各发育阶段的动、植物性饵料和人工饵料。同时还提出了因地制宜可供选用的3个育苗饵料系列。研究和生产应用结果表明，我国对虾工厂化育苗技术已进入世界先进行列。

为指导育苗生产，推广研究成果，承担单位编写了《对虾工厂化育苗操作规程》，以办训练班、现场指导等方式，传授给育苗生产单位，全国育苗数量幅度增加。1979年全国对虾人工育苗生产量仅3 800万尾，1981年增至15亿尾。此后出苗量逐年提高，4年来（1980—1983年）育对虾苗80亿尾，生产对虾约2万吨，产值高达1.5亿元，出口可换得外汇4 200万美元，经济效益著。

在淡水养殖方面，我国科研人员在 20 世纪 50 年代突破鲢、鳙、草、青"四大家鱼"的人工繁殖技术。20 世纪 60 年代，在解决农渔牧结合综合养鱼技术的基础上，又攻克了池塘精养高产技术。进入 20 世纪 80 年代，鱼类遗传育种技术应用、河蟹人工育苗、大面积连片池塘高产综合技术，以及在湖泊、水库、河道等大中型水域开展网围、网栏、网箱"三网"养殖技术等方面取得重大进展。

中国水产科学研究院长江水产研究所等单位应用生态工程学原理，设计和构建了包括综合生物塘、人工湿地、生态沟渠和养殖池塘的复合池塘养殖生态系统，开发建立了通风强化人工湿地、着生藻生态沟增氧技术、水质在线检测和安全调控技术，对养殖池塘中总悬浮固体物质和细菌、总大肠菌群以及藻类等去除率均在 80％以上，有效改善了池塘养殖性能，可使试验池塘单位面积养殖产量提高 11.2％～32.5％。该成果通过构建以水流为能量载体的复合养殖生态系统，形成水循环利用，将相对独立的种、养有机结合，有效实现不同生物间的共生互利关系，突破传统池塘养殖方式，对尽快建立符合我国国情的"资源节约、环境友好、优质高效"的池塘养殖技术体系，推动产业结构调整，实现增长方式转变具有重要现实意义。此外，中国水产科学研究院长江水产研究所还主持开展了水生生物资源增殖技术研究，利用放流、移植、驯化等手段营造适宜的生态环境等措施，促使优质经济水生生物在天然水域中成长、繁衍，以达到增加水生生物资源的目的。

（四）鱼饲料与水产病害防治

新中国成立初期，各地基本上沿用传统养鱼方法，主要依靠天然饵料和投放少量单一商品饲料。20 世纪 60 年代，我国开展了鱼饲料源普查，获得了一批基础数据。20 世纪 70 年代研制出渔网配合颗粒饲料，重点寻找替代饲料，广辟饲料来源，以粗代精、以枯代青取得成效，在草鱼、青鱼、鲤鱼饲料配制上取得进展，试制成多种配合饲料进行商业化生产。20 世纪 80 年代开展了主要养殖鱼类营养需要及饲料配方的研究，进行了青鱼、草鱼、团头鲂、鲤鱼、罗非鱼等主要养殖品种对蛋白质、脂肪、糖类三大主要营养素需要量的研究，并提出各种饲料配方，以适应不同的养殖模式和水质管理措施。20 世纪 90 年代侧重开展饲料添加剂和饲料源，以及对新增特种水产养殖对象的营养和饲料配方的研究，提出了淡水鱼全价配合饲料及添加剂生物学综合评定技术规程；在鱼类营养及饲料配制技术研究中，对不同鱼种不同生长阶段主要营养参数的适宜性、合理性以及饲料效价评定等进行了研究，提出维生素、矿物元素预混料的适宜配比与营养需求参数；在河蟹开发饲料研究中，经过筛选、提纯、培养螺旋藻，与虫幼体混合投喂后，育苗率比对照提高 1.26 倍，成活率提高 20％，河蟹育苗的提高效果十分显著。

大黄鱼养殖病害防治技术研究

主要完成单位：厦门大学
主要完成人员：苏永全、王军、鄢庆枇、池信才、杨文川、柯才焕、张纹、周化民、周永仙、张朝霞
受奖情况：国家科学技术进步奖二等奖
成果简介：
本项目以现代生物技术与传统方法相结合的方法进行养殖大黄鱼病害的检测诊断与防治

研究，研究出的单抗夹心 ELISA、间接 ELISA 检测、荧光抗体检测 3 种弧菌性病原快速检测技术，现场检出率分别为 78%、75% 和 100%，养殖海水无阳性检出。深藻弧菌脂多糖对大黄鱼免疫保护率为 40%。诱变筛选出数株对 2 种弧菌病原均具明显拮抗作用的海洋放线菌。筛选出益力素、大黄鱼康乐等添加物和药物，使大黄鱼发病率减少 50% 以上，以形态学和 DNA 的 RAPD 检测结合鉴定出 5 种贝尼登虫病病原。弄清主要病原梅氏新贝尼登虫生活史、宿主特异性，使用回流过滤除卵法可使室内除卵率达 90% 以上。筛选出中成药"灭虫灵 2B"取代有机磷农药"敌百虫"，有效减少农药对水体和养殖鱼的污染。本项目所建立的大黄鱼养殖病害防治技术比较成熟，已经在福建的宁德和福州应用，具有很好的效果和安全性。本项技术不仅适用于养殖大黄鱼病害防治，也可广泛应用于其他海水养殖鱼类的病害防治，在防病的同时做到减少养殖水体污染，提高养殖鱼食用安全性。

进入 21 世纪，我国的鱼饲料研究有了创新发展。2006 年，宁波大学等单位针对育苗期活饵料营养效价不明、可选种质稀少、生产效率低下，养成期人工配合饲料配方落后、工艺粗糙、质量与生态安全隐患等主要技术难点，研究建成了拥有 112 种（株）饲料生物品种的国内最大的饵料生物种质库；利用光生物反应器首次实现了 7 种微藻、8 种饵料动物在育苗生产中的规模化应用；确定了符合养殖动物营养需求的高效价饵料种质；开发了大黄鱼、鲈鱼等 6 个品种 5 个生长阶段专用的天邦牌系列饲料产品，是水产业唯一的国家 A 级绿色食品生产饲料。饵料生物的高效培养使单位育苗量与育成率均提高 10～20 倍，在南方沿海近 300 家育苗场推广应用，在 2003—2005 年创直接经济效益 2.8 亿元。天邦牌海水鱼系列饲料的销售遍及沿海各省，在 2003—2005 年共销售 7.13 万吨，实现销售产值 4.28 亿元，新增利润 3 473 万元，节支 1 801 万元；替代冰鲜鱼使用量 36.7 万吨，为养殖渔民减少饲料开支 1.78 亿元，累计减少向海区排放氮 5 610 吨、磷 932 吨，比使用非熟化饲料降低残饵率 30% 以上。

中国海洋大学等单位围绕我国海水动物养殖三次浪潮（虾类、贝类和鱼类）的发展，系统开展代表动物的营养研究，使开发的恒兴、粤海、海新牌等系列水产饲料产品降低成本 10%～15%，饲料效率提高 15%～30%，饲料氮、磷排放降低 10%～15%，非特异性免疫增强剂和微生态制剂在饲料中的使用降低了池塘的硫化氢和化学耗氧量，有效抑制弧菌的增殖，养殖成活率提高 15%～25%。分离筛选的海洋微藻高度不饱和脂肪酸含量提高了 2～3 倍。研究成果获授权国家发明专利 6 项。成果在全国 50 余家饲料企业转化推广。其中规模较大的恒兴、粤海、海新、冠华等六家企业在 2003—2005 年所创造的产值超过 38 亿元，利税超过 3.6 亿元。同时，研究成果也丰富了比较动物营养学，主编出版了《无公害渔用饲料配制技术》和高校教材《水产动物营养与饲料学》。

随着淡水养殖生产的发展，我国开展了淡水鱼类寄生虫病、细胞性病、真菌性病和非寄生性疾病的研究。1953 年，我国第一个鱼病工作站在浙江设立，为鱼病学发展奠定了基础。经过多年的深入研究，基本了解了当时淡水养殖中危害较大、常见的 17 种寄生虫病、5 种细菌性病疾病、1 种真菌性病和非寄生性的气泡病、藻类以及化学物质引起的中毒症，并提出防治措施。20 世纪 60 年代开展了鱼病调查研究，出版了《鱼病调查手册》，并编写出全国鱼病病原图志。20 世纪 70 年代深入进行了鱼类寄生虫免疫、病毒病、肿瘤以及鱼类组织病理学和药理学的研究，配合大中型湖泊综合开发，查明主要经济鱼类病害情况、流行规律，建立了一套检疫、药物防治、免疫防治和改进养殖方法的鱼病害控制技术操作规程，对湖泊渔业高产稳产起到了保障作用。20世纪80年代，通过鱼病科技协作攻关，筛选出6个免疫原性强的病毒株，掌握了培养、增殖病毒的条件与方法，在国际上首创了生物反应器微载体培养鱼类细胞，创造了细胞疫苗的工艺生产技术，研制出保护率在80%以上的草鱼出血病疫苗，使草鱼出血病的防治工作得到了全面的普及。20世纪90年代，科研人员针对海、淡水养殖种类的暴发性鱼病流行学、免疫学和免疫技术原理，以及药物防治等进行研究，提出了鱼病快速诊断技术和诊断试剂，使鱼病防治技术取得了重要进展，对虾病的病原、流行规律、诊断方法和防治技术研究取得了突破性进展。对虾病原有弧菌快速检测和种类鉴别的分子生物学技术研究，推动了对虾病原有弧菌 PCR-RFLPs 快速鉴别技术的发明，构建 RFLPs 标准图谱，实现了中国对虾病原菌的快速鉴别，有力地保障和促进了水产养殖生产的快速发展。

2013年，四川农业大学等单位针对国内外缺乏保证淡水鱼健康养殖的营养调控理论和技术问题，以我国大宗淡水养殖鱼类——建鲤为研究模型，紧紧围绕营养与"肠道健康、机体健康和养殖水体质量"的关系开展了系统深入研究，在淡水鱼健康营养理论、营养和饲料技术上取得了突破性成果，其要点有首次系统探明27种营养物质通过提高鱼的消化吸收能力和优化肠道菌群结构可增强肠道健康，提高抗氧化力和免疫力，增强机体健康，降低氮、磷排出以保证养殖水体质量的营养作用及机制；研究确定了建鲤27种营养物质需要量的参数，构建了营养技术体系；研究提出淡水鱼植物蛋白高效利用的关键技术3项，增强消化吸收能力的饲料关键技术3项，降低肠道矿物质消化负担的关键技术2项，构建了健康饲料关键技术体系；研制保证淡水鱼健康养殖的酶解植物蛋白产品1个，有机矿物元素产品3个，专用预混料产品9个，专用全价料产品20个及配套技术6项。取得授权发明专利10项，实用新型专利5项；国家重点新产品证书1个，国家标准2项；饲料产品33个；产品使用后鱼成活率提高80%以上，用药成本降低70%以上，增重和饲料利用率提高12%以上，氮、磷排出降低15%以上；淡水鱼产品获有机食品认证，无公害农产品证书5个；打造了"通威饲料"和通威鱼品牌，成果在全国10多个省市86家饲料企业推广，创造了显著的社会、经济和生态效益。

（五）海洋和内陆水域捕捞技术

在掌握渔业资源状况和变化规律的基础上，我国海洋捕捞技术的研究有了长足发展。20世纪50年代后期，我国海洋捕捞初步实现了渔船的机帆化，并发展了一些渔轮。20世纪60年代，底拖网捕捞技术的改进与完善带动了海洋捕捞业的发展，研究推广的秋汛对虾施网捕捞迅速成为我国北方渔业生产的重要支柱渔业。进入20世纪70年代，我国开始推广的木行杆拖虾网渔业以几种大中型的对虾类为主要捕捞对象，1995年虾类产量达到近80万吨。20世纪80年代，在网具模型试验技术进步的基础上，中层拖网捕捞技术、光诱捕捞技术和光诱机钓鱿鱼捕捞技术的应用，使我国的海洋捕捞业技术步入了世界先进行列。20世纪90年代研制出的具有简易电子海图的 GPS 导航仪，被认定为国家重点新产品，双层变水层拖网捕捞技术和相关研究如瞄准捕捞技术取得了重要进展，并在外海沙丁鱼和鳀鱼等捕捞作业中得到了应用。

我国的远洋渔业由大洋性渔业和过洋性渔业组成。前者是出海或大洋渔业，后者为过洋到外国的专属经济区内从事捕捞作业。1993 年，我国"北斗"号调查船使用先进的声学资源评估技术进行狭鳕资源及渔场环境调查，为维护我国及非沿岸国家在白令海和鄂霍茨克海的公海捕捞权提供了科学依据，保护和稳定了中国北太平洋狭鳕渔业。1998 年以来，针对远洋渔场环境海况不明、渔情信息服务不足等问题和我国大洋金枪鱼渔业发展需求，科研人员通过卫星遥感、地理信息系统、卫星标志放流等空间观测与信息技术的集成应用，攻克了境外大洋渔场卫星遥感海洋环境信息获取、金枪鱼标志放流、渔场预报模型、渔场环境特征提取等关键技术，并研制了海洋渔业环境综合分析系统、海洋一号卫星遥感海洋环境信息服务示范系统、大洋金枪鱼渔场渔情分析预报系统等应用软件系统，实现了大洋金枪鱼渔场的预报。

进入 21 世纪以来，我国南海捕捞渔业产量总体稳定，略有下降，捕捞主体以广东、海南、广西为主，捕捞品种丰富，捕捞渔船以中小型渔船居多，捕捞作业方式以中小型船拖网、中型船刺网为主，捕捞产值总体变化不大，捕捞收益不均衡。随着海洋捕捞科技的快速进步，捕捞渔业需要提出新的发展策略。按捕捞海域距陆地远近，海洋捕捞可分为沿岸、近海、外海和远洋捕捞，同时，海洋捕捞渔船及其设备、技术不断优化与提高，逐步走向现代化。

高海况打捞设备技术设计与应用

主要完成单位：中国水产科学研究院渔业机械仪器研究所、中国人民解放军总装备部测通信总体研究所
主要完成人员：周彤、谌志新、侯鹰、王中新、谭文先等
受奖情况：军队科学技术进步奖一等奖，上海市科学技术进步奖二等奖
成果简介：

高海况打捞设备是"921 载人航天工程"着陆场系统海上回收的关键技术，我国在尚无高海况打捞返回舱技术装备及打捞经验的条件下，针对着陆场系统的总体要求，首创舷侧拦截臂柔性打捞方法，成功填补了我国高海况条件下航天器打捞技术的空白，为返回舱及航天员的生命安全提供了技术保障，体现了其重要的军事价值。作为载人航天着陆场系统的重要组成部分，高海况应急救捞技术长期掌握在美、俄等少数国家手中。该成果的研制成功一举打破超级大国的技术垄断，使我国成为世界上少数掌握该项技术的国家之一，而且项目研究经费与设备制造费用仅为俄罗斯同类设备报价的十分之一。该设备先后参加了神舟 4 号（无人实战），5、6、7 号（有人实战）发射的海上应急搜救任务，受到了中国人民解放军总装备部司令部的嘉奖。高海况打捞方法及设备为国内首创、国际先进，是一项原创发明技术，作为海洋捕捞与船舶工程技术的拓展与延伸，该技术在提升我国海上救助装备技术水平的同时，也提升了我国海洋捕捞装备技术的开发能力以及船舶重大系统的技术集成创新能力。

为适应内陆湖泊、水库增殖、养殖区域和特殊地理位置的捕鱼需要，中国水产科学研究院渔业机械仪器研究所先后研究推广了各具特色的赶、拦、刺、增大水面捕捞技术，北方寒冷地区适用冰下捕捞技术和借鉴海洋网等底层拖网捕捞技术，均收到了良好效果。20 世纪90 年代初，我国研究推广了适宜"三网"养殖区作业的网、电结合捕捞技术，以及声、光、电、网结合，适宜对特定对象进行作业的捕鱼技术，既提高了捕捞效率，减轻了劳动强度，

又有效地保护了渔业资源，经济社会效益和生态效益显著。1996年同1952年比较，淡水渔业产量增长了32倍，其中淡水养殖产量1 087.2万吨，占淡水渔业产量的89.3%，这离不开捕捞技术的进步。

2006年，山东省淡水水产研究所等单位针对我国1亿多亩低洼盐碱地资源，利用基塘系统（俗称"上粮下渔"）实施了以渔为主的低洼盐碱地综合开发，通过抬田以降低台田土壤盐碱，台田土质和池塘水质明显改善，台田农作物产量达到600千克/亩以上，池塘养鱼产量普遍达到600千克/亩以上，实现了渔农双丰收。该成果在山东省应用池塘面积58.8万亩、台田59.5万亩，新增产值达153.76亿元；在河北等8个省（市）、自治区应用池塘面积54.03万亩，台田面积21.03万亩。该项目已统计新增产值超过177亿元，其中2003—2005年该项目新增产值79.06亿元，经济、社会和生态效益极其显著。授权国家专利2项、国家行业标准1项，整体处于国际领先水平。

（六）水产品保鲜与加工技术

我国水产品加工技术十分落后，在20世纪50年代基本上采用"一鲜、二熟、三干、四咸"的传统加工技术和消费方式。随着商品经济发展和科学技术的进步，20世纪70年代，我国先后突破了冷海水和盐水微冻保鲜技术和块冰、片冻、管冰等制造工艺技术，并成功研制了塑料周转鱼箱、保温鱼箱、活鱼运输车，探索出长短途冷链运输工艺条件，装有平板冻结装置的冻鱼轮、冷藏车、冷藏船等已在各地推广使用，水产品鲜度质量有了明显改观。渔轮低温盐水微冻保鲜技术研究，使鱼体保鲜时间达20天，保鲜效果达到鲜销商品鱼的要求。GD型冷热风干燥设施的研制成功，使马面鲀鱼片干加工技术迅速推广，一些企业转亏为盈。20世纪90年代，我国以海洋贝壳为原料，研制出与人体相融的L型可溶性海洋生物钙。系统地研究了从淡水鱼精巢中提取核蛋白和鱼精蛋白的工艺技术，筛选出核蛋白和鱼精蛋白产品，经济和社会效益明显。

海参自溶酶技术及其应用

主要完成单位：大连轻工业学院
主要完成人员：朱蓓薇、张彧、侯红漫、孙玉梅、李兆明、牟光庆
受奖情况：国家科学技术进步奖二等奖
成果简介：

海参是一种自溶能力极强的海洋生物，在一定的外界条件刺激下，经过表皮破坏、吐肠、溶解等过程，可以将自身完全降解。长期以来，海参的自溶仅仅被看做是一种神奇的自然现象，虽然自溶严重制约着海洋生物深加工的发展，但我国对自溶的本质和过程机理的研究很少。

该项目揭示了海参自溶的本质是其自身存在的海参自溶酶的作用。对海参自溶酶的研究结果表明，海参自溶酶是具有蛋白酶、纤维素酶、果胶酶、淀粉酶、褐藻酸酶和脂肪酶等多种酶活力的复杂酶系。用于海参深加工的自溶酶技术的核心内容是，通过控制温度、时间、pH等条件，并使用酶抑制剂、金属离子及射线照射等手段，实现对自溶过程的发生、进行和终止的有效控制。

应用海参自溶酶技术开发出海参肽功能产品、海参粘多糖和即食海参等高附加值产品。采用海参自溶酶技术获得海参肽，可以有效控制海参蛋白的酶解过程，辽宁省疾病预防控制中心的检测报告证实该海参肽具有免疫调节和抗疲劳功效；采用海参自溶酶技术制备海参粘多糖，与传统的碱法相比，具有产品活性强、得率高、对环境友好、成本低等优点；采用海参自溶酶技术生产的即食海参制品具有理想的外形、硬度和弹性。

自溶酶技术可以广泛应用于其他海洋生物的深加工，已成功获得牡蛎活性肽及提高低值鱼的效价，对拉动海产养殖业，带动海产品深加工产业发展具有重要意义。

研究成果共申报国家发明专利9项，授权发明专利6项。2002年和2003年分别获大连市科技进步一等奖和辽宁省技术发明一等奖。该项目在多家企业实现产业化，截至2004年12月，已累计创造产值近2亿元。

2000年，大连工业大学与企业合作，以大宗经济贝类为原料，研究贝类食品加工新技术，开发系列贝类食品；研究生物活性物质的高效制备技术，确定其结构和功能，开发营养食品，实现贝类精深加工和高值化利用。先后开发7项贝类加工新技术，研制贝类食品18种，制定产品标准17部。发现7种新的贝类活性多糖，评价多糖8种生物活性，开发3种营养食品。所开发技术在辽宁大连、福建霞浦等地的8家企业实现产业化，累计创造产值2.306 1亿元，经济社会效益显著。该项成果向辽宁丹东、葫芦岛、山东荣成、河北秦皇岛、广西等多个省市的企业进行推广。

贝类精深加工关键技术研究及产业化

主要完成单位：大连工业大学、大连獐子岛渔业集团股份有限公司
主要完成人员：朱蓓薇、董秀萍、李冬梅、吴厚刚、周大勇、孙黎明、杨静峰、吴海涛、辛丘岩、侯红漫
获奖等级：国家科学技术进步奖二等奖
成果简介：
该项目涉及食品科学技术、食品生物化学等领域。

项目是在国家"863"计划、国家科技支撑计划、国际合作重大计划等国家、省市科研项目和相关企业支持下，积累了10余年的研究成果。项目形成的多项贝类精深加工技术填补了国内外同领域研究的空白，整体技术处于国际领先。该项成果于2009年获辽宁省科技进步奖一等奖，2006年获辽宁省技术发明奖二等奖。

我国贝类养殖产量已逾1 000万吨，居世界第一位，占我国海水养殖产量的80%。但贝类加工技术落后，加工产业尚未形成，成为制约我国贝类养殖产业链延伸与升级的重要瓶颈。项目以大宗经济贝类为原料，研究贝类食品加工新技术，开发系列贝类食品；研究生物活性物质的高效制备技术，确定其结构和功能，开发营养食品，实现贝类精深加工和高值化利用。

项目申报发明专利论文22篇。开发7项贝类加工新技术，研制贝类食品18种，制定产品标准17部。发现7种新的贝类活性多糖，评价多糖8种生物活性，开发3种营养食品。所开发技术在辽宁大连、福建霞浦等地的8家企业实现产业化，累计创造产值2.306 1亿

元。目前正向辽宁丹东及葫芦岛、山东荣成、河北秦皇岛、广西等多个省市的企业进行推广。

项目为海洋贝类精深加工开辟了新思路，并解决了传统加工中"副产物"高值化利用问题，为贝类加工和废弃物开发提供示范。我国贝类鲜品产值1 000多亿元，如果其中的10%实现精深加工，产值增加将超过200亿，有利于促进我国渔业结构调整，拉动贝类养殖业发展，促进渔业增效，渔民增收。此外，该项目中的多个技术成果可推广应用到鱼、虾以及棘皮动物的精深加工中，为其提供理论与技术支撑。

项目主要有以下创新点。

（1）发明了贝类食品加工质构控制技术，开发了低温真空渗透调味技术及阶段式杀菌技术，攻克了传统贝类食品开发过程中食性、质构及风味难以控制，色泽不稳定、不易贮藏等技术难点，并开发了具有良好品质的系列贝类加工食品。申报中国发明专利9项，授权1项。

（2）发明了适用于贝类多糖的复合生物酶酶解提取技术和蛋白酶酶解－Sevag法脱蛋白技术，建立了贝类多糖的多模式分离制备技术，获得7个新的贝类活性多糖；集成了一系列适合于贝类多糖结构解析的方法，并首次解析确定了7个贝类多糖结构；采用全方位活性筛选及评价体系明确了贝类多糖的生物活性；开发了贝类多糖营养食品。获授权国际（日本）发明专利2项，中国发明专利4项。

（3）发明了贝类营养剂料的内外源酶复合酶解、低温制备技术，实现了贝类目标活性物质的富集和活性保持；开发了牡蛎肽等营养食品。获授权中国发明专利6项。

（4）建立了绿色高效的贝类脏器油脂制备技术，实现了贝类脏器不饱和脂肪酸高效回收。获授权发明专利1项。

利用水产品及其加工剩余物，提取甲壳素、鱼鳞胶、蛋白胨、L-脯氨酸、琼脂糖、降血脂制剂等。近年来，从海洋生物中提取药物、营养补剂等研究也取得了重要进展，如以海带和珍珠贝为原料提取的褐藻双脂钠和抗出血素已在临床中应用，使水产品上了一个新档次，经济效益不断提高。

（七）渔业环境生态与工程技术

随着工农业生产的快速发展，渔业环境生态问题日益突出。从20世纪70年代开始，我国对渤海、黄海、东海和南海约45万平方千米的海域，先后进行了百余项海洋污染综合调查、专题调查和监测调查。累计测站达5 000多个，采集了大量海水、底质和生物样品，获得各种数据达40万个，基本掌握了我国近海海域的污染范围、程度及变化趋势。同时，对沿海地区污染源进行了调查，基本查明了我国近海主要污染物的来源、分布、入海途径和入海量，为减轻海洋污染，保护海洋生态环境，合理开发利用海洋提供了重要依据。内陆各大水系、湖泊和水库等也先后进行污染状况的调查，积累了大量数据，并制定了防治污染规划，有重点分步骤地采取措施，控制并减轻重点水域的污染。

20世纪90年代初，中国水产科学研究院南海水产研究所研究论证和建立了南海贻贝观察体系，包括监测生物系统，采样系统，污染源调查系统，分析和检测系统，评价方法和标准，数据和资料系统；监测、研究和阐明南海北部沿海15种（类）污染物的时空分布特点和变化趋势。该项研究为我国海洋环境监测研究提供了一种简便易行、有效和耗资低廉的技术手段，为沿海污染防控和治理海洋环境提供了依据。调查和阐明了南海北部主要污染油种、石油污染状况及变化趋势，阐明了重要水生经济品种的石油污染程度；分析了鱼类、甲壳类、贝类和头足典型样品体中石油烃组分的色谱指纹特征及各种石油烃组分的降解代谢特点；试验和阐明了南海原油0号柴油和20号柴油对鱼类受精卵、对虾受精卵及各期幼体发育产生明显影响的阈值浓度；试验和阐明上述3种油类对3种对虾仔虾、4种鱼类仔鱼和4种贝类的急性致死浓度和安全浓度；研究和阐明南海原油和0号柴油组分在2种贝类体中积累、滞留和净化的动力学过程与特点，获得这两种油类组分在贝类体中的生物学保留期。该项研究为海洋石油污染防控和治理、保护海洋生态环境和渔业资源的持续利用提供了科学依据。

无公害水产养殖环境综合调控技术研究

主要完成单位：中国水产科学研究院南海水产研究所，珠海市斗门区科学技术局
主要完成人员：李纯厚、贾晓平、李卓佳、文国樑、黄洪辉等
获奖情况：广东省农业技术推广二等奖，国家海洋创新成果奖二等奖，2009年广东省科技进步奖三等奖
成果简介：

该成果针对养殖池塘内外源环境日趋恶化、养殖病害日益频发及养殖产品质量安全下降等制约水产养殖健康持续发展的关键因素，开展了池塘无公害水产养殖环境综合调控技术研究。一是研究建立了池塘养殖环境与养殖水产品质量安全综合评价模式，摸清了池塘养殖环境的退化机理。采用单因子评价法、多因子评价法以及质量指数等综合评价模式对养殖水源环境、养殖池塘环境、养殖投入物和养殖水产品质量现状进行了综合评价；利用风险分析理论原理，分析了水产养殖主产区的环境风险，评估了养殖池塘环境污染物负荷量，预测和评价了水产养殖环境污染及其对水产养殖和水产品质量安全的潜在危害影响及其效应。二是针对池塘养殖所产生的氮、磷等对环境所造成的污染问题，以生态能量学的观点，阐述了养殖池塘生态系统能量流动过程及变化特点，首次建立了对虾养殖池塘能量流动分室模型，揭示了养殖过程中氮、磷污染产生的关键环节，提出了养殖环境调控的理论依据。三是针对影响水产养殖环境污染的关键过程和要素，系统研究了微藻与微生态制剂调控养殖水质的影响，首次建立了养殖水质微生态调控技术和藻相控制技术，针对影响水产养殖环境污染和恶化的关键生态要素，首次创建了无公害水产养殖环境综合调控技术体系和质量控制体系，使环境调控效率提高15%以上。

该成果建立了6个综合调控示范区，总示范面积6 920公顷，新增产值37 124万元，新增利税5 976万元，增加养殖产品12 233吨；推广15 000多公顷，辐射面积50 000多公顷，累计新增产值13.3亿元，新增利税2.1亿元；示范区和推广区环境污染物负载明显减小，基本实现废水达标排放，产品达到无公害质量标准要求。系统编制了系列实用技术手册及指南，开展了大面积的技术培训与推广示范，举办相关培训班40多场次，培训从业人员6 000多人次。

该成果开发出3种新型养殖环境调控改良产品，公开发表论文36篇，获3项授权发明专利，2项实用新型专利，培养博士1名，硕士6名。

2016 年，国家海洋环境监测中心开展了微塑料试点监测，结果显示，我国塑料垃圾数量约占全部垃圾数量的 80％，微塑料在海水、沉积物和贝类体内普遍存在，局部污染问题依然严重。为此，应强化海洋塑料垃圾监测工作，为我国海洋塑料垃圾的治理和应对工作提供科学的数据支撑；深入开展我国近海海洋垃圾和微塑料来源、输移通量及其生态环境影响研究，提升对微塑料污染机制和生态风险的科学认知，为我国海洋垃圾污染综合防治和参与全球海洋垃圾治理提供科学支撑；加强对国际海洋塑料垃圾防治发展趋势的跟踪、预判和研究，形成有效的应对策略和措施，研究提出海洋垃圾污染防治的行动计划和管理目标，逐步构建我国海洋垃圾综合防治体系；积极推进国际合作，深度参与国际治理，在国际上积极展现我国在海洋塑料垃圾监测、预防和治理方面的成果；加大宣传教育力度，提升公众对海洋垃圾与微塑料污染的认识，壮大志愿者队伍，广泛开展海滩垃圾和海洋垃圾清理等志愿活动。

在渔业工程技术方面，除加强渔港冷藏设施外，我国从 20 世纪 60 年代开始应用搁架和隧道式冻结器后，基本上可以做到冻整条鱼。进入 20 世纪 80 年代，我国水产库养殖技术发展很快，研制出氨泵强制供液制冷系统，冷库降温快，提高了效率，同时冷藏间采取了冷风机。氨泵强制供液制冷系统与国外引进冻结设备结合，研制出新的速冻装置，有平板冻结机，单体速冻机，可冻鱼片、对虾、虾仁等，冷冻温度低，时间短，质量可达到出口要求。制冷机采用了双级、多缸机，转速高、重量轻、效率高，制冰调查增加了片冰机和管冰机，满足了不同需要，冷却水采用冷却塔循环用水，节约用水量 95％ 左右，新建的部分水产冷库采用电脑自动化操作，节约能源，有广阔的开发前景。

进入 21 世纪，随着高新技术的快速发展，我国还研制出具有简易电子海图的渔用 GPS 导航仪，应用渔业遥感技术预报大水面水温，探测海域、湖、库面积、水草丰度等，对沿海、东海、南海等重要水域生态环境的监测与评价都取得重要进展和成果。

五、农业科技成果

（一）农业资源调查、区划与宏观研究

农业自然资源调查和农业区划是一项重要的基础工作。早在 1953 年，我国各省、区就开展了农业区划工作。1955 年研究提出了《中国农业区划初步意见》，并对农业区划理论和方法进行了研究，编写出《中国农业区划方法论研究》一书。1963 年，江苏省根据本地区的自然条件、社会经济条件和农业生产特点，划分出徐淮、里下河、沿海、镇扬和太湖 6 个一级农业区和 45 个二级农业区，对分类指导农业生产起了积极作用。1978 年，在全国科学大会上，农业自然资源调查和农业区划研究被列入 8 年科技发展规划纲要重点项目 108 项中的第一项。1979 年，中央到各省、地、县相继成立了农业区划委员会及其办事机构，在全国开展了大规模的、比较系统和多学科的调查，对我国农业自然资源的数量、质量、时空分布及其变化规律作了科学评价。在此基础上研究提出的"中国综合农业区划"，将全国划分为 10 个一级农业区和 38 个二级农业区。还研究提出全国种植业、畜牧业、林业区划和气候、水利、能源、农机区划，以及 21 种作物种植区划，饲料区划等，分别评述了发展方向、目标、途径和措施，为农业生产发展和综合治理提供了科学依据。

20 世纪 90 年代以来，我国根据农村经济"两个转化"和实现"翻两番"的需要，组织

开展了中国农业发展战略研究，按专题和重点地区共选定 10 个课题，并分别提出研究报告。开展了我国农业现代化和国外农业现代化经验的研究，编辑出版了专著。围绕粮食和经济作物发展研究，提出了综合报告。我国中长期食物发展战略研究在分析历史和现状的基础上，划分了食物发展阶段，提出了符合中国国情的食物消费模式，重点表述了实现小康生活的食物消费与营养水平，同时对 2020 年的发展进行了科学预测和展望，受到国务院的高度重视，并印发《九十年代中国食物结构改革与发展纲要》[10]。2001 年国务院印发了《中国食物与营养发展纲要（2001—2010 年）》，2014 年国务院办公厅又印发了《中国食物与营养发展纲要（2014—2020 年）》，提出全面普及营养知识，提高全民营养意识[11]，加强对居民食物与营养的指导意见。还完成了"2020 粮食与经济作物科技发展战略研究"等。此外，对中国的农业、林业、畜牧业发展战略和加速我国农业现代化建设、我国农业持续发展和综合生产力，以及农业现代化理论、道路、模式等的研究取得了一批重要科技成果，为国家、部门农业发展宏观决策和制定中长期农业发展规划提供了科学根据[12-13]。

我国中长期食物发展战略总体研究

主要完成单位： 中国农业科学院、中国农业科学院农业经济研究所、中国预防医学科学院营养与食品卫生研究所、轻工业部食品与发展酵工业研究所、商业部商业经济研究所、中国人民大学农业经济系、农业部信息中心

主要完成人员： 卢良恕、刘志澄、蒋建平、梅方权、黄佩民、牛若峰、信乃诠、刘更另、李士慧

获奖情况： 国家科技进步奖二等奖

成果简介：

该项目总体研究抓住中国食物发展的关键时期，在分析前 40 年和预测后 40 年的基础上，以 5 个方面的指标体系为依据，划分了 3 个食物发展阶段，全面系统地提出食物结构调整、优化、配套战略和符合中国国情的食物消费模式，从而把食物生产结构、消费结构与营养结构有机地紧密结合起来，从食物总需求与总供给、结构调整、技术路线、宏观调控与流通政策、六大区域与城乡食物发展等方面论述了综合配套措施，并提出了制定国家食物发展纲要，设立食物与营养指导委员会以及专家委员会的建议。

在研究方法上，构建了多目标优化模型、系统动力学模型和计量经济学模型，并研制了 12 大类、55 种主要食物营养成分计算表。本项目提出的有关建议已被国务院采纳，于 1993 年颁布了《九十年代食物结构改革与发展纲要》，成立了国家食物营养咨询委员会。

本研究为制定《九十年代食物结构改革与发展纲要》提供了基础，并为制定国民经济发展十年规划和"八五"计划提供了有关论证，同时有力促进了全国食物发展学术活动的开展，取得了重大社会效益。

中国传统的农业科学技术是一份珍贵的历史遗产。20 世纪 80 年代，中国农业科学院农业遗产研究室等单位开展中国农业科学技术史研究，编辑出版了《中国农业科学技术史稿》。1989 年出版了《中国近代农业科技史》、2000 年出版了《半个世纪的中国农业科技事业》、2011 年编辑出版了农业高等院校教材《中国农业科技史》等。

中国农业科学院组织农业科研、高校等单位，开展中国农业科技史研究，编辑出版《中国农业科学技术史稿》（农业出版社，1989 年）。中国农业科学院农业遗产研究室还相继组织编辑出版《中国农学史》上、下册（科学出版社，1959 年，1984 年），在国内外农业学术界产生了很好的影响。

《中国农业科学技术史稿》

主要完成单位：中国农业科学院农业遗产研究室、华南农业大学、中国农业博物馆、中国社会科学院经济研究所、中国农业出版社、浙江农业大学、河南财经学院、中国农业大学、西北农业大学

主要完成人员：梁家勉、章楷、闵宗殿、李根蟠、彭世奖

获奖情况：国家科学技术进步奖三等奖

成果简介：

中国传统的农业科学技术是一份珍贵的历史遗产，包含有现代农业发展需要的许多合理成分，不但对中国，对世界上经济发达的国家，至今仍是值得参考和借鉴的。《中国农业科学技术史稿》（以下简称《史稿》）立足于近年来的中国农业科技史研究成果，凭借大量历史文献以及考古学、民俗学方面的最新材料，对从上古到 1840 年鸦片战争期间中国农业科技发展的进程，进行了迄今为为止最系统、最全面的考察。全书共分八章，即第一章《原始社会时期》、第二章《夏、商、周时期》、第三章《春秋战国时期》、第四章《秦汉时期》、第五章《魏晋南北朝时期》、第六章《隋唐五代时期》、第七章《宋元时期》、第八章《明清时期》。内容包括农、林、牧、副、渔各生产部门，涉及农田水利、土地利用、作物育种、农具、耕作与栽培、园艺、林业、茶业、蚕桑、畜牧、兽医、历法、农业气象、贮藏加工、家禽饲养、养鱼、养蜂等具体的农业科学技术。综览全书，可以看到，中国历代的农业科学技术是随着历代农业生产的发展而发展的，比较显著的变化发生在从奴隶社会向封建社会过渡的春秋战国时代开始使用铁器和推广牛耕之后，特别是秦汉之间封建社会定局之后，农业有了较大的发展。从那时起形成了中国精耕细作的传统农业，农业技术也随之获得不断进展。中国农业科学技术史的研究以及《史稿》的编写，旨在为建设中国特色社会主义现代化农业提供参考资料，同时也将在宣扬祖国的宝贵遗产，发扬爱国主义教育以及让世界了解中国，在进行国际学术交流等方面发挥积极的作用。

近年来，中国农业科学院农业信息研究所联合农业部有关单位，在农业部的支持下，开展了我国农产品市场监测预警研究，在理论、方法、技术、设备、系统等方面取得了重要进展，为 2016 年起连续四年召开中国农业展望大会并发布《中国农业展望报告》提供了重要依据[14-16]。

（二）农业气象及应对气候变化

农业气象学是研究农业生产与气象环境条件之间相互关系及相互作用的科学。20 世纪50 年代，我国科研人员从整理史书入手，开展了 24 节气和古代物候的研究，撰写了一些专著。20 世纪 60 年代以来，我国科研人员应用气候统计原理，对我国光、热、水资源进行了

基本分析，编辑出版了《中国农业气候资源图集》《中国主要农村作物气候资源图集》，为合理开发利用农业气候资源，调整农业结构与布局，建设商品粮生产基地提供了基础资料。1982年后，国家气象局组织力量开展了农业气候资源调查和农业气候区划研究，先后编写出《中国农业气候区划》等专著，1988年获国家科学技术进步奖一等奖。中国农业科学院农业气象研究所主持开展专题气候区划研究，先后出版了《中国农林作物区划》《中国牧区畜牧气候区划》《中国农作物种植制度气候区划》等专著。1995年后，在农业部的直接支持下，中国农业科学院信乃诠等人组织农业、气象等科研、教育单位的农业气象专家、学者，撰写出版了具有中国特色的理论著作《中国农业气象学》，极大地丰富了农业科学的学科基础，为我国农业和农村经济发展提供了依据。

全国农业气候资源和农业气候区划研究

主要完成单位： 国家气象局、国家气象局气象科学研究院、中国农业科学院农业气象研究室、中国科学院自然资源综合考察委员会气候资源室、北京农业大学农业气象系、南京气象学院农业象系、中国牧区畜牧气候区划科研协作组

主要完成人员： 程纯枢、李世奎、崔读昌、徐德源、韩汀玲、魏淑秋、欧阳海、章庆辰、冯雪华、侯光良、刘洪顺、张谊光、郑剑非、高亮之、王石立

获奖情况： 国家科学技术进步奖一等奖

成果简介：

《全国农业气候资源和农业气候区划研究》课题包括《中国农业气候区划》《中国农林作物气候区划》《中国牧区畜牧气候区划》《中国农林作物种植制度气候区划》《气候和农业气候相似研究》《全国农业气候资料集》和《中国农业气候资源图集》七个子课题。该研究自1979年开始，至1985年上半年完成，有全国和省级30多个单位参加，共整理计算了全国近500个气象站近30年的光、热、水等200余项农业气候资料。开展了大量的调查研究，收集了全国各地上千个地点的农业生产资料，参考使用了省级农业气候区划成果，绘制出九百万分之一的中国农业气候区划图以及各种单项区划和资料图144幅。

该研究取得以下方面的成果。

（1）将全国划分为三个农业气候大区、15个农业气候带、55个农业气候区。

（2）对20种主要农林作物划分出适宜、次适宜和不适宜的气候区域。评述结合作物生产实际，提出了调整布局和发展生产的建议。为各种作物区划、种植业区划应用，为作物引种、育种和栽培提供了科学依据。

（3）分析研究了牧草、家畜的生长发育、产量、品质与气候条件的关系；天然草场的气候生产力；重要牧事活动的气候指标，划分了畜种的气候生态类型。以年湿润度和≥0摄氏度积湿为主要指标，将我国牧区划分为北部和青藏高原两大牧区，再细分出13个牧业气候区。

（4）将我国划分为3个零级、11个一级、30个二级种植制度气候区。

（5）找出我国各点与世界各点的气候与农业气候相似程度。为作物引种，农牧业专业化、区域化，发展我国特有的农畜产品等提供了依据。

（6）绘制了光、热、水多种农业气候图144幅。在统计过程中，还提出了一些新的计算

方法。

该课题的特点是较系统、全面、丰富、紧密结合农业生产，实用性强。其中一些课题充实、丰富了已有成果，填补了国内空白，对制定我国农业发展规划与农业生产实践有重要的参考实用价值。

在农业气象灾害与防治技术方面，我国于20世纪50年代对华南橡胶防寒措施进行了系统观测调查，充分利用气象条件和地形因素，研究提出了橡胶宜林区，为橡胶种植区推到北纬18°以北地区提供了重要依据。20世纪70年代后，中国农林科学院主持开展了农业气象灾害协作研究，其中东北地区低温冷害研究初步摸清了发生规律和气候特征，提出了冷害类型、危害机制、预报方法和防御对策。调查摸清了北方地区小麦干热风的分布、类型及气候特征，提出了有效的防御措施。小麦干热风防御技术在河南、新疆等8个省、自治区、直辖市推广，面积达5 000多万亩，取得了明显的经济社会效益。20世纪90年代开展我国华北平原和"三北"防护林的气象效应研究，提出了粮林间种、防风固沙等措施，对防灾减灾起了很好的作用。进入21世纪，水利部南京水文水资源研究所等单位系统收集全国各地历史和近代灾情资料，全面总结近40余年来有关调查成果，在此基础上分析研究了形成灾害的自然因素和社会经济因素，探索水旱灾害的变化规律和发展趋势，总结国内外防灾减灾经验，提出防治水旱灾害的对策措施，编辑出版了《中国水旱灾害》。中国气象局兰州干旱气象研究所联合南京信息工程大学等单位从1990—2010年，历经20多年，围绕西北干旱气象灾害形成机理、监测与预警，及其对农业生产的影响和减灾技术，开展了系统深入的研究与成果应用推广，取得了系列创新性成果，显著提升了气象干旱及其衍生灾害的监测、预警水平和服务效益，使西北重大气象干旱事件预测准确率提高10%左右，为各级政府及有关部门提供了有效的气象服务。

在农业小气候与环境工程研究方面，21世纪50年代中国农业科学院农业气象研究室开展了农田灌溉小气候效应、农田蒸散和水热平衡理论方法研究，取得了一批科研成果。进入20世纪70年代，设施农业发展迅速，重点研究塑料大棚、温室条件下，蔬菜、花卉等的小气候状况及调控技术，为设施农业发展提供了依据。20世纪80年代初，中国农业科学院联合工作组，对青海柴达木盆地春小麦高产的气候特征及光能利用进行了研究，揭示了气温低、日较差大，光合功能期长，有利于籽粒灌浆和干物质积累等规律，使小麦单产高达900~1 000千克。21世纪以来，深入开展的大棚、温室和植物工厂化智能环境调控研究取得了重要进展和阶段性成果，经济社会效益显著，为城郊型现代农业发展和休闲观光提供了条件。

在农业气象预报研究方面，20世纪50年代后期，我国开展了作物播种期、收获期预报和农业气象灾害预报方法研究，并将成果推广应用。20世纪70年代后，开始利用电子计算技术进行作物产量与气候模式研究，研究效果较好。近些年来，利用卫星遥感技术预报作物产量，小麦的精度在90%以上。同时，为应对全球气候变化，我国还建立数字化农情监测预警网络，提高了气候突发事件的防控能力，切实做好防灾减灾工作。

应对全球气候变化是世界各国刻不容缓的重大任务。中国是季风气候国家，因此气候变化不利的影响更为严重和敏感。气候变暖的总体趋势是弊多利少。20世纪90年代，在国家自然科学基金委员会支持下，中国农业科学院组织农业科研机构、高等农业院校和气象部门的专家、教授成立科研协作组，在深入调查的基础上，应用气候学原理和模型化技术，率先研究全球气候变化对农业种植制度、生产布局、作物产量和区域农业的影响，提出减缓 CO_2 排放、生态建设、调整作物布局和选用抗逆品种等措施及政策性建议，以指导我国农业应对气候变化的各项工作。随着全球气候变化对农业影响加剧，气候变化引起全社会普遍关注。中国科学院大气物理研究所等单位自 1987 年起，对我国四大类主要水稻产区的 CH_4 排放规律及其与土壤、气象条件和农业管理措施的关系进行了系统野外观测实验，并对稻田 CH_4 产生、转化和输送过程的机理进行了深入的理论研究，探讨了控制稻田 CH_4 排放的实用措施，建立了稻田 CH_4 排放数值模式。在 CH_4 排放的时空变化规律及其与环境条件的关系方面有一系列新的发现，在稻田 CH_4 产生率、排放率及其与环境条件的关系方面有一系列新的见解，以充分证据改变了国际上关于全球和中国稻田 CH_4 排放总量的估算。在对 CH_4 进行深入研究的基础上，从 1994 年起，我国开展了对农田 N_2O 排放的研究，并在农田 N_2O 排放时空变化及环境控制因素，特别是排放量与土壤湿度及温度的关系、施肥与排放、CH_4 与 N_2O 排放相互消长关系及减排措施选择的理论与实验研究方面取得了一批新的成果。

全球气候变化规律和观测技术研究揭示了全球气候变化对我国农业及产量的影响，如中国高纬度地区作物生育期延长，喜温作物界限北移，作物种植结构发生了调整。与 20 世纪 60 年代相比，中国东北地区的生长期增加了 10 天左右。东北地区的增温已使冬小麦的种植北界北移西延；水稻种植面积大幅增加，其种植北界已移至约北纬 52°；玉米晚熟品种种植区域向北推移了约 4 个纬度；双季稻栽培由北纬 28°北移至北纬 30°。全国复种指数由 1980 年的 109.4% 增加到 2006 年的 128.9%。模拟预测结果显示，如果不采取适应性措施，未来气候变化将导致中国水稻、玉米和小麦等主要粮食作物的减产。至 2050 年，若不考虑二氧化碳的肥效作用，则粮食总产量最大可下降 20% 左右，若考虑二氧化碳肥效作用，粮食总产量最大下降 5%。在未来气候变化的背景下，水资源因素将成为粮食总产量提高的最主要限制因子。

此外，各地农业和气象科技人员还积极开展畜牧气象、渔业气象、林业气象和区域农业发展研究，均取得了可喜进展，为各业和综合发展提供了科学依据。

（三）农用同位素与核辐射技术

我国辐射育种起始于 20 世纪 50 年代末，比国外同类研究晚约 20 年，但发展很快。据不完全统计，辐射育种已在 32 种作物、6 种观赏植物上累计育成推广品种 459 个，年种植面积 900 公顷，约占各种作物种植面积的 10%，年经济效益达 33.2 亿元。如水稻品种原丰早、浙稻802，棉花品种鲁棉 1 号，玉米品种鲁原单 1 号，小麦品种原冬 3 号、原冬 6 号等在生产上推广，增产增效显著，发挥了重要作用。

利用原子能辐射诱变育成水稻新品种原丰早

主要完成单位：浙江省农业科学院原子能利用研究所
主要完成人员：王汀华、王贤裕、孙漱艿、宋永贵
获奖情况：国家技术发明奖一等奖

成果简介:

该发明是选用高产、综合性状优良但生育期长的科字六号作为辐射诱变的原始材料,利用钴-60γ射线辐射诱变,经选育获得的水稻新品种。该品种比原亲本早熟45天,成功地解决了早熟、丰产、品质、秧龄弹性之间的矛盾,同时为解决长江中下游广大稻区发展三熟制的季节矛盾提供了优良的早稻配套品种。原丰早兼有早熟、高产、优质、秧龄弹性大、适应性广等特点。全生育期106~111天,是双季稻的优良前作,亦可晚季种植。该品种一般亩产400~425千克,在高产栽培条件下可以大面积超千斤,最高达685千克。在浙江对比试验中,比同熟期的推广品种增产11.58%~12.2%。据六省一市种子部门统计,每亩可以增产稻谷35~50斤,且稻米食味好,米中赖氨酸含量比其他品种高8%~13.8%。原丰早适应性广,已成为全国水稻三大品种之一。

在核素示踪研究方面,20世纪70年代后,中国农业科学院原子能利用研究所研制并应用于农业的核素达40余种。利用核素示踪技术研究P·N在不同生态条件和耕作条件下的吸收利用规律,根据N素损失时间、途径和土壤中N素的转化,提出了合理的施肥方法。利用35CL和15N标记氯化铵,研究了含氯化肥的肥效及其机理,提出合理施用氯化铵的技术措施。20世纪90年代,中国农业科学院原子能利用研究所围绕我国核电站建设和运行,对核电站周边农业生态介质中放射性物质的含量进行监测,为核电站安全运行和环境辐射水平提供依据。科研人员先后9次进入核试验现场试验,基本摸清了农作物、土壤、种子、化肥、根瘤菌菌种、畜禽等在不同当量、不同核炸方式条件下损毁、损伤、污染的特点、规律,积累了大量数据、资料、照片、现场实验标本,为防御提供了可能。

在昆虫辐射不育防虫技术方面,我国从20世纪60年代开始,先后开展了玉米螟、棉红铃虫、水稻三化螟、蚕蛆蝇、柑橘大实蝇和印度谷蛾等农业害虫的辐射防治技术研究。其中,柑橘大实蝇防治技术在贵州面积约为118公顷的柑橘园中,连续3年共释放160万头辐射不育害虫,使柑橘大实蝇的危害率由5%下降到0.1%以下,取得了良好的防治效果。又如应用辐射不育技术防治蚕蛆蝇,在200公顷面积上获得了98%的防治效果,经济效益显著。

在食品辐照加工方面。我国辐照食品加工始于1958年,20世纪70年代后有了长足发展。28个省、自治区、直辖市200多个单位从事辐照食品研究与加工,重点围绕经国家批准上市的洋葱、马铃薯、大米、大蒜、蘑菇、香肠、花生仁、苹果、扒鸡、花粉、生杏仁、番茄、猪肉、荔枝、蜜橘、薯干酒、熟肉制品等18种食品,1997年统计辐照食品商业化总量达5万余吨,总产值超过亿元。

此外,利用核辐射示踪技术研究动物体内营养代谢和农药残留量、林木防腐等也取得一些基础数据,为指导家畜生产和林木防腐提供了重要依据。

(四)农业环境调查与生态环境

我国农业环境科技工作起始于1971年,后逐步成长为独立的学科体系。20世纪70年代,我国开展了农业环境调查,获得了一批基础性数据,为了解我国农业环境状况提供了科学依据。农业环境调查对重点地区的灌溉水质、污泥、垃圾、农药使用等标准进行了系统研究,提出一系列技术规程,如农业环境监测技术规范、绿色食品和无公害农产品生产技术规程、生态农业规划等，为农业生产和环境管理提供了技术支持。进入20世纪80年代后，随着大范围的生态环境问题的出现，我国系统地开展了农业环境污染和生态破坏的防治技术研究，包括工业和城市废弃物处理和合理利用技术、污水处理与灌溉利用技术、农业废弃物处理与利用技术、农业生态工程技术、农用化学品合理使用技术、乡镇企业污染防治技术等，取得了一批重要科技成果，为农业可持续发展和环境保护与建设解决了许多难题，为减轻环境污染和生态环境建设提供了依据。20世纪90年代以来，环保科技承担了全国200多生态农业县建设项目的规划、管理和技术服务，提供了一些农业环境建设的技术经验。1994年后编辑出版的《农业环境学》，标志着我国农业环境科技初步形成了独立的学科体系。

农业废弃物气化燃烧能源化利用技术与装置

主要完成单位：中国科学院广州能源研究所、广州中科华源科技有限公司

主要完成人员：吴创之、马龙隆、陈勇、李海滨、阴秀丽、陈坚、赵增立、周肇秋、蔡建

获奖等级：国家科学技术进步奖二等奖

成果简介：

我国是农业大国，每年产生各类秸秆等农业废弃物约6.5亿～7亿吨。随着农村生活水平的提高，以农业秸秆作为生活能源的地区越来越少，大量秸秆在收割季节就地焚烧，产生大量浓烟和灰尘，污染大气，并严重影响高速公路行车和飞机升降安全，形成特殊的环保难题。农业秸秆和其他生物质一样，都是宝贵的可再生能源，开发适合我国农业特点的农业废弃物能源化利用技术，对发展农村循环经济、减少污染排放有重大现实意义。

由于秸秆能量密度低，种类复杂，分布分散，如何高效低成本利用秸秆的能量一直是实现农业废弃物能源化利用的难题。该项目以特殊结构的流化床气化工艺和气体净化工艺为核心技术，配套自主开发的低热值燃气内燃机组，研制出适合于中小规模应用的农业废弃物气化发电系统。该系统可灵活使用多种农业废料做原料，在不同负荷下连续运行，适合我国农村地区。该系统发电规模为5～10兆瓦，系统发电效率为26%～28%，单位投资约6 500～7 000元/兆瓦，仅为国外同类设备的2/3左右，单位原料耗量1.0～1.2千克（干秸秆）/千瓦时，发电运行成本<0.45元/千瓦时（秸秆按200元/吨计算）。系统最高发电效率达到或高于小型燃煤发电水平，设备全部国产化，适合我国目前工业水平。

该项目的开发和推广应用为根本解决我国农村普遍存在且又无法根治的"秸秆焚烧"难题提供了有效途径，为发展农村经济、提高农民就业创造了有利条件。自2001年示范推广以来，已完成和签订各种废弃物气化发电站共27座，总装机容量超过40兆瓦，累计合同额约1.65亿元；为农村提供1 000多人的就业岗位；先后利用废料共30多万吨，相当于节约标煤约15万吨，避免了大量的焚烧污染，与燃煤电站相此，减排CO_2约35万吨、SO_2约5 000吨，取得显著社会效益和节能减排效益。

该项目经过近10年的实验研究、关键设备研制、示范工程建设和推广运行，已申请和获得6项发明专利，3项实用新型，发表专著4部、论文60多篇。

进入21世纪后，农业生态环境研究受到关注。2012年，中国科学院地理科学与资源研

究所等单位开始设计创建涵盖中国主要区域和生态系统类型，集生态检测、科学研究与示范为一体的观测研究网络——中国生态系统研究网络（Chinese Ecosystem Research Network，简称 CERN）。首次制定 CERN 观测指标体系和技术规范，构建了涵盖全国生态系统观测的技术系统，积累了我国唯一的生态系统变化定位观测数据资源；深入研究了生态系统过程与演变，生态系统对气候变化的响应和适应性，生态系统稳定性与生物多样性保育，脆弱生态系统退化与恢复等科学问题；有效组织了生态环境保护与恢复关键技术及其示范、现代农业高效生产的集成研究，集成了 56 项生态恢复和农业生产技术模式，其中 10 项代表性试验示范成果得到广泛应用，累计推广面积 1.8 亿亩，创造经济效益 119.4 亿元；为我国生态环境建设和农业生产做出了贡献；并向国务院和省级政府提交咨询报告 15 份。中国科学院生态环境研究中心等单位围绕生态系统服务功能机制与评价方法、生态功能区划技术和全国生态功能区划，开展了系统研究，取得的科技成果有：编制《全国生态功能区划》；制订《生态功能区划暂行规程》；确定了对保障国家生态安全具有重要意义的 50 个重要生态功能区；出版专著 3 部，论文 79 篇，其中 2 篇论文被评为全国百篇国内最具影响优秀论文；开发《中国生态系统与生态功能区划》专项数据库，数据量共 1.56TB，累计访问 31.2 万人次，下载量 1.3TB。

该项研究是我国生态环境保护领域的重要基础性工作，对指导全国生态环境保护与建设、自然资源开发和产业合理布局，以及区域环境影响评价发挥了重要作用，具有显著的环境效益和社会效益。

同时，各地还加强农业环境保护技术体系建设，目前除西藏自治区外，各省、自治区、直辖市地（市）均成立了农业环境监测站，初步形成了农业环境监测技术网络，并开展农业环境质量监测，建立了省和国家农业环境质量数据库，每年发布农业环境状况公报，为农村经济发展提供有效的服务。

（五）农产品加工和综合利用

新中国成立后，农产品加工研究从无到有、由小到大，已经形成一定规模的新兴产业。碾米业、面粉加工业等行业机械研制成功，不断提高产品质量和档次，开发出珠光米、水磨米、不淘洗米、营养强化米、蒸煮米等多种产品，以满足市场的不同需求。稻米加工综合利用研究利用米糠生产出米糠油、植酸钙、植酸、肌醇、糠腊、糠醛、谷维素、牙周宁等一系列产品；淀粉及深加工研究，已开发出变形淀粉、果葡萄浆、酒精、葡萄糖、饴糖、柠檬酸等系列产品加工技术，以及从玉米浸泡水提取植酸钙、植酸、肌醇、水溶性蛋白的生产技术。同时，还开展了面粉加工、烘烤、营养品质研究，开发出一系列方便食品、营养食品、保健食品。薯类（甘薯、马铃薯、木薯）营养丰富，含有蛋白质、碳水化合物、维生素和矿物质，可供作食用和工业原料。通过深入研究开发，薯粉 B 型抗褐（黑）剂的应用，使甘薯粉可作为面粉添加到面包等食品中；甘薯粉丝生产过程中的湿粉低温冷冻 B 化工艺的研制成功，提高了薯粉粉条的咬劲和耐煮性；马铃薯全粉、变性淀粉加工技术的研究，为薯类的加工进一步拓宽了应用领域。油料加工和综合利用研究进展迅速。在精炼工艺中采用花生仁氨熏蒸榨油去除黄曲霉毒素 BI 技术，可使高毒花生去毒率达 97%，应用活性白土吸附法去除花生油中黄曲霉毒素，可使油中黄曲霉毒素降至 20 微克/千克以下，确保了精炼油的质量。另外，还有利用油脚制取磷脂、脂肪酸，利用米糠油脚提取谷维素、肌醇、牙周宁，利用花生衣制造血宁片，利用脱脂脱溶的豆粕加工蛋白质为 65％～70％的大豆浓缩蛋白和蛋白质为 85％～90％的大豆分离蛋白等工艺。2011 年，国家大豆工程技术研究中心等 10 家单位通力合作，系统开展了大豆蛋白生物改性、醇法连续浸提浓缩蛋白、功能肽生物制备、乳清废水动态膜超滤、油脂酶法精炼及功能因子开发等研究与应用，突破了大豆精深加工共性关键技术瓶颈，实现了提质增效和技术创新，为我国大豆产业快速健康发展提供了有力的技术支撑，提升了我国大豆加工业的核心竞争力。2014 年，中国农业科学院农产品加工研究所研制出花生低温压榨制油与饼粕蛋白高值化利用关键技术及装备创制，开发了低温压榨油、蛋白及短肽三类产品，做出了推动产业技术升级、改善全民营养健康、保障国家粮油安全三大贡献。

水果蔬菜加工业的规模发展始于 20 世纪 80 年代中期，水果蔬菜加工业在对传统产业进行技术改造的同时，引进国外先进技术和装备生产线 40 多条，应用膜过滤、多效浓缩、无菌包装等高新技术，开发出各种加工品、果酒、果汁饮料等。20 世纪 90 年代，我国加快了自主创新研究步伐，2013 年中华全国供销合作总社济南果品研究院等单位对苹果浓缩汁加工、综合利用、贮藏保鲜等开展原始创新和集成创新研究，取得了多项成果，其中研发出的苹果浓缩汁质量安全控制技术在全国 26 家工厂的 37 条生产线应用，这些生产线依托果胶提取技术建成了亚洲最大的果胶生产线。贮藏保鲜新技术、新产品、新标准已在 20 多个省市得到推广应用，产生经济效益 179.1 亿元，转化苹果 1 961.5 万吨，带动 251 万果农增收 137.3 亿元，经济、社会和生态效益显著，全面提升了我国苹果产业的技术水平和国际竞争力。重庆长龙实业（集团）有限公司围绕延长柠檬产业链和加工增值，持续多年开展柠檬全果综合利用技术创新开发和产业化推广应用，注册了"丹尼威""妙可""中澳美浓""妙可妙乐"等 7 项商标，年加工鲜柠檬 3 万余吨，柠檬系列产品自上市以来销售收入超过 3.9 亿元，新增利润 3 500 余万元，新增税金 5 900 余万元。

茶叶天然抗氧化剂的提取及其应用

主要完成单位： 中国农业科学院茶叶研究所、杭州新会食品厂
主要完成人员： 陈瑞锋、李名君、束际林、朱珩、徐向群、杨裕良、袁江桦、朱伯荣
获奖情况： 国家科技进步奖二等奖
成果简介：

抗氧化剂能够抑制油脂的过氧化物多酚类化合物。茶叶富含多酚类，约占干重的 15％～20％，而且在我国资源丰富。本课题利用茶多酚在不同的极性溶剂中分配系数的不同，以水和乙醇为溶剂，通过液体膜、树脂、沉降、萃取、浓缩、干燥等工艺，获含茶多酚 30％～40％、60％～80％以上的天然抗氧化剂。茶叶天然抗氧化剂具有优异的抗氧化活性，且有抑菌和阻断亚硝胺的形成，对酸碱热较稳定，安全性高，被列入 1990 年 9 月 1 日起实施的《食品添加剂使用卫生标准》（GB 2760—86）。茶叶天然抗氧化剂的应用范围为油脂食品、烘烤糕点、方便面、糖果、化妆品等，使用浓度 0.04％～0.5％，过氧化价抑制率 40％～95％。茶多酚及其氧化物还有清除自由基，降低胆固醇和血脂（$P<0.01$）及缩小动脉粥样斑块面积的作用（$P<0.05$），证明茶多酚在生物体外的抗氧化效应是一致的，因此在食品工业和医药领域有广泛应用前景。1988 年起，茶叶天然抗氧化剂在京、沪、杭、宁

等地推广应用，主要用于月饼的保鲜，社会效益新增值 2 700 万元，茶多酚净收入 30 多万元。

特色热带作物产品加工技术研发取得了新进展。中国热带农业科学院王庆煌等人先后突破了椰子、胡椒、咖啡、香草兰、腰果和菠萝等特色热带作物的产品加工关键技术 12 项，研制核心设备 6 类 27 种，形成行业技术标准 28 项，研发加工商品 18 类 59 个品种；获国际发明专利 5 项、国家发明专利 12 项；在 160 多家企业推广应用，创建了"椰树""椰国""兴科""福山"等国内外知名品；使特色热带作物加工业实现由手工作坊式向现代加工业的跨越；获社会经济效益 322 亿元，有力促进了我国热带地区经济发展和社会稳定。

特色热带作物产品加工关键技术研发集成及应用

主要完成单位：中国热带农业科学院、椰树集团海南椰汁饮料有限公司、海南椰国食品有限公司、云南省农业科学院热带亚热带经济作物研究所

主要完成人员：王庆煌、王光兴、钟春燕、敢劲、刘光华、赵建平、谭乐和、赵松林、黄茂芬、黄家瀚

获奖情况：国家科学技术进步奖二等奖

成果简要：

突破了椰子、胡椒、咖啡、香草兰、腰果和菠萝等特色热带作物产品加工关键技术 12 项，研制核心设备 6 类 27 种，形成技术标准 28 项，研发加工商品 18 类 59 个品种；获国际发明专利 5 项、国家发明专利 12 项；在 160 多家企业推广应用，创建了"椰树""椰国""兴科""福山"等国内外知名品牌；使特色热带作物产品加工业实现由手工作坊式向现代加工业的跨越；获社会经济效益 322 亿元，有力促进了我国热带地区经济发展和社会稳定。特色热带作物产品加工关键技术整体达到国际先进水平。

进入 21 世纪后，我国林产品加工研究发展迅速。2012 年，东北林业大学等单位针对 WPC（Wood-Plastic Composites，木塑复合材料）产业链的共性和关键技术进行重点攻关，建立了以挤出成型技术为核心、适合我国国情、拥有自主知识产权的 WPC 制造先进技术体系；建立了 WPC 专用生物质纤维的制备和改性技术；建立了用于高性能 WPC 的废旧塑料共混接枝改性技术；建立了 WPC 的纤维增强增韧技术；通过对上述重点技术的原始创新与配套技术的系统集成，建立起拥有自主知识产权、总体技术国际先进、核心技术与关键技术国际领先的 WPC 制造技术体系，从而显著提升了我国的产业技术水平和国际竞争力，推动 WPC 产业技术实现跨越。福建农林大学等单位针对竹纤维加工过程竹材深度脱除木质素和半纤维素选择性差以及传统竹纤维产品性能差、生产能耗高、污染严重等科学技术问题，以低值中小径级竹材为原料，研发竹纤维制备及功能化应用关键技术，开发出竹浆和竹溶解浆及环保型纺织材料、低定量包装材料和多功能墙体装饰材料。该技术在全国重点竹产区企业推广，节能、减排和降耗效果显著，2009—2011 新增销售额 99 亿元，新增利润 7.3 亿元，新增税收 6.3 亿元，制浆漂白废水中的可吸附有机卤素（AOX）和二噁英排放浓度分别降

至 7.5 毫克/升、1.6 皮克 TEQ*/升以下，远低于国家标准限值，实现清洁生产，推动竹加工产业升级，取得显著经济、生态和社会效益。中国林业科学研究院木材工业研究所等单位围绕我国竹材人造板产业存在的资源利用率低、生产效率低、产品同质化严重等产业技术问题，经过 8 年"产学研"联合攻关，突破了竹材单板化制造、精细疏解、高效重组等关键技术，创制了疏解、高温热处理和成型等关键装备，开发出四大系列高性能竹基纤维复合材料，攻克了竹材青黄难以有效胶合、竹材难以单板化利用等制约产业发展的瓶颈技术，取得多项创新性成果。本项目通过专利技术实施许可，在全国建成包含产品、设备和胶黏剂等生产线 28 条，竹基纤维复合材料系列产品在北京、新疆等 21 个省份推广应用，并出口到美国、德国等 46 个国家，创制的关键设备在浙江、四川等 13 个省份推广应用，并出口到新加坡、印度等 9 个国家。2010—2012 产生直接经济效益 17.39 亿元，新增利润 2.62 亿元，新增税收 9 730.80 万元。

畜产品和水产品加工业发展迅速。20 世纪 80 年代中期，我国先后引进了斯托克肉鸡屠宰加工成套设备、西式灌肠生产线、西式盐水火腿生产级及蒸熏烤设备，逐步使生、熟肉制品的加工设备、包装形式现代化。同时，肉类加工厂丰富的动物脏器资源的应用研究也取得了可喜成果，国际上正式生产的主要脏器生化药全部实现了国产化。20 世纪 90 年代末，中国农业科学院北京畜牧兽医研究所等单位针对我国牛奶质量低、优质牛奶不足的瓶颈问题，开展优质乳生产的奶牛营养调控与规范化饲养关键技术研究，揭示了乳脂肪和乳蛋白偏低的机理，创建了提高乳脂率和乳蛋白率的奶牛营养调控关键技术，实现了富含活性脂肪酸和活性蛋白的乳制品产业化。2013 年，南京农业大学等单位针对我国冷却肉生产工艺和技术落后，关键装备依赖进口，品质难以控制，异质肉发生率高，冷却干耗大等问题，系统研究了冷却肉嫩度、保水性、色泽及腐败微生物的变化规律；研发出冷却肉品质控制关键工艺和技术，有效解决了异质肉发生率高、冷却干耗大、货架期短等重大技术难题。还研制出可以替代进口装备的冷却肉加工关键装备，推进了我国冷却肉加工装备的国产化进程。该项技术和装备在 30 多家企业得到转化应用，2000—2012 年实现累计新增销售额 198.19 亿元，新增利税 8.96 亿元。经同行专家评定，该技术总体上达到国际先进水平。我国冷却肉占生鲜肉的市场比例从项目实施时的不足 1% 上升到 2011 年的 10% 以上，部分大城市达到 30%～40%，该项目的实施为我国生鲜肉生产消费由热鲜肉向冷却肉的转变升级提供了重要技术支撑，为推动我国肉类产业发展做出了重要贡献。中国农业大学等单位重点解决了一直困扰我国干酪产业发展的凝乳网络形成的基础理论，打破了关键酶与装备被国外垄断的局面，攻克了干酪成熟、可控熔化等技术难题 11 项，自主研发了新工艺与新装备 8 套，建立产品加工基地 5 个；制定国家标准 1 项、企业标准 19 项；获授权发明专利 19 项。项目创建了我国完整的干酪加工技术与产业体系，整体技术达到国际先进水平。我国的水产品加工以整理后冷冻为主，1995 年，水产系统冷藏能力为 104 万吨/次，冻结能力为 8.2 吨/日。"八五"期间我国引进冷冻调理食品生产线 30 余条，开发出的以鱼糜为原料的鱼丸、仿蟹肉、仿对虾、仿贝柱等产品，使低档水产品通过加工增值。建立了海洋养殖业加工中的三大工业胶——褐藻胶、琼胶、卡拉胶的加工业，基本上实现了"三胶"自给，还研制生产出碘、甘露醇等副产品。2011 年，上海海洋大学等单位在

---

* TEQ（Toxic Equivalent Quantity）为国际毒性当量。

针对良种选育和产品加工这两个制约着坛紫菜产业发展的瓶颈问题进行了 20 多年的研究后，在坛紫菜的基础遗传学、良种选育与推广、产品深加工等方面取得了多项理论和技术突破。其中，紫菜产品深加工研究，突破了坛紫菜加工中鲜菜保存、机制菜的供菜与菜饼剥离等关键技术，实现了坛紫菜一次加工半自动和自动机械化，二次深加工全自动化，告别了加工靠手洗日晒的历史。研发出 6 大类 20 多种紫菜深加工产品，其附加值提高 200%～350%，经济增效十分显著。

（六）农产品检测与质量安全

农产品质量问题事关国计民生，也是当前受到国内外广泛关注的重要问题。1978 年改革开放以来，随着人民生活水平的提高，我国也在高度重视农产品和食品安全问题的研究。从实施"无公害食品行动计划"以来，农产品和食品质量安全监管从行政推动发展到当前的依法监管，在法制建设、资金投入、机构组建等方面采取了强有力的措施。据农业部调查，近年我国大中城市蔬菜、水果、畜禽和水产品例行监测合格率保持在 95% 以上，农产品出口合格率高达 99%，农产品质量安全水平稳步提升。但是，从 2001 年广东"毒大米"、2003 年张北"毒菜"、2004 年湖南"毒黄花菜"等事件，到海南豇豆、"瘦肉精""三聚氰胺""地沟油"和"毒胶囊"等农药残留和非法添加问题和重大事件的频发，引起了社会各界的普遍关注，我国必须加强农产品和食品质量安全研究。

2008 年，江苏大学等单位发明了几种新的食品农产品品质无损检测方法和装置。其中"农产品气味的图像化识别系统"把气味信息图像化、数字化，为国内外首创；首次提出采用多技术融合一体对食品、农产品品质进行无损检测，开发的"三技术融合的水果无损检测系统"和"牛胴体质量快速无损检测装置"均为国内外首创。该项成果具有自主知识产权，申请发明专利 16 项，其中 6 项已授权；获实用新型 2 项；计算机软件著作权 2 项。提升了行业自主创新能力，以信息技术引领传统装备的升级换代，直接促进了农产品产后处理水平的提高。对实现加工增值、促进农民增收、发展现代农业、现代食品加工业做出了贡献。2014 年，山东省农业科学院等单位针对花生品质栽培理论研究薄弱、品质评价指标和标准化优质栽培技术缺乏、区域专业化生产水平低等突出问题，研究揭示了花生品质形成的酶学和细胞学机理，创建了品质调控关键技术；创建了花生品质评价指标体系，提出了花生种质资源及商品品质脂肪和蛋白质含量分级标准，以及镉含量限量指标，制定了油用花生、食用花生的行业标准。该项目获得发明专利 8 项、实用新型专利 6 项、计算机软件著作权 14 项；制定行业标准 15 项、省级地方标准 3 项。2009—2013 年在山东、河北、湖南等 10 省（区）累计推广 6 523.6 万亩，增效 91.6 亿元，经济和社会效益显著。

2008 年，湖南农业大学等单位针对我国中低档茶滞销的严峻局面，采用低温动态提取、膜浓缩与膜分离、高效逆流萃取、柱色谱分离、高速逆流色谱、冷冻干燥、喷雾干燥等系列新技术，以我国丰富廉价且滞销的中低档茶为原料，深度开发出高附加值的茶多酚、儿茶素及其单体（EGCg）、茶氨酸、咖啡因等数种天然功能成分和速溶茶系列产品，作为天然药物、高效保健品、功能食品与饮料、日化用品、天然化妆品的新原料，为传统茶业向高技术、高效益的现代茶业及健康产业延伸提供了最先进的技术支撑。该项成果先后在湖南、湖北、江苏、浙江、四川等 9 个省市的 30 多家企业推广，取得了显著经济和社会效益，为中国茶叶提取物和茶饮料产业的飞速发展起到了强劲的科技驱动作用。

同时，我国还在加强农产品和食品质量安全技术研究。20 世纪 90 年代以来，我国在原有食品安全管理基础上进行了多项改革，将"农田到餐桌"的整条食品链塑造成了一个较为健全的食品安全保障体系，并在农产品和食品安全管理实践中取得了明显成效。2012 年，江南大学与有关企业联合，针对我国果蔬主流干制品出口品质差导致量大利薄的实际问题，开发了四大类果蔬食品高品质脱水加工创新产品，较好地解决了传统果蔬食品干制品普遍存在的加工和后续保藏过程中品质变劣快、不稳定的国际性难题；开发的高效保质联合干燥新技术为高耗能的干燥行业做出了节能减排贡献。该成果通过在宁波海通食品科技公司、山东鲁花集团公司、江苏兴野食品公司等 10 家行业或地方龙头企业的实际应用，建立了 72 条新型高品质果蔬食品干燥生产线，为企业构建了能自主开发新型高品质果蔬食品干制品的创新平台，显著提高了企业的市场竞争力。2007—2011 年新增销售额或产值 50.28 亿元，新增利税 8.39 亿元，其中 7 个企业生产的高品质果蔬脱水加工品外销，累计创汇 3.25 亿美元，经济和社会效益显著。2004 年，河北（秦皇岛）出入境检验检疫局研究制定了一系列与国际先进标准完全接轨的蜂产品安全卫生国家标准，促进了我国蜂产品质量的提高，保证了出口质量。成果要点有采用化学、微生物学两大门类近 20 种先进技术，研究建立了蜂产品中 369 种安全卫生指标的定量检测方法。河北（秦皇岛）出入境检验疫局全面系统地研究了蜂产品中碳同位素、氯霉素、链霉素、四环素、杀螨剂、磺胺类、多种农兽药以及酶值、电导率等共计 369 种安全卫生检测项目，解决了上述众多项目在样品萃取、干扰物分离和检验测试三大分析过程所遇到的一系列复杂技术难题；破解了中国蜂产品在世界三大主销市场（欧洲、美洲和日本）的所有技术壁垒。25 项国家标准基本获得了欧洲、美洲和日本所有进口中国蜂产品的国家客户的认可，为出口创汇做出了贡献，同时，也为我国蜂产品生产、加工过程质量控制提供了技术支持。

总之，要紧密围绕净化产地环境，保证投入品质量、规范生产行为、强化监测预警、严格市场准入等，健全标准体系、检测体系、认证体系、科技支持体系、信息服务体系，以及应急机制等农产品质量安全支持体系，切实加强农产品和食品质量安全技术研究，建立和完善从产地到餐桌的全程控制体系，才能进一步提高我国农产品和食品质量安全水平。

（七）农业机械工程技术

在人类从事农业生产的历史长河中，20 世纪初，内燃机、拖拉机才在农业上广泛应用，经过近几十年的发展，种植业、农产品产后处理与加工业的产前、产中和产后的过程，已经可以全部用机械代替人力、畜力，实现了农业机械化，极大地提高了资源利用率和劳动生产率。

中国的农业机械装备技术经过 70 年的艰苦努力，有了长足发展。尤其是农机智能化、机电一体化、作业联合化等技术成果的推广，为种子工程、作物移栽、病虫害防控、设施农业、旱作农业、节水灌溉、农产品加工及林业、畜牧业机械化、水产养殖和捕捞等提供了基础和保障。农业机械化研究在区域上以经济发达地区、粮食主产区、大中城市郊区和国有农场为重点；在实施对象上以小麦、玉米、水稻为重点；在项目形式上以农业综合开发、商品生产基地、"菜篮子"工程和创汇农业为重点，紧密围绕机耕、机播、机收、机械脱粒、机械植保等开展研究工作，取得了一批重要科技成果，并在生产上推广应用，提高了农业机械化水平。2016年我国三大粮食作物均达到较高机械化水平，小麦机耕、机播和机收的比重分别达到94.5%、82.0%和92.2%；玉米机耕、机播和机收的比重分别为73.7%、69.9%和61.7%；稻谷机耕、机播和机收的比重分别为83.3%、29.0%和80.1%。根据专家测算，1990—1998年黑龙江省农业机械化对全省农业贡献率为29.4%，2000年农业机械化对全国种植业的贡献率为18.33%。农业机械工程技术的发展为农业增产增效、农民致富做出了重要贡献。

进入21世纪，我国各类农业机械研制工作均取得了新进展。2006年，浙江理工大学针对国外机型不适合插大苗和移箱机构滑道、滑块磨损严重等问题进行深入研究，设计和研制出样机首台高速插秧机较传统插秧机速度提高1倍，且兼具大小苗插秧功能，解决了移箱机械的磨损问题，形成批量生产，已获得农业部农机推广许可证，获得6项国家发明专利，其一"属原创性发明"，拥有完全的自主知识产权，结束了日本、韩国垄断高速插秧机知识产权的局面，使我国高速水稻插秧机工作机理研究达到国际领先水平。2003年，吉林大学等单位攻克了3项关键技术，开发出6种新机型，实现了大豆、玉米高速精播，及播前土壤处理的秸秆与根茬粉碎还田联合作业；解决了大豆精播"2.5厘米技术"国际性难题，开发出2BDY-6型高速气力精密播种机；研发出玉米精密排种器及相应的精密播种机，攻克了适应不同品种和尺寸的玉米精播技术及配套装备，为精播准备了良好种床。2006年，中国农业机械化科学研究院针对产业发展需求，创新突破了加工急需的长轴射流定向和二维同步切割、蒸汽变压亚表层脱皮、淀粉细胞剪切破壁锉磨、组合旋流多级分离、变性淀粉黏稠物料分段变温超薄布膜和气囊刮刀柔性脱膜、薯片浅层混流多段控温油炸等关键共性技术，开发出重大装备53台套，研制成功淀粉及变性淀粉、全粉、薯条、薯片及综合利用等8种成套生产线，共推广31条，并提供12种马铃薯系列产品。

围绕现代农业物质装备保障能力的重大需求，我国着力开展农用物质与装备产业技术创新，重点开展农业生产全程机械化装备研究。2001年，中国农业机械化科学研究院建成"四位一体"技术创新体系，突破一批具有自主知识产权的核心技术，引领高端产品技术发展，形成科技支撑产业、产业回馈科研的良性循环，探索中国特色的公益性院所转制创新模式。开发转化了一批资源节约型、环境友好型先进适用的新技术产品，支持服务了一批行业骨干企业，推动我国农业机械化水平跨入中级发展阶段，走出了一条有中国特色的农业机械化道路。研究开发种、肥、药、水、油等节约型农业装备技术，促进节本增效、农产品安全和环境友好；推出9大类378种农业机械产品技术，服务企业293家，占行业规模企业的18%，企业产品技术和国际竞争力显著增强，实现我国农机企业从出口零部件到出口整机产品的突破，促进拓展了农业机械服务作业领域，保障国家粮食安全和农业生产可持续发展。

2002年，国家粮食储备局郑州科学研究设计院等单位攻克粮食在散装、散卸、散运、散存方面长期未解决的难题，重点研究开发火车、汽车、内河船舶的散粮装卸的关键技术装备，以及粮库设备在线状况监控技术、通风除尘技术；从散粮储前、储后及储存三个层次出发，研究粮食品质快速取样及检测技术、粮温监测技术、散粮干燥技术及装备；开发和完善散粮立筒库作业控制PLC编程软件和系统组态软件及装卸输送过程自动控制系统（SCA-DA）；在散粮储运关键技术和装备示范工程中，选择实用性强、急需推广应用的科研成果在示范点进行有效集成，在实践中完善、提高，加速科技成果的推广应用。该项成果具有先进性、系统性、实用性，成果转化率达到 80％以上，基本实现了与国际接轨、以国产设备取代进口设备。对本行业的技术进步产生了重要的推动作用。

同时，研制出适应不同需要的大马力拖拉机、多功能节约型田间作业机械、现代种业系列装备等关键技术和装备；粮食、棉花、油菜、甜菜、花生等主要作物的生产专用机械和装备；畜产品、水产品养殖、捕捞、加工成套机械装备。创制出防潮型刨花板、竹木复合材料挤出成型机械设备、人造板胶粘剂制造，以及环境友好型化学农药、除草机械及多功能、可降解新一代农膜，节水滴灌、精量滴灌技术和成套设备等，为提高资源利用率和劳动生产率、发展现代农业做出了新贡献。

（八）农村能源开发与节能工程

在我国农村能源技术研究中，小水电、小煤窑和部分农业生产节能技术主要依托常规能源技术的发展；可再生能源（沼气、太阳能、风能、地能等）和部分农村生活节能技术自 20 世纪 70 年代以来有了显著提高，部分技术已达到国际先进水平。

在沼气技术方面，中国农业工程研究设计院、中国农业科学院沼气研究所等单位系统地进行了工业有机废水、城镇生活污水及农业废气物厌氧消化处理应用技术研究，厌氧消化工艺、装置及配套设备的研究与设计，农村沼气技术研究等，取得了一批科技成果，在农村广泛推广应用。其中工业有机废水及城镇生活污水处理技术、规模化养殖场粪污处理技术已达较高水平。工艺、装置、规模等都取得显著进步，工程的整体技术水平和资源利用率提高幅度较大。各类沼气工程都从过去单纯追求能源效益，转入注重发挥沼气技术多功能优势。"八五"期间与"七五"期间相比，沼气工程运行稳定率提高 20％～30％，工程投资回收年限缩短了 10％～20％。

地热农业利用技术及工程设施研究

主要完成单位：中国农业工程研究设计院、福建省农业科学院地热农业利用研究所、河南省新郑县农业局、中国能源研究会地热专业委员会、河北省廊坊市农业科学研究所

主要完成人员：初滨、王福庭、肖明松、钱午巧、任湘

获奖情况：国家科学技术进步奖三等奖

成果简介：

该项目在中国地热农业利用区划的工作基础上，根据我国地热分布的特点和地热农业利用现状、水平和存在的问题，以及国外地热发展现状，确定以中低温地热农业利用的实用性技术研究为主。主要成果有地热在养禽业上综合利用研究、新郑县利用 40 摄氏度地热水梯级水产养殖试验点、地热综合利用示范点、地热农业利用手册。该项目以地热农业综合利用技术和梯级利用模式研究为主，各梯级利用系统里包括许多单项地热利用技术，整个系统联系紧密、合理，能够达到节能和提高利用率的目的。该项研究的关键技术包括以下几个方面。

（1）梯级利用技术。属系统工程技术，依据地热水的温度和利用项目对环境工程的不同要求，由高温到低温逐级利用，提高热量利用率。

（2）工程设施。依据生物对环境的温度、生活习性的要求设计。

（3）采暖系统。利用地热直接或间接供暖，采用地上、地下单一或组合形式。

（4）调控系统。在地热利用工程中，利用微机和仪器、仪表等对环境工程设施进行自动测试、记录和报警。

该项研究成果强调"因地制宜、梯级开发、综合利用"，根据地热资源情况（水温、水量、压力等）、地理、气候特点，选择合适的应用项目，合理安排梯级利用次序或一级用尽热量方式，最大限度地提取热能。该项目已在福建、河南、河北、湖南等地推广，取得了较好的经济和社会效益。

《沼气用户手册》科普连环画册

主要完成人员：白金明、孙玉田、胡金刚、王久臣、寇建平、郝先荣、闫成、张德君、李景明、郑时选

获奖情况：国家科学技术进步奖二等奖

成果简介：

《沼气用户手册》（以下简称《手册》）系中国农业出版社组织创作，配合农业部实施生态家园富民计划出版发行，面向广大农民、沼气用户和沼气建设专业技术人员的农村能源生态科普连环画册。

《手册》重点传播和普及农村沼气建设的作用、沼气池的建造、户用沼气配套产品安装、户用沼气运行与维护、沼气安全使用和沼气综合利用等知识。

《手册》在创作过程中有三方面创新。一是在选题内容上，紧紧围绕重大农业工程技术推广项目，准确把握沼气技术的先进性和农民实际需求。创作人员先后深入河北、湖北等十几个省、几十个县、上百个村，走访近千家农户，了解农民的实际需求，把握技术要求，尊重农民创造，做到科学性与实用性相结合；二是在创作手法上，突出沼气知识科普化、语言表达通俗化，尽可能用农民的语言普及沼气知识和技术，做到知识性和可读性相结合；三是在表现形式上，灵活运用写实、夸张、卡通、拟人、装饰和电脑设计等多种科普创作手段，做到图文并茂。这种科学技术来源一线，表现形式浅显易懂的创作手法，在有关农村能源生态科普图书中为首创。

《手册》自2003年12月出版以来，通过新华书店发行．媒体联动宣传、科技下乡入户、为农民书屋配书、网络图书商场等方式扩大发行渠道，再版一次，印刷12次，累计发行量达120万册。这一发行数量位居全国图书市场畅销书排行榜的前列，在"三农"图书市场上更是一枝独秀。

据统计，截至2006年年底，全国有沼气用户2 200万户，相当于每18位沼气用户当中就有1位拥有一本《手册》。《手册》使农村沼气政策入户、科普到人、技术到手、理念入心，对普及沼气知识、推动农村沼气建设发挥着积极作用，社会效益巨大，也对"三农"图书的策划、编辑、出版和发行产生了积极影响。

2004年12月，《手册》被中国书刊发行业协会授予"全国优秀畅销书"荣誉称号；2006年7月，《手册》被中共中央宣传部、新闻出版总署、农业部联合授予"全国服务'三农'优秀图书"荣誉称号。

在农村省柴节煤灶（炕、铺）技术方面，我国研究推广了新型省柴卫生灶、节煤炉（灶），1997年在全国推广使用省柴节煤炉灶达18 150.74万户、省柴节煤炕（铺）达172 863万铺。同时，在生物质转换为高品位能源技术上，已研制出ND—400、ND—600、ND—900型生物质气化装置，280型家用生物气化炉，10千瓦、60千瓦生物质燃气发电机组等，有的设备已投入市场。

在风能技术方面，我国研制成功的100瓦、150瓦、200瓦、300瓦、500瓦、1千瓦、2千瓦、3千瓦、5千瓦9种微型风力发电机已投入商品化生产。其中1千瓦以下的微型风力发电机年产量和推广保有量均居世界前列，年生产能力达3万多台，产品性能好、质量优、价格低，已出口一些国家和地区。此外，还研制开发出10多种不同形式的风力提水机，已在生产上应用。

我国太阳能资源十分丰富，适宜太阳能发电的国土面积和建筑物受光面积也很大，其中，青藏高原、黄土高原、冀北高原、内蒙古高原等太阳能资源丰富地区占到陆地国土面积的三分之二，具有大规模开发利用太阳能的资源潜力。20世纪80年代，随着科技的进步，光伏农业成为迅速发展的新兴行业，它是将太阳能光伏转换发电应用到农业生产活动，如种植、养殖、灌溉、病虫害防治以及农业机械动力提供等领域的一种新型农业。

农业光伏具有以下特点：现代农业＋光伏发电，且光伏运行过程中能够满足农村的适时需求；农业与光伏深度结合，农业种植（养殖）＋光伏发电；发电、农业、生态改善多功能并举；节约土地；成本较低；不仅仅是以农民为主体的运营，而是加入工商企业家群体与互联网技术、信息技术、智能控制技术、新能源、现代农业等领域的高度融合，为农业可持续发展提供有力的技术支撑。

中国农业大学、西北农林科技大学、福建农林大学机电工程学院等高等院校与企业结合，设计、研制出各种类型的农业光伏，封闭式光伏种植大棚、半封闭式光伏养殖大棚、渔光互补电站和光伏电站生态养殖等农业光伏在国内各地实施，并取得较好应用成果。如太阳能灶的设计理论、系列灶研制、测试方法、技术标准等取得突破性进展，已定型的太阳能灶有10多种，反射面积为1.6～2.5平方米，功率为0.7千瓦～1.2千瓦。研制的太阳能干燥装置单机规模在1 000平方米以上，进入世界先进行列。太阳能干燥装置主要用于谷物、花生、水果、烟草、中药材等作物的干燥，效果很好。又如陕西蒲城隆基生态光伏新能源有限公司投资的40兆瓦项目，选用乐叶牌单晶组件生态光伏电站，采用可调倾角支架体系，冬季电站下部净空超过1.5米，夏季为2.3米，适用于一般农业、蔬菜、牧业，以可调倾角模式运行；第二代固定可调倾角支架系统采用单晶组件单列组件或双列排布，对地面阳光遮挡小，满布率大约在30％，可实现春秋季一年3～4次倾角调节，可增加发电量3％～5％。下部空间统一，净空高度2.5～3米，适用于农业机械化耕种；第三代农业光伏开始向智能化方向发展，完全采用跟踪系统，可以实现农业阳光的适时需求调整，如位于西藏昌都的智能大棚发电系统、陕西三原县的跟踪式斜单轴系统、衢州江山的农业光伏，可种植水稻等作物，取得较好的经济社会效益。此外，我国在地热能、海洋能利用研究上也取得了新的重要进展，展示出良好的应用前景。

（九）农业生物技术

20世纪70年代以来，我国生物技术研究进展迅速，在单倍体育种上处于国际先进水平，已研究出了水稻、小麦、高粱、甜菜、烟草、苹果、柑橘、番茄、草莓等60多种植物花培、组培成株技术。其中利用花药育成的中花8号、9号、14号等水稻新品系，推广面积在400万亩以上；京花小麦新品系推广面积近100万亩；组培快繁和脱毒技术已应用于生产。20世纪70年代初，我国采用茎尖脱毒培养技术解决马铃薯退化的研究取得成功，并先后在内蒙古、黑龙江等地建立了马铃薯原种场，为全国各地提供脱毒种薯。1988年，脱毒马铃薯种植面积已达398万亩，增产在50%以上，取得明显的经济、社会效益。广东省建立的香蕉无毒苗快繁基地，年生产、销售无毒苗400多万株。兰花组培快繁生产线已在甘肃落成，并面向市场批量生产。柑橘、苹果、葡萄等已建立了无毒种苗基地，开始商业化、产业化生产。原生质体培养和体细胞杂交研究接近或达到了国际先进水平，其中玉米、高粱、大豆、谷子、棉花、黄瓜等原生质体培养成株，在国际上均为首次。水稻、小麦等原生质体培养技术基本上与国际先进水平同步。基因工程育种技术发展迅速，已获得了多种转基因作物，如转基因抗虫棉、转基因抗黄矮病小麦、转基因抗青枯病马铃薯、转基因抗白叶枯病水稻、转基因厚皮耐贮西红柿、转基因抗病毒番茄、抗病毒甜椒等，其中转基因棉铃虫棉花、转基因厚皮耐贮西红柿等已通过品种审定，进入大田推广阶段。截至2005年，全国转基因抗虫棉累积推广面积1亿多亩，其中国产抗虫棉约占80%。水稻基因组研究取得重大突破，已完成了基因组工作框架图和精细图，居世界先进水平。黄瓜基因组和重要农艺性状基因研究取得新的突破。

棉花抗虫基因的研制

主要完成单位：中国农业科学院生物技术研究所
主要完成人员：郭三堆、倪万潮、范云六、贾士荣、崔洪志
获奖情况：国家技术发明奖二等奖
成果简介：
该项研究的主要内容如下。

（1）应用现代蛋白质工程原理，设计出新型融合抗虫蛋白；根据其氨基酸的一级结构，按照植物优化密码子，采用基因工程技术研制成功了单价新型融合抗虫基因（GFM Cry-1A）。

（2）为提高抗虫稳定性并预防棉铃虫对单价抗虫棉产生耐受性，利用合成的GFM Cry-1A基因于修饰后的CpTI（豇豆胰蛋白酶抑制剂）基因进一步研制成功了双价抗虫基因。

（3）根据植物基因转录、转录后加工以及翻译等过程的表达调控原理，构建成功了带有8个表达调控元件的高效植物表达载体。

（4）通过转基因技术将抗虫基因导入普通棉花，使其获得抗虫性，创造出单价抗虫棉和同时可表达两种杀虫蛋白质的双价抗虫棉。

（5）系统开展了可抗虫棉种质创新、品种选育、杂种棉组配、试种示范、遗传规律、安全性、昆虫种群动态、抗性治理等多项交叉学科研究，取得了一系列重要结果，为抗虫棉研

究和产业化提供了科学依据。

单价抗虫棉从 1996—2001 年累计应用推广 1 350 多万亩，双价抗虫棉从 1998—2001 年累计应用推广约 356 万亩。审定抗虫棉品种 12 个，累计推广面积 1 700 多万亩。棉农种植国产抗虫棉每亩增收节支约 140 元。累计产生社会效益近 24 亿元，直接经济效益达 2.57 亿元。中国双价抗虫棉正在走出国门，进入印度等国际市场。

生物技术在家畜繁殖中的应用发展迅速。20 世纪 70 年代以来，胚胎移植与分割技术、胚胎性别鉴定、体外受精技术等生物技术取得重要进展，牛超排后平均获可用胚胎 5~6 枚，绵羊、山羊可达 6 枚以上；牛羊鲜胚胎移植受胎率 20%~60%；冷冻胚胎移植受胎率 45.5%，接近国际先进水平。1984 年获得世界上第一只体外受精的山羊公羔。1986 年试验获得试管兔。1988 年试验获得试管牛。利用胚胎分割技术，用半胚移植在牛、羊体上获得成功，1986 年试验获得首例半胚胎牛犊；1987 年试验获得同卵双胎母犊，获得 5 只半胚绵羊羔，其中一对为孪生母羔。20 世纪 90 年代应用精子为载体和胚胎注射方法，将猪生长激素基因导入猪胚内，经产仔存活后检测表明外源基因已嵌合到染色体上，得到转基因猪，具遗传转化率达 2.98%，略高于国外同类实验 1% 左右的水平。2016 年西北农林科技大学良种牛羊高效克隆技术研究取得突破，得到同行认可和较高评价。

猪高产仔数 FSHβ 基因的发现及其应用研究

主要完成单位：中国农业大学
主要完成人员：李宁、杨宁、邓学梅、胡晓湘、吴常信、黄银花
获奖等级：国家技术发明奖二等奖
成果简介：

分子标记技术是最新一代动物品种改良技术，20 世纪 90 年代中期首次应用以来，已经显示出前所未有的遗传改良进展，是当今世界动物育种产业竞争的前沿和制高点。

该项目在"863"等计划的支持下，历时 15 年，发现了可用于鸡生长、脂肪、肉质、抗病等重要性状改良的分子标记，开发了相应的诊断试剂盒，在国内 9 家蛋鸡和肉鸡育种龙头企业中推广应用。特别是性连锁矮小基因和慢羽基因研究成果的产业化，为我国蛋鸡新品种成功育成提供了重要的理论指导和分子育种方法。该项目还发展了国际先进的基因精细定位和基因功能验证技术体系，建立了高通量分子标记检测技术平台，为我国鸡分子标记技术的持续创新奠定了重要基础。

该项目的主要成果如下。

（1）利用性连锁矮小和白血病抗性基因诊断技术，培育了我国蛋鸡新品种（系）。首次克隆和精细分析了性连锁矮小基因，该基因是国际上公认为对畜禽生产具有重要影响的单基因之一，对节粮型蛋鸡的育成与推广发挥了重要的作用。精细鉴定了慢羽基因的内源性病毒插入位点，发现了其对白血病遗传抗性的特点，发展的分子育种方法成功培育了京白蛋鸡抗病新品系。农大 3 号小型蛋鸡和京白蛋鸡配套系已累计推广 12 亿只以上。

（2）利用重要生产性状的分子标记技术，加快了我国优质肉鸡的培育进程。开发了鸡脂肪、生长、肉质等优势基因检测和配合力预测的分子标记试剂盒，获得了发明专利，相关技

术均在国内龙头育种企业推广应用，对我国优质肉鸡的选育提高发挥了重要的作用。

（3）开发了一批高通量分子标记技术，发现了一批影响品种特征性状的基因或标记，为我国地方优良鸡种的选育提高和特征保持提供了有效的分子育种方法。发现了影响体重、胫长等性状的 120 多个新的 QTLs，精细定位了我国地方品种特征性状丝羽、多趾、缨头、玫瑰冠、毛脚等的基因座位，获得了高度准确的可用于育种的分子标记。建立了基因组扫描、大规模 SNP 分型、多标记聚合分析等高通量分子标记检测技术，建立了国际上规模最大的鸡资源群体和国际上基因组覆盖率最高的鸡 BAC 文库，所建立的遗传资源与分子标记技术平台为提高我国鸡分子育种技术的国际竞争能力提供了支撑。

项目已申请 10 项国家发明专利，1 项国际发明专利，其中 3 项获得授权。7 项分子标记技术在亚洲最大的蛋种鸡企业——北京华都峪口禽业公司，全国最大的优质肉鸡育种和生产企业——广东温氏食品集团等 9 家龙头育种企业中应用。2006—2008 年间的应用效果，经中国农业科学院农业经济与发展研究所测算，每年新增收益 1.9 亿元。该项目已发表国内论文 183 篇，被引用 1 029 次；发表 SCI 论文 72 篇，其中 32 篇发表在本学科领域 TOP15％的期刊上，被引用 284 次，包括 *Nature Review Genetics* 等杂志的论文也进行了引用。部分研究成果在 2002 年、2005 年由北京市科学技术委员会组织专家进行了鉴定，一致认为所获成果达到该领域国际领先水平。

2015 年，西南大学夏庆友团队针对我国蚕科学的重大问题，在激烈的国际竞争形势下取得一批原创性研究成果，研究成果的要点有首创并完成了中国家蚕基因组计划，发现家蚕由中国野桑蚕驯化而来为单一事件；分析了家蚕各发育时期、组织器官的基因转录、翻译和调控，对家蚕基因组进行了功能注释；研究了家蚕重要经济性状的形成机理等。研究成果带动了中国蚕科学的快速进步，并对我国蚕丝产业的发展产生了积极影响。

我国科研人员应用杂交细胞瘤技术，建立了布什杆菌病、鸡马立克氏病、口蹄疫、猪瘟、马传贫病、鸡新城疫等单克隆抗体杂交病细胞株，为准确诊断和治疗疫病提供了新途径。应用 NM－3 基因工程菌苗预防仔猪黄、白痢获得较好效果。研制出 3 种不同品种的幼畜腹泻基因工程疫苗，使用该疫苗可以显著降低仔猪腹泻所引起的死亡率，已进入商品化生产阶段。2011 年，在国际上首次确定了 MUC13 为决定断奶前仔猪腹泻易感性的 ETEC F4ac 受体基因，并广泛适用于杜洛克、长白和大白三个主要商业猪种的断奶前仔猪腹泻抗病育种新技术。2012 年，创建了基因资源高效发掘及分子标记开发利用技术体系，并用于市场主打品种长白、大白和杜洛克猪选育，产肉性状显著改良，经济效益显著。2013 年，揭示了传染性法氏囊病病毒的基因重配和复制的机制，发明的基因工程亚单位疫苗在养鸡生产上广泛应用，为减少疫病发生、消除传染性法氏囊病病毒变异、净化鸡场的传染性法氏囊病做出了重要贡献。2015 年，成功创制了具有国际领先水平的猪支原体肺炎活疫苗，实现了具有自主知识产权产品的产业化应用，推动了猪支原体肺炎疫苗研发与应用的技术进步。

20 世纪 60 年代，我国开展了细胞核移植技术研究，1963 年和 1973 年两次报道了成功进行金鱼和鳟鱼间细胞核移植。1974 年获得可育的鲤、鲫核质杂交鱼。1980 年初繁育得到大量鲤鲫核质杂交鱼 F3，经生产饲养其性状稳定，生产速度较亲本快 30％。继而移核鱼 F2（雄）与散鳞镜鲤（雌）杂交获得 F1 颖鲤。颖鲤具有三元杂交的生长优势，体色、体型和生长速率均优于移核鱼，在养殖中得到应用。同时，首次建立了 ZC－7801 草鱼吻端组织细胞株，其后又建立了CIK细胞系，完善了鱼类细胞培养技术，并进行了攻毒和草鱼呼肠孤病毒培养、提纯、种名鉴定与细胞疫苗批量生产技术研究。在雌核发育及倍性育种技术研究中，获得了细胞融合鱼、雌核发育鱼、鲤鲫核质杂交鱼和一些鱼的纯系。

20世纪90年代，我国转基因鱼技术研究获得了成功，先后培育出转基因镜鱼、转基因鲫鱼等，有的已用于生产。还应用"原种性反转，雄体同倍体"技术路线，培育出数百尾莫桑比克罗非鱼超雄鱼，并在湖北、福建和四川等地饲养，表现生长优势明显，就其数量和规模而言，该技术已进入世界先进行列。近年来，我国还构建了大马哈鱼、黄盖鲽、黑龙江野鲤基因文库，分离和克隆了大马哈鱼生长激素基因，合成了鲤鱼基因启动子，将外源生长激素基因转入鱼类受精卵等研究，其中生长激素基因转入团头鲂和鲤鱼研究已获得大量基因工程鱼，达到国际先进水平。

中国林业科学研究院经过五年科技攻关和五年后续推广试验，在林木菌根化生物技术研究中取得重大进展。在理论方面，研究提出影响林木菌根形成的主要因子，首次揭示了菌根形成机理，提出林木菌根化概念及其条件，为《林木菌根化生物技术》奠定了理论和应用理论基础；首次用实验方法证实典型外生菌根菌与专性外生菌根菌树种（松树）形成内外生菌根，提出并证实了"菌根类型假说""临界假说"，发现了根髓部哈蒂氏网及其薄壁细胞内菌根真菌感染，打破了根内皮层是菌根侵染禁区的论断，填补该领域理论空白。在应用方面，在我国18省（区）、市进行了湿地松、火炬松、马尾松、桉树和落叶松等主要工业用材树种菌根菌的调查、分离和收集，揭示了菌根菌生态分布规律，筛选出9种15株多功能、高效优良菌根菌；研制成功10种新型号菌根制剂，创造了主要工业用材树种不同培育方式根菌化技术，形成了系统的根菌化育苗造林新工艺，大幅度提高造林成活率和林木生长量，具有高效、低耗、简单、易行和维护地力促进生态平衡的特点。

进入21世纪，中国林业科学研究院采用农杆菌介导法转化了两个不同杀虫机制的基因，即在一个表达载体上构建了部分改造的Bt基因Bt Cry1Ac和慈姑蛋白酶抑制剂基因API，符合延缓害虫产生抗性和扩大杀虫谱的策略。在实验室内和试验地上两种环境条件下，进行了5年饲虫试验研究。测试的昆虫均为鳞翅目的害虫，其中杨扇舟蛾，舞毒蛾，美国白蛾，杨小舟蛾等高抗无性系（一龄）死亡率达82.6%～100%。分子生物学检测Bt Cry1Ac和API基因导入转基因741杨基因组中，且为单拷贝插入。转基因741杨适于栽植在河南、山东全省，京津两市，河北长城以南以及坝下地区，陕西关中一带，山西晋中、南各河流流域，安徽北部、淮北平原，江苏东北部，辽宁南部，甘肃天水、兰州以南等地区，为速生丰产林工程建设和平原绿化的首选树种之一。

（十）农业信息技术与人工智能

我国在信息技术农业应用研究方面起步晚，但发展快。20世纪90年代后期，我国已建立农业数据库71个，主要有中国农林文献数据库、中国农业文摘数据库、中国农作物品种资源数据库、中国饲料数据库、农牧渔业科技成果数据库、全国农业经济统计资料数据库。这些数据库的运行与服务取得了一定的社会经济效益。与此同时，还引进了联合国粮食及农业组织的农林系统数据库（AGRIS）、国际食物信息数据库（IFIS）、美国农业部联机存取数据库（AGRIOLA）、国际农业生物中心数据库。这四个数据库的引进，为我国提供了大量的国际农业信息资源，对改进和发展我国的农业数据库建设起了重要作用[17]。

在统计分析程序和模拟模型软件方面，20 世纪 80 年代，我国研制出数量遗传育种程序包，用于作物育种工作全过程。依据人工智能原理，用于辅助家蚕和蛋鸡、奶牛、中国美利奴细毛羊育种，成效显著。用 MCAI/50 微型计算机对遗传距离类平均法聚类和模糊聚类进行了对比分析，研制出作物产量气候的统计模拟模型，成功地开发出作物产量气候分析预报系统 AP-CS。利用微机开展施肥后土壤营养元素的变化、植物根系对养分吸收过程、土壤盐分的淋洗积累以及土壤水分问题研究，建立了肥料增产效应的数学模型。以统计分析和模拟模型为核心的水稻稻瘟病、麦类赤霉病的预报软件研制成功，可在较大范围进行 45 天、15 天的预报，为有效防治提供了依据。研制开发作物产量气候分析预报程序系统，其中在微机 IBMPC 上开发的软件，综合应用了数据库、模型和 Monte Carlo 技术，可以完成资料服务、产量分析预报及农业气象条件评定等多项业务。还研制出农业专家系统，用于指导小麦、玉米等新品种选育。研制出水稻、小麦、棉花等生产管理系统，已广泛用于生产，受到广大农民欢迎和好评。其中小麦专家系统可使单产增产 6%～25%，成本降低 4%～8%，效益提高 15%～30%。

农业智能系统技术体系研究与平台研发及其应用

主要完成单位：中国科学院合肥物质科学研究院

主要完成人员：熊范纶、李淼、张建、王儒敬、张俊业、宋良图、李绍稳、胡海瀛、崔文顺、黄兴文

获奖等级：国家科学技术进步奖二等奖

成果简介：

该项目属信息技术领域，是将智能信息技术应用于农业的一项高新技术。1990 年开始得到国家"863"计划和国家自然科学基金委员会十五项连续立项资助，在理论方法、关键技术、产品研发以及推广应用方面，均取得重大创新性进展。

该项目紧密结合中国国情和农业领域的特点，运用智能技术和信息技术国际主流、前沿技术，提出和实现面向农业领域的知识表示方法及其相应推理机制，综合智能引导人工知识获取和自动半自动知识获取环境，智能系统的技术集成，构建农业智能系统技术体系，推动智能农业信息工程和智能农业信息学朝新兴研究方向发展。

运用上述研究成果，研发出构件化、网络化、智能化、具有开放体系结构的农业专家系统开发平台系列产品，性能稳定可靠，方便快捷进行系统开发，成为国内开发农业专家系统的品牌。

探索适合中国国情的信息技术服务"三农"、推进农村信息化和现代化的突破口和切入点。成果已在全国 28 个省市的 480 多个县推广应用，开发了 700 多套专家系统，取得显著效益，受到国家领导的重视和各省的欢迎，近年来又在少数民族地区取得明显成效。

该项目对于农业资源合理使用与保护、促进农村生产结构调整、变革农村农业技术推广和科普机制、提高广大基层干部和农民的科学文化素质、促进农业可持续发展等，均具有重大且深远的影响。获得发明专利 4 项、实用新型专利 1 项，软件著作权 63 项，曾获得 4 项省科技进步奖一、二等奖，国家"863"计划突出贡献奖。近年来，获得国际认可和嘉奖，其相关成果于 2003 年 12 月荣获联合国世界信息峰会的 World Summit Award 大奖，2005

年获国际自动控制联合会 IFAC Fellow 奖。该项目使中国走出了自己的农业信息化发展道路，成为国际上一个成功案例。

在计算机信息网络技术方面，农业部"金农工程"的启动标志着中国农业信息技术服务体系的形成。中国农业科技信息网络开始为农业科研、教学、生产部门提供有效服务。中国农业科学院农业信息研究所利用 3G 无线网络等现代农业信息技术与装备，建设基层农业技术推广信息化与管理平台，创新农业技术推广与管理手段，全面提升以基层农业技术推广人员为核心、相关社会力量参与的基层农业技术推广公共服务能力，实现"信息到村、指导到人、技术到田"，加快农业科技成果转化与推广，以取得显著的经济与社会效益。一些省、自治区、直辖市及所属地市也建立农业科技信息网络。如北京市农业智能网络 AIC-NTE，以 Windows NT 平台、SQI Server6.5 为数据库操作系统，采用拨号入网的方式，通过网络向北京 8 个区、县近 50 个乡镇提供农业信息服务。

近年来，我国农产品市场监测预警理论、方法、技术、设备、系统等方面均取得了突破性进展，包括初步构建了覆盖多品种、多市场、多区域的中国农产品监测预警系统（简称CAMES）；制定并实施了《农产品全息市场信息采集规范》和《农产品市场信息分类与计算机编码》两个行业标准；开发了便携式农产品全息市场信息采集器（简称农信采），为我国农产品市场信息采集和监测预警工作带来变革性的变化。创造性地提出农业物联网的"三全"发展理念，即"全要素、全系统、全过程"的系统论观点；在上海、江苏等地建立了智慧农业综合应用示范区，自主研发了田间环境综合感知站，实现水稻全产业链的智慧生产和管理；天津市集成示范物联网感知、传输、决策及应用相关技术和设备，形成农业物联网应用技术体系，探索农业物联网建设模式和高效试验机制；安徽省以大宗农作物"四情"（苗情、墒情、病虫情、灾情）监测服务为重点，通过物联网技术的集成应用实现了大田作物全生育期动态监测预警和生产调度。

进入 21 世纪，快速发展的航天和遥感技术在农林领域得到应用。2012 年，中国农业科学院农业资源与农业区划研究所的唐华俊等人，首次建立了农作物信息天（遥感）地（地面）网（无线传感网）一体化获取技术，在国内率先研制了面向农作物遥感监测的光谱响应诊断技术，创建了多源多尺度农作物遥感监测技术体系，制订了系列标准规范，建成了国内首个唯一稳定运行超过 10 年的国家农作物遥感监测系统（简称 CHARMS）。该系统长期应用于农业部、国家发展和改革委员会等对全国粮食生产形势的宏观分析和决策支撑，并先后在黑龙江、吉林、河南、山东、山西、四川和江西等 31 个省（自治区、直辖市）进行推广应用，累计监测作物面积达到 89 亿亩，实现间接经济效益 108 亿元。获发明专利 4 项、软件著作权 11 项，制订行业标准 13 项等。2014 年，中国农业科学院农业资源与农业区划研究所同有关科研、院校合作，在唐华俊主持下，紧密围绕农业主管部门的灾情信息需求，以"理论创新—技术突破—应用服务"为主线，重点突破了农业旱涝遥感监测中"监测精度低、响应时效差、应用范围小"等技术难题。从 2002 年开始，系统应用于农业部和国家防汛抗旱总指挥部等部门的全国农业防灾减灾工作，在多次重（特）大农业旱涝灾害监测中发挥了重要作用，并先后在黑龙江、河南和山东等 15 个省进行推广应用，累计监测受灾面积 34.9 亿亩，实现间接经济效益 243 亿元。获得发明专利 4 项、软件著作权 12 项，制定标准规范 15 项，出版专著 7 部，发表学术论文 112 篇（SCI 论文 52 篇），对农业防灾减灾科技进步起到了重要推动作用。

主要农作物遥感监测关键技术研究及业务化应用

主要完成单位： 中国农业科学院农业资源与农业区划研究所、中国科学院遥感应用研究所、国家气象中心、山西省农业遥感中心、黑龙江省农业科学院遥感技术中心、四川省农业科学院遥感应用研究所、安徽省经济研究院

主要完成人员： 唐华俊、王长耀、周清波、毛留喜、刘海启、陈仲新、刘佳、张庆员、吴文斌、王利民

获奖情况： 国家科学技术进步奖二等奖

成果简介：

及时掌握农作物种植面积、长势和产量信息对于科学指导农业生产、防灾减灾、确保国家粮食安全，以及服务国内外农产品贸易具有重要意义。国内外农作物遥感监测的研究较多，但由于我国独特的复杂地形和种植条件，能够满足农业主管部门农作物遥感监测需求的关键技术亟待突破。从1998年开始，国内10多家农业遥感研究优势单位200余人经过10余年的联合攻关与应用，围绕"农作物空间信息获取—信息分析—信息应用与服务"的主线，创建了适合于国家及区域尺度农作物遥感监测的理论、方法和技术体系，建立了国内首个唯一稳定运行超过10年的国家农作物遥感监测系统（CHARMS），成为国际地球观测组织（GEO）向全球推广的农业遥感监测系统之一。项目取得省部级成果奖励一等奖2项（含北京市科技进步奖一等奖1项）、发明专利4项、软件著作权11项、制订行业标准13项，出版著作4部，发表论文153篇（含SCI论文23篇，EI论文59篇）。

（1）创建了多源多尺度农作物遥感监测技术体系。突破了我国独特复杂种植条件下农作物精细识别、农作物长势和土壤墒情多源遥感协同监测、产量多模型估测等技术瓶颈；大范围农作物种植面积遥感测量准确率达到95%以上，识别时间较人工目视解译提前20～30天；全国农作物长势和土壤墒情遥感监测从无到有，监测频率达到每月3次；区域农作物单产估测精度提升到95%以上；在国内首次实现全国尺度主要农作物种植面积本底遥感调查，总体精度高于美国农业部作物遥感制图的精度。

（2）首次创建了天（遥感）地（地面）网（无线传感网）一体化的农作物信息获取技术。完善了适用于我国农作物遥感监测的空间抽样理论和技术，在同等精度条件下，空间对地抽样效率平均提高30%；首创了天地网一体化农作物信息获取技术，解决了以往基于单一遥感信息的农作物监测数据时空不连续的关键难点，大范围农田信息获取成本较传统人工地面采集方式节约了90%以上；发展了多源遥感数据组网、空间尺度转换、海量农业遥感数据处理技术，大大提高了我国农情信息快速、高效、经济获取的能力。

（3）在国内率先研制了面向农作物遥感监测的光谱响应诊断技术，研发了全面覆盖农作物和农田环境参数的定量反演算法和模型。在国内率先开展了作物生化参数高光谱反演的研究，开辟了无损条件下获取田间农作物品质及养分等诊断信息的新途径；研发了作物物候期、叶面积指数、光合有效辐射等关键参数的遥感定量反演算法和模型，实现区域农作物和农田环境参数的遥感反演精度提高5%以上，显著推动了我国农业定量遥感理论和技术的发展。

（4）建立了国内首个服务于农业主管部门的农作物遥感监测业务化运行系统。制定了国内外首个完整的农作物遥感监测技术规范与标准体系；2002年开始，该系统长期应用于农业部、国家发改委等对全国粮食生产形势的宏观分析和决策支撑，并先后在黑龙江、吉林、河南、山东、山西、四川和江西等31个省（自治区、直辖市）进行推广应用，累计监测作物面积达到89亿亩，实现间接经济效益108亿。

2009年，中国林业科学研究院资源信息研究所等单位首次建立了多阶遥感监测抽样技术体系，突破了森林资源遥感数据综合处理、分析及其集成应用的关键技术，规范了遥感技术应用的技术流程与标准，自主研发了森林资源调查遥感数据处理通用软件系统，建成了面向一类调查和二类调查两个服务层次的森林资源遥感监测业务应用系统，其主要经济技术指标为：遥感影像批处理能力达到准实时，几何校正中误差优于0.5个像元；人机交互有林地判别正确率优于95%，针叶林、阔叶林、混交林和竹林等森林类型的判识正确率优于85%；业务化运行系统满足国家相关规范的要求，国家级森林资源遥感监测业务运行系统的运行成本比常规体系降低20%；县级森林资源规划设计调查的林相图和森林分布图的制作效率比常规提高2倍以上，实现了森林资源遥感监测与信息管理的自动化、智能化和流程化。申请发明专利1项，获软件著作登记权8项。发表论文140余篇，其中SCI收录9篇。

此外，我国还开展地理信息系统（GIS），全球定位系统（GPS），遥感技术（RS），即"3S"技术和数字农业等研究，并取得一定效果。

（十一）农业科学问题与技术前沿

基础研究是农业科学研究的技术基础。新中国成立以来，农业科学工作者紧密结合已有工作基础、优势和世界农业科学前沿，在阐明自然现象、特征和规律的基础研究和应用基础研究中，做出具有科学价值的理论成果，运用科学技术知识做出产品、工艺、材料及其系统等重大技术发明及具有先进性和创新性的科技成果。如我国的籼型杂交水稻、水稻矮化育种、光温敏核不育水稻的发现、鉴定与利用，两系法杂交水稻技术、印水型水稻不育胞质的发掘及应用，育成了小麦第一套全基因组近等导入系人近等基因系，完成了小麦品种及其系谱分析、远缘杂交小偃系列小麦新品种（系）、太谷核不育小麦的发现鉴定与利用、矮败小麦及其高效育方法创建与应用、棉花抗虫基因研制及转基因系列品种的应用、油菜波里马雄性不育系及其优质杂种选育、小麦条锈病流行体系、黏虫越冬迁飞规律及防治；猪瘟疫苗研制及防治、马传染性贫血病诊断和疫苗研制、禽流感病毒进化跨种感染及致病力分子机制、重要动物病毒病防控关键技术与应用，确定了猪促卵泡素亚基基因为猪高产仔数的主效基因；对虾工厂化全人工育苗技术、河蟹繁殖的人工半咸水及工厂化育苗工艺；杉木地理变异和种源区划分、中国生态系统网络创建及其观测研究和试验示范等均处于世界领先或先进水平。

进入21世纪，南开大学陈瑞阳等人历经25年，对我国95科331属2834种（含种下分类单位）植物染色体数目进行了报道，完成了1045种植物核型分析。新发现了191种具有重要经济价值和科学意义的多倍体、多倍体复合体和细胞型，首次报道了我国银杏、芦笋的性别机制为ZW型XY型，创建了植物染色体标本制备的去壁低渗法（WDⅡ法），对植物染色体Giemsa C-带、N-带、G-带、Ag-带、微切微克隆、FISH等研究技术进行了一系列改革与创新，制定了中国植物型分析标准化，建立了我国植物染色体信息学研究平台，为全国300多个单位培训了植物染色体技术人才，使我国后来的广大植物染色体研究者能够从更高的起点继续攀登科学高峰。

2012年，林鸿宣等人对水稻耐盐、产量等复杂重要性状的分子调控机理开展的系统而深入的长期研究，取得突破性的成果：为阐明作物产量性状的分子机理提供重要新观点、新见解，为水稻、玉米、小麦等作物的高产育种提供有应用价值的新基因；以水稻白叶枯病和稻瘟病作为研究对象，通过发掘水稻中参与质量抗性和数量抗性调控的基因，研究水稻抗病调控的分子机理，回答高效利用抗性基因资源改良水稻的科学问题；开展水稻生理与遗传研究，剖析这些重要生理性状的调控机制，并致力于结合育种实践提出育种基础理论，为育种家发掘实用的分子技术，促进了育种工作开展。

2005年，中国科学院李家洋等人研究出高等植物株型形成过程主要受遗传与植物激素等内在因素的调控，同时还受光、温、水、肥等外界环境因素的影响。以模式植物拟南芥和重要农作物水稻为材料，重点研究高等植物株型形成（如顶端优势、植株高度、分枝数目与角度形成）的分子机理，取得了具有重要国际影响的成果。2018年，李家洋等人水稻高产优质性状形成的分子机理及品种设计，获国家自然科学奖一等奖，引领了水稻遗传学研究，具有重要的国际影响。

水稻高产优质性状形成的分子机理及品种设计

主要完成单位：中国科学院遗传与发育生物学研究所、中国科学院上海生命科学研究院、中国农业科学院中国水稻研究所
主要完成人员：李家洋、韩斌、钱前、王永红、黄学辉
获奖等级：国家自然科学奖一等奖
成果简介：

为了突破水稻产量瓶颈，育种家提出了理想株型的概念，希望培育出分蘖数适宜、茎秆强壮、穗大粒多的高产理想株型品种，同时具有优良的食用品质，实现新绿色革命。该项目围绕"水稻理想株型与品质形成的分子机理"这一核心科学问题，鉴定、创制和利用水稻资源，创建了直接利用自然品种材料进行复杂性状遗传解析的新方法；揭示了水稻理想株型形成的分子基础，发现了理想株型形成的关键基因，其应用可使带有半矮秆基因的现有高产品种的产量进一步提高；阐明了稻米食用品质精细调控网络，用于指导优质稻米品种培育。

该项目强调基础理论研究与生产实际应用的结合，将取得的基础研究成果应用于水稻高产优质分子育种，率先提出并建立了高效精准的设计育种体系，示范了高产优质为基础的设计育种，培育了一系列高产优质新品种，为解决水稻产量与品质互相制约的难题提供了有效策略。

研究成果在 *Nature* 等国际权威学术刊物上发表，多次入选"中国科学十大进展"和"两院院士评选中国十大科技进展新闻"，引领了水稻遗传学的发展，具有重要的国际影响。

2011年，桂建芳等人首次发现多倍体银鲫具有独特的单性生殖和有性生殖双重生殖方式，为解答单性动物面临的进化遗传学难题提供了一个独特事例；揭示银鲫存在基因组、染

色体或染色体片段渗入现象,鉴定出具有不同染色体数、核型和 DNA 含量的克隆系;创建了筛选银鲫生殖相关基因的研究体系,开拓了单性生殖动物和养殖鱼类生殖相关基因鉴定和功能研究的新方向。2015 年,焦念志等人以海洋碳循环为主线,系统研究了海洋微型生物的生态过程与环境效应;以重要功能类群好氧不产氧光合异养菌(AAPB)为突破口,通过方法创新和大规模现场实测,查明了 AAPB 全球分布格局,揭示了 AAPB 调控机制,提出了海洋微型生物碳泵(MCP)海洋储碳新机制,促进了学科发展,显著提升了我国在该领域的国际影响力。

第五章
新中国农业科技成果转化与推广

　　科学技术是第一生产力，是农业发展的重要推动力。在当今经济全球化和新的农业科技革命形势下，我国粮食安全和农业的发展越来越依靠科技进步和创新，依靠农业科技成果进入生产的前期性开发、中试、熟化，引导或推动农业科技成果的有效转化和推广。自1993年实施《中华人民共和国农业法》《中华人民共和国农业技术推广法》以来，各级农业部门组织转化和推广了一大批农业科技成果和先进适用技术，保障了我国粮食、棉花、油料等主要农产品有效供给，促进了农业和农村经济持续稳定发展[①]。

　　然而，我国农业科技成果潜在的生产力转化为现实生产力的能力没有完全发挥。有关部门统计，我国每年有2万多项科技成果和5 000多项专利，但最终转化为商品的科技成果不到总数的5%。就农业领域而言，我国现有农业科研机构1 220个、高等农业院校67所约12万名科技人员，每年申报并通过省部级技术鉴定、审定的农业科技成果约6 000项，而能够转化为现实生产力的科技成果仅为30%～40%，远低于欧美发达国家70%～80%的水平。我国"十三五"时期科技贡献率达到58.5%，比欧美发达国家低20%多。科技创新、科技成果转化和产业化的数量、质量、规模、速度和效率低的问题，已经成为制约农业持续稳定发展的主要因素。

　　为加速农业科技成果转移、转化和推广，提高农业科技创新能力和农业科技成果转化的速度、质量和效益，为我国农业和农村经济发展提供有力的科技支撑，在农业丰收计划的基础上，2001年4月，经国务院批准，财政部设立"农业科技成果转化资金"专项。同年，科学技术部出台了建设"国家农业科技园区"。同时，各省、自治区、直辖市人民政府也相应推出了一批农业科技成果转化（推广）计划（项目）等。这为加速农业科技成果转化、发展现代农业，促进农业增效、农民增收创造了条件。

第一节　农业科技成果转化的概念

　　1996年5月15日，第八届全国人民代表大会常务委员会第十九次会议通过的《中华人

---

　　① 根据2012年12月28日第十一届全国人民代表大会常务委员会第三十次会议《关于修改〈中华人民共和国农业法〉的决定》第二次修正。1993年7月2日第八届全国人民代表大会常务委员会第二次会议通过《中华人民共和国农业技术推广法》。

民共和国促进科技成果转化法》①，将科技成果转化定义为："为提高生产力水平而对科学研究与技术开发所产生的具有实用价值的科技成果所进行的后续试验、开发、应用、推广直至形成新产品、新工艺、新材料，发展新产业等活动。"由此可见，农业科技成果的转化有广义和狭义之分。广义的转化是农业科技成果在科技部门内部、科技部门之间、科技领域到生产领域的运动过程。狭义的转化是指对具有实用价值的农业科技成果进行的后续试验、开发、应用、推广，直至取得经济、社会或生态效益的运作过程。本章所指的农业科技成果转化是狭义的转化，表现形式是把农业科技成果由潜在的、知识形态的生产力转为现实的、物质形态的生产力[18]。

简而言之，农业科技成果是综合性的概念，一般是指科技人员在他们所从事的农业科学技术研究项目或课题研究范围内，通过调查、考察、试验、研制、实验观测或思维活动取得，并经过评审或鉴定，确认具有一定学术意义和实用价值的创造性结果。

农业科技成果一般可分为基础研究、应用研究和开发研究三类成果。这三类成果形态各有差异，转化为现实生产力的难易程度和速度也不尽相同。农业基础研究成果有些暂时不能直接转化与应用，而应用研究和开发研究成果是可以直接转化与应用，但三类研究成果其转化与应用过程具有以下共同点。

一、成果转化时间较长，具有周期性

农业科技成果由潜在的生产力转化为现实生产力的过程，包含以下几个阶段，即农业科技项目的提出，论证与立项；研究与实验；中试与开发；验收与鉴定；成果转化与应用等。国内外的实践证明，从一个农业科技创新思想的产生到科学研究的重要进展与突破，再到农业生产实际中转化与推广，少则几年，多则十几年甚至更长的时间。

二、成果转化过程复杂，具有综合性

农业科技成果转化涉及的要素和环节较多，它既受自然环境的影响，又受经济社会条件的制约，是一个庞大的系统工程。一项重要创新性科技成果的转化需要相关方面的支持和各种专业技术的配合以及多方面人员的参与，并需要经过不断修正与完善，通过艰辛的努力才能进行转化与应用。

三、成果转化条件多样，具有选择性

农业科技成果一般是在实验室或试验场条件下取得的，但实验室的研究成果，甚至是试验场田间的研究成果并不意味着能够在大面积、大范围内得到转化与推广。每项农业创新性科技成果应用于生产的过程是十分复杂的，况且农业生产还受自然资源、经济社会条件、人为因素的影响，因此，农业科技成果的转化与推广一定要"因地制宜"，要有条件地选择。

---

① 根据2015年8月29日第十二届全国人民代表大会常务委员会第十六次会议《关于修改〈中华人民共和国促进科技成果转化法〉的决定》修正。

四、成果转化的原动力，具有市场性

在社会主义市场经济条件下，农业科技成果的转化动力主要来自市场。一项重要农业科技成果能否转化为现实生产力，主要看有无经济效益和社会价值，也就是说这项成果生产出来的产品能否适销对路，能否受到广大使用者欢迎。如果生产出的产品有市场、效益好，则成果很快就会商品化、市场化甚至国际化。

五、成果转化服务对象，具有社会公益性

农业科技成果转化的群体是农民，服务对象是广大消费者，这就决定了成果转化的社会公益性。农业科技成果转化主要表现为提高农业生产水平，促进农业增产、农民增收，满足社会对农产品的需求，使广大消费者受益。同时，要提高广大农民的社会商品意识和科学技术水平，促进农业科技进步和创新，让农业科技成果更好地服务全社会。

第二节　农业科技成果转化模式

新中国成立 70 年来，我国各级农业科研机构、高等农业院校、农业技术推广单位和农业企业等，紧密结合各地生产实际和市场需求，推广转化农业科技成果，不断创新农业科技转化模式。农业科技创新模式主要有政府和民间组织两大类，其中政府组织是农业科技成果转化与推广的主渠道，而民间组织的农业科技成果转化与推广模式也是不可缺少的重要渠道之一，二者相辅相成，形成了具有中国特色的农业科技成果转化与推广体系。

随着我国社会主义市场经济的快速发展，政府深化农村制度改革，扩大土地扭转、农业产业化经营，从局部探索转向全面推进，逐步形成了规模扩大、领域拓宽的新格局，也形成了相应的农业科技成果转化模式，主要有：

一、政府主导型

政府主导型指以政府设置的农业科研、高等农业院校和技术推广机构为主体，目标和服务对象较为广泛，具有政府主导、自成体系、自上而下和社会公益性等特征，在农业科技成果转化中起着举足轻重的作用。

政府主导型成果转化模式主要由农业科研机构、高等院校承担国家、部门科技成果产出和科技服务的任务，组织跨部门、多学科优势力量，联合攻关，研究并提供具有方向性、区域性、创新性的重大科技成果，并进行后续试验、开发、应用、推广直至形成新产品、新技术，促进新产业和农业持续稳定发展。

（一）"科技＋基地（试验区、示范区、辐射区）"成果转化模式

由国家发展和改革委员会、科学技术部、农业部、财政部等组织，国家科研机构、高等农业院校等主持，有关国家、部分省科研机构和高等农业院校参加的"五大片"，即黄淮海

平原、松嫩一三江平原、北方旱区、黄土高原、南方红黄壤地区"中低产田治理与区域农业综合发展研究"国家重大科技攻关项目，在"六五"至"十五"期间，创建"科技＋基地（试验区、示范区、辐射区）"转化模式，取得了具有自主知识产权的创新性重大科技成果，并做好了具有实用价值科技成果的后续试验工作，取得了重大的经济社会效益，同时，通过技术培训，广大农民的科学种田水平不断提高，为振兴地方经济做出了贡献。其中黄淮海平原中低产地区综合治理的研究与开发，于1993年获国家科学技术进步奖特等奖。

（二）科技主导、科教参与成果转化模式

国家重点科技攻关项目——"中国农作物种质资源收集保存评价与利用研究"，由中国农业科学院作物品种资源研究所主持，有313个科研、教学等单位共1 125名科技人员参加，坚持实验室与试验场、试验基地结合，经过三个"五年计划"跨地区、跨部门、多学科协作攻关，形成科研主导、科教广泛参与的运行机制和快速转化模式，创建了世界上唯一的品种资源长期库、复份库、中期库、资源圃相配套完整的种质资源保存体系，长期安全保存种质资源达180种，作物33.2万份，位居世界第二位。2003年获国家科学技术进步奖一等奖。

在此基础上，创新团队继续开展种质资源收集保存、新材料创制与育种技术研究，通过"联合攻关、协同创新"，取得重大进展，2016年国家科技进步奖一等奖（创新团队）。

（三）农技主导成果转化推广模式

农业技术推广是由政府主导，通过省农业部门、乡镇推广站的试验、示范、培训、指导以及咨询服务等，把农业技术普及应用于农业产前、产中、产后全过程，将科研成果和实用技术应用于种植业、林业、畜牧业、渔业，使得农业增产农民增收的活动。

随着农村信息化服务的快速发展，联合国粮食及农业组织与中国农业农村部信息中心合作，2003年立项，经过走访调查与反复论证研究，提出了三种信息服务模式：服务站模式，依托县农业部门、乡镇农技站、农经站、文化站以及农村种养大户、农民专业协会、农业龙头企业等，建立信息服务组织，形成完整的县、乡、村三级信息服务网络；农民之家模式，农民之家开设了敞开式、集农技咨询、农技推广、信息服务、经营功能于一体的独立服务场所，把农技工作与信息服务相结合，并提供全天候、"一站式"服务；协会模式，农民根据自己生产经营范围和需要，分别建立了具有不同专业特色、自主经营的协会团体，通过协会为会员提供技术、品种、生产资料、销售和相关信息服务。经过6县（市）的试运行，取得了良好效果，值得推广。

二、"科、教、推"结合型

由国家科学技术部、农业部、财政部等部门组织，国家级科研机构主持，有关国家、部分省科研机构、高等院校和农业技术推广单位参加的国家"863"和部门重点科技计划项目，在"六五"至"十一五"期间，坚持实验室与试验场、试验基地结合，取得具有自主知识产权的创新重大科研成果，并形成"科、教、推"三结合运行机制，快速转化与推广自主创新的农业科技成果。

（一）"科、教、推"三结合成果转化模式

由中国农业科学院等主持，有关国家、部分省科研机构、高等院校和农业技术推广单位参加的国家高技术"863"计划项目，坚持实验室与试验场、试验基地结合，取得单价Bt转基因抗虫棉研究的突破并形成"科、教、推"三结合运行机制、快速转化与推广自主创新的科技成果。2012年国产转基因抗虫棉推广面积1 700多万公顷，约占全国棉花种植面积的97%。为棉农带来直接收益490亿元。获国家技术发明二等奖和国家科学技术进步一等奖。

实践证明，国家级农业科研机构承担基因研制，相关科研、院校协作单位等承担基因转化和新品种选育，技术推广单位参与推广，科研、院校和推广单位，即"科、教、推"三结合，各有侧重，分工协作，发挥各自优势，快速转化单价Bt基因抗虫棉科技成果，实现了国产转基因抗虫棉产业化经营，为棉花增产、棉农增收做出了重要贡献。

（二）科、教主导、推广参与三结合成果转化模式

国家、部分省科研机构和高等院校承担国家和行业重大专项，面向国家农业重大需求，组织150多个单位1 400多人参加全国性科研大协作，取得籼型杂交水稻研究的重大突破，并采用以科研机构、高等院校为主体、推广单位参加的转化模式，通过南繁北育试验基地、综合性和专业性基点，试验、示范、推广科技成果，促进农业增收、农民致富，搭建了农业科技成果信息传播、引进、吸纳、展示和成果转化的发展平台，取得重大经济和社会效益。

1981年6月6日，由中国农业科学院主持的全国杂交水稻协作项目——籼型杂交水稻荣获国家发明奖特等奖。国家科学技术委员会、国家农业委员会在北京召开授奖大会。集体奖授给中国农业科学院主持的全国杂交水稻科研协作组，个人奖授给袁隆平等人。

上述案例分析表明，要想获得国家农业科技进步奖一等奖（特等奖），需要根据国家农业重大需求和技术前沿，选好项目主持单位和首席科学家，搞好项目顶层设计和总体实施方案；需要组织跨部门、跨行业、多学科的科研大协作（创新联盟），联合攻关；需要按照重大科技项目研究和开发的基本规律和特点，保持工作的连续性和稳定性，坚持不懈，持之以恒。同时，要抓好项目重要进展和跟踪管理，环环扣紧，常抓不懈，才有可能取得具有国际先进水平的重大科技成果。

三、市场主导型

以农业企业为主导的转化模式，是指涉农企业或企业集团把农业科技成果通过实验室、试验基地转化为现实生产力。这里的涉农企业，包括农业产业化中的龙头企业、与农业相关的跨国企业和外国公司等，组成独资和合资企业，研发和转化推广农业新技术、新成果、新产品，促进农民增产增收，为城乡居民提供服务。

这些企业的主要特征是科教企结合或组成企业联盟，自主经营，自负盈亏，以市场为导向，以效益为中心，优先选择可物化为新产品的高技术、新技术，或者可建立稳定的优质原料供应基地的农产品生产技术。通过企业的生产经营，使科技成果供需双方得以互动交流，即成果供给方为企业提供成果，企业进入中试或产业化生产，同时，企业要利用社会资源向

农民提供相关成果及技术服务，提高产品市场占有率和附加值，发展壮大农业企业。

(一)"企业＋基地＋农户"三结合成果转化模式

陕西华农园艺有限公司，是一家集研发、生产、销售贸易出口为一体的农业科技型综合性企业，选择世界优质苹果产区陕西省富县作为苹果生产基地，生产符合安全绿色食品卫生标准的有机食品"绿冰苹果"。公司按照"公司＋基地＋农户"的模式，以富县苹果为主，抓生产，搞经营。现有苹果交易市场、自动化储藏冷库、加工厂和选果线等设施；具有对外贸易经营权。果品加工厂和466.7公顷基地果园已被国家检验检疫局备案、登记，并予以编号，符合欧盟出口标准。该公司曾被评为全国苹果经营优秀企业。被陕西省农业银行评为"AAA"级信用客户。被国务院扶贫领导小组办公室认定为第二批国家扶贫龙头企业。

又如河南龙云集团是一家大型龙头企业。该企业按照"公司＋基地＋农户""公司＋农户"的模式，生产销售无公害蔬菜和有机食品"绿冰苹果"，开拓国内外市场，取得了显著的经济效益和社会效益。

(二)中外农业企业合作成果转化模式

随着我国对外开放程度不断扩大，越来越多的跨国公司（企业）进入中国市场，并利用他们的技术、资金、管理优势，依靠地方政府，与中方相关企业结合，采取中外农业企业合作转化模式，转化与推广农业新品种、新技术、新产品。

1992年我国黄河流域棉区棉铃虫特大暴发，在这一背景下，美国孟山都公司于1996年与河北省种子站以及美国岱字棉公司合作成立了第一个生物技术合资企业——冀岱棉种技术有限公司，第一次将Bt抗虫棉品种带入中国市场。在取得引进试种成功之后，棉农的种植成本降低了20%左右，安全性也有了显著提高。1998年我国Bt抗虫棉95%的市场份额被外国抗虫棉垄断。与此同时，我国Bt转基因抗虫棉的研究取得了重要进展与突破，选育出单价Bt抗虫棉新品种200多个。2008年我国转基因抗虫棉面积达380万公顷，占棉田总面积的70%，其中国产抗虫棉占93%以上。

四、中介组织带动型

中介组织带动型转化模式是以合作社、专业技术协会等中介组织为龙头，通过生产、加工、销售一体化经营或合作社内部交易，带动农户从事专业化生产的一种产业化组织模式。以中介组织为依托的农业产业化经营可以实现跨区域联合，有利于扩大经营规模，提高市场竞争力。中介组织带动型以"合作社＋农户""家庭农场＋农户"和"协会＋农户"为成果主要转化模式。

中介组织带动型转化模式由于中介组织的介入，分工明确，科研机构专门从事科学研究，农业技术推广单位及其他中介组织专门从事成果的后续熟化和科技服务，农户专门从事农业生产，三方紧密配合，效率得到明显提高。中介组织利用较完善的推广营销体系，为农户提供有效的科技服务。同时，又可将农户的科技需求信息集中起来，反馈给农业科研机构，为进一步完善科技成果和科研选题提供依据。

（一）中介平台成果转化服务模式

以陕西杨凌农业高新技术产业示范区为例（简称陕西杨凌示范区），成果转化机制与扩散模式，主要依靠中介平台。在市场经济条件下，要构建一个能够有效运作并把技术顺利传输到生产实际的扩散体系，需要建设与市场程度高和高效灵活的中介平台。

陕西杨凌示范区的中介平台由企业、农民协会、专家大院、技术会展等组成，通过就地转化，将科技成果送到千家万户，取得了显著成效。农业技术经营模式是通过市场化的技术"买卖"转化与推广科技成果 5 项、新品种 40 多个，服务西北、华北等 10 省区，年辐射效益达 10 亿元。举办培训班 27 期，培训果农 2 000 多名。共有 9 家优秀品牌企业加盟，发展会员 3 万余名。举办成果博览会，通过参观、交流、购买等形式，传播推广科技成果。初步统计，参加技术培训和咨询的人数超过 50 万人次，成交额累计超过 1 038 亿元。综合服务型模式以大学扩散为主体，在陕西宝鸡地区组建专家大院 34 个，引进培育动植物良种 121 个，示范推广新技术 62 项。有 7 个专家大院被国家科学技术部认定为"星火科技专家大院"，并在全国进行推广。

陕西杨凌示范区的中介平台是转化推广农业科技成果的一种创新模式，是农业新技术、新成果、新产品从大学科研机构源头通过中介平台向周围传播扩散，被广大农户、农民和农业企业接受、采纳、使用的一种好形式，值得大力推广。

（二）科技中介成果转化服务模式

为解决京郊的"三农"问题，促进产业健康发展和平谷大桃产业科技突围，促进农民增收致富。2004 年，北京市科学技术委员会启动了"北京健康产业中试与孵化中心"项目，该项目依托平谷区科学技术委员会完成。

该项目在北京平谷工业开发区创建了具有中试功能的专业孵化机构——北京健康产业中试与孵化中心。通过"实验室成果＋技术中试＋市场中试"的创新服务模式，集成北京科技大学"复合调味品定向生物酶解技术""食品成型线优化设计方案"，北京营养源研究所"食品营养复配工艺及技术"，北京林业大学食品研究所对果蔬类农副产品（特别是桃、山楂、甘薯、板栗、山杏、冬枣、螺旋藻等）加工技术，进行二次开发、中试熟化，缩短科技成果与产业化的距离，消除成果转化的制约因素，提高成果转化率。目前，有 30 多种产品已通过中试，取得专利及专有技术 20 多项，申请发明专利 10 余项，注册商标 4 个，为技术转让提供了支撑。代表性产品有桃花油软胶囊、鸡汤块等一系列现代健康食品、高档复合调味品、餐饮调味料等，其中鸡汤块已经出口到非洲，深受人们欢迎。

该中试与孵化中心是我国首次建成的科技中介创新模式，它以实施"科技促进市民生活质量改善主题计划"为宗旨，利用农副产品及其废料，围绕改善市民生活水平、提高农产品精深加工质量研制系列产品，具有环保、安全、循环的特点，为京郊千喜鹤等 14 家企业提供咨询和技术服务，并在浙江、安徽、广西、山东等省区推广应用。

（三）企业中介成果转化服务模式

北京顺鑫农业股份有限公司于 1998 年 9 月成立，是北京市第一家农业类上市公司，下设 5 家分公司、11 家控股子公司。是一家集粮食作物、经济作物、蔬菜、瓜果、果树种植、加工与销售，白酒生产与销售，肉食品加工与销售，农业技术开发、技术服务等为一体的农业相关多元化大型企业。

面对日趋激烈的市场竞争，公司坚持把"打造绿色、开创未来"作为企业宗旨，坚持生产经营与资本经营并重，以科技带动优势产业发展，促进科技与产业的结合，打造企业形象，提高品牌认知度。进一步加大资产优化与企业的重组兼并力度，进一步扩大公司相关产业的生产规模，进一步提高生产技术水平，不断探索农业产业化向更深层次发展，创建企业与农户双赢的利益联结机制，开创世界级农业品牌，缔造中国农业产业化龙头企业。

作为首批农业产业化国家级重点龙头企业，公司始终将促进"农业增效和农民增收"作为重要使命，以"构建一流的产业，打造一流的品牌，提供一流的产品"为基点，加大基地建设力度，"一手牵农户，一手牵市场"，累计带动农户约 57 660 户，种植胡萝卜、南瓜及蔬菜等面积达 21 万多亩，基地养殖生猪 300 万头，每户农民年增收约 1 400 元。顺鑫农业已步入和谐、快速、健康的发展道路，"顺鑫模式"也为破解"三农"难题，发挥农业产业化拉动作用提供了经验。

公司已拥有"牛栏山""鹏程"2 个中国驰名商标，"顺鑫农业""华灯""牵手""牛栏山""鹏程"5 个北京市著名商标，"华灯""牛栏山""牵手"3 个北京市名牌产品，2006 年在中国企业排名中，顺鑫股份以营业收入 29.08 亿元位居食品加工制造业第 7 位。

公司曾被农业农村部等八部委联合审定为农业产业化国家重点龙头企业，先后荣获"农业产业化优秀龙头企业""中国制造业 500 强""中国信息化建设 500 强""中国农业产业化经营 20 大龙头食品企业""中国肉类食品行业 50 强企业""中国食品工业企业 100 强""北京质量管理优秀企业""北京影响力十大最有影响力品牌"等荣誉。

五、科技示范型

国家农业科技园区是以市场为导向、以科技为支撑的农业发展新型模式，是农业技术组装集成的载体，是市场与农户连接的纽带，是现代农业科技的辐射源，是人才培养和技术培训的基地，对周边地区农业产业升级和农村经济发展具有示范和带动作用。

按照党中央、国务院的指示精神，科学技术部联合农业部、水利部、国家林业局、中国科学院和中国农业银行等有关部门，在认真调查和总结地方农业科技示标园（区）经验和做法并广泛征求有关部门和地方意见的基础上，提出国家农业科技园区的建设方案。

按照"先行试点、总结经验、逐步推广"的原则，我国于 2001 年 9 月和 2002 年 5 月分两批在全国建立了 36 个国家农业科技园区（试点），其核心区规划总面积 72.29 万亩，其中，东部 12 个园区、中部 11 个园区、西部 13 个园区。2017 年 11 月 23 日，科学技术部公布第五批国家农业科技园区验收结果，45 家园区全部通过验收。这些园区初步形成了政府主办、企业主导，科研单位和政府合办等其他形式为补充的管理模式。初步建立起一支高水平的管理和研发队伍，吸引各类资金投入平稳上升，引进和培育农业产业化龙头企业，成为区域农业和农村经济新的增长点，成为农业新技术组装集成转化和现代农业生产示范的重要基地，带动农民增收致富。

（一）北京国家现代农业科技城

为推进创新型国家建设和北京世界城市建设，提升农业科技自主创新和打造农业高端产业，国家科学技术部与北京市人民政府协商共建国家现代农业科技城。国家现代农业科技城位于北京市通州区，依托北京市农林科学院蔬菜研究中心（国家蔬菜工程技术研究中心）和北京通州国际种业科技有限公司，协办单位为北京京研益农科技发展中心。2002年开始筹建，2017年通过科学技术部验收。

国家现代农业科技城良种创制与种业交易中心，是国家现代农业科技城"一城多园五中心"建设的五大中心之一，宗旨是围绕种业科技创新及种业企业发展的需求，依托首都科研资源、高端辐射能力、临空经济优势，通过高端研发与现代服务引领现代农业，建设国家农业良种科技创新高端研发核心区与农业良种高新技术产业创业示范区，实现种业研发、人才、信息、物流、资金的有效融合与利用，成为具有农业科技创新和现代农业产业链创业服务功能的现代化农业良种中心。为进一步推动国家现代农业科技城建设，特别是为推动种业科研与成果的展示，北京市科学技术委员会、农村工作委员会牵头，北京市农林科学院蔬菜研究中心（国家蔬菜工程技术研究中心）承办，每年组织国家现代农业科技城良种展示会，从2012年秋季开始举办蔬菜新品种展示活动。

国家现代农业科技城通州国际种业科技园是蔬菜新品种示范展示地点，承担着国家现代农业科技城良种创制与种业交易中心的重大科技成果推介功能，汇聚国内外新品种的试验展示，将种业科技创新成果在第一时间向社会推广，不断满足现代农业发展对种业的需求。通州国际种业科技园占地面积15 000亩，入园企业达30多家，包括跨国种业企业、国内500强及中央、北京市主要农业研究机构。北京市农林科学院蔬菜研究中心已入驻通州国际种业科技园，成为良种示范核心区承办主体。科技园采用政府搭台、企业运作、政策引领和园区化管理的管理机制，探索以工业园区模式打造农业园区，将面向国内外种业，展示最新科技成果，传播最新种业信息，搭建种业研发、成果展示与产业服务平台。

（二）黑龙江黑河国家农业科技园区逊克中俄农业科技合作园

黑河国家农业科技园区于2012年筹建，2017年通过国家科学技术部验收。逊克中俄农业科技合作园位于黑龙江省黑河市，依托园区管理委员会和黑龙江省农业科学院等机构。

黑河国家农业科技园区逊克中俄农业科技合作园为了继续巩固发展园区示范和引领性，园区管理委员会将优化农业种植结构、振兴大豆产业、大力发展对俄出口果蔬种植、生态观光农业、"互联网＋"农业和特色经济作物种植确定为工作重点，通过积极推进园区农业供给侧结构性改革，打造结构更加优化、特色更加鲜明、布局更加合理、科技支撑更加有力、农民增收更加持续的现代化国家级农业科技园区。四大粮食作物主栽品种8个，分9个种植区，试验应用量子肥、稻鸭混养等新型农业化产品。其中有机水稻示范区面积600亩，主栽品种龙粳46和香粳1号；大豆原种繁育标准化示范区面积800亩，主栽东升7号；小麦示范区300亩，主栽优质高筋小麦龙麦35；优质脱毒马铃薯示范区150亩，主栽优质有机马铃薯；玉米示范区100亩，主栽专用甜玉米；中俄农业科技合作种植示范区100亩；高粱示范区75亩；优质葵花籽种植示范区30亩；花卉示范区主栽食用兼观赏型玫瑰花6 000株，熏衣草2 000株。

逊克中俄农业科技合作园充分发挥逊克县独特的地缘优势，以俄罗斯阿穆尔农业联合体有限公司为合作主体，继续深入推进对俄农业产业开发合作，为未来筹建中俄跨境农业产业园区打好基础。成立园粮臻品经贸有限公司，作为园区与阿穆尔农业联合体有限公司合作开展境外农业合作的经营主体，计划由俄方提供耕地及全部生产费用，园区提供优质良种、种植技术及劳务人员，在俄罗斯建立 1 000 公顷大豆良种繁育基地；利用黑龙江省农业委员会专项资金支持，带动引领全县水稻种植大户，利用水稻育秧大棚闲置资源，继续建设对俄果蔬出口基地，种植对俄出口果蔬 40 亩，主栽彩椒至尊、胜夏。

多渠道、多层次深化与中国农业大学、东北农业大学、黑龙江八一农垦大学、黑龙江省农业科学院等科研院所合作共建，园区将与黑龙江省农业科学院园艺分院、黑河学院继续进行产教融合、校企合作，为园区中俄现代化农业科技展示中心提供技术支持和品种设备保障，深度推进教师教研与学生实践、园区产品营销策划、产品包装与标识设计、嘉信岛AAA 级景区申报、园区宣传片制作、互联网及物联网技术改造、线上营销平台打造及网站升级等 8 个项目有序开展。

以园区的智能日光温室、对俄果蔬出口基地、葡萄采摘园、花卉种植基地为依托，不断提升园区农业生态旅游观光采摘硬件条件服务水平，发展园区特色果蔬采摘、生态休闲旅游等多元化生态产业，在全县率先实现由传统经营型农业向现代化旅游型生态农业的转变。以点带面，促进全县农业结构的优化调整，提高农产品的附加值。

各类农业科技成果转化模式，在各级政府主导下，以发展高产、优质、高效、安全、生态农业为目标，以国家、地方政府和民间组织各类科技计划（项目）为单元，以经济效益的中心，有组织、有计划转化与推广各类农业科技成果和先进的适用技术，加快了农业产业化、商品化、国际化步伐。

第三节　农业科技成果转化效果

通过上述行之有效的农业科技推广途径和转化模式，有组织、有计划地在全国大面积、大范围转化与推广农业科技成果和先进的适用技术，促进了农业科技与农业生产的紧密结合，增加了粮食和主要农产品的有效供给，推动了农业和农村经济的发展，取得了重大经济效益和社会效益[19-21]①。

一、以实施全国农牧渔丰收计划为例

1987—1995 年农业以种植业为主，拓宽畜牧、水产诸多领域，转化与推广系列化组装配套机械化技术，促进农业和农村经济持续快速发展。

（一）以农产品增产增效为目标，转化与推广农作物良种及配套先进技术

1986 年以来，推广的先进实用技术有：优良品种，如杂交水稻、杂交玉米、双低油菜、转基因抗虫棉等；水稻旱育稀植及抛秧技术；地膜玉米栽培技术；紧凑型玉米栽培技术；小

---

① 信乃诠. 提高科技成果转化能力　持续增强农产品有效供给 [J]. 农业科技管理，2012，31（03）：1-4。

麦精少量播种技术；小麦提供复壮和统一供种技术；种子包衣技术；各种生长调节剂技术；棉花营养钵双膜育苗移栽技术；麦棉两熟模式栽培技术；病虫害综合防治技术；蔬菜温室大棚栽培技术；配方施肥技术；节水灌溉技术；化肥深施技术；复种改制技术等，取得了重大的经济社会效益，作物平均单产提高10～15个百分点。10年内项目区共计增产粮食208亿千克，棉花5.5亿千克，油料12亿千克，糖料30亿千克，蔬菜24亿千克。

（二）以生态工程建设为目标，转化与推广优良树种和人工造林技术

1999年以来，在东北地区、东南沿海、长江流域、"三北"地区、黄土高原等转化与推广优良树种，如南方的杉木、马尾松、国外松、桉树；西南地区的柳杉、华山松；华北平原地区的杨树、泡桐；东北地区的落叶松等，这些树种的生长量比一般天然林高出许多倍。选择一批抗旱耐旱树种，确认适生与栽培条件，开展以小流域为单元的综合治理、集水灌溉及径流林业等取得了重要进展，提高了半干旱地区的造林技术。2008年第七次全国森林资源清查结果显示，全国森林面积净增2 054.30万公顷，森林覆盖率由18.21%提高到20.36%，活立木总蓄积净增11.28亿立方米，森林蓄积净增11.23亿立方米，天然林面积净增393.05万公顷，天然林蓄积净增6.76亿立方米，人工林面积净增843.11万公顷，人工林蓄积净增4.47亿立方米。

（三）以畜产品增产增效为目标，转化与推广畜禽良种和饲养先进技术

1987年组织实施全国农牧渔业丰收计划以来，推广的畜禽良种和先进实用技术有：良种猪及配套饲养技术；良种鸡及配套饲养技术；良种肉牛配套饲养技术；良种羊及配套饲养技术；良种水禽及配套饲养技术等。10年来项目区肉类累计增产84.22万吨，其中猪肉51.68万吨、牛肉17.8万吨、羊肉4.46万吨、禽肉9.33万吨、兔肉0.95万吨；蛋类增产36.84万吨，其中鸡蛋32.26万吨、鸭蛋4.58万吨；增产羊毛1.44万吨。共新增产值97.49亿元，获直接经济效益58.77亿元。

（四）以水产品增产增效为目标，转化与推广水产良种和养殖先进技术

1987—1995年全国农牧渔业丰收计划中，渔业丰收计划共安排38个项目，累计推广增加养殖面积1 000多万亩，新增水产品产量57万吨，新增产值40亿元，新增纯收益21亿元。

一批先进实用技术在全国大面积、大范围得到转化和推广，不仅促进了渔业生产的发展，而且为农业结构调整、丰富城乡居民的"菜篮子"起到了积极的推动作用。

（五）种养业结合，转化与推广综合配套机械工程先进技术

1987年实施全国农牧渔业丰收计划以来，在种植业生产方面推广的主要技术包括以土深耕技术、机械化高效联合整地技术、虚实并存耕作技术和水田耕整机械化技术为"龙头"的土壤耕作机械化技术；以精少量播种机械化技术、机械化深施化肥技术、高效节能微灌技术和机械化植保技术为主要内容的节本增效工程技术；近些年还着重推广应用以减少粮食收获损失、提高种植业经济效益为目标的粮食收获及精细加工机械化技术。在果蔬生产方面，推广一批适合我国国情的果园、菜园用生产机械，填补了果蔬生产机械化技术的空白。在畜

禽水产养殖方面，以丰富城市居民"菜篮子"、提高居民生活水平为宗旨，推广了一批适用机械化成熟生产技术。在家畜禽饲养方面，推广了规模饲养设施工程技术、饲料加工及饲喂机械化技术以及产品深加工机械化技术；在水产饲养方面，推广了一批营养饲料配制机械化技术、高效节能水体溶氧机械化技术、池体环境改造工程技术和池塘水体调质技术等。这一大批技术的转化与推广应用，不仅增产效果显著，带来了可观的经济效益，而且起到了示范辐射的作用。截至 1996 年，粮棉油作物推广面积 8 921.44 万亩，新增粮食产量 43.33 亿千克，油料 1.4 亿千克；花生 8 939.4 万千克，皮棉 4 467.36 万千克；果菜推广面积 2.58 万亩，新增果蔬产量 1 459 万千克；养猪 9.68 万头，养牛 5.6 万头，养肉羊 4 000 只，新增禽肉 154.2 万千克、鲜蛋 1 645.92 万千克；鱼虾蟹推广面积 34.46 万亩，新增产鱼虾蟹 4 307.86万千克。合计新增经济效益 39.74 亿元，经济效益和社会效益极为显著。

农业部为贯彻实施《中华人民共和国农业技术推广法》和《中华人民共和国促进科技成果转化法》，组织开展了 2014—2016 年度全国农牧渔业丰收奖评审奖励工作，共评出全国农牧渔业丰收奖 399 项，其中一等奖 60 项，二等奖 159 项，三等奖 180 项。以此，鼓励和调动广大农业科技人员积极性，加快农业科技成果转化应用，促进农业增产、农民增收。

二、以国家农业科技成果转化资金为例

根据农业科技成果转化地域性强、周期长、风险大的特点，围绕《农业科技发展纲要》的实施，支持批量生产和应用前的农业新品种、新技术和新产品的区域试验与示范、中间试验或生产性试验，为农业生产大面积应用和工业化生产提供成熟配套的技术与装备。

"十五"期间，国家农转资金立项 2 328 个。这些项目所转化的科技成果主要集中在新品种、新技术、新设备、资源高效利用与生态环境等方面，其中西部地区占 23.7%，中部地区占 31.7%，东部地区占 44.6%，中西部地区承担项目数占批复总数的 55.4%。从项目承担单位性质看，由企业承担的项目占 48.4%，由科研单位、大专院校承担的项目占 51.6%。

通过农转资金项目的实施，开发各类动植新品种 3 100 个，开发新产品 5 518 个，建立生产线 2 013 条；获各类专利共 299 项；培养各类科技人员 4 550 名，其中博士 320 名、硕士 865 名；举办各类培训班 8 001 期，培训农民 104 万余人，并为当地增加了 7 万多个工作岗位，有力地促进了农业剩余劳动力的转移。

"十五"期间，农转资金项目实施取得了显著的经济效益。初步统计，产品销售收入 213.5 亿元，技术服务性收入 6.3 亿元，出口创汇 1.4 亿美元。

农业科技成果转化资金项目的实施，有力地推动了种养业品种的更新换代，加速了农产品生产向优质、高产、高效方向发展，有效提升了农产品加工业的科技水平，为提高我国农业整体素质和效益、扩大农产品出口、推动农业结构调整打下了坚实的基础。同时，也对我国农业资源、特别是水土资源的高效利用、农业生态环境建设产生了一定的影响。通过农业新技术、高技术成果的转化和推广，有力地推动了我国由传统农业向现代农业的跨越式发展。

农业科技成果转化资金的实施，转化和推广了农作物新品种、新组合，有力推动了全国范围内新一轮农作物品种的更新换代，扶持并培育了一大批种业龙头企业；转化和推广了一

批畜禽、水产良种扩繁和养殖等重大科技成果，加快了畜牧业、水产业向优质、高效发展，提高了畜牧水产业集约化饲养水平；还转化和推广了一批技术含量高、副价值高，以实现产业增值为目标的农产品精深加工技术成果及配套设备，大幅度提高了农产品加工水平和农业整体效益；转化了一批以生物技术、信息技术等为重点的农业高技术成果，加快了用现代技术改造传统农业的步伐。

农业科技成果转化资金的实施，提高了涉农企业的技术创新能力。在一部分区域培育了一批具有市场前景的经济增长点，加快了产业升级和涉农企业的自身发展；吸引和凝聚了一批科技人员，深入农业生产一线，增强了科研机构、大专院校服务"三农"的能力，使科技成果及时、有效地得到转化和推广；农业科技成果直接入村、入厂、入户，通过技术培训和转化示范，培养了一大批农民技术骨干、带头人和职业农民，有效增强了农民接受新知识、新技术、新成果的能力。

三、以国家农业科技园区为例

国家农业科技园区工作是党中央、国务院提出的一项重要任务。为进一步发挥国家农业科技园区的示范带动作用，科学技术部决定启动国家农业科技园区建设工作。经过地方推荐和专家评审，取得了重要进展。

据不完全统计，截至 2017 年年底，全国共有各类农业园区近 3 000 个，其中通过验收的国家级农业科技园区 159 个，省级农业园区 500 多个，各部门农业科技示范区（场、基地）2 000 多个。作为现代农业的创新载体和农业科技成果的转化推广平台，国家农业科技园区建设与实施取得了显著成效，得到了全社会的关注，受到了农民的普遍欢迎。通过国家农业科技园区平台，大批的农业科技成果得到转化，大量的适用技术得到推广，技术、信息、人才、资金等生产要素在市场机制下实现有效整合，推动了农业结构调整，促进了农业增产农民增收。

国家农业科技园区的实施，初步建立起一支高水平的管理和研发队伍，截至 2005 年年底，36 个国家农业科技园区管理委员会机构人员达到 4 020 人，其中管理人员 898 人，科研人员 1 704 人，服务人员 1 232 人。工作人员中，具有高级技术职称的人员为 639 人，占机构人员总数的 15.9%。

国家农业科技园区的实施，吸引各类资金投入平稳上升。截至 2005 年年底，36 个国家农业科技园区累计各类资金投入达到 287.94 亿元，其中政府投入 40.38 亿元，占总投入的 14.02%；外贸投入 26.68 亿元，占总投入的 9.27%；内资投入 170.37 亿元，占总投入的 59.17%；园区自筹 50.51 亿元，占总投入的 17.54%。国家农业科技园区的实施，引进和培育了一批农业产业化龙头企业。截至 2005 年年底，36 个国家农业科技园区累计入住企业总数 2 707 家，其中龙头企业总数达到 540 家，占园区企业总数的 19.95%。

国家农业科技园区的实施，成为区域农业和农村经济新的增长点。2002—2005 年，园区的各类经济效益指标平稳增长，社会经济效益得到显现。合计产值 965.88 亿元，产品销售收入 475.53 亿元，净利润 105.26 亿元，出口创汇 56.08 亿元。社会效益在 5 000 亿元以上。

国家农业科技园区的实施，通过科技开发和推广，有效推动了农业科技成果转化、示范和利用，提高了园区农业科技整体水平，园区逐渐成为农业新技术组装集成转化和现代农业生产示范的重要基地。2002—2005 年统计资科显示，国家农业科技园区自主开发项目 2 976 项，引进新技术 2 193 项、新品种 9 544 个、新设备 5 277 套，推广新技术 2 882 项、新品种 3 829 个。

国家农业科技园区的实施，带动农民增收致富。各园区结合当地生产实际和农民需要，开展了各种技术讲座、技术培训，普及科学知识、提高农民科技素质，带动了农民增收。据统计，2002—2005 年，园区组织专家讲座 3 117 次，参加人员 36.5 万人；面向农民讲座 4 949 次，参加人员 79.9 万人；开展技术培训 8 625 次、参加人员 74.5 万人；举办培训班 7 164 次，参加人员 69.5 万人；接待参观考察 34 790 次、参加人员 183.6 万人；吸纳就业人员 141 万人；带动农民致富 12 545 万人，年人均纯收入 4 527.25 元。

进入 21 世纪后，随着农牧渔业丰收计划项目、农转资金项目和农业科技园区的实施，立项数量增多，推广与转化力度加大，为农业增效、农民增收和现代农业建设做出了新的贡献。

第六章
新中国农业科技进步的重要贡献

新中国成立 70 年来，我国各级农业科研机构、高等农业院校、农业技术推广单位和农业企业等，面对国家农业重大需求和技术前沿，结合各地生产实际和市场需要、农业科技进步和创新、农业科技成果转化和农业规模化、产业化经营，提高了农业综合生产能力，资源利用率、土地生产率和劳动生产率大幅提升，促进我国农业和农村经济持续稳定发展。

第一节　各省（自治区、直辖市）科技
进步对农业贡献率

从各省、自治区、直辖市实际情况看，各地自然、经济、社会条件和生产力发展水平差异较大，农业物质技术装备基础、农业科学技术水平、农业劳动者素质和经营管理水平也不尽相同，但是，各地区农业科技成果转化与推广、农业科技进步贡献率都有程度不同的提高。

"十五"期间，潘鸿[①]对我国各省（自治区、直辖市）农业科技进步贡献率进行测算（表6-1）。

表6-1　我国各省（自治区、直辖市）农业科技进步贡献率的测算结果

省（自治区、直辖市）	产值增长率（%）	物质费用增长率（%）	劳动力增长率（%）	耕地面积增长率（%）	科技进步率（%）	科技进步贡献率（%）	科技进步贡献率调整值（%）
全国	2.85	2.96	−1.14	−0.22	1.51	52.90	48.00
海南	0.35	0.46	1.18	−1.00	0.04	10.77	9.77
宁夏	3.08	3.19	−1.12	1.32	0.84	27.15	24.63
甘肃	2.44	2.54	1.39	−0.11	0.67	27.65	25.08
云南	2.28	2.38	0.06	0.19	0.68	29.62	26.88
广西	3.83	3.94	−0.47	0.30	1.31	34.29	31.11
贵州	2.06	2.17	−1.08	0.20	0.71	34.49	31.29
河南	3.20	3.30	−1.46	0.88	1.16	36.17	32.82
西藏	0.49	0.59	−0.96	0.14	0.19	38.48	34.92

----

① 潘鸿. 中国农业科技进步与农业发展 [M]. 吉林：吉林大学出版社，2009。

（续）

省（自治区、直辖市）	产值增长率（%）	物质费用增长率（%）	劳动力增长率（%）	耕地面积增长率（%）	科技进步率（%）	科技进步贡献率（%）	科技进步贡献率调整值（%）
山西	3.72	3.83	−0.52	0.65	1.45	38.88	35.28
新疆	4.74	4.85	1.08	1.11	1.98	41.81	37.94
湖南	4.26	4.37	−0.74	−0.11	1.78	41.86	37.99
安徽	3.20	3.31	−1.70	0.56	1.37	42.86	38.89
四川	3.73	3.85	−1.66	−0.35	1.69	45.19	41.00
辽宁	2.29	2.40	0.81	−0.28	1.04	45.33	41.33
内蒙古	3.16	3.26	−0.14	0.43	1.46	46.10	41.83
吉林	2.25	2.35	−0.51	0.64	1.09	48.44	43.95
青海	4.20	4.30	−1.22	−2.12	2.05	48.86	44.33
黑龙江	4.03	4.13	−0.86	0.41	1.97	49.04	44.50
陕西	1.56	1.66	−0.60	−1.14	0.82	52.71	47.83
河北	3.17	3.28	−0.69	−0.62	1.81	57.09	51.80
湖北	3.90	4.01	−0.68	−0.77	2.26	57.91	52.54
江西	2.12	2.23	−0.42	−1.38	1.31	61.72	56.00
福建	1.58	1.68	−1.21	−1.64	1.02	64.33	68.37
广东	1.98	2.08	−0.39	−1.04	1.28	64.81	58.81
天津	3.41	3.51	0.02	−1.22	2.25	66.12	59.99
山东	3.98	4.09	−2.24	−0.73	2.70	67.86	61.57
北京	1.20	2.60	−2.69	−4.55	0.91	76.14	69.09
江苏	1.02	1.22	−4.40	−0.45	0.78	76.29	69.22
浙江	1.66	2.06	−3.23	−3.05	1.40	84.53	76.70
上海	2.16	2.66	−4.69	−3.78	1.84	85.42	77.50

一、东部地区有关省农业科技贡献率

东部农业发达地区，包括黑龙江、吉林、辽宁、江苏、浙江、福建、广东、海南8个省，是我国经济水平较高的地区。水热资源充沛，农业生产条件好，物质技术装备水平较高，综合生产能力较强，科技水平和劳动者素质较高，特别是改革开放以来，借助区位、产品优势，转化与推广农业科技成果取得显著效果，为国民经济和社会发展做出了重要贡献。黑龙江省是我国最大的商品粮生产基地，2011年农业科技贡献率提升到50%。黑龙江垦区农业科技成果转化率高达62%，接近发达国家生产水平，成为我国农业先进生产力的代表。"十一五"末期，吉林省农业科技贡献率达到50%。玉米、水稻、大豆等主粮作物良种普及率达到100%，畜禽良种普及率达到95%以上。山东省农业科技贡献率达58%，比"十五"末提高了6个百分点。江苏省2011年农业科技进步贡献率达到59.9%。插上科技翅膀，让江苏这个鱼米之乡鱼肥米香，粮食生产实现"八连增"。

根据各省公布的测算数据，"十二五"期间，东部地区各省农业科技贡献率增长较快，均超过 55% 以上。同"十五"期间比较要高出 5～10 个百分点。其中江苏省 67%，山东省 63.27%，广东省 62.7%，黑龙江省 57.5%，吉林省 55%。表明各省充分利用自身优势，依靠科技创新与进步，加快科技成果转化与推广，发展现代农业取得了新进展、新突破。

二、中部地区有关省农业科技进步贡献率

中部农业较发达地区，包括河南、河北、山西、湖北、安徽、湖南、江西 7 个省，是我国农业主产区。农业资源比较丰富，生产条件不断改善，物质技术装备水平不断提高，高新技术与常规技术相结合，转化和推广农业科技成果，提高了综合生产能力。粮食人均占有量高，自给能力较强，调出量大，商品率高，对国民经济和社会发展做出了重要贡献。以河南省为例，1985—2008 年农业科技进步对农业经济增长的贡献率达到 46.47%，仅次于物资投入的贡献率，而劳动投入和土地的贡献率却很小。"十五"期间河南省农业科技进步对农业经济增长的贡献率最大，达到 55.08%。湖南省是水稻生产大省，2011 年农业科技进步贡献率达到 48%。

根据各省公布的测算数据，"十二五"期间，中部地区各省农业科技进步贡献率均有较大幅度增长，河南、河北、山西、湖北、安徽、湖南、江西省农业科技进步贡献率均在 55% 以上，比"十五"期间高出 5～10 个百分点，其中安徽省农业科技进步贡献率达到 58%，湖北、山西省达到 57.5%，河南省预测"十三五"期间将达到 62.17%～65.44%。随着中原经济区上升为国家战略，农业发展面临着工业化、城镇化和农业现代化协调发展的先行试点，迫使农业由粗放型向集约型转变，实现科技兴农，合理配置农业的各生产要素，提高农业科技进步水平和潜力，发展现代农业。安徽、湖南、湖北省农业发展面临同类问题，都在调结构转方式，加快现代农业的发展。

三、西部地区有关省（区）农业科技进步贡献率

西部农业欠发达地区，包括四川、云南、广西、贵州、西藏自治区、陕西、甘肃、青海、新疆维吾尔自治区、宁夏回族自治区、内蒙古自治区 11 个省、自治区。人少耕地多，光热条件较好，水资源严重短缺，生态环境脆弱，农业生产条件较差，物质技术装备水平低，抗御自然灾害能力不强，农业产量不高且不稳定。但是，西部地区加快科技成果转化和推广，发展生态农业、特色农业成效明显。以四川省为例，2011 年农业科技进步贡献率已达 45%。贵州省农业科技进步贡献率从"十五"期末的 35.86% 提高到 42%，科技支撑贵州农业发展、农民增效。西藏自治区农业科技进步贡献率稳步上升，2008 年达到了 30.8%，2015 年达到 40.7%，但投资拉动特征比较明显。

根据各省（自治区）公布的测算数据，"十二五"期间，西部地区各省（自治区）农业科技进步贡献率比"十五"期间提高 5～10 个百分点，其中 60% 以上的有四川、云南省，50%～59% 的有陕西、宁夏省区，其他省（自治区），如广西壮族自治区、贵州、甘肃、青海、西藏自治区均在 45% 以上。这些数据表明西部地区各省（自治区）改土治水，改变农业生产条件，提高物资装备水平，依靠农业科技创和进步，转化和推广先进适用技术，发展

生态农业、特色农业，提高了农业科技进步贡献率。

四、直辖市地区农业科技进步贡献率

直辖市农业区，包括北京、天津、上海、重庆 4 个直辖市，人口密集、土地紧缺，自然资源丰富，农业生产条件好，物质技术装备水平高，综合生产能力较强，劳动者素质高。综合运用现代生物技术、信息技术、设施技术等农业高新技术，转化和推广科技成果，逐步满足城市居民生活日益增长的需求。同时，直辖市农业区积极发展农业休闲观光、农产品采摘、农事教育、生产体验等生产形式，使农业逐步成为试验示范生产、教育培训、休闲观光三位一体、多功能的现代都市型农业。上海市 2009 年农业科技进步贡献率达 59%，农业实用技术成果转化率为 55% 左右。北京市农业科技进步率由 1990—1998 年的 57.09% 上升到 1999—2007 年的 78.32%，农业总产值增长率由 5.62% 增长到 8.23%，物质消耗的增长率由 9.97% 增长到 11.02%。

根据各直辖市公布的测算数据，"十二五"期间，4 个直辖市中，北京、上海市农业科技进步贡献率均超过 70%，较"十五"时期提高近 10 个百分点。农业科技进步贡献率接近或达到了经济发达国家的水平。而天津、重庆市农业基础较差，增长较快，农业科技进步贡献率均在 60% 左右，且有后发之势，预测在 2020 年将有快速增长。

第二节　全国科技进步对农业的贡献率

70 年来，就全国而言，根据相关科研、教学单位专家测算[①]，科技进步对农业的贡献率，在不同时期都有较大增长，现将农业科技进步划分 4 个阶段：

一、"一五"至"六五"时期农业科技进步贡献率

"一五"（1953—1957 年）时期，土地改革后期，农业互助合作运动兴起，各地纷纷成立农业互助组、农业合作社，生产比较落后，农业产值增长率只有 5.17%，物质增长率为 5.75%，农业劳动力增长率为 2.20%，耕地增长率为 1.03%。科技进步对农业的贡献率仅为 19.92%。

"二五"和"三年"（1958—1965 年）恢复时期，农村掀起人民公社化运动，农业"大跃进"，"人有多大胆，地有多大产"，农业产值增长率降至 1.28%，物质增长率为 2.41%，农业劳动力增长率为 2.00%，而耕地增长率降至 -0.96%。科技进步贡献率只有 0.21%。

"三五"至"四五"（1966—1975 年）时期，"文化大革命"期间，农业受极左思想影响，农业产值增长率从 2.62% 升至 3.32%，物质增长率从 3.41% 升至 4.27%，农业劳动力增长率从 3.65% 降至 1.29%，而耕地增长率降至 -0.16%～0.80%。科技进步对农业的贡献率呈恢复性增长，从 2.29% 升至 15.36%，仍低于"一五"时期水平。

"五五"（1976—1980 年）时期，粉碎"四人帮"，拨乱反正，农业生产步入恢复阶段，

---

① 朱希刚．我国农业科技进步贡献率测算方法［M］．北京：中国农业出版社，1997．

农业产值增长率只有 3.71%，物质增长率为 4.83%，农业劳动力增长率为 0.76%，而耕地增长率为-0.35%。科技进步对农业的贡献率达到 26.68%，高于"四五"时期的水平。

1978 年，党的十一届三中全会后，开启了农村改革高潮，推行家庭联产承包责任制，极大地调动了农民生产积性，农业产值增长率呈现负增长（-1.25%），劳动力增长率只有 1.41%。科技进步对农业贡献率仅为 27%，"六五"（1981—1985 年）时期上升到 30%，其中一半以上来自制度创新，即推行家庭联产承包责任制。

二、"七五"至"九五"时期农业科技进步贡献率

"七五"（1986—1990 年）时期，是农业调整阶段，物质投入猛增，而农业总产值和农业增长速度有所回落，突破性成果少，科技进步对农业的贡献率下降到 28%。其主要原因是家庭联产承包责任制提高了农业生产效率的作用，农业增产，农民有所增收。

"八五"（1991—1995 年）时期，党的"十四大"提出体制改革的目标模式是社会主义市场经济，极大地促进了农业发展。农业总产值有所提高，物质费用增长达到较高水平，科技进步贡献率上升到 34%。但这个时期农村劳动力大幅减少，年均减少速度达 2.89%，而投入和科技的作用开始显现。

"九五"（1996—2000 年）时期，农业总产值增长率和物质费用增长率都有所下降，耕地面积缓慢增加，科技进步贡献率上升到 45%，其中种植业为 42.4%，畜牧业为 42%，渔业为 45%。科技进步对农业增长的贡献份额增大。这个时期农村劳动力增长达到 1.22%，对农业增长的贡献有所增加，主要原因是农村劳动力一度出现"回流"现象。

三、"十五"至"十一五"时期农业科技进步贡献率

"十五"（2001—2005 年）时期，在中央"多予少取放活"方针指引下，农业总产值增长率和物质费用增长率都有所提高，农村劳动力大幅下降，年均减幅达 3.59%，而科技进步的作用凸显，贡献率达到 48%[①]。

"十一五"（2006—2010 年）时期，在中央 2006、2007 年两个 1 号文件指引下，农业总产值增长率和物质费用增长率继续提高，依靠科技创新和技术进步，科技进步贡献率高达 52%，超过土地、资本及其他要素的总和，粮食生产基本稳定在 5 亿吨、肉类 6 000 万吨和水产品 5 200 万吨水平，我国粮食和主要农产品供给实现了历史性转变。

四、"十二五"至"十三五"时期农业科技进步贡献率

"十二五"（2011—2015 年）时期，在党的十八大和 2012 年中央 1 号文件指引下，积极推进农业科技创新，加快科技成果转化与推广，粮食生产实现了"八连增"，农产品有效供给保障能力增强，农村经济全面发展，农民生活质量显著改善，人民生活总体上达到了小康

---

① 王启现，李志强，刘振虎，刘自杰．"十五"全国农业科技进步贡献率测算与 2020 年预测［J］．农业现代化研究，2006（06）：416-419。

水平。根据国家科学技术部资料，科技对农业增产的贡献率达到 53.5%，10 年来增长了 5.5 个百分点。

进入"十三五"时期，在党十九大精神的鼓舞下，在习近平新时代中国特色社会主义思想指引下，实施乡村振兴战略，坚持新发展理念，以推进农业供给侧结构性改革为主线，围绕农业增效、农民增收、农村增绿，加强科技创新引领，加快结构调整步伐，加大农村改革力度，大力实施精准扶贫，提高了农业综合效益和竞争力。2018 年根据国家科学技术部资料，科技对农业增产贡献率达到 58.3%，确保了农业增产增效、农民持续增收和现代农业建设可持续发展。

纵观新中国建立 70 年，我国农业发生了历史性的变革，实现传统农业向现代农业的跨越，农业综合生产能力显著增强，农业科技创新和技术取得巨大进步，科技对农业的贡献率从 1979 年的 27%，到"十三五"的 2018 年上升到 58.3%[①]。2013 年首次粮食总产突破 1.3 亿吨大关，2014—2018 年连续五年稳定在 1.3 亿吨，确保了国家粮食安全。主要经济作物棉花、油料、糖料、蔬菜、水果等保持较高产量水平，全国肉类总产量和水产品总产量稳居世界第一。农村经济全面发展，农民生活水平显著提高，极大地提高了我国农业的国际地位[22—23]。

---

① 信乃诠. 我国农业科技进步与农业生产持续稳定发展 [J]. 农业科技管理，2001（05）：16-21。

第七章
新中国农业发展的重大成就

新中国成立 70 年来，特别是改革开放以来，农业科技不断进步，农业科技进步贡献率不断提高，农业综合生产能力不断增强，保障粮食和主要农产品的有效供给，使城乡居民生活从温饱迈向了小康。这种历史性变化，标志着我国农业生产进入了一个新的发展阶段，步入全面建成小康社会、建设现代农业的新征程[24]。

第一节　粮食和主要农产品产量增长

根据国家统计局资料，1949 年我国粮食总产量只有 2 000 亿斤，1952 年为 3 000 多亿斤，土地改革后粮食生产有了一定发展，1966 年达到 4 000 亿斤，从 3 000 多亿斤到 4 000 多亿斤用了 14 年时间。1978 年全国粮食总产量为 6 000 多亿斤，从 4 000 多亿斤到 6 000 多亿斤用了 12 年时间。1984 年全国粮食总产量达到 8 000 亿斤，6 年间登上两个千亿斤台阶，到 1993 年，全国粮食产量突破 9 000 亿斤，用了 9 年时间，此后 14 年间分别于 1996 年、1998 年和 1999 年三次达到 10 000 亿斤，之后粮食产量有所波动，到 2007 年又重新站上 10 000 亿斤的台阶。2012 年我国粮食产量首次突破 12 000 亿斤大关，2015 年我国粮食产量再上新台阶，突破 13 000 亿斤，之后的几年一直保持在这个水平上。2018 年全国粮食总产量为 13 158 亿斤，比 1949 年增长 4.8 倍，年均增长 2.6%。

棉花总产量 1949 年只有 44.4 万吨，1978 年升至 217 万吨，2008 年达 749 万吨，2012 年达到 684 万吨，与 1949 年比较，增长 14.4 倍；与 1949 年比较，增长 15.9 倍，人均产量增长 5.9 倍；2000 年后棉花产量迅速攀升，2007 年达到 760 万吨历史最高点。2018 年全国棉花产量为 610 万吨，比 1949 年增长了 12.7 倍，年均增长 3.9%。

油料产量 1949 年只有 256 万吨，1978 年发展到 522 万吨，2008 年达 2 953 万吨，2012 年达到 3 437 万吨，与 1949 年比较，增长 12.4 倍，人均增长 4.36 倍。2018 年全国油料产量达到 3 433 万吨，比 1949 年增长 12.4 倍，年均增长 3.8%。

糖料 1949 年只有 283 万吨，1978 年为 2 382 万吨，2008 年迅猛发展到 13 420 万吨，2012 年发展到 13 493 万吨，与 1949 年比较，增长 47.7 倍，人均产量增长 19.1 倍；2018 年全国糖料产量 11 937 万吨，比 1949 年增长 41.1 倍，年均增长 5.6%。

水果产量 1949 年 120 万吨，人均 2.2 千克，1978 年产量 657 万吨，人均 6.9 千克，2008 年产量 19 220 万吨，人均 145.1 千克。2012 年产量 24 057 万吨，人均 177.7 千克；2017 年，我国水果产量有所下滑，为 25 241.9 万吨，同比减少 11%。

蔬菜产量 1995 年 2.57 亿吨，人均 204 千克，2008 年产量 5.92 亿吨，人均 382 千克，2010 年产量 6 亿吨，人均 370 千克，2015 年产量 7.74 万吨，人均达到 378 千克。

猪牛羊肉类 1952 年产量只有 339 万吨，人均 5.9 千克，1978 年产量 865 万吨，人均 9.0 千克，2012 年产量 6 222 万吨，人均增加到 47.43 千克。在主要肉类品种中，1980 年猪肉产量 1 134 万吨，2018 年增加到 5 404 万吨，增长 3.8 倍，年均增长 4.2%。1980 年牛肉和羊肉产量分别为 27 万吨和 44 万吨。随着城乡居民消费结构不断升级，对牛羊肉消费需求持续增加，推动牛羊生产快速发展。2018 年牛肉和羊肉产量分别为 644 万吨和 475 万吨，比 1980 年分别增长 23.0 倍和 9.7 倍，年均分别增长 8.7% 和 6.4%。

禽蛋生产，1987 年产量 590.2 万吨，之后 30 年以年均 7.8% 的速度增长，2012 年达到 2 861 万吨，人均 21 千克。2018 年全国禽蛋产量达 3 128 万吨，比 1982 年增长 10.1 倍，年均增长 6.9%。

奶类生产高速增长，1978 年总产量 99.3 万吨，人均 0.9 千克，2008 年猛增至 3 781 万吨，人均 28.55 千克，到 2012 年发展到 3 743 万吨，人均达到 32 千克。随着我国奶业进入飞速发展期，2006 年牛奶产量达到 2 945 万吨，到 2018 年达到 3 075 万吨，比 1980 年增长 25.9 倍，年均增长 9.1%。

水产品产量 1949 年 44.8 万吨，人均 0.8 千克，1978 年产量 465 万吨，人均 4.9 千克，2008 年产量 4 896 万吨，人均 36.96 千克，到 2012 年产量达到 5 908 万吨，人均 43.6 千克。2018 年全国水产品产量 6 458 万吨，比 1949 年增长 143 倍，年均增长 7.5%。

新中国成立 70 年来，主要粮食和主要农产品产量的大幅度增长，使我国长期以来供不应求的状况得到根本性改善。城乡居民生活质量得到显著改善，人民生活总体上达到了小康水平。

第二节　农村经济全面持续发展

经过 70 年的发展和逐步调整，我国农林牧渔业结构已经实现由单一种植业为主的传统农业向农林牧渔业现代农业发展的转变，种植业产值占农林牧渔业总产值的比重下降，林、牧、渔业比重不断上升。改变了单一种植业格局，林牧渔业全面发展。

根据国家统计局数据，1978—2012 年，种植业产值占农业总产值的比重由 76.7% 下降到 58%；林牧渔业产值比重上升到 42%。整个农村经济中，农业的比重已下降到 23.1%，非农产业的比重上升到 76.9%。2018 年农业产值占农林牧渔业产值的比重为 57.1%，比 1952 年下降 28.8 个百分点；林业占 5.0%，提高 3.4 个百分点；畜牧业占 26.6%，提高 15.4 个百分点；渔业占 11.3%，提高 10 个百分点。

我国农林牧渔业结构调整情况列下：

从粮食生产来看，粮食主产区稳产增产能力增强，确保国家粮食安全的作用增大。2018 年主产区粮食产量合计 10 354 亿斤，比 1949 年增长 5.7 倍；占全国粮食总产量的比重为 78.7%，比 1949 年提高 10.2 个百分点。在主要粮食品种中，河南、山东、安徽、河北和江苏 5 省 2018 年小麦产量合计占全国小麦产量的 79.3%，比 1949 年提高 23.8 个百分点。棉花布局调整，开始向优势产区新疆集中，2018 年新疆棉花产量 511 万吨，占全国棉花产量的 83.8%。糖料向广西壮族自治区、云南和广东 3 省（自治区）集中。2018 年 3 省（自治区）糖料产量 10 346 万吨，占全国糖料产量的 86.7%。蔬菜、水果、中药材、花卉、苗木、烟叶、茶叶等产品生产也都形成了优势区域和地区品牌。

林业的发展由木材生产为主向生态环境建设为主转变。2008 年，林业产值占农林牧渔业总产值的比重为 3.9%，比 1952 年提高 2.3 个百分点，2012 年，林业产值占农林牧渔业总产值的比重为 3.9%，比 1952 年提高了 2.3 个百分点。1978 年以后，林业生产进入快速发展时期，各种林地面积都有了较大发展。2018 年畜牧业比重上升，畜产品结构更趋合理。2008 年，畜牧业产值占农林牧渔业总产值的比重为 35.5%，比 1952 年提高 24.3 个百分点，2012 年，畜牧业产值占农林牧渔业总产值的比重为 30.4%，比 1952 年提高 19.2 个百分点。随着畜产品产量的不断增长，畜产品结构也在不断调整。在 2008 年肉类总产量中，猪肉所占比重为 63.5%，比 1985 年下降 22.4 个百分点；牛羊肉比重为 13.6%，比 1985 年上升 8.1 个百分点；禽肉比重为 21.2%，比 1985 年提高 12.9 个百分点。在 2012 年肉类总产量中，猪肉所占比重为 63.7%，比 1985 年下降 22.2 个百分点；牛羊肉比重为 12.7%，比 1985 年上升 7.2 个百分点；禽肉比重为 21.7%，比 1985 年提高 13.4 个百分点。2018 年渔业快速发展，实现从"以捕为主"向"以养为主"转变。2008 年，渔业产值占农林牧渔业总产值的比重为 10%，比 1952 年提高 7.7 个百分点，渔业产值中养殖业产值占 64%，比 1990 年提高 14.0 个百分点。2012 年，渔业产值占农林牧渔业总产值的比重为 9.7%，比 1952 年提高 7.4 个百分点。

新中国成立 70 年来，农业实现了由"以种植业为主、以粮为纲"的高度单一结构向"农林牧渔全面、协调发展"的立体式复合型结构的转变。

第三节　农业综合生产能力增强

持续加强以农田水利为重点的农业基础设施建设，加大投入重大水利工程建设，不断完善小型农田水利设施，大力发展节水农业，全国农田有效灌溉面积由 1952 年的 1 996 万公顷扩大到 2012 年的 63 036 万公顷。2018 年我国耕地灌溉面积 10.2 亿亩，比 1952 年增长 2.4 倍，年均增长 1.9%。大力改造中低产田，提出了区域治理与农业发展的模式，适应不同类型区的主要作物高产、优质、高效栽培技术；适应不同类型区以粮食为先导，农牧结合、农林牧渔业综合发展的模式，取得了重大经济社会效益和初步的生态效益。旱涝保收稳产高产的高标准农田建设稳步推进。据农业农村部统计资料，全国累计建成高标准农田 6.4 亿亩，完成 9.7 亿亩粮食生产功能区和重要农产品生产保护区划定任务，确保粮食综合生产能力稳步提升。

农用化肥施用量（按折纯量计算）1949 年只有 6 000 吨，1978 年 884 万吨，1998 年 4 085.4 万吨，2005 年达到 4 650.4 万吨，2008 年猛增到 5 868 万吨，是 1949 年的 97.8 倍，是 1980 年的 4.76 倍。2012 年农用化肥施用量猛增到 5 839 万吨，是 1978 年的 6.7 倍。2019 年中央 1 号文件提出开展农业节肥节药行动，实现化肥农药使用量负增长大力推广科学施肥、平衡施肥、配方施肥，粮食产量增加，单位面积化肥使用量下降，成本降低，农业增产增收。

1952 年全国农业机械总动力仅 18.4 万千瓦，拖拉机不到 2 000 台，联合收获机仅 284 台。随着农业现代化不断推进，农业机械拥有量快速增加，农作物机械化率大幅提高。2018

年全国农业机械总动力达到 10 亿千瓦，拖拉机 2 240 万台，联合收获机 206 万台。

全国农作物耕种收综合机械化率超过 67%，其中主要粮食作物耕种收综合机械化率超过 80%。农业机械拥有量快速增长，广泛应用，极大地提高了农业劳动生产率。

第四节　农业生产方式深刻变革

随着农村土地制度改革不断深化和"三权分置"制度的确立，农村承包地更加有序流转。2004 年农村承包地流转面积为 0.58 亿亩，到 2018 年，全国家庭承包耕地流转面积超过了 5.3 亿亩。2016 年耕地规模化（南方省份 50 亩以上、北方省份 100 亩以上）耕种面积占全部实际耕地耕种面积的比重为 28.6%。2016 年末规模化（年出栏生猪 200 头以上）养殖生猪存栏占全国生猪存栏总数的比重为 62.9%，家禽规模化（肉鸡、肉鸭年出栏 10 000 只及以上，蛋鸡、蛋鸭存栏 2 000 只及以上，鹅年出栏 1 000 只及以上）存栏占比达到 73.9%。

国家着力培育各类新型农业生产经营主体和服务主体，农民合作社、家庭农场、龙头企业等大量涌现。截至 2018 年年底，全国农民专业合作社注册数量 217 万个，家庭农场 60 万个。新型职业农民队伍不断壮大，各类返乡下乡创新创业人员累计达 780 万人，为农业生产引入现代科技、生产方式和经营理念，推动现代农业产业体系、生产体系、经营体系不断完善，为发展现代农业注入新的活力和动力。

随着农业生产技术和科技水平的提升，设施农业在蔬菜、瓜果、花卉苗木等园艺产品产业上取得突破，各类大棚、中小棚、温室等农业设施增长较快。2018 年末全国农业设施数量达 3 000 多万个，设施农业占地面积近 4 000 万亩。设施农业、无土栽培等新型农业生产模式，改变了农业生产的季节性，拓宽了农业生产的时空分布，为城乡居民提供丰富的新鲜瓜果蔬菜。同时，新型农业生产模式快速发展促进了农业机械化、规模化、产业化、精准化发展，加快推动了我国农业由传统农业向现代农业转变。

第五节　农业对外贸易规模跃居世界前列

新中国成立初期，农产品贸易规模极其有限，农业对外开放基本上处于封闭半封闭状态。1978 年改革开放以来、尤其是加入世界贸易组织以来，农业对外开放步伐明显加快、全面推进，从大规模"引进来"到大踏步"走出去"，一跃成为世界农业对外贸易大国。

一、农产品贸易规模持续快速增长

我国农产品进出口贸易总额由 1995 年的 254.20 亿美元增长到 2017 年的 2 013.90 亿美元，增长 6.92 倍，年均增长 10.64%。其中，进口额增长 10.61 倍，年均增长 13.46%；出口额增长 4.18 倍，年均增长 8.11%。目前，我国已成为世界第三大农产品贸易国、第一大农产品进口国，出口额居世界第六位。需要指出的是，从 2004 年起，我国农产品贸易长期顺差转变为持续性逆差，并且呈扩大态势，由 2004 年的 46.40 亿美元扩大到 2017 年的 503.30 亿美元，扩大了 9.85 倍。

二、农业"引进来"由引资向引技、引智领域不断拓展，成效显著

1997—2016 年，农业实际利用外商直接投资额、外商投资企业投资总额呈现增长趋势，外资利用规模不断扩大，分别由 1997 年的 6.28 亿美元、125 亿美元增长到 2016 年的 18.98 亿美元、814 亿美元，年均增长 8.08%、12.04%，累计实际利用外商直接投资额 242.78 亿美元、外商投资企业投资总额 5 192 亿美元。在引技、引智方面，通过实施一批重大项目，引进了大量农业种质资源、技术、农机装备、管理经验和智力资源。

三、农业大踏步"走出去"，对外直接投资增长势头强劲

农业对外投资流量由 2004 年 2.90 亿美元增长到 2016 年的 32.87 亿美元，年均增长 33.43%；投资存量由 2004 年的 8.34 亿美元增长到 2016 年的 148.85 亿美元，年均增长 30.13%。截至 2016 年年底，中国农业对外投资存量超过 1 800 亿元，在全球 100 多个国家和地区设立农林牧渔类境外企业 1 300 多家。

第六节　农村居民向全面小康迈进

新中国成立 70 年来，农村居民收入持续性较快增长，消费水平持续提高，消费结构不断优化升级，扶贫工作成效显著，农村居民生活实现了由贫困到总体小康的历史性跨越，正在迈向全面小康。

一、农村居民收入持续较快增长

农村居民人均可支配收入由 1949 年的 43.80 元增长到 2017 年的 13 432 元，增长了 305.67 倍。其中，1949—1978 年年均增长 3.9%，1979—2017 年年均增长 12.75%，增速大幅度提高。尤其是党的十八大以来，各级政府多措并举，从持续增加居民收入尤其是财产性收入着手，全力为农村居民增收注入新动力。农村居民拥有的财产性收入由无到有、由少变多，由 1993 年的 7.02 元增长到 2017 年的 302.96 元，年均增长 24.85%。

二、农村居民消费结构不断优化升级

1949—1978 年，农村居民人均消费支出增长了 1.9 倍，年均增长 3.70%。2017 年，农村居民人均消费支出 10 954.53 元，比 1980 年（162.20 元）增长 66.54 倍，年均增长 12.29%，比 1949—1978 年的年均增速高 8.59 个百分点。1949—1978 年，农村居民恩格尔系数都在 67% 以上。2017 年，农村居民恩格尔系数为 31.20%，比改革开放前水平下降了近 36 个百分点。按照恩格尔系数联合国标准，2017 年，农村居民生活处于相对富裕阶段，正向富裕阶段跨入，消费层次由温饱型向全面小康型转变。2017 年，农村居民人均住房建

筑面积比 1978 年增加了 38.60 平方米，住房条件大为改善；平均每百户拥有的家用汽车、洗衣机、电冰箱（柜）、彩色电视机、空调、热水器、移动电话、计算机分别增加到 19.3 辆、86.3 台、91.7 台、120 台、52.6 台、62.5 台、246.1 部、29.2 台。农村居民人均国内旅游花费由 1994 年的 54.90 元上升到 2017 年的 603.30 元，旅游潜力不断释放。

　　我国的扶贫成就举世瞩目。新中国成立初期到 1978 年，我国大多数农村居民生活处于绝对贫困状态，1978 年，农村绝对贫困人口 2.5 亿人。改革开放以来，尤其是党的十八大以来，我国全力、稳步实施精准扶贫精准脱贫战略和大规模减贫行动，农村扶贫取得了举世瞩目的成就。按照 2010 年贫困线标准，农村贫困人口由 1978 年的 7.70 亿人减少到 2017 年的 3 046 万人，累计减少 7.4 亿人；贫困发生率由 97.5％下降到 3.1％。

　　新中国成立 70 年来，我国农业发展取得了举世瞩目的历史成就，为国民经济持续健康发展和社会稳定做出了重大贡献。但是，进入新时代，中国农业发展面临不平衡不充分的挑战日益突出，面临诸多安全挑战，粮食安全、种业安全、食品安全和生态安全、农村人才队伍建设滞后、农民持续增收动力不足、农业供给质量亟待提高，尤其是农业成本持续上升，导致国内外差价不断拉大，农业经营效益下降，国际竞争力低弱。我们要以习近平新时代中国特色社会主义思想为指导，坚持农业农村优先发展总方针，大力实施乡村振兴战略，深入推进农业供给侧结构性改革，加快推进农业现代化发展，为实现全面建成小康社会，开启全面建设社会主义现代化国家新征程做出新的贡献。

第八章
新中国农业科技平台建设和基础设施保障

新中国成立70年来，在党中央、国务院的正确领导下，农业科技事业取得了辉煌成就。科研机构发展壮大，初步形成国家、省、地三级农业科研体制；专业队伍初具规模，造就了一支规模宏大、素质优良的创新科技人才队伍；对外扩大开放，合作交流日益活跃，农业科技阔步走向世界；试验研究条件保障能力不断增强，初步达到现代化的装备水平；国家资金投入大幅增加，初步构建了以政府为主导、社会多元化的农业科技投入体系；强化农业科技组织管理，初步建立符合现代农业科研院所的各项制度和管理体制。所有这些，为我国70年来农业科技创新发展提供了科技支撑和基础设施保障[25]。

第一节　建成国家、省、地三级农业科技体制

经过70年的努力，我国农业科研机构有了长足发展。农业科研机构由独立分散到相对集中统一，由膨胀、精简到整顿，由撤销、下放到恢复重建，由恢复、发展到改革，经历了"三起两落"，在曲折中恢复，在改革中发展，初步建成了国家、省、地三级农业科技体制①。

一、科研机构由独立分散到相对集中统一时期（1949—1957年）

新中国成立初期，党和政府十分重视农业科学事业，开始大力整顿和改组原有零星分散的农业科研机构，这些机构分别隶属于国务院有关部门。农业部分管的大区级农业科研机构7处。1950年前后，各大行政区农业部门在接管原有农业科研机构的基础上，农业部直属的科研机构有18个，省、自治区、直辖市级农业科研机构试验场（站）193处。

1953年，开始执行国家第一个国民经济建设五年计划。1957年农业部属科研机构达到46个，各省（自治区、直辖市）普遍建立了省、地两级的农业科研机构。据1956年初步统计（缺西藏自治区和台湾省），综合性和专业性省级农业试验场（站）共计93个，地市级农业农业试验场（站）共计76个。

---

① 信乃诠. 我国农业科学技术体系问题 [J]. 农业科技管理，2008（02）：1-8。

二、科研机构由快速膨胀、精简到调整时期（1958—1965 年）

1958 年，在"大跃进"的形势下，中国农业科学院相继成立了 23 个专业研究所。29 个省、自治区、直辖市农业科学院和省辖的地区（市）相继成立了一批农业科学研究所。1960 年 9 月，根据国家科学技术委员会关于《科研机构精简、迁移、下放和撤销的意见（草案）》，中国农业科学院机构下放了三分之一，由 36 个研究所减至 22 个研究所。1961 年初，中共中央提出"调整、巩固、充实、提高"的方针，颁发了《关于自然科学研究机构当前工作的十四条意见（草案）》（简称《科研十四条》），对稳定科研机构起到了重大作用。1965 年，中国农业科学院所属的科研机构经过调整，从 1960 年的 24 个，增加到 33 个。各省、自治区、直辖市普遍建立了省、地两级综合性和专业性省级农业试验场（站）95 个，地市级农业农业试验场（站）78 个。

三、科研机构由撤销、下放到恢复重建时期（1966—1978 年）

1966 年开始的长达十年之久的"文化大革命"使我国农业科研体系遭到重创，科研机构的建制被撤销下放。1970 年，中国农业科学院与中国林业科学研究院的建制被撤销，科研机构下放。这种拆散科研机构的做法，波及全国，8 个省级农业科学院被撤销，21 个省级农业科学院被下放。

1976 年粉碎"四人帮"以后，在科教战线上出现了全新的面貌，迎来了科学的春天。1977 年 4 月，党中央、国务院批准了农林部《关于加强农村科教工作和调整农业科学教育体制的报告》，下放各地的研究所回归中国农林科学院领导。1979 年 2 月，经国务院批准，恢复了中国农业科学院和中国林业科学研究院的建制，随后各省、自治区、直辖市的农业科学院也相继恢复了建制。1978 年 12 月，党的十一届三中全会召开，把党的工作重点转移到经济建设上来，强调了专业科技机构在科技工作中的骨干作用。会后，经中共中央、国务院批准，中国农业科学院下放外迁的研究所全部搬回北京原址，下放地方管理的研究所，也收回实行以农林部为主的领导体制，完全恢复了中国农业科学院的原有建制，各省、自治区、直辖市农业科学院和其他农业科研机构，也恢复了原建制。从此，中国农业科学研究事业进入了一个全面发展时期。

四、科研机构由发展、调整到改革时期（1979—2000 年）

1985 年 3 月，中共中央做出了《关于科学技术体制改革的决定》，全国各级农业科研机构引进市场机制和竞争机制，在改革、开放、联合、竞争中求生存、求发展，推行各种形式的承包责任制试点，开拓市场，加快技术成果商品化，探索新的劳动人事制度和分配制度，取得了可喜的进展。此时，1985 年，全国地区以上政府部门所属农业科研机构有 1 169 个，其中农业部所属的有 83 个，占机构总数的 7.1%，省、自治区、直辖市所属的有 428 个，占 36.6%；地区属的有 658 个，占 56.3%。

按行业划分，在全国农业系统的科研机构中，农业 637 个，占 54.5%；畜牧 115 个，占 9.8%；水产 119 个，占 10.2%；农业机械化 237 个，占 20.3%；农垦 61 个，占 5.2%。

按隶属关系划分，部属科研机构 83 个，其中农业 27 个，畜牧 11 个，水产 10 个，农业机械化 3 个，农垦 32 个；省属科研机构 428 个，其中农业 285 个，畜牧 50 个，水产 36 个，农业机械化 28 个，农垦 29 个；地区属科研机构 658 个，其中农业 325 个，畜牧 54 个，水产 73 个，农机化 206 个。

2000 年 5 月，国务院办公厅转发了 12 个部门《关于深化科研机构管理体制改革实施的意见》（国办发〔2000〕38 号），明确提出，社会公益类科研机构根据不同情况进行分类改革。同年，农业部等发布了《关于贯彻〈农业科技发展纲要（2001—2010 年）〉的实施意见》，要求各级各类农业科研机构的改革步伐加快，特别是部属科研机构，为启动新一轮改革创造条件。此时，2000 年全国农业科研机构共有 1 099 个，其中部属科研机构 52 个，占 4.73%，省属科研机构 119 个，占 10.83%，地区属科研机构 638 个，占 58.1%。

按行业划分，全国农业系统的科研机构中，农业 633 个，占 57.6%；畜牧 124 个，占 11.3%；水产 123 个，占 11.2%；农业机械化 177 个，占 16.1%；农垦 52 个，占 4.7%。

按隶属关系划分，部属 52 个，其中农业 26 个，畜牧 7 个，水产 7 个，农业机械化 1 个，农垦 11 个；省属 419 个，其中农业 253 个，畜牧 58 个，水产 41 个，农业机械化 31 个，农垦 36 个；地区属 638 个，其中农业 354 个，畜牧 59 个，水产 75 个，农垦 5 个，农业机械化 145 个。

通过新一轮科研机构改革，全国农业科研机构数量有所减少，质量有所提升，取得了初步成果。全国农业科研机构数量减少 69 个，其中部属科研机构 83 个，减少了 31 个，省属科研机构 428 个，减少了 9 个，地区属科研机构 124 个，减少了 29 个。

根据国务院和地方政府制定科研机构转制改革方案，稳步推进，重点解决科技与生产脱节问题，加快技术成果商品化，取得明显成效。

五、科研机构由深化改革到创新发展时期（2001—2018 年）

"十一五"以来，为了加强农业科研机构的创新能力，扎实推进现代农业的科技支撑建设。2005 年中共中央国务院《关于进一步加强农村工作提高农业综合生产能力若干政策的意见》，明确提出："深化农业科研体制改革，抓紧建立国家农业科技创新体系。"2006 年中共中央国务院《关于推进社会主义新农村建设的若干意见》，重申"深化农业科研体制改革，加快建设国家创新基地和区域性农业科研中心"。2007 年中共中央国务院《关于积极发展现代农业扎实推进社会主义新农村建设的若干意见》，再次重申"加强农业科技创新体系建设"。这些为深化农业科技体制改革和发展指明了方向。

截至 2010 年，全国地市级以上农业科研机构共有 1 100 个，其中部属科研机构 59 个，占 5.364%；省属科研机构 467 个，占 42.455%；地市属科研机构 574 个，占 52.181%。

按行业划分，全国农业系统的科研机构中，农业 673 个，占 61.18%；畜牧业 117 个，占 10.64%；水产业 117 个，占 10.64%；农业机械化 141 个，占 12.82%；农垦 52 个，占 4.73%。

按隶属关系划分，部属 59 个，其中农业 26 个，畜牧 8 个，水产 10 个，农业机械化 1

个，农垦 14 个；省属 467 个，其中农业 294 个，畜牧 63 个，水产 44 个，农业机械化 29 个，农垦 37 个；地区属 574 个，其中农业 353 个，畜牧 46 个，水产 63 个，农垦 1 个，农业机械化 111 个。

通过贯彻 2005 年中央 1 号文件精神和国务院有关深化科研机构改革的总体要求，要以加快农业科技创新主题，在创新方向、创新机制、创新条件、创新人才等方面推出了一系列针对性强的政策措施。农业科研机构经过新一轮改革调整和优化，实力得到加强。2010 年，全国农业科研机构数量变动不大，其中部属科研机构增加 7 个，省属科研机构增加 48 个，地区属科研机构减少 64 个。从行业看，全国科研机构农业增加 40 个，而畜牧、水产和农机化分别减少 7 个、6 个和 36 个；从隶属关系看，部属科研机构农业、农业机械化基本稳步，畜牧、水产、农垦分别增加 1 个、3 个、3 个；省属科研机构各业中，农业、畜牧、水产、农垦分别增加 31 个、5 个、3 个、1 个，而农业机械化减少 7 个；地区属科研机构各业均有少，农业、畜牧、水产、农垦、农业机械化分别减少了 1 个、3 个、12 个、4 个、34 个。

随着科研体制改革地不断深化，全国农业科研机构改革取得初步成效。到 2016 年，全国地市级以上农业科研机构有 993 个，比 2010 年减少 107 个。部属科研机构 52 个，比 2010 年减少 7 个；省属科研机构 436 个，比 2010 年减少 31 个；地市属科研机构 505 个，比 2010 年减少 69 个。部属、省属、地市属科研机构数量分别占科研机构总数的 5.24％、43.91％、50.85％。初步形成国家、省、地三级农业科研体制。

按行业划分，全国农业科研机种植业比 2010 年减少 54 个，畜牧业比 2010 年增加 7 个、水产、农垦、农业机械化比 2010 年分别减少 19 个、10 个、31 个。种植业、畜牧业、渔业、农垦、农业机械化科研机构分别占科研机构总数的 62.33％、12.49％、9.87％、4.23％、11.08％。

党的十八大以来，在习近平新时代中国特色社会主义思想的指引下，大力实施乡村振兴战略。中共中央、国务院印发《乡村振兴战略规划（2018—2022 年）》，提出"产业兴旺、生态宜居、乡风文明、治理有效、生活富裕"总要求，促使乡村产业兴旺，就是要提高粮食综合生产能力、农业科技进步贡献率、农业劳动生产率、农产品加工值与农业总产值之比共 5 个指标，为农业科技创新发展提出新的更高的要求，也为进一步深化科研机构改革，建立国家农业科技体系奠定了坚实基础。

第二节　造就一支宏大、高素质的科技人才队伍

新中国成立 70 年来，党中央、国务院高度重视农业科技人才队伍建设，把人才资源作为第一资源，作为推动农业科技事业发展的强大动力，在"人才强国""科技兴农"战略思想的指引下，加强农业科技人才队伍建设，强化人才培养机制，造就了一支学科专业齐全、人员结构逐步优化，敢于拼搏、勇于创新、宏大的科技人才队伍，在推动我国农业科技事业的建设与发展，在建设社会主义新农村和发展现代农业方面做出了重要贡献。

回顾中国农业科技队伍的建设和发展历程，伴随着发展经历的曲折历程，大体可以划分为五个时期，即：分散聚集到创建、精简下放到遭到重创、恢复到发展、改革到快速发展和深化改革到创新发展时期。

一、科技队伍由分散聚集到创建发展时期（1951—1969 年）

旧社会是一个经济文化极其落后的半殖民地、半封建的国家，农业科学研究事业极端落后。国民党在 1927—1948 年的 20 多年间，培养从事农林科学研究的大学毕业生总共才 1 万多人。新中国成立时，从旧社会继承下来的农业科研机构职工总数为 1 638 人，其中从事农业科学研究工作的只有 427 人。

1949 年，新中国刚一成立，党和政府就十分重视农业科学人才事业。中共中央下发了《关于保护与争取技术人员的指示》，本着"量才录用，妥善安排"的指导方针，在接管原有农业科研机构的基础上，对现有职工 5 561 人，其中科技人员 2 096 人，以及 1957 年 3 月建院的中国农业科学院的职工 5 561 人，其中科技人员 2 096 人，妥善安排了相应工作。同时，在国务院和有关部门支持下，从海内外吸引并调集了一批著名的科学家，在各自技术领域工作，成为新中国农业科技界的奠基人和开拓者。各省、自治区、直辖市等地方属的农业科研机构、农业试验场（站）职工总数约 2 500 多人，也使分散的专业技术人员"归队"从事农业技术工作。

1955 年 6 月，经中共中央、国务院批准，中国科学院学部成立，全国农业科研系统的丁颖、金善宝、陈凤桐、盛彤笙、冯泽芳、戴松恩、郑万钧、赵洪璋、俞大绂梁希等著名科学家当选为首届学部委员。

1956 年初，在周恩来同志的主持下，制定了《1956—1967 年科学技术发展远景规划纲要（草案）》和《57 项重要科学技术任务》，其中农业部分包括：农业机械化、电气化和农业机械的研制问题；提高农作物单位面积产量，提高畜牧业、水产业和蚕业的产量和质量问题；扩大森林资源、森林合理经营和合理利用等问题，农业科技工作者承担了这一光辉而艰巨的任务。

1958 年人民公社化运动前后，农业部又相继成立了一批专业科研机构。29 个省、自治区、直辖市都成立了农业科学院，省辖的地（市、州）也相继成了农业科学研究所，职工总数近 6 万人。

二、科技队伍由精简下放到遭到重创时期（1960—1976 年）

1960 年，根据国家科学技术委员会关于《科研机构精简、迁移、合并、下放和撤销的意见》，中国农业科学院职工由 8 759 人缩减为 2 916 人，精简三分之二以上。各省、自治区、直辖市农业科研人员精简、下放也受到一定的影响。尽管 1962 年 8 月，国家科学技术委员会和农业部在北京召开了国家科学技术委员会农业组扩大会议，共同邀请 60 多位农业科学家座谈。周恩来总理于 9 月 29 日接见了参加这次会议的科学家，并指出："农业科学研究机构精简过了头""这件事做错了"，并亲自批准给中国农业科学院增加了 400 名人员的编制。到 1965 年年底，中国农业科学院的职工达 6 364 人，其中科技人员达 3 284 人。到 1966 年，全国农业科学技术人员总数仅 5.3 万人，其中有研究生学历近 2 000 人，大学学历 2.8 万人。

在"文化大革命"中，极"左"思潮盛行，农业科技界的一些专家、学者和领导干部受到冲击，科研机构陷于瘫痪，原有的规章制度遭到批判，科技人员职称评定、职务晋升、业务进修等工作基本停顿。从 1966 年起，教育系统瘫痪，高等院校 5 年内未招收本科生，12 年未招收研究生，6 年未向国外选派留学生。1970 年 5 月，国务院领导同志到中国农业科学院布置体制下放任务，农林口各部所属科研机构 62 个，职工 13 963 人，下放后合并成立中国农林科学院，暂定编制 620 人，形成长达 10 年的"人才低谷区"。这种拆散专业研究机构的做法波及全国，一些省撤销了农业科学院的建制。拆散科研机构，下放科技人员，导致农业科学研究停顿下来，从而拉大了中国农业科技同世界先进水平的差距。

周恩来等国家领导人为了减轻"文化大革命"对农业科技工作的干扰和破坏，采取各种形式进行抵制和斗争。1972 年 4 月，根据国务院华国锋的指示，农林部召开了全国农林科技座谈会，并在全国农业展览会举办农、林、牧、渔业方面的科技成果展览。华国锋同志在座谈会上强调，对下放所不能撒手不管，下放所要承担任务，仪器、资料不得分散毁坏。这次会议后，一些下放所的情况有所好转，科研工作逐步得到恢复和加强。这次座谈会还制订包括水稻杂种优势利用等 22 项重大科技项目的协作研究计划，组织全国农业科研机构、高等农业院校等的科技力量，联合攻关，促进了全国农林科技工作的开展。在此期间，许多农业科技人员在国家领导人的关怀与支持下，排除各种干扰，坚持科研工作，并取得籼型杂交水稻、马传染性贫血病诊断与防治等一批重大科技成果。

三、科技队伍由恢复到发展时期（1976—1985 年）

1976 年 10 月粉碎"四人帮"后，科学的春天到来了。1978 年 3 月，中共中央召开全国科学大会。邓小平在会上指出："科学技术是第一生产力""四个现代化，关键是科学技术的现代化""要有一大批世界一流的科学家、工程技术专家"。这次讲话极大地鼓舞了广大科技人员的积极性。同年 5 月，国务院批准恢复中国农业科学院和中国林业科学研究院建制，同时，组建了中国水产科学研究院。12 月，中共十一届三中全会强调专业科研机构在发展科技工作中的骨干作用。11 月 27 日—12 月 20 日，经中共中央、国务院批准，中国农业科学院恢复了原有的科研机构。同时，各省、自治区、直辖市农业科学院和其他专业研究机构，也恢复了原有建制，科技人员陆续归队，并相继开展了工作。

1979 年中共十一届四中全会通过的《中共中央关于加快农业发展若干问题的决定》中，明确提出要组织技术力量研究解决农业现代化中的科学技术问题，中央要办好中国农业科学院等几个重点高级农业研究院，各省、自治区、直辖市要根据农业区划办好一批农业科研机构，逐步形成门类齐全、布局合理的农业科学技术体系。从此，我国农业科学研究事业，进入了一个新的快速发展时期。

1982 年，通过贯彻"经济建设必须依靠科学技术，科学技术工作必须面向经济建设"的方针，促进了农业科研工作的健康发展。国家出台了《科学技术干部管理工作试行条例》《关于科技人员合理流动的若干规定》《关于实行专业技术职务聘任制》等，农业部部属和部分省科研机构恢复了建制，收回了下放研究所，平反冤假错案，并落实党的知识分子政策，改善专业技术人员的社会地位和工作生活条件，积极引导广大农业科技人员进入经济建设主战场。中国农业科学院，经国务院批准，从京外调进 200 名科技人员充实京内各研究所（室）。恢复技术职称评定，加强科技人员技术培训，加快对外科技交流。同时，有计划地培养课题主持人和专业、学科带头人。充分利用对外开放所具有的有利条件，积极开辟海外渠道，培养高层次科技人才。接收优秀应届大学毕业生和研究生。创办中国农业科学院研究生院，扩大招生名额，增加专业范围。经过几年的调整和建设，中国农业科学院科技人才数量增加、质量有所提高，初步形成了一支专业学科门类比较齐全、研究能力较强的农业科技人才队伍。一些省、地区农业科技机构不断得到恢复和发展，科技人才队伍快速增长，形成了较宏大的科技队伍，初步构建了国家、地方两极的全国农业科技体制。1985年年底，全国农业系统科研机构职工总数达15.2万人，其中科技人员9.5万人，占职工总数的71.2%；在科技人员中，具有高级、中级、初级职称人员分别占1.8%、17.7%、15.7%；具有大学以上、大专、中专文化程度的分别占27.1%、8.1%、12.6%。

1980年，全国农业科研系统朱祖祥、李竞雄、鲍文奎、徐冠仁、邱式邦、赵善欢、娄成后、裴维蕃、蔡旭等著名农业科学家当选为中国科学院院士，和一批中青年科学家、领军人物，根据国家农业需求和科技问题，在主持国家重大科研项目和"六五"国家科技攻关计划中，取得一批具有世界先进水平的重大科技成果。

四、科技队伍由改革到快速发展时期（1986—2000年）

1985年3月，中共中央做出了《关于科学技术体制改革的决定》，标志着我国农业科学技术体制改革进入了新时期。1986年9月，农牧渔业部向全国农业系统印发《关于农业科技体制改革的若干意见（试行）》，有效地推动了农业科研机构和专业技术人员的改革，并取得了重要进展和可喜成果。1992年8月，国家科学技术委员会、国家经济体制改革委员会发布《关于分流人才、调整结构、进一步深化科技体制改革的若干意见》，明确提出今后深化科技体制改革的重点是调整科技系统结构，分流人才，进一步转变运行机制，要真正从体制上解决科研机构重复设置、力量分散、科技与经济脱节问题。同年10月，农业部、财政部、国家科学技术委员会发布《关于加强农业科研单位科研成果转化工作的意见》，要求农业科研机构要贯彻"稳住一头，放开一片"的方针，主要科技力量要面向经济建设主战场，以各种形式加速科技成果转化为直接生产力，取得了巨大的经济社会效益。同时，组织精干的科技力量，从事基础性研究、高技术研究和重大科技攻关研究，努力提高农业科技水平。1995年5月，中共中央、国务院发布《关于加速科学技术进步的决定》，首次在我国提出实施"科教兴国"战略，指出我国科技工作的基本方针是："坚持科学技术是第一生产力的思想，经济建设必须依靠科学技术，科学技术必须面向经济建设，努力攀登科学技术高峰"。同月，中共中央、国务院召开全国科学技术大会，号召全党和全国人民，全面实施"科教兴国"战略的伟大事业，加速全社会的科技进步，为实现现代化建设的第二步和第三步战略目标而努力奋斗。

1996年1月，中共中央召开全国农村工作会议，研究提出"九五"期间农业与农村工作需要解决的若干重大问题，要求实施"科教兴农"战略，力争粮棉油等主要农产品单位面积产量提高一成。之后，各地农业科研机构紧密结合实际，组织引导广大科技人员进入经济建设主战场，深入农业生产第一线开展技术开发和技术服务，取得了显著的经济社会效益。1999年，中共中央、国务院颁布《关于加强技术创新，发展高科技，实现产业化的决定》，要求通过分类改革，加强国家创新体系建设，推动一批有面向市场能力的科研机构向企业化转制，从根本上形成有利于科技成果转化的体制和机制。2000 年 5 月，国务院办公厅转发了科学技术部等 12 个部门《关于深化科研机构管理体制改革实施意见》（国办发〔2000〕38 号），明确指出，社会公益类科研机构分别按照不同情况实行改革。2000 年 12 月，国务院办公厅转发了科学技术部等部门《关于非营利性科研机构管理的若干意见（试行）》（国办发〔2000〕78 号），指导非营利性科研机构的改革。

1979 年，经中共中央批准，中国科学院恢复学部活动，后将学部改为院士制。此间，全国农业系统庄巧生（1991 年）、石元春（1991 年）、李博（1993 年）、卢永根（1993 年）等著名农业科学家当选为中国科学院院士。同时，经国务院批准，成立了中国工程院，全国农业系统卢良恕、刘更令、史元春（1994 年），袁隆平、方智远、沈荣显、任继周、傅廷栋、沈国舫、赵法箴、山仑（1995 年）等著名农业科学家当选为中国工程院院士。有关部门还实施了"跨世纪优秀人才培养计划""创新团队国际合作计划""百千万人才工程""长江学者奖励计划"等人才培养、集聚计划和项目，进一步加大专业技术人才培养、吸引、使用力度。

1995 年，全国农业科技队伍发生了较大变化。全国农业科研机构职工总数达 11.9 万人，其中科技人员 5.82 万人，占职工总数的 48.9%。在科技人员中，具有高级、中级、初级职称的分别有 11.4 万人、2.16 万、2.11 万人；具有博士、硕士、学士学位的分别为 258 人、2 542 人、15 037 人；具有研究生、大学、大专、中专文化程度的分别为 2 965 人、24 486 人、13 887 人、15 392 人。

五、科技队伍由深化改革到创新发展时期（2001—2018 年）

2001 年 1 月，中共中央、国务院在北京召开了全国农业科技大会，总结了新中国成立 50 年来，特别是改革开放以来，农业科技事业的成就与经验，对新阶段的农业科技工作进行部署，提出了 10～15 年农业科技发展目标。国务院发布了《农业科技发展纲要（2001—2010 年）》，强调农业科技工作要实现战略性转变。要实施人才培养科技行动，造就一支高素质的农业科技队伍。同年，农业部、水利部、林业局等发布了《关于贯彻〈农业科技发展纲要（2001—2010 年）〉的实施意见》。2003 年，为落实党的十六大提出的制定国家中长期科学和技术发展规划的要求，国务院成立了规划领导小组。规划第一阶段的主要任务是开展战略研究，确立了包括农业科技问题在内的 22 个专题研究。规划第二阶段的主要任务是国家中长期科学和技术发展规划的制定，规划初稿，多次召开专家、院士参加的讨论与论证会。在此基础上，2006 年 1 月 9 日，中共中央、国务院在北京隆重召开全国科学技术大会，胡锦涛总书记发表了题为《坚持走中国特色自主创新道路，为建设创新型国家而努力奋斗》的重要讲话，温家宝总理作了《认真实施科技发展规划纲要，开创我国科技发展的新局面》的讲话。《中共中央国务院做出了实施科技发展规划纲要，增强自主创新能力的决定》。所有这些，为包括农业科技在内的自主创新，开创我国科技发展的新局面，勾画出一幅时代蓝图。

2003 年年底，中共中央、国务院召开了新中国历史上第一次全国人才工作会议，会后印发的《中共中央、国务院关于进一步加强人才工作的决定》成为新世纪新阶段人才工作的行动纲领。接着，中央召开全国留学回国人员先进个人和先进工作单位表彰大会，推动了引进海外人才工作的开展。全国各地出现了新一轮海外人才"回国潮"。同时，中共中央组织部牵头成立了中央知识分子工作联系小组，建立了专家库，代表中央直接联系包括农业高级专家的数千名各领域的高级专家，建立了联系服务专家制度。

进入"十一五"时期，为了加强农业科研机构的创新能力，扎实推进现代农业的科技支撑建设。2005年中共中央、国务院《关于进一步加强农村工作提高农业综合生产能力若干政策的意见》，明确提出："深化农业科研体制改革，抓紧建立国家农业科技创新体系。加强国家基地的创新能力建设，搞好农业基础研究和关键技术的研究开发，加快生物技术和信息技术等高新技术的研究。"并提出"依托具有明显优势的省级农业科研单位和高等学校，建设区域性的农业科研中心，负责推进区域农业科技创新，开展重大应用技术攻关和试验研究"。2006年中共中央、国务院《关于推进社会主义新农村建设的若干意见》，重申"深化农业科研体制改革，加快建设国家创新基地和区域性农业科研中心"。2007年中共中央、国务院《关于积极发展现代农业扎实推进社会主义新农村建设的若干意见》，再次重申"加强农业科技创新体系建设"。所有这些，为深化农业科技体制改革和创新发展指明了方向。

2012中央1号文件题为《关于加快推进农业科技创新持续增强农产品供给保障能力的若干意见》，共六部分23条，以加快农业科技创新主题，提出了农业科学技术发展的战略定位，在创新方向、创新机制、创新条件、创新人才等方面推出了一系列针对性强的重大政策措施，对发展现代农业，推进农业科技进步，加快成果转化与推广，促进农业增产、农民增收具有重要的指导意义。

1996—2016年期间，中国科学院院士李家洋调入全国农业系统（2012年）、陈化兰当选为中国科学院院士（2017年）；张子仪、范云六、董玉琛、唐启升、吴明珠、郭予元、陈宗懋、候锋、颜龙安、张改平、刘守仁、李文华、戴景瑞、盖均益、李佩成、刘旭、吴孔明、陈剑平、喻树迅、陈学庚、唐华俊、万建民、刘新友、王汉中等人相继当选为中国工程院院士。一批中青年科学家、创新性人才队伍，由他们组建的优秀团队，积极承担国家重大科技项目，大力实施科技创新，取得了一批具有国际影响力的重大科技成果。

经近20年来的深入调整和改革，我国农业科研机构人才队伍发生了很大变化。职工队伍中科技人员比例大幅提高。科技人才队伍中具有高级职称的人数大幅增加，高、中、初级人员队伍结构逐步趋向合理。科技人才队伍中具有博士、硕士研究生学位的人数猛增。截至2016年，全国农业科研机构职工总数8.38万人，其中从事科技活动人员6.89万人，占职工总数的82.2%。在科技人员中，具有高级、中级、初级职称的分别占2.36万人、2.24万人、1.04万；具有博士、硕士、本科、大专、其他学士学位的分别有8 453人、17 785人、24 576人、9 097人、6 943人。

党的十八大以来，以习近平为核心的党中央，高度重视人才工作，多次指示，"要强化激励，用好人才，使发明者、创新者能够合理分享创新收益""让科研人员名利双收""让人才能够在政府、企业、智库间实现有序顺畅流动"，为科研改革指明了方向。2016年3月21日，中央颁布《关于深化人才发展体制机制改革的意见》，从中央到地方全面发力，加快推进人才培养、评价、流动、激励、引进等重点领域和关键环节的改革，为人才发展注入强大动能。2月，国务院印发《实施〈中华人民共和国促进科技成果转化法〉若干规定》，打通科技与经济结合的通道，促进大众创业、万众创新，鼓励研究开发机构、高等院校、企业等创新主体及科技人员转移转化科技成果,推进经济提质增效升级。11 月,中共中央印发《关于实行以增加知识价值为导向分配政策的若干意见》,探索股权期权分红激励具体办法,让人才合理合法享有创新收益。2017 年 1 月,《关于深化职称制度改革的意见》正式出台,"发挥用人主体在职称评审中的主导作用""建立以同行专家评审为基础的业内评价机制"等一系列有针对性、含金量高的举措,有力地解决了职称制度体系不够健全、评价标准不够科学、评价机制不够完善、管理服务不够规范等存在已久的问题。农业部为贯彻落实上述有关精神,先后印发《农村实用人才和农业科技人才队伍建设中长期规划（2010—2020 年）》《现代农业人才支撑计划实施方案》等,从不同侧面,为农业科技人才队伍培养、评价、流动、激励、引进等重点领域和关键环节的改革,为人才发展注入了强大动力,指引新时代农业科技人才持续稳定健康发展。

70 年的实践证明,要牢牢集聚人才举措。"功以才成,业由才广。"人才是创新的第一资源。要在创新农业科研实践中发现人才、在创新农业科技活动中培育人才,在创新农业科技事业中凝聚人才,大力培养造就一支规模宏大、结构合理、素质优良的创新科技人才队伍,为中国农业科技跨越式创新发展奠定人才基础,为实现农业现代化、把农业科技建成强国做出新的更大贡献!

第三节　对外农业科技交流阔步走向世界

新中国成立以来,国家十分重视农业科技对外交流合作工作,与有关国家和地区、国际组织间开展了一系列对外科技交流与合作,不仅引进国外农业种质资源、农业先进技术和管理经验,同时,培养人才,举办大型研讨会、学术交流会,使我国农业科技逐步走向世界,对促进农业科技进步和农业生产发展具有重要作用[①]。

一、对外合作交流发展历程

20 世纪 50 年代,由于西方国家对我国实行"封锁、禁运",我国农业科技对外交往主要是同苏联和东欧等一些社会主义国家开展科技合作交流,同亚洲国家也有一些合作与交流,主要方式是互派专家和留学生,相互交换动植物品种资源和先进农业技术,及参加国际会议等,取得了一定成效。

20 世纪 60 年代后期,由于"文化大革命"的影响,农业科技对外交往被迫中断。直到 70 年代中后期,我国农业科技合作重点开始转向发展中国家和少数发达国家,向亚洲、非洲一些国家及地区提供技术支持,派遣农业专家进行技术指导,与拉丁美洲国家及地区和澳大利亚有少量的种质资源交换和技术交流,受到重视和好评。

党的十一届三中全会以来,我国全面实施对外开放政策,农业技术合作按照"平等互利、互通有无、取长补短、共同提高"的原则,呈现多元化和快速发展势头。当时交流应遵循以下原则:

---

① 朱丕荣. 阔步前进的农业对外合作 40 年 ［M］//农业农村部农村经济研究中心当代农史研究室 . 2018: 纪念农村改革 40 年 . 北京: 中国农业出版社, 2018。

（1）国际间农业科技合作与交流必须在充分利用我国已有科技成果的基础上进行，在对外科技合作与交流中，必须贯彻"量力而行"和"少而精"的原则。

（2）必须坚持平等互利的原则。在对外科技合作与交流中，既不要强加于人，也不要强求于人，应根据双方需要和可能，做到有来有往，互通有无。

（3）要博采各国农业科技之长，不要把注意力过多集中在几个发达国家，也要注意国情相通、具有科技优势的其他发达国家和发展中国家，博采各国科技之精华。

（4）要从中国国情出发，选择先进的适用技术。要根据我国农业和农业科技发展需要，有重点地在一些领域开展农业科技合作与交流。

（5）要开展多渠道、多形式的农业科技合作与交流，以官民并举、双边多边并举为原则。对引进合作，既要注意引进适用技术，也要注意引进智力和资金。

（6）开展农业科技合作与交流，应加强调查研究和前期的研究工作，针对性、实用性要强，并富有成效。

在上述原则指导下，我国农业科技合作与交流有了新的更快的发展。1978年签订了中英、中法、中国与联邦德国和中国与瑞典科技合作协定，1979年签订了中国与意大利和中国与丹麦科技合作协定。随着改革开放的不断深入，科技合作方式及合作领域不断拓展。20世纪80年代中期，我国与世界上80多个国家和地区开展了科学技术合作交流，与其中19个国家签订了农业科技合作协议、协定。并同联合国开发计划署（UNDP）、联合国粮食及农业组织（FAO）、世界银行（IBRD）、国际农业研究磋商组织（CGIAR）下属的13个国际农业研究中心签订了正式合作协议。同美国洛克菲勒基金会签署了在中国农业科学院援建国家作物种质库的协议等。

到20世纪90年代中期，我国与世界上140多个国家建立了科技交流与合作关系，与其中20个国家签订了双边农业合作协议或备忘录，还与有的国家成立了双边农业联合委员会或农业联合工作组，定期商讨双边交流项目。国际合作交流方式有一般性交流互访、举办技术讲座，逐步发展到外国专家来华进行技术指导、技术培训、技术咨询，同国内部属和省级科研单位、高等院校等开展合作研究及合作开发等方式。合作交流领域涉及农业、畜牧业、农业机械、水产、农产品加工利用、饲料工业、生物技术及农用塑料工业等100多个学科、专业，效果显著，我国农业科技开始走向世界。

进入21世纪以来，我国同世界各国和有关国际组织及民间组织开展了全方位、高层次、多形式的农业科技合作与交流，不仅引进国外先进农业技术和方法，在国外获得了资金、技术、设备等方面的支持，而且学习了国外先进的管理理念、运行机制和方法，提高了农业科技管理水平。党的十九大以来，在习近平新时代中国特色社会主义思想的指引下，实施乡村振兴战略，坚持农业农村优先发展，为农业科技创新发展指出了方向，我国外科技合作交流步入新时代。

二、对外农业技术和智力的引进

改革开放以来，我国采取"派出去、请进来"的方式和通过执行国际合作项目，利用双边、多边和民间等多种渠道开展有组织的对外交流与合作，取得了明显成效。

（一）在动植种质资源方面

70 年来，我国在遵守"平等互惠、互通有无、有来有往、等价交换、以宝换宝"原则的基础上，与国外进行了广泛的种质资源交换，引进粮、棉、油、蔬菜、水果、牧草等种子、苗木 10 多万份，有些在生产上直接应用，有些作为育种亲本材料。引进的小麦品种在我国直接推广利用的就有 80 多个，其中推广面积超过千万亩的有 6 个。引进的果树、蔬菜、花卉等种质资源种类繁多，其中苹果品种金冠、红星、国光、青香蕉、红玉、祝光、红富士等，葡萄品种玫瑰香、无核白、巨峰等，在生产上直接推广应用。引进蔬菜品种资源 10 809 份，其中包括茄果类、瓜类、甘蓝类、葱蒜类等几十种蔬菜；还有绿叶菜，如结球莴苣、球茎茴香、大叶落葵、青花菜、根芹菜、菊花菜等，其中有的蔬菜品种已直接用于生产。家畜和家禽的引种取得进展，如引进意大利皮埃蒙特肉牛良种，在河南等地建立了皮埃蒙特中纯种群，已繁殖纯种肉牛 170 多头，冷冻精液推广到 13 个省、自治区、直辖市。引进了美国雀麦属、鸭茅属、羊茅属等 23 个牧草品种，在甘肃等地试种，已筛选出适合不同地区的优良草种等。

（二）在引进农业技术方面

地膜覆盖栽培技术，1979 年从日本引进。结合我国各地实际情况，通过自我消化吸收和创新，这项节本增效技术日趋成熟，在全国 40 多种作物上大面积推广应用。以此，推动了塑料大棚、设施园艺、保护地栽培等技术的发展。20 世纪 80 年代初引进的水稻旱育稀植技术，是一项省种、省肥、省水、省工、增产的栽培技术，在我国早中晚稻、再生稻和麦茬稻上广泛推广应用，取得了明显的增产增收效果。还有美国小体积高密度网箱养鱼技术，是一项先进的适用技术，1992 年小面积示范推广，1993 年已在全国 18 个省、自治区、直辖市推广，规模达 7 412 多立方米，平均每立方米产鱼 187.6 千克，纯收入 339.5 元，这项技术已显示出广阔的推广前景。还有畜禽工厂化饲养技术、雏鸡雌雄鉴别技术、高效低毒低残留施药技术、农业遥感技术等，在农牧业广泛应用。20 世纪 90 年代后，还引进、展示国外先进的整套农业技术、装备和管理经验等。如中国和以色列在北京郊区建立的中以示范农场、中国和日本合作建成的天津奶牛改良育种中心、中国和荷兰建成的中荷北京畜牧培训示范中心、中荷上海园艺培训示范中心等，引进国外先进的整套技术、装备，并配有外方专家指导，效果很好。

（三）在引进农业人才和智力方面

改革开放以来，从 30 多个国家引进农业专家 1 万多人次，到农业科研机构、高等农业院校和农业生产单位等，进行讲学、技术指导和合作研究。以中国农业科学院蔬菜花卉研究所为例，建所以来，共邀请来自美国、英国、荷兰、法国、澳大利亚、日本、丹麦等 39 个国家和地区 224 批 569 名国外专家来华访问、讲学、技术指导、合作研究，举办各类培训班 13 次，参加学员 512 人，接待来自 47 个国家和地区临时来访外宾 1 020 批 5 240 人。其中，一些外籍专家为我国蔬菜花卉科技事业发展做出了贡献。

在对外交往中邀请的来自有关国家的专家，有些被中国农业科学院聘为名誉研究员、国际顾问委员会成员。有些来自有关国家的著名科学家，荣获国家外国专家局中国政府友谊奖、中国政府颁发的国际科学技术合作奖。

三、"走出去"人才培养和农业援外工作

(一)在农业科技人才培养方面

改革开放以来,农业系统根据工作需要向世界五大洲,主要是欧美发达国家,派出访问学者、出国留学人员5 400多人,研修生7 000多人,提高了我国科教人员的素质,培养了一批高级科技人才。他们中的大多数把从国外学到的先进技术和取得的研究成果带回国内,在各自的工作岗位上,成为国内新兴学科和重点领域的技术骨干、学术带头人,在水稻分子育种、杂种优势利用、小麦品质育种、牛胚胎工程、单克隆抗体、多肽疫苗、酶工程技术、温室环境控制、农业遥感技术应用等方面做出了成绩。有些同志还担任了部、省级领导,科研院所和高等农业院校的重要职务。这些同志学成回国后对我国农业科技改革和科研、教育水平的提高发挥了重要作用。

结合我国重点农业科技项目,开展双边和多边合作研究,取得了重要进展。如中国农业科学院植物保护研究所利用美国乔治亚大学提供的遗传材料、遗传鉴别系统和技术,使"863"高新技术项目研究取得突破,并获得了世界上第一个马铃薯青枯病的胞外蛋白分离突变体,处于世界领先水平。北京市农林科学院蔬菜研究中心科研人员与美国蔬菜采后生理专家进行合作研究,找到导致白菜脱帮等耗损的关键因素,在此基础上,研制出白菜强制通风、不倒菜、省工贮藏新技术。云南省农业科学院与日本热带农业研究中心开展利用遗传资源培育耐寒、抗病、优质高产水稻新品种的研究,育成具有综合优良性状的粳稻新品种,已有10个新品种通过审定,在云南高原稻区和部分省份的山区推广,被云南省人民政府列为全省粮食增产的重大措施之一。联合国开发计划署援助我国北方作物育种项目,援助项目经费530多万美元,该项目结合国家科技攻关,通过收集国内外优良种质资源,引进先进的仪器设备等方式,加速了育出优良品种的速度,共育出杂交种39个,常规品种14个,提高了项目科研单位的科研能力和育种开发能力。

我国积极开展对外援助活动,充分发挥自身优势,开辟"走出去"的各种途径,大力实施"走出去"战略。在20世纪50年代后期,我国就开始承担农业外援工作,主要援助对象有古巴、阿尔巴尼亚、巴基斯坦、几内亚、摩洛哥等国,援助涉及作物栽培技术、作物良种、苗木、肥料、农机具、沼气等内容。改革开放后,农业外援工作开拓了新局面。为非洲40多个国家举办专门技术培训班,派出专家讲学,传授技术。帮助安哥拉、坦桑尼亚、赞比亚等国家制定农业发展规划。帮助莫桑比克等一些国家筹建农业技术培训中心、农业试验站和农业技术示范中心等。进入21世纪,随着"一带一路"农业合作和援外快速发展,我国与相关国家建立农业技术培训中心、农业试验示范基地,并提供整套仪器设备和农机具等,为开展农业科技试验示范,提高农业技术水平、发展本国农业生产服务,普遍受到欢迎和好评。

(二)举办大型学术活动

我国主办的重要国际会议有:世界农业展望大会、中国与CGIAR合作30年论坛、第四届国际农科院院长高层研讨会、中国与国际应用生物科学中心(CABI)战略合作二十周

年高层研讨会、国际农业基因组学大会、第五届 G20 农业首席科学家会议、农业生态与可持续食物体系国际研讨会、国际作物科学大会、中国国际现代农业科技展览会、中国国际农业博览会、国际农业生物技术大会（ABIC）、智慧农业国际学术会议等，以及一系列专业会议、研讨会、高层论坛，扩展了中国农业科技的国际影响力，中国农业科技阔步走向世界。

四、切实加强对外农业科技合作交流

新中国成立后，特别是改革开放以来，我国农业科技对外交流与合作遵循"自力更生为主，争取外援为辅"的方针，根据我国农业和农业科技发展需要，坚持"量力而行"和"少而精"的原则，官民并举、双边多边并举的原则，引进技术与引进智力和引进资金相结合的原则，博采各国科技之精华，成效显著，收获巨大。

面向未来，要在"实施乡村振兴战略"的指引下，按照"产业兴旺、生态宜居、乡风文明、治理有效、生活富裕"的总要求，提高粮食综合生产能力，提高农业科技进步贡献率，提高农业劳动生产率，通过双边、多边和民间国际合作交流，将重点放在引进智力和重点技术、扩大人才交流范围，拓宽国际合作渠道，加强引智成果的消化吸收等方面。

（一）扩大人才交流范围，加强人才培养

针对我国农业生产发展和农业科技需求，对科技管理人员和技术人员进行重点培养。把培养重点和派出目标放在中青年业务骨干上，培养出一批学科带头人，发展有自己特色的专业学科，解决科技人员断层问题。在选派人员时优先考虑重点学科，充分重视新兴学科和基础学科，侧重应用学科，兼顾管理学科，把当前需要和中长期发展结合起来。加强对出国留学人员的管理工作，确保出国人员按期回国服务。

（二）拓宽国际合作渠道，有效利用国外资源

在原有合作渠道的基础上，继续开展双边、多边和民间合作，同 UNDP、FAO 等国际组织和日本国际协力机构（JICA，原日本国际协力事业团）保持良好的合作关系，争取更多的援助项目，通过政府、民间和专家往来等形式积极寻找合作研究项目，利用国外资金、技术、资源来推进我国农业科研创新发展。

（三）加强引智成果的消化吸收

继续加强引智成果的消化吸收和创新，加强引智成果的推广力度。一是把引智成果列入我国正在实施的国家、部门重点科技计划；二是把已在生产中证明效益显著的引进技术列入农业农村部农业重大科技计划；三是将引智推广与技术扶贫相结合，在贫困地区组织推广园艺技术、无纺布技术、梨和苹果套袋技术以及一批引进的优良动植物新品种等，加快贫困地区脱贫致富步伐，增加农民收入。

第四节　农业科技条件保障能力增强

新中国成立后，在不断增加农业科技投入的基础上，国家、省、地区农业科研机构的试

验研究条件得到改善，科研基建工程、科研用房以国产常规仪器设备为主，同时也引进国外先进仪器设备，装备重点实验室和试验场（基地），逐步改变了实验手段和装备比较落后的状况。

1978年改革开放以来，随着国家经济快速发展和各级政府对农业科技投入的增加，地市级以上的农业科研机构仪器设备和试验条件发生了重大变化。进入21世纪，国家加大农业科研机构基本建设的投入，国家和科学技术、农业部门为适应世界新技术挑战和国家农业的重大需求，还设立各类专项基金，加大农业科研机构建设，为科学研究提供了较好的工作平台，为科研出成果、出人才提供了良好的物质保证[26]。

一、基本建设和固定资产

1985年全国农业研究与开发机构系统固定资产总额17.9亿元，其中科研用房建筑6.09亿元，占34.0%；按行政隶属分，部属机构固定资产额5.01亿元，占全国固定资产额的28.0%，其中科研用房建筑1.18亿元，占23.6%；省属机构固定资产额8.94亿元，占全国固定资产额的49.9%，其中科研用房建筑3.63亿元，占40.6%；地区属机构固定资产额3.96万元，占全国固定资产额的22.1%，其中科研用房建筑1.28亿元，占32.2%。

改革开放后，随着国家经济快速发展，政府对全国农业科研机构基本建设投入逐年增长。2011年国家对全国农业科研机构基本建设总额18.31亿元，其中科研基本建设工程达11.96亿元。到2016年，以政府投资为主体投资体系基本形成，全国农业科研机构基本建设投资总额高达30.79亿元，创历史新高，其中土建工程占比最大，达53.27%。科研基本建设完成额28.30亿元，其中政府拨款21.12亿元，占74.62%。按行政隶属分，基本建设投资，部属机构基本建设占17%，省属机构基本建设按行政隶属分占53%，地区属机构基本建设占30%。土建工程实际完成额，部属机构占21%，省属机构占53%，地区属机构占26%（表8-1）。

表8-1 2011—2016年全国农业科研机构基本建设投入、科研基建工程实际完成额变化

单位：亿元

年份	2011	2012	2013	2014	2015	2016
基本建设投入	18.31	22.51	30.35	27.25	29.06	30.79
科研基建工程	11.96	14.48	24.41	18.17	26.23	28.30

资料来源：农业部科技教育司《全国农业科技统计资料汇编》。

同时，随着政府对农业科研投入快速增加，科研用房建设和科研仪器设备有很大变化。2011年政府对全国农业科研机构科研用房建设投资总额高达69.81亿元，科研仪器设备投资总额达68.24亿元。到2016年，国家对全国农业科研机构科研用房建设投资总额高达133.57亿元，科研仪器设备投资总额达123.83亿元。按行政隶属分，科研用房建设和科研仪器设备投资总额，部属机构分别占23%和48%，省属机构分别占52%和52%，地区属机构分别占25%和10%（表8-2）。

表 8-2　2011—2016 年全国农业科研机构科研用房和科研仪器设备政府投入状况变化趋势

单位：亿元

年份	2011	2012	2013	2014	2015	2016
科研用房	69.81	85.80	92.51	105.40	119.24	133.57
科研仪器设备	68.24	82.16	90.88	103.71	114.67	123.83

资料来源：农业部科技教育司《全国农业科技统计资料汇编》。

全国农业科研机构经过多年修缮和建设，科研工作和住房、生活条件发生了重大变化，为开展科研与开发研究提供了基本保障。尤其是省级以上科研机构工作和生活服务环境比较优越，为科技人员创新发展、多出成果、快出人才提供了良好条件。

二、基础设施和试验平台建设

新中国成立 70 年来，通过新建、提质、升级等方式，不断完善创新的基础设施和试验条件，逐步构建了"国家级、省级和院级，创新、支撑和服务"三级三类的科技平台体系，为农业科技创新驱动发展提供了条件。

改革开放以来，为应对世界新技术革命挑战和国家农业重大需求，政府加大农业科技基础设施建设，先后启动了国家重点实验室、国家工程技术研究中心、国家工程实验室、野外科学观测试验站、农业部综合重点实验室、农作物改良中心（分中心）、农产品质量安全风险评估实验室、农产品质量监督检验中心等，为农业科技创新驱动发展，进而实现创新型国家目标做出贡献。

（一）重大科技基础设施

2000 年，依托中国农业科学院作物科学研究所和生物技术研究所，经国家发展计划委员会批准立项，建设"农作物基因资源与基因改良国家重大科学工程"①，2003 年 11 月竣工并投入使用，是我国农业领域首个建成使用的国家重大科学工程。主要围绕农学和生物学中农作物基因资源与基因发掘的理论基础与技术创新、作物重要以性状形成的分子基础及功能途径以及作物品种分子设计的理论基础与技术体系三大科学问题，重点开展水稻、小麦、玉米、棉花、大豆等主要农作物基因资源鉴定、重要性状新基因发掘、功能基因组学研究、种质和亲本材料创新与分子育种。它的建成和投入使用，为我国农业基础科学研究奠定了坚实的设施基础，为农业生物技术领域国家重大项目的实施提供了科学创新平台。

（二）国家农业生物安全科学中心

国家农业生物安全科学中心以中国农业科学院植物保护研究所为依托，于 2008 年由国家发展和改革委员会批复立项，2008 年农业部对该项目初步设计和概算进行批复，2010 年 10 月正式开工，2013 年 7 月竣工并投入使用，是国家专门从事高危农林有害生物研究的综合性创新平台，也是国家生物安全体系的重要组成部分②。主要开展高危农林有害生物灾变规律和防控

①②　中国农业科学院.中国农业科学院 60 年［M］.北京：中国农业科学院，2017。

理论与技术的研究，包括开展不同安全级别的农林危险性外来入侵生物、农林高致害变异生物和农林转基因生物安全性的科学研究，生物安全信息服务。该中心的建成和投入使用，不仅为防御有害生物对我国经济、社会和公共安全的威胁提供了强有力的技术保障，同时也源源不断地为国家培养了一大批专门从事农林生物安全科学研究与管理的高级人才。

（三）国家重点实验室

国家重点实验室作为国家科学技术创新体系的重要组成部分，是国家组织高水平基础研究和应用基础研究、聚集和培养优秀科学家、开展高层次学术交流的重要基地。国家重点实验室实行"开放、流动、联合、竞争"的运行机制。1984年，国家计划委员会组织实施国家重点实验室建设计划，以中国科学院、重点大学为主体，逐步扩展包括农业行业部门和企业。20世纪80年代以来，在中国农业科学院有关研究所和重点高等农业院校建立国家重点实验室8个（表8-3）。

表8-3 国家重点实验室

名　称	依托单位
兽医生物技术国家重点实验室	中国农业科学院哈尔滨兽医研究所
植物病虫害生物学国家重点实验室	中国农业科学院植物保护研究所
黄土高原土壤侵蚀与旱地农业国家重点实验室	西北农林科技大学
农业生物技术国家重点实验室	中国农业大学
作物遗传改良国家重点实验室	华中农业大学
作物遗传与种质创新国家重点实验室	南京农业大学
植物生理学与生物化学国家重点实验室	中国农业大学

进入21世纪后，又陆续建设一批国家重点实验室。经科学技术部批准，在中国农业科学院等单位，建设水稻生物学国家重点实验室、动物营养学国家重点实验室、家畜疫病病原生物学国家重点实验室、棉花生物学国家重点实验室和特种经济动物分子生物学省部共建国家重点实验室等。截至2016年，省部共建国家重点实验室达56个。

（四）国家工程技术研究中心

国家工程技术研究中心是国家科技发展计划的重要组成部分，研究中心主要依托行业、领域科技实力雄厚的重点科研机构、科技型企业或高等院校，拥有国内一流的工程技术研究开发、设计和试验的专业人才队伍，具有较完备的工程技术综合配套试验条件，能够提供多种综合性服务，与相关企业紧密联系，同时具有自我良性循环发展机制的科研开发实体。由国家科学技术委员会组织实施，2000年以来，先后批准农业国家工程技术研究中心44个（表8-4）。

表8-4 国家工程技术研究中心

序号	名　称	依托单位
1	国家半干旱农业工程技术研究中心	河北省农林科学院
2	国家北方山区农业工程技术研究中心	河北农业大学

序号	名　　称	依托单位
3	国家草原畜牧业装备工程技术研究中心	中国农业机械化科学研究院呼和浩特分院
4	国家茶产业工程技术研究中心	中国农业科学院茶叶研究所
5	国家昌平综合农业工程技术研究中心	中国农业科学院作物科学研究所
6	国家大豆工程技术研究中心	东北农业大学
7	国家淡水渔业工程技术研究中心	北京市水产科学研究所、中国科学院水生生物研究所
8	国家柑橘工程技术研究中心	中国农业科学院柑橘研究所、重庆三峡建设集团有限公司
9	国家瓜类工程技术研究中心	新疆西域种业股份有限公司
10	国家海藻工程技术研究中心	山东东方海洋科技股份有限公司
11	国家花卉工程技术研究中心	北京林业大学
12	国家花生工程技术研究中心	山东省花生研究所
13	国家家禽工程技术研究中心	上海市新杨家禽育种中心
14	国家家畜工程技术研究中心	华中农业大学、湖北省农业科学院
15	国家节水灌溉（北京）工程技术研究中心	中国水利水电科学研究院、中国灌排技术开发公司
16	国家节水灌溉（杨陵）工程技术研究中心	西北农林科技大学
17	国家节水灌溉工程技术研究中心	中国水利水电科学研究院、西北农林科技大学、新疆天业（集团）有限公司
18	国家节水灌溉工程技术研究中心（新疆）	新疆天业（集团）有限公司、新疆农业科学院、石河子大学
19	国家经济技术种苗快繁工程技术研究中心	宁夏林业研究所（有限公司）
20	国家林产化学工程技术研究中心	中国林业科学研究院林产化学工业研究所
21	国家马铃薯工程技术研究中心	乐陵希森中联马铃薯产业集团有限公司
22	国家棉花工程技术研究中心	新疆农业科学院、新疆农垦科学院
23	国家木质资源综合利用工程技术研究中心	浙江农林大学
24	国家奶牛胚胎工程技术研究中心	北京市三元集团有限公司
25	国家农产品保鲜工程技术研究中心	天津市农业科学院
26	国家农药创制工程技术研究中心	湖南化工研究院
27	国家农业机械工程技术研究中心	中国农业机械化科学研究院、广东省农业机械研究所
28	国家农业机械工程技术研究中心（南方分中心）	广东省农业机械研究所
29	国家农业信息化工程技术研究中心	北京市农林科学院
30	国家苹果工程技术研究中心	山东农业大学
31	国家肉类加工工程技术研究中心	中国肉类食品综合研究中心
32	国家肉品质量安全控制工程技术研究中心	南京农业大学、江苏雨润食品产业集团有限公司
33	国家乳业工程技术研究中心	东北农业大学
34	国家蔬菜工程技术研究中心	北京市农林科学院蔬菜研究中心

（续）

序号	名　　称	依托单位
35	国家饲料工程技术研究中心	中国农业大学、中国农业科学院饲料研究所
36	国家糖工程技术研究中心	山东大学
37	国家小麦工程技术研究中心	河南农业大学
38	国家杨凌农业生物技术育种工程技术研究中心	西北农林科技大学
39	国家杨凌农业综合试验工程技术研究中心	杨凌农业高新技术产业示范区管理委员会、西北农林科技大学
40	国家油菜工程技术研究中心	华中农业大学、中国农业科学院油料作物研究所
41	国家玉米工程技术研究中心（吉林）	吉林省农业科学院、山东登海种业股份有限公司
42	国家玉米工程技术研究中心（山东）	吉林省农业科学院、山东登海种业股份有限公司
43	国家杂交水稻工程技术研究中心	湖南省农业科学院
44	国家重要热带作物工程技术研究中心	中国热带农业科学院

（五）国家工程实验室

国家发展和改革委员会主管的国家工程实验室，是依托企业、转制科研机构、科研院所或高校等设立的研究开发实体作为重要产业技术基础设施的国家工程实验室，以提高产业自主创新能力和核心竞争力，突破产业结构调整和重点产业发展中的关键技术装备制约，强化对国家重大战略任务、重点工程的技术支撑和保障，推进战略性、前瞻性、关键性技术等核心技术开发与实验能力的整体提升，为加快我国产业发展和技术进步，建设创新型国家提供重要的技术支撑。

截至2017年5月，国家发展和改革委员会批准国家工程实验室167家，其中农业领域近20家（表8-5）。

表8-5　国家工程实验室

名　　称	承担单位
棉花转基因育种国家工程实验室	中国农业科学院棉花研究所
作物细胞育种国家工程实验室	中国农业科学院蔬菜花卉研究所
畜禽育种国家工程实验室	中国农业大学
作物分子育种国家工程实验室	中国农业科学院作物科学研究所
农业生产机械装备国家工程实验室	中国农业机械化研究院
小麦和玉米深加工国家工程实验室	河南工业大学
稻谷及副产物深加工国家工程实验室	中南林业科技大学
小麦玉米国家工程实验室（济南）	山东省农业科学院
小麦国家工程实验室（郑州）	河南省农业科学院
水稻国家工程实验室	江西省农业科学院
水稻国家工程实验室（长沙）	湖南杂交水稻研究中心
作物高效用水与抗灾减损国家工程实验室	中国农业科学院农业环境与可持续发展研究所

（续）

名　　称	承担单位
旱区作物高效用水国家工程实验室	西北农林科技大学
玉米国家工程实验室（沈阳）	辽宁省农业科学院
玉米国家工程实验室（长春）	吉林省农业科学院
玉米国家工程实验室（哈尔滨）	黑龙江省农业科学院
耕地培育技术国家工程实验室	中国农业科学院农业资源与农业区划研究所
土壤肥料资源高效利用国家工程实验室	山东农业大学

（六）国家野外科学观测研究站

国家野外科学观测研究站是国家研究试验基地的有机组成部分，也是国家科技基础条件平台建设和科技创新体系的重要内容。国家科学技术部在先行试点经验基础上，于2006年组织专家对生态、特殊环境和大气本底领域的29个试点站进行了评估，现正式批准纳入国家野外科学观测研究站序列进行管理的有27个试点站（表8-6）。

表8-6　国家野外科学观测研究站

序号	名　　称	依托单位
1	陕西安塞农田生态系统国家野外科学观测研究站	中国科学院水利部水土保持研究所
2	山东禹城农田生态系统国家野外科学观测研究站	中国科学院地理科学与资源研究所
3	河南封丘农田生态系统国家野外科学观测研究站	中国科学院南京土壤研究所
4	湖南桃园农田生态系统国家野外科学观测研究站	中国科学院亚热带农业生态研究所
5	湖南祁阳农田生态系统国家野外科学观测研究站	中国农业科学院农业资源与农业区划研究所
6	黑龙江帽儿山森林生态系统国家野外科学观测研究站	东北林业大学
7	吉林长白山森林生态系统国家野外科学观测研究站	中国科学院沈阳应用生态研究所
8	陕西秦岭森林生态系统国家野外科学观测研究站	西北农林科技大学
9	四川贡嘎山森林生态系统国家野外科学观测研究站	中国科学院水利部成都山地灾害与环境研究所
10	江西大岗山森林生态系统国家野外科学观测研究站	中国林业科学研究院森林生态环境与保护研究所
11	湖南会同杉木林生态系统国家野外科学观测研究站	中南林业科技大学
12	海南尖峰岭森林生态系统国家野外科学观测研究站	中国林业科学研究院热带林业研究所
13	广东鼎湖山森林生态系统国家野外科学观测研究站	中国科学院华南植物园
14	云南西双版纳森林生态系统国家野外科学观测研究站	中国科学院西双版纳热带植物园
15	青海海北高寒草地生态系统国家野外科学观测研究站	中国科学院西北高原生物研究所
16	宁夏沙坡头沙漠生态系统国家野外科学观测研究站	中国科学院寒区旱区环境与工程研究所
17	新疆阜康荒漠生态系统国家野外科学观测研究站	中国科学院新疆生态与地理研究所
18	湖北东湖湖泊生态系统国家野外科学观测研究站	中国科学院水生生物研究所
19	江苏太湖湖泊生态系统国家野外科学观测研究站	中国科学院南京地理与湖泊研究所
20	海南三亚海洋生态系统国家野外科学观测研究站	中国科学院南海海洋研究所

（续）

序号	名　称	依托单位
21	国家农作物种质资源野外观测研究圃网	中国农业科学院作物科学研究所
22	国家土壤肥力与肥料效益监测站网	中国农业科学院农业资源与农业区划研究所
23	新疆天山冰川国家野外科学观测研究站	中国科学院寒区旱区环境与工程研究所
24	云南东川泥石流国家野外科学观测研究站	中国科学院水利部成都山地灾害与环境研究所
25	湖北长江三峡滑坡国家野外科学观测研究站	三峡大学
26	青海瓦里关大气成分本底国家野外科学观测研究站	中国气象科学研究院、青海省气象局
27	南极长城极地生态国家野外科学观测研究站	中国极地研究中心

（七）农业部综合重点实验室

农业部综合重点实验室已成为我国农业科技创新的重要源头、学科发展和培育的重要载体、集聚和培养高层次农业科技人才的重要场所、国际农业科技交流与合作的重要阵地。加强综合综合重点实验室建设有利于统筹科技资源、协同解决农业产业共性和关键技术问题，有利于培育农业科技高端人才和创新团队，获得重大研究成果，有利于提升农业科技国际交流与合作水平，缩短我国与世界先进水平的差距，增强我国农业科技的国际竞争力。

20世纪90年代以来，农业部在财政部、科学技术部等部门的支持下，依托国家、省级科研机构和高等农业院校，围绕粮棉油等主要作物，建设了一批综合性重点实验室、专业性和区域性重点实验室及配套的科学观测实验站（表8-7）。

表8-7　综合性重点实验室、专业性和区域性重点实验室及配套的科学观测实验站

类别	序号	名　称	依托单位
		01　农业基因组学学科群	
	1	农业部农业基因组学重点实验室（北京）	中国农业科学院生物技术研究所
	2	农业部农业基因组学重点实验室（武汉）	华中农业大学
	3	农业部农业基因组学重点实验室（深圳）	深圳华大基因研究院
	4	农业部水稻生物学与遗传育种重点实验室	中国水稻研究所
	5	农业部麦类生物学与遗传育种重点实验室	中国农业科学院作物科学研究所
	6	农业部玉米生物学与遗传育种重点实验室	中国农业大学
综合性重点实验室	7	农业部薯类作物生物学与遗传育种重点实验室	中国农业科学院蔬菜花卉研究所
	8	农业部大豆生物学与遗传育种重点实验室	南京农业大学
	9	农业部棉花生物学与遗传育种重点实验室	中国农业科学院棉花研究所
	10	农业部油料作物生物学与遗传育种重点实验室	中国农业科学院油料作物研究所
	11	农业部园艺作物生物学与种质创制重点实验室	中国农业科学院蔬菜花卉研究所
	12	农业部热带作物生物学与遗传资源利用重点实验室	中国热带农业科学院热带生物技术研究所
	13	农业部动物遗传育种与繁殖重点实验室	中国农业大学

（续）

类别	序号	名　称	依托单位
综合性重点 实验室	14	农业部淡水渔业与种质资源利用重点实验室	中国水产科学研究院淡水渔业研究中心
	15	农业部兽用药物与兽医生物技术重点实验室	中国农业科学院哈尔滨兽医研究所
	16	农业部动物疫病病原生物学重点实验室	中国农业科学院兰州兽医研究所
	17	农业部海洋渔业与可持续发展重点实验室	中国水产科学研究院黄海水产研究所
	18	农业部农业微生物资源利用重点实验室	华中农业大学
农业科学 观测实验站	1	农业部蔬菜作物基因资源与种质创制北京科学观测实验站	中国农业科学院蔬菜花卉研究所
	2	农业部寒带作物基因资源与种质创制黑龙江科学观测实验站	黑龙江省农业科学院草业研究所
	3	农业部作物基因资源与种质创制辽宁科学观测实验站	中国农业科学院果树研究所
	4	农业部作物基因资源与种质创制内蒙古科学观测实验站	内蒙古自治区农牧业科学院
	5	农业部作物基因资源与种质创制山东科学观测实验站	山东省农业科学院
	6	农业部作物基因资源与种质创制河南科学观测实验站	中国农业科学院郑州果树研究所
	7	农业部作物基因资源与种质创制河北科学观测实验站	河北省农林科学院粮油作物研究所
	8	农业部作物基因资源与种质创制陕西科学观测实验站	西北农林科技大学
	9	农业部作物基因资源与种质创制甘肃科学观测实验站	甘肃省农业科学院作物研究所
	10	农业部作物基因资源与种质创制青海科学观测实验站	青海省农林科学院
	11	农业部作物基因资源与种质创制宁夏科学观测实验站	宁夏回族自治区农林科学院
	12	农业部作物基因资源与种质创制新疆科学观测实验站	新疆维吾尔自治区农业科学院农作物品种资源研究所
	13	农业部作物基因资源与种质创制重庆科学观测实验站	西南大学
	14	农业部作物基因资源与种质创制四川科学观测实验站	四川农业大学
	15	农业部作物基因资源与种质创制贵州科学观测实验站	贵州省农作物品种资源研究所
	16	农业部作物基因资源与种质创制西藏科学观测实验站	西藏自治区农牧科学院农业研究所
	17	农业部作物基因资源与种质创制上海科学观测实验站	上海市农业生物基因中心
	18	农业部作物基因资源与种质创制安徽科学观测实验站	安徽省农业科学院作物研究所
	19	农业部作物基因资源与种质创制江苏科学观测实验站	江苏省农业科学院
	20	农业部作物基因资源与种质创制浙江科学观测实验站	中国水稻研究所
	21	农业部作物基因资源与种质创制江西科学观测实验站	江西省农业科学院
	22	农业部作物基因资源与种质创制湖北科学观测实验站	湖北省农业科学院粮食作物研究所
	23	农业部作物基因资源与种质创制湖南科学观测实验站	湖南省农业科学院
	24	农业部作物基因资源与种质创制福建科学观测实验站	福建省农业科学院
	25	农业部作物基因资源与种质创制广东科学观测实验站	广东省农业科学院作物研究所
	26	农业部作物基因资源与种质创制广西科学观测实验站	广西壮族自治区农业科学院
	27	农业部作物基因资源与种质创制海南科学观测实验站	海南省农业科学院

（续）

类别	序号	名　　称	依托单位
农业科学 观测实验站	28	农业部云南稻种资源科学观测实验站	云南省农业科学院生物技术与种质资源 研究所
	29	农业部黄淮地区蔬菜科学观测实验站（河南）	河南省农业科学院

02　作物基因资源与种质创制学科群

类别	序号	名　　称	依托单位
综合性重点 实验室		农业部作物基因资源与种质创制重点实验室	中国农业科学院作物科学研究所
专业性/区域 性重点 实验室	1	农业部东北作物基因资源与种质创制重点实验室	吉林省农业科学院
	2	农业部西南作物基因资源与种质创制重点实验室	云南省农业科学院
	3	农业部华东作物基因资源与种质创制重点实验室	南京农业大学
	4	农业部华南作物基因资源与种质创制重点实验室	中国热带农业科学院热带作物品种资源 研究所
	5	农业部黄土高原作物基因资源与种质创制重点实验室	山西省农业科学院农作物品种资源研究所
	6	农业部水稻生物学与遗传育种重点实验室	中国水稻研究所
	7	农业部麦类生物学与遗传育种重点实验室	中国农业科学院作物科学研究所
	8	农业部玉米生物学与遗传育种重点实验室	中国农业大学
	9	农业部薯类作物生物学与遗传育种重点实验室	中国农业科学院蔬菜花卉研究所
	10	农业部大豆生物学与遗传育种重点实验室	南京农业大学
	11	农业部棉花生物学与遗传育种重点实验室	中国农业科学院棉花研究所
	12	农业部油料作物生物学与遗传育种重点实验室	中国农业科学院油料作物研究所
	13	农业部园艺作物生物学与种质创制重点实验室	中国农业科学院蔬菜花卉研究所
	14	农业部热带作物生物学与遗传资源利用重点实验室	中国热带农业科学院热带生物技术研究所

03　水稻生物学与遗传育种学科群

类别	序号	名　　称	依托单位
综合性重点 实验室		农业部水稻生物学与遗传育种重点实验室	中国水稻研究所
专业性/区域 性重点 实验室	1	农业部杂交粳稻遗传育种重点实验室	国家杂交水稻工程技术研究中心天津分 中心
	2	农业部籼稻杂种优势研究与利用重点实验室	武汉大学
	3	农业部东北水稻生物学与遗传育种重点实验室	沈阳农业大学
	4	农业部长江中下游粳稻生物学与遗传育种重点实验室	南京农业大学
	5	农业部长江中下游籼稻遗传育种重点实验室	湖南省农业科学院水稻研究所
	6	农业部西南水稻生物学与遗传育种重点实验室	四川省农业科学院水稻研究所
	7	农业部华南杂交水稻种质创新与分子育种重点实验室	福建省农业科学院
	8	农业部玉米、水稻等作物遗传育种重点实验室	中国种子集团有限公司

（续）

类别	序号	名　　称	依托单位
农业科学 观测实验站	1	农业部寒地粳稻冷害科学观测实验站	黑龙江省农业科学院佳木斯水稻研究所
	2	农业部水稻盐害科学观测实验站	吉林省农业科学院水稻研究所
	3	农业部江西东乡野生稻科学观测实验站	江西省农业科学院水稻研究所
	4	农业部恩施稻瘟病野外科学观测实验站	湖北省农业科学院粮食作物研究所
	5	农业部华南水稻病虫科学观测实验站	华南农业大学
	6	农业部云南稻种资源科学观测实验站	云南省农业科学院生物技术与种质资源研究所
	7	农业部海南野生稻科学观测实验站	海南省农业科学院作物研究所

04　麦类生物学与遗传育种学科群

类别	序号	名　　称	依托单位
综合性重点 实验室		农业部麦类生物学与遗传育种重点实验室	中国农业科学院作物科学研究所
专业性/ 区域性重点 实验室	1	农业部黄淮北部小麦生物学与遗传育种重点实验室	山东省农业科学院
	2	农业部黄淮中部小麦生物学与遗传育种重点实验室	河南省农业科学院
	3	农业部黄淮南部小麦生物学与遗传育种重点实验室	安徽省农业大学
	4	农业部长江中下游小麦生物学与遗传育种重点实验室	江苏省里下河地区农业科学研究所
	5	农业部西北地区小麦生物学与遗传育种重点实验室	西北农林科技大学
	6	农业部西南地区小麦生物学与遗传育种重点实验室	四川省农业科学院
	7	农业部藏区青稞生物学与遗传育种重点实验室	西藏自治区农牧科学院
	8	农业部黄淮海主要作物遗传育种重点实验室	河南省农科院种业有限公司
农业科学 观测 实验站	1	农业部新乡小麦高效育种技术科学观测实验站	中国农业科学院作物科学研究所
	2	农业部东北地区春小麦科学观测实验站	黑龙江省农业科学院作物育种研究所
	3	农业部华北地区小麦抗旱节水生物学科学观测实验站	河北省石家庄市农林科学研究院
	4	农业部华中地区小麦病害生物学科学观测实验站	湖北省农业科学院粮食作物研究所
	5	农业部西北地区小麦抗旱耐盐生物学科学观测实验站	新疆维吾尔自治区农业科学院粮食作物研究所

05　玉米生物学与遗传育种学科群

类别	序号	名　　称	依托单位
综合性重点 实验室		农业部玉米生物学与遗传育种重点实验室	中国农业大学
专业性/ 区域性 重点实验室	1	农业部东北北部玉米生物学与遗传育种重点实验室	黑龙江省农业科学院
	2	农业部东北中部玉米生物学与遗传育种重点实验室	吉林省农业科学院
	3	农业部黄淮海北部玉米生物学与遗传育种重点实验室	山东省农业科学院玉米研究所
	4	农业部黄淮海南部玉米生物学与遗传育种重点实验室	河南农业大学
	5	农业部西北旱区玉米生物学与遗传育种重点实验室	西北农林科技大学
	6	农业部西南玉米生物学与遗传育种重点实验室	四川农业大学
	7	农业部玉米、水稻等作物遗传育种重点实验室	中国种子集团有限公司
	8	农业部东北主要作物遗传育种重点实验室	辽宁东亚种业有限公司

（续）

类别	序号	名　　称	依托单位
农业科学观测实验站	1	农业部丹东玉米抗病育种科学观测实验站	丹东农业科学院
	2	农业部黄淮海区玉米科学观测实验站（北京）	北京市农林科学院
	3	农业部黄淮海区玉米科学观测实验站（河北）	河北省农林科学院粮油作物研究所
	4	农业部南方平原玉米科学观测实验站	南通大学
	5	农业部热带亚热带玉米资源科学观测实验站	云南省农业科学院粮食作物研究所
	6	农业部西北玉米抗旱生物学科学观测实验站	新疆维吾尔自治区农业科学院
	7	农业部西南玉米大豆间套作区农业科学观测实验站	广西壮族自治区农业科学院
	8	农业部华南鲜食玉米与花生科学观测实验站	广东省农业科学院作物研究所

06　薯类作物生物学与遗传育种学科群

类别	序号	名　　称	依托单位
综合性重点实验室		农业部薯类作物生物学与遗传育种重点实验室	中国农业科学院蔬菜花卉研究所
专业性/区域性重点实验室	1	农业部马铃薯生物学与遗传育种重点实验室	黑龙江省农业科学院克山分院
	2	农业部甘薯生物学与遗传育种重点实验室	江苏省徐淮地区徐州农业科学研究所
农业科学观测实验站	1	农业部黄淮海薯类科学观测实验站	山东省农业科学院
	2	农业部华中薯类科学观测实验站	湖北省恩施中国南方马铃薯研究中心
	3	农业部南方薯类科学观测实验站	福建省农业科学院作物研究所
	4	农业部云贵高原马铃薯、油菜科学观测实验站	云南省农业科学院经济作物研究所
	5	农业部川渝薯类与大豆科学观测实验站	四川省南充市农业科学院
	6	农业部西北旱作马铃薯科学观测实验站	甘肃省农业科学院马铃薯研究所
	7	农业部内蒙古马铃薯科学观测实验站	内蒙古自治区乌兰察布市农业科学研究所

07　大豆生物学与遗传育种学科群

类别	序号	名　　称	依托单位
综合性重点实验室		农业部大豆生物学与遗传育种重点实验室	南京农业大学
专业性/区域性重点实验室	1	农业部北京大豆生物学重点实验室	中国农业科学院作物科学研究所
	2	农业部东北大豆生物学与遗传育种重点实验室	东北农业大学
	3	农业部黄淮海大豆生物学与遗传育种重点实验室	河北省农业科学院作物研究所
	4	农业部黄淮海油料作物重点实验室	河南省农业科学院
农业科学观测实验站	1	农业部东北早熟大豆产区农业科学观测实验站	黑龙江省农业科学院大豆研究所
	2	农业部东北中晚熟大豆产区农业科学观测实验站	吉林省农业科学院
	3	农业部黄淮海大豆产区农业科学观测实验站	山西省农业科学院经济作物研究所
	4	农业部西南玉米大豆间套作区农业科学观测实验站	广西壮族自治区农业科学院
	5	农业部作物基因资源与种质创制安徽科学观测实验站	安徽省农业科学院作物研究所
	6	农业部川渝薯类与大豆科学观测实验站	四川省南充市农业科学院

（续）

类别	序号	名　称	依托单位
		08　棉花生物学与遗传育种学科群	
综合性重点实验室		农业部棉花生物学与遗传育种重点实验室	中国农业科学院棉花研究所
专业性/区域性重点实验室	1	农业部黄淮海半干旱区棉花生物学与遗传育种重点实验室	河北省农林科学院棉花研究所
	2	农业部黄淮海棉花遗传改良与栽培生理重点实验室	山东省棉花研究中心
	3	农业部长江中游棉花生物学与遗传育种重点实验室	湖北省农业科学院经济作物研究所
	4	农业部长江下游棉花、油菜重点实验室	江苏省农业科学院
	5	农业部西北内陆区棉花生物学与遗传育种重点实验室	新疆维吾尔自治区农垦科学院
农业科学观测实验站	1	农业部黄淮海流域棉区农业科学观测实验站	山东省德州市农业科学研究院
	2	农业部沿海盐碱地农业科学观测实验站	江苏沿海地区农业科学研究所
	3	农业部新疆早中熟及早熟陆地棉、长绒棉科学观测实验站	新疆维吾尔自治区巴音郭楞蒙古自治州农业科学研究所
	4	农业部新疆塔里木棉花科学观测实验站	新疆维吾尔自治区生产建设兵团农业建设第一师农业科学研究所
		09　油料作物生物学与遗传育种学科群	
综合性重点实验室		农业部油料作物生物学与遗传育种重点实验室	中国农业科学院油料作物研究所
专业性/区域性重点实验室	1	农业部油菜遗传育种重点实验室	华中农业大学
	2	农业部花生生物学与遗传育种重点实验室	山东省花生研究所
	3	农业部油菜生物学与遗传育种三熟制重点实验室	湖南农业大学
	4	农业部黄淮海油料作物重点实验室	河南省农业科学院
	5	农业部长江下游棉花、油菜重点实验室	江苏省农业科学院
农业科学观测实验站	1	农业部北方春油菜科学观测实验站	青海省农林科学院
	2	农业部北方农牧交错区油料作物科学观测实验站	吉林省白城市农业科学院
	3	农业部长江上游油料作物科学观测实验站	四川省农业科学院作物研究所
	4	农业部华南鲜食玉米与花生科学观测实验站	广东省农业科学院作物研究所
	5	农业部西南山地油料作物科学观测实验站	贵州省油料研究所
	6	农业部西北特色油料作物科学观测实验站	甘肃省农业科学院作物研究所
	7	农业部热带油料科学观测实验站	中国热带农业科学院椰子研究所
	8	农业部云贵高原马铃薯、油菜科学观测实验站	云南省农业科学院经济作物研究所

（八）国家农作物改良中心（分中心）

农业部从"九五"开始，实施以提高农作物品种改良能力为核心，以加强良种繁育、试

243

验示范、种子加工、推广应用等为建设内容的"种子工程"战略。开展农作物品种改良体系建设，不仅是粮食增产、农业增效、农民增收的需要，也是确保国家食物安全和农业可持续发展的重要举措。

截至 2015 年年底，建设水稻、小麦、玉米、大豆、薯类等农作物改良中心（分中心）39 个（表 8-8）。

表 8-8　国家农作物改良中心、分中心名单

序号	名　称	序号	名　称
1	国家农作物分子技术育种中心	31	内蒙古自治区呼伦贝尔盟大豆改良分中心
2	国家水稻改良中心	32	国家大豆改良中心辽宁铁岭分中心
3	沈阳国家水稻改良分中心	33	吉林省长春大豆育种分中心
4	福州国家水稻改良分中心	34	国家大豆改良中心吉林分中心
5	长沙国家水稻改良分中心	35	国家甘薯改良中心
6	合肥国家水稻改良分中心	36	国家甘薯改良中心四川南充分中心
7	吉林公主岭国家水稻改良分中心	37	黑龙江省国家马铃薯改良中心
8	云南省国家水稻改良分中心	38	河北省国家谷子改良中心
9	国家水稻改良中心四川泸州分中心	39	辽宁省国家高粱改良中心
10	国家水稻改良中心广州分中心	40	山西省小宗粮豆作物改良中心
11	海南省农作物改良中心热带水稻改良分中心	41	国家油料作物改良中心
12	国家小麦改良中心	42	江苏省国家油菜改良分中心
13	杨凌国家小麦改良分中心	43	国家油菜改良中心贵州分中心
14	扬州国家小麦改良分中心	44	国家油菜武汉改良分中心
15	郑州国家小麦改良分中心	45	国家油菜改良中心四川成都分中心
16	绵阳国家小麦改良分中心	46	青海省春油菜改良分中心
17	哈尔滨国家小麦改良分中心	47	陕西省油菜改良分中心
18	杭州国家大麦改良分中心	48	国家油料改良中心湖南分中心
19	国家小麦改良中心山东泰安分中心	49	山东省国家花生改良分中心
20	国家玉米改良中心	50	国家蔬菜改良中心
21	公主岭国家玉米改良分中心	51	黑龙江省国家蔬菜改良分中心
22	丹东国家玉米改良分中心	52	上海市国家蔬菜品种改良分中心
23	济南国家玉米改良分中心	53	国家蔬菜改良中心山东分中心
24	国家玉米改良中心陕西分中心	54	国家蔬菜改良中心华中分中心
25	郑州国家玉米改良分中心	55	国家棉花改良中心
26	成都国家玉米改良分中心	56	国家棉花改良中心四川分中心
27	国家大豆改良中心	57	国家棉花改良中心江苏分中心
28	北京国家大豆改良分中心	58	国家棉花改良中心河北分中心
29	哈尔滨国家大豆改良分中心	59	国家棉花改良中心山东分中心
30	杭州国家大豆改良分中心	60	常德国家棉花改良分中心

序号	名　称	序号	名　称
61	乌鲁木齐国家棉花改良分中心	70	国家苹果改良中心河北省分中心
62	湖北省棉花改良中心荆州分中心	71	山东烟台苹果育种中心
63	国家糖料改良中心	72	中国农业科学院国家柑橘品种改良中心
64	福建省国家糖料作物改良分中心	73	华中农业大学国家柑橘育种中心
65	内蒙古国家甜菜改良分中心	74	中国农业科学院国家茶树改良中心
66	广西甘蔗品种改良分中心	75	安徽省茶树育种分中心
67	云南省甘蔗品种改良分中心	76	中国农业科学院国家蚕桑育种中心
68	中国农科院国家苹果育种中心	77	中国热带农业科学院国家橡胶树育种中心
69	国家苹果改良中心陕西分中心	78	中国农业科学院国家麻类作物育种中心

（九）农产品质量安全风险评估实验室

农产品加工质量安全风险评估实验室（北京）是由农业部挂牌、依托中国农业科学院农产品加工研究所建设的部级农产品加工领域质量安全风险评估实验室。实验室以农产品加工、包装、保鲜、贮存、运输过程中存在的危害因子为对象，以保障农产品和初加工农产品质量安全为核心，以服务农产品风险管理为目的，系统开展农产品加工质量安全风险评估及相关研究工作，打造集农产品加工质量安全风险评估、风险管理、风险交流三位一体的研究平台。

截至 2015 年，经农业部批准的农产品质量安全风险评估实验室有 25 个（表 8-9）。

表 8-9　农产品质量安全风险评估实验室

序号	名　称	依托单位
1	农业部稻米产品质量安全风险评估实验室（杭州）	中国水稻研究所
2	农业部谷物产品质量安全风险评估实验室（北京）	中国农业科学院作物科学研究所
3	农业部油料产品质量安全风险评估实验室（武汉）	中国农业科学院油料作物研究所
4	农业部奶产品质量安全风险评估实验室（北京）	北京畜牧兽医研究所
5	农业部蔬菜产品质量安全风险评估实验室（北京）	中国农业科学院蔬菜花卉研究所
6	农业部果品质量安全风险评估实验室（郑州）	郑州果树研究所
7	农业部果品质量安全风险评估实验室（兴城）	中国农业科学院果树研究所
8	农业部柑橘产品质量安全风险评估实验室（重庆）	中国农业科学院柑橘研究所
9	农业部茶叶产品质量安全风险评估实验室（杭州）	中国农业科学院茶叶研究所
10	农业部蜂产品质量安全风险评估实验室（北京）	中国农业科学院蜜蜂研究所
11	农业部农产品质量安全生物性危害因子风险评估实验室（北京）	中国农业科学院植物保护研究所
12	农业部农产品质量安全环境因子风险评估实验室（天津）	农业部环境保护科研监测所
13	农业部农产品加工质量安全风险评估实验室（北京）	中国农业科学院农产品加工研究所
14	农业部棉花产品质量安全风险评估实验室（安阳）	中国农业科学院棉花研究所

（续）

序号	名　称	依托单位
15	农业部烟草质量安全风险评估实验室（青岛）	中国农业科学院烟草研究所
16	农业部畜产品质量安全风险评估实验室（兰州）	兰州畜牧与兽药研究所
17	农业部微生物产品质量安全风险评估实验室（北京）	中国农业科学院农业资源与农业区划研究所
18	农业部动物产品质量安全生物性危害因子风险评估实验室（上海）	上海兽医研究所
19	农业部动物产品质量安全环境因子风险评估实验室（北京）	中国农业科学院农业环境与可持续发展研究所
20	农业部植物纤维产品质量安全风险评估实验室（长沙）	中国农业科学院麻类研究所
21	农业部特种动植物产品质量风险评估实验室（长春）	中国农业科学院特产研究所
22	农业部农产品质量与营养功能风险评估实验室（北京）	中国农业科学院食物与营养发展研究所
23	农业部蚕桑产品及食用昆虫质量安全风险评估实验室（镇江）	中国农业科学院蚕业研究所
24	农业部糖料产品质量安全风险评估实验室（哈尔滨）	中国农业科学院甜菜研究所
25	农业部禽类产品质量安全风险评估实验室（扬州）	中国农业科学院家禽研究所

（十）国家农业科技园区

国家农业科技园区工作 是党中央、国务院提出的一项重要任务。为进一步发挥国家农业科技园区示范带动作用，科学技术部在 20 世纪 90 年代决定启动国家农业科技园区建设，共 7 批入选 153 个国家农业科技园区。其中第 1～5 批 117 个国家农业科技园区已通过科学技术部验收（表 8-10）。

表 8-10　国家农业科技园区名单

序　号	片　区
第一批入选名单	
东　部	
1	山东寿光国家农业科技园区
2	浙江嘉兴国家农业科技园区
3	北京昌平国家农业科技园区
4	天津津南国家农业科技园区
5	江苏常熟国家农业科技园区
6	上海浦东国家农业科技园区
7	福建漳州国家农业科技园区
8	广东广州国家农业科技园区
中　部	
9	河南许昌农业科技园区
10	湖南望城国家农业科技园区
11	黑龙江哈尔滨国家农业科技园区
12	河北三河国家农业科技园区
13	湖北武汉国家农业科技园区
14	辽宁阜新国家农业科技园区
15	吉林公主岭国家农业科技园区

（续）

序　号	片　区
第一批入选名单	
	西　部
16	新疆生产建设兵团国家农业科技园区
17	甘肃定西国家农业科技园区
18	广西壮族自治区百色国家农业科技园区
19	重庆渝北国家农业科技园区
20	宁夏回族自治区吴忠国家农业科技园区
21	四川乐山国家农业科技园区
第二批入选名单	
	东　部
1	青岛即墨国家农业科技园区
2	大连金州国家农业科技园区
3	深圳宝安国家农业科技园区
	中　部
4	安徽宿州国家农业科技园区
5	江西南昌国家农业科技园区
6	山西太原国家农业科技园区
第三批入选名单	
1	北京顺义国家农业科技园区
2	天津滨海国家农业科技园区
3	山西晋中国家农业科技园区
4	内蒙古自治区和林格尔国家农业科技园区
5	辽宁海城国家农业科技园区
6	黑龙江建三江国家农业科技园区
7	江苏南京白马国家农业科技园区
8	浙江杭州萧山国家农业科技园区
9	安徽芜湖国家农业科技园区
10	江西新余国家农业科技园区
11	山东滨州国家农业科技园区
12	河南南阳国家农业科技园区
13	湖北仙桃国家农业科技园区
14	湖南永州国家农业科技园区
15	广西北海国家农业科技园区
16	海南三亚国家农业科技园区
17	重庆忠县国家农业科技园区
18	四川雅安国家农业科技园区

（续）

序　号	片　区
第三批入选名单	
19	贵州湄潭国家农业科技园区
20	陕西杨凌国家农业科技园区
21	甘肃天水国家农业科技园区
22	青海海东国家农业科技园区
23	宁夏回族自治区银川国家农业科技园区
24	新疆维吾尔自治区伊犁国家农业科技园区
25	新疆生产建设兵团阿拉尔国家农业科技园区
26	厦门同安国家农业科技园区
27	深圳宝安国家农业科技园区
第四批入选名单	
1	河北唐山国家农业科技园区
2	山西运城国家农业科技园区
3	吉林松原国家农业科技园区
4	山东东营国家农业科技园区
5	云南昆明石林国家农业科技园区
6	西藏自治区日喀则国家农业科技园区
7	大连旅顺国家农业科技园区
8	新疆生产建设兵团五家渠国家农业科技园区
第五批入选名单	
1	北京通州国家农业科技园区
2	北京延庆国家农业科技园区
3	河北邯郸国家农业科技园区
4	山西吕梁国家农业科技园区
5	内蒙古自治区乌兰察布国家农业科技园区
6	辽宁铁岭国家农业科技园区
7	吉林延边国家农业科技园区
8	吉林通化国家农业科技园区
9	黑龙江黑河国家农业科技园区
10	黑龙江大庆国家农业科技园区
11	江苏盐城国家农业科技园区
12	江苏淮安国家农业科技园区
13	浙江湖州国家农业科技园区
14	浙江金华国家农业科技园区
15	安徽铜陵国家农业科技园区

（续）

序　号	片　区
第五批入选名单	
16	安徽合肥国家农业科技园区
17	安徽蚌埠国际农业科技园区
18	安徽安庆国家农业科技园区
19	福建宁德国家农业科技园区
20	福建泉州国家农业科技园区
21	江西上饶国家农业科技园区
22	山东烟台国家农业科技园区
23	山东济宁国家农业科技园区
24	山东泰安国家农业科技园区
25	河南濮阳国家农业科技园区
26	河南鹤壁国家农业科技园区
27	湖北荆州国家农业科技园区
28	湖北潜江国家农业科技园区
29	湖南衡阳国家农业科技园区
30	湖南岳阳国家农业科技园区
31	湖南湘潭国家农业科技园区
32	广东湛江国家农业科技园区
33	广东珠海国家农业科技园区
34	广西桂林国家农业科技园区
35	重庆璧山国家农业科技园区
36	四川宜宾国家农业科技园区
37	贵州毕节国家农业科技园区
38	贵州黔西南国家农业科技园区
39	云南楚雄国家农业科技园区
40	陕西榆林国家农业科技园区
41	甘肃武威国家农业科技园区
42	宁夏回族自治区石嘴山国家农业科技园区
43	宁夏回族自治区固原国家农业科技园区
44	新疆维吾尔自治区和田国家农业科技园区
45	新疆维吾尔自治区乌鲁木齐国家农业科技园区
46	新疆维吾尔自治区哈密国家农业科技园区

此外，农业部还批准农产品质量监督检验测试中心 56 个等。

三、科研仪器设备

新中国成立后，在不断增加科技投入的基础上，国家、省、地区农业科研机构的试验研究条件得到初步改善，以国产常规仪器设备为主，同时也引进国外先进仪器设备，装备重点实验室和试验场（基地），逐步改变了实验手段和装备比较落后的状况。

1978 年改革开放以来，随着各级政府对农业科技投入的增加，地市以上农业科研机构万元以上的仪器设备达 14.5 万台（件），其中 20 世纪 80 年代进口 1.29 万台（件），20 世纪 90 年代进口 4 757 台（件）。20 世纪 80 年代以后还利用世界银行贷款，引进国外先进仪器设备，重点建设农业科研、测试中心共 9 个，建设了现代化的中国水稻研究所和一批中心实验室、计算中心等。

进入 21 世纪，全国农业科研机构科研仪器设备投资逐年增加，2011 年总额达 68.24 亿元。2014 年突破百亿大关，达到 103.71 亿元，到 2016 年，政府对全国农业科研机构科研仪器设备投资总额达 123.83 亿元。按行政隶属分，科研用房建设和科研仪器设备投资总额，部属机构分别占 23％和 48％，省属机构分别占 52％和 52％，地区属机构分别占 25％和 10％。

科研仪器设备费主要用于科研和试验活动所需要的工具、仪器和设备的购置；用于观察、实验、分析、测试、计算等；用于实验室和试验场的仪器、设备、机具、动力配套组合的物资条件的购置、维修等。科研机构，特别是省级以上的科研机构在国家各类专项的支持下，研究手段和条件发生很大变化。以中国农业科学院为例，截至 2016 年年底，全院拥有全自动高通量可见光 3D 成像系统、超高通量测序仪等大型科学仪器设备（单价 50 万以上）1 043 台套，为科学研究提供了较好的工作平台，为提高科研人员的知识生产效率、出成果、出人才提供了良好的物质保证。

随着现代化科学技术迅猛发展和基础科学渗透日趋明显，不断产生新的边缘学科、交叉学科和综合学科，迫切需要借助现代实验工具和理论方法，借助先进的仪器与设备，还需要不断增加科技投入，进一步创造良好工作条件，加强实验室和试验场（基地）建设，加强公益性公共研究，加强学科前沿和原始性创新研究，提供现代化手段和必要的工作平台。

四、科技信息服务

农业文献信息是以图书馆管理、情报工作研究为重点，以数据库为载体，是农业科技界进行学术交流的阵地。新中国成立后，特别是改革开放以来，各级政府和科学技术主管部门十分重视文献信息机构建设，国家、省（自治区、直辖市）两级先后成立了农业图书馆及科技情报研究所，开展农业信息科学研究和提供农业科技信息服务工作。据 2016 年资料，全国农业科技情报（或文献信息）机构共有 20 个，其中部属 2 个，省市属 18 个，共有科技人员 1 262 人，其中具有高级职称 409 人，中级职称 450 人，初级职称 220 人。部属的中国农业科学院农业信息研究所，于 1957 年成立，由科技情报室和图书馆组成。1979 年科技情报所、图书馆恢复原制，后经国家科学技术部、国家出版总署和农业部批准为国家农业图书馆，是我国唯一农业专业图书馆，也是全国农业中心图书馆和国家科技图书文献中心的农业分馆，担负着为全国农业科技提供文献信息支撑的重要职能。农业信息研究所主要开展农业信息技术、农业信息管理、农业信息分析等学科的科学研究工作，努力建成全国农业信息研究中心。同时，还创建了中国农业科学院农业科学数据共享中心，建成 1 个主中心、7 个专业数据（作物、动物、渔业、热作、资源区划、草业、科技基础）分中心、14 个省级服务中心组成的农业科学数字资源建设与共享服务体系，为全国农业科研院所、高等农业院校、生产企业、政府部门和社会公众服务。

我国农业期刊和农业出版业发展很快，据 2018 年统计，中国农业核心期刊涵盖综合、农业、林业、畜牧兽医、水产渔业、工程机械、食品等 11 类，约 159 种。中国农业出版社、中国农业科技出版社等出版社每年出版农业科技图书上千种，为农业科技交流，科技成果转化与推广，宣传普及农业科技知识，推动农业科技创新发展提供了条件。

第五节　构建政府主导、社会多元化的农业科技投入体系

农业科学研究与开发活动是国家创新体系的重要组成部分，农业科学研究与开发资源作为创新活动的基本要素，在农业科技创新活动中发挥着关键性、基础性作用。通过对我国农业科研经费资源现状的分析，按层次、行业、区域和活动类型分类，提出未来农业科研经费资源投入的政策性措施，为建立农业科研经费资源的投入保障机制，加快新时代农业科技创新驱动发展提供决策依据。

一、农业科研经费投入的状况

农业科研经费资源投入是农业科技经费资源投入的重要组成部分。这里所指的农业，包括农、林、牧、渔、水利、气象等部门。具体来说，我国农业科研经费资源投入应是从中央到地方农、林、牧、渔、水利、气象等行业科研机构的政府拨款、非政府拨款和生产经营性收入和高等农业院校研究与开发经费收入，包括政府拨入的科研事业费、科研三项费（科研专项费）、其他政府部门专项费、企事业单位委托费、各种收入中转为研究与开发经费，均为农业科研经费资源的投入。目前，政府投入占农业研究与开发经费总规模 70%～80% 以上，而且具有集中性、导向性等特点，对农业科技发展有极为重要的作用。

新中国成立后前 30 年，政府对农业科研的投入有很大变化。1976—1985 年间，农业科研投入扣除物价上涨因素后，年均递增率达 13.5%；1986—1995 年间，农业科研投入年均递增率达 11.6%；1996—2004 年间，农业科研投入从 37.11 亿元增加到 87.54 亿元，年均增加 5.8 亿元。政府对农业科研的投入总量是在增加的，但在不同历史时期确有很大变化。1986 年农业科研投入 10.28 亿元，1993 年增长到 21.61 亿元，7 年时间年均增长 15%，人均增长 11.4%，年人均增长 1.6%；1993—1996 年农业科研经费增长较快，达到 37.11 亿元，比 1993 年增长 7.2%，比 1986 年增长 2.61%。2000 年农业科研经费为 48.87 亿元，占农业 R&D 的 0.296%。进入 21 世纪后，农业科研经费才有较大幅增长，2004 年为 87.54 亿元，占农业 R&D 的 0.483%，2005 年为 92.07 亿元，占农业 R&D 的 0.459%（表 8-11）。

表 8-11　农业科研经费投入情况

年份	农业科研投入 （亿元）	农业生产总值 （亿元）	农业科研投入 强度（%）
1986	10.28	2 771.8	0.371
1993	21.61	6 605.1	0.327
1995	35.41	11 884.6	0.298
1996	37.11	13 547.2	0.274
1997	37.51	14 211.2	0.264
1998	43.10	14 552.4	0.296
1999	47.80	14 472.0	0.330
2000	48.87	14 628.2	0.334
2001	53.58	14 609.9	0.367
2002	67.87	14 883.0	0.456
2003	70.91	17 247.0	0.411
2004	87.54	18 138.4	0.483
2005	92.07	19 613.4	0.459

资料来源：农业部科技教育司《全国农业科技统计资料汇编》、科学技术部《全国科学技术机构统计调查报告》。

在政府农业科研投入中，科研三项费（科研专项费）占有一定的比重。不同历史时期，科研三项费也有很大变化。农业科研三项费从 1978 年突破 1 亿元后，历时 6 年，到 1984 年达到 2 亿元，之后增长速度开始放缓，在 1990 年达到 3 亿元后，较长时间维持这一水平，直到 1996 年农业科研投入偏低引起重视，但到 2000 年仍没有突破10 亿元，从 1 亿元到 10 亿元用了 25 年的漫长时间。2001 年后农业科研三项费逐年有所增长，2003 年为 12.43 亿元，2004 年达到 13.22 亿元。

农业科研三项费用占科研三项费用的比例也逐年提高。在 1976 年前农业科研三项费用占科研三项费用的比例一直不到 1‰，1976—1979 年间这一比例持续上升，1976 年跃升到 3.6‰，1979 年达到 5.4‰。20 世纪 80 年代农业科研三项费用占科研三项费用比例基本保持在 4.2‰～5.4‰的水平，20 世纪 90 年代初期这一比例开始下滑，1995 年下降到 20 世纪 80 年代以来的最低点，为 2.2‰，1997 年后农业科研三项费用占科研三项费用比例有较快增长，1998 年为 9.14‰，2001 年为 10.2‰，2004 年达到 13.33‰。

新中国成立后前 30 年，政府对全国农业科研机构的投入，包括政府投入（原称科研事业费和科研三项费等）、非政府资金投入和生产经营性收入随逐年有所增加，但增长水平依旧较低，具体表现：

（一）增长曲折缓慢，总量严重不足

我国是一个农业大国。2005 年全国拥有地区以上全民所有制独立的农业科研机构 1 305 个，职工人数 9.56 万人，分别占全国科研机构和职工人数的 32.8‰和 17.0‰。但是，农业科研经费只有 92.07 亿元，约占全国科研经费的 3.07‰，投入总量不足，而且在不同历史时期，农业科研经费波动较大，增长缓慢，个别年份有所下降。随后十年，农业科研经费投入有较明显增长，1997 年达到 37.51 亿元，2003 年增加到 70.91 亿元，增长 1.89 倍。然而，扣除物价上涨因素后，年均增长率仍远低于同期农业 R&D 的增长速度。农业科研经费投入强度（农业科研经费投入占农业 R&D 的比重）虽呈上升趋势，但增幅不大，2003 年还出现了下降。

（二）农业科研三项费用投入不足，比例偏低

农业科研三项费用是课题研究经费，农业科研三项费用从 1 亿元到 10 亿元，花了 25 年时间，年均增加仅 4 000 万元。进入 21 世纪，农业科研三项费用增速加快，到 2004 年也只有 13.22 亿元。不仅农业科研三项费用投入不足，而且所占科研三项费用的比例也低，1976 年前所占比例不到 1%，1976—1979 年持续上升到 4.0% 左右，1995 年又下降到 3.0%，1997 年后比例才有所提高。尽管如此，农业科研三项费用投入不足，比例偏低问题依然存在。

（三）全国农业科研机构科学事业费用远低于全国科研机构平均人均事业费用占有量，处于严重不足状态

农业部科技教育司 2003 年对全国 16 个省级农业科学院进行调查，人均科学事业费用为 1.91 万元，其中最低的不到 0.9 万元，不少单位科学事业费用缺口很大，仍处于"既无钱养兵，更无钱打仗"的艰难境地。农业部的统计数据显示，2000 年全国地区以上农业科研机构的经费收入中政府财政补助（不含科研项目费），人均仅 1.14 万元，2001 年为 1.40 万元。

我国农业科研课题研究经费，无论按课题还是按参加课题人员计算，均远低于全国自然科学和技术领域的平均水平，农业科研课题的资助强度不到全国平均水平的一半（表 8 - 12）。

表 8 - 12　我国农业科研课题与自然科学领域科研课题资助强度

年份	农业科研课题经费支出		自然科学领域科研课题经费支出	
	按课题平均 （万元/项）	按科研人员平均 （万元/人·年）	按课题平均 （万元/项）	按科研人员平均 （万元/人·年）
1991	1.48	5.89	23.06	11.49
1995	2.74	3.18	17.51	9.44
2000	7.65	3.40	13.75	5.95
2001	8.86	3.86	15.89	6.98
2002	—	7.20	—	15.20

资料来源：科学技术部《全国科技机构数据统计集》（2001—2003 年）、农业部《全国农业科研机构数据统计》（1995—2003 年）。

尽管如此，在政府财政的支持下，科学事业费用和科研三项费用还是逐年有所增长，有效地促进了农业科技的发展，为保障国家粮食安全、农民增收和农村可持续发展提供了技术支撑。

1978 年，改革开放的 40 年，农业研究与开发经费投入增长迅速。从表 8 - 13 中可以看

出，2011 年，全国农业科研机构总投入 206.61 亿元，其中政府资金投入 141.31 亿元，非政府资金投入 22.59 亿元，生产经营性收入 16.82 亿元。到 2016 年，全国农业科研机构总投入达 308.59 亿元，比 2011 年增长了 66.95%；其中政府资金投入达到 236.07 亿元，增长了 59.85%；非政府资金投入 33.75 亿元，增长了 66.93%；生产经营性投入 5.2 亿元，与 2011 年相比减少了很多。

表 8-13　2011—2016 年全国农业科研机构收入状况的变化

年份	2011	2012	2013	2014	2015	2016
总收入（亿元）	206.61	226.22	247.33	253.60	293.05	308.59
政府资金收入（亿元）	141.31	159.44	175.47	181.94	210.83	236.07
非政府资金收入（亿元）	22.59	25.06	24.74	26.55	31.53	33.75
生产经营收入（亿元）	16.82	11.70	12.63	11.23	10.57	5.20

资料来源：农业部科技教育司《全国农业科技统计资料汇编》(2011—2016 年)。

二、农业科研经费收入的分布

70 年来，政府对农业科研经费投入结构发生了很大变化，国家和地方科研机构、农业的不同行业、不同区域，以及不同科研类型、专业学科等分布都有很大差异，研究分析其变化与分布，不仅有助于了解农业科研经费投入状况，而且有利于为深化农业科研经费投入结构改革提出政策性依据。

(一) 农业科研经费收入按隶属关系分布

2005 年农业系统科研机构 1 144 个，从业人员 9.56 万人，经费总收入 92.07 亿元，其中农业部属国家级科研机构 57 个，从业人员 1.14 万人，经费总收入 22.41 亿元；省级科研机构 466 个，从业人员 4.80 万人，经费总收入 46.65 亿元；地市级科研机构 621 个，从业人员 3.62 万人，经费总收入 23.01 亿元。农业部属国家级科研机构经费总收入占全国农业系统经费总收入的 24.3%，省级科研机构经费总收入占全国农业系统经费总收入的 50.7%，地市级科研机构经费总收入占全国农业系统经费总收入的 25.0%（表 8-14）。

表 8-14　各级农业科研机构经费收入分布

隶属关系	科研机构（个）			从业人员（人数）			经费收入（亿元）		
	1995 年	2000 年	2005 年	1995 年	2000 年	2005 年	1995 年	2000 年	2005 年
国家级	60	52	57	13 208	9 898	11 358	4.773	7.56	22.41
省级	452	419	466	61 186	50 201	48 039	16.668	30.54	46.65
地市级	626	638	621	44 850	39 335	36 221	12.004	13.93	23.01
合计	1 138	1 109	1 144	11 924	99 434	95 618	33.445	52.03	92.07

资料来源：农业部科技教育司《全国农业科技统计资料汇编》。

2016 年农业系统科研机构 993 个，从业人员 83 784 人，经费总收入 308.59 亿元，其中农业部属国家级科研机构 52 个，从业人员 11 981 人，经费总收入 79.34 亿元；省级科研机构 436 个，从业人员 42.8 万人，经费总收入 167.65 亿元；地市级科研机构 505 个，从业人员 28.99 万人，经费总收入 61.60 亿元。部、省、地市三级经费总收入比例为 79.3：167.65：61.60，即部级、地市级较小，省级较大，基本符合各级科研机构的实际状况，部级科研机构数量少、人员少，但层次高、任务重，主要承担国家的科研任务，经费收入比例高些是必要的；地市级科研机构多，从业人员少，主要面向本地，承担科技开发任务，经费收入比例低些也是正常的。

（二）农业科研经费收入按行业分布

全国农业管理系统可分为种植业、畜牧业、渔业、农垦、农业机械化 5 个行业。1985 年以来，各行业经费收入都有一定增长。1985 年各行业经费总收入 8.24 亿元，其中种植业 4.80 亿元，畜牧业 1.00 亿元，渔业 0.96 亿元，农垦 0.63 亿元，农业机械化 0.85 亿元。到 2000 年经费总收入达 49.79 亿元，其中种植业 31.01 亿元，畜牧业 8.18 亿元，渔业 4.27 亿元，农垦 2.78 亿元，农业机械化 3.55 亿元。在各行业经费总收入中，政府拨款 25.98 亿元，其中种植业 17.10 亿元，畜牧业 2.89 亿元，渔业 2.67 亿元，农垦 1.60 亿元，农业机械化 1.72 亿元。2000 年后各行业经费投入有较快增长，2005 年经费投入总计 92.06 亿元，其中种植业 62.79 亿元、畜牧业 12.09 亿元、渔业 6.46 亿元、农垦 4.47 亿元、农业机械化 6.25 亿元，分别占总投入的 68.2%、13.1%、7.0%、4.9%和 6.8%。值得指出的是，政府拨款总额达 53.93 亿元，其中种植业 39.50 亿元，畜牧业 4.70 亿元，渔业 4.73 亿元，农垦 2.58 亿元，农业机械化 2.42 亿元，分别占政府拨款总额的 73.2%、8.7%、8.8%、4.8%和 4.5%。2016 年政府经费总投入 236.07 亿元，其中种植业 160.36 亿元，畜牧业 29.85 亿元，渔业 24.50 亿元，农垦 14.60 亿元，农业机械化 6.67 亿元，分别占政府拨款总额的 67.9%、12.7%、10.4%、6.2%和 2.8%。改革开放后，非政府经费投入增长较快，总投入 33.74 亿元，其中种植业 21.69 亿元，畜牧业 7.26 亿元，渔业 2.46 亿元，农垦 1.67 亿元，农业机械化 0.68 亿元，分别占政府拨款总额的 64.3%、21.5%、7.3%、4.9%和 2.0%。1985 年以来的不同时期，尤其改革开放后，政府和非政府科技投入，种植业投入最高，畜牧业次之，渔业第三，农业机械化第四，农垦第五，基本符合各业发展的现状。但是，在总体经费投入不足的情况下，随着产业结构调整和市场需求的变化，各业科研经费投入结构应作必要的调整，在普遍增加各业科研经费的同时，应适当加大畜牧业、渔业和农机化科研经费投入的比重（表 8-15）。

表 8-15　全国农业科研机构经费收入的行业分布

单位：亿元

行业	种植业	畜牧业	渔业	农垦	农业机械化	合计
1985 年总收入	4.80	1.00	0.96	0.63	0.85	8.24
1995 年总收入	20.56	6.25	2.93	2.22	1.51	33.47
其中政府拨款	11.59	1.69	1.60	0.75	0.80	16.43
2000 年总收入	31.01	8.18	4.27	2.78	3.55	49.79
其中政府拨款	17.10	2.89	2.67	1.60	1.72	25.98

（续）

行业	种植业	畜牧业	渔业	农垦	农业机械化	合计
2005 年总收入	62.79	12.09	6.46	4.47	6.25	92.06
其中政府拨款	39.50	4.70	4.73	2.58	2.42	53.93
2010 年总收入	133.16	20.74	16.75	11.62	11.38	193.65
其中政府拨款	94.13	14.07	12.76	6.90	4.22	132.08
2016 年总收入	160.36	29.85	24.50	14.60	6.76	236.07
其中政府拨款	111.64	21.54	17.36	11.32	5.26	167.12

资料来源：农业部科技教育司《全国农业科技统计资料汇编》。

（三）农业科研经费收入按区域分布

全国分为 6 大行政区，即华北区、东北区、华东区、中南区、西南区和西北区。各区域以省、自治区、直辖市为单元，均设有省、地市农业科研机构，但经费投入有很大不同。一般比较而言，政府重视，经济比较发达的区域，农业科研经费投入和政府拨款所占比例较高。从表 8-16 中可以看出，农业科研经费总收入中南区最高，1995 年 8.49 亿元，依次是华东区，达 7.43 亿元，西南区 3.94 亿元，东北区 3.93 亿元，华北区 3.04 亿元，西北区最少，仅 1.87 亿元。2005 年农业科研经费收入增长较快，各区排序略有变化，中南区依旧最高，达 19.16 亿元，其次是华东区，18.78 亿元，华北区 10.09 亿元，东北区 8.65 亿元，西南区 7.91 亿元，西北区最少，仅为 5.09 亿元。2016 年农业科研经费总收入 308.58 亿元，华东区最高，达 83.49 亿元，依次是中南区 70.91 亿元，华北区 65.15 亿元，西南区 34.74 亿元，东北区 31.21 亿元，西北区最少，仅为 23.08 亿元。但从政府拨款来看，华东区最高，达 65.33 亿元，占经费总收入的 21.17%，其次是华北区，达 53.64 亿元，占总收入的 17.38%，第三是中南区，达 52.09 亿元，占总收入的 16.88%，第四是西南，25.57 亿元，占总收入的 8.29%，第五是东北区，22.81 亿元，占总收入的 7.39%，最后是西北区，16.63 亿元，仅占总收入的 5.39%，比例是比较低的。

表 8-16　全国农业科研经费收入的区域分布

年份	华北区		东北区		华东区		中南区		西南区		西北区	
	总收入	政府经费	总收入	政府经费	总收入	政府经费	总收入	政府经费	总收入	政府经费	总收入	政府经费
1995	3.04	1.71	3.93	2.02	7.43	3.26	8.49	2.94	3.94	1.91	1.87	1.35
2000	4.41	2.72	6.98	3.43	9.67	5.43	13.52	4.89	4.56	2.96	3.10	2.38
2005	10.09	7.86	8.65	6.00	18.78	15.4	19.16	11.15	7.91	5.99	5.09	3.86
2010	22.83	17.03	16.75	13.79	39.10	33.46	34.26	21.90	17.57	13.70	11.08	8.46
2016	65.15	53.64	31.21	22.81	83.49	65.33	70.91	52.09	34.74	25.57	23.08	16.63

资料来源：农业部科技教育司《全国农业科技统计资料汇编》。

（四）农业科研经费收入按活动类型分布

根据国家科学技术委员会对科学技术活动的分类研究，提出了6分法，即基础性研究、应用研究、发展研究、研究成果应用、科技服务和生产性活动。1995年研究与试验成果应用、科技服务和生产性活动课题总数6 356个，课题经费16 049.3万元，分别占课题总数的49.05%和课题经费总数的45.61%；2000年研究与试验成果应用、科技服务和生产性活动课题总数6 131个，课题经费48 413.0万元，分别占课题总数47.07%和课题经费总数的48.55%；2005年研究与试验成果应用、科技服务和生产性活动课题总数7 246个，课题经费112 099.6万元，分别占课题总数的45.71%和课题经费总数的47.05%；2016年研究与试验成果应用、科技服务和生产性活动课题总数2 917个，课题经费1 014 316.1万元，分别占课题总数的10.0%和课题经费总数129.58%；而科学研究，即基础研究、应用研究和试验发展三类研究，1995年课题总数和课题经费总数分别占50.95%和54.39%；2000年课题总数和课题经费总数分别占52.93%和51.45%；2005年课题总数和课题经费总数分别占54.29%和52.95%。1995—2005年十年间两者课题总数和经费总数比例比较稳定，变化不大，只是后者课题总数和经费总数略高于前者。进入21世纪后，课题总数和经费总数比例出现较大变化，即经费总数远高于前者；从基础性研究、应用研究、发展研究三类课题与经费投入的关系比较看（表8-17），1995年基础性研究课题349个，经费总数914.0万元，应用研究课题2 332个，经费总数68 099万元，发展研究课题3 922个，经费总数11 417.0万元，三者单项投入强度为2.62万元，2.92万元，2.91万元，2000年三者单项投入强度为7.11万元，7.42万元，7.46万元，2005年三者单项投入强度为9.66万元，14.49万元，15.21万元。1995—2005年随着课题数量增加，单项收入强度有所提高，尤其是应用研究和发展研究提高幅度较大，而基础性研究提高幅度较小，出现了三类研究课题投入比例失衡，科技创新能力下降、发展后劲不足问题。进入21世纪后，上述状况有所变化，即：课题数量增加，单项收入强度大幅提高，尤其是基础研究和应用研究增幅较大，而发展研究增幅也较大，三类研究课题收入比例逐渐趋于合理，推动农业科学研究与开发全面持续发展。

表 8-17 全国农业科研经费投入按类型的分布

类别	1995		2000		2005		2010		2016	
	课题数（个）	课题经费投入（千元）	课题数（个）	课题经费投入（千元）	课题数（个）	课题经费投入（千元）	课题数（个）	课题经费投入（千元）	课题数（个）	课题经费投入（千元）
基础性研究	349	9 140	211	15 011	550	53 154	1 375	260 001.8	4 370	976 203
应用研究	2 332	68 099	1 750	129 756	2 371	343 515	4 282	884 012	5 210	1 619 389
发展研究与试验	3 922	114 170	4 934	368 244	5 685	864 715	10 043	2 877 048.6	11 249	4 769 681
成果应用	4 467	113 843	4 369	370 704	4 267	634 892	5 627	1 415 173.2	4 883	1 718 011
科技服务	1 707	37 965	1 562	100 403	2 811	443 435	3 050	649 653.3	3 405	1 059 877
生产性活动	182	8 685	200	13 023	168	42 669	—	—	—	—
合计	12 959	351 902	13 026	997 140	15 852	2 382 380	24 377	6 085 888.9	29 117	10 143 161

资料来源：农业部科技教育司《全国农业科技统计资料汇编》。

注：2010年和2016年课题数、课题经费投入统计数据缺"生产性活动"项。

三、农业科研经费收入的政策性问题

以上分析与研究表明，我国改革开放前 30 年，农业科研经费投入严重不足，历史欠账太多，并且作为社会公益性的农业科研机构，政府经费的主要来源是事业费和课题费。农业科研机构主要实行事业费管理模式，科研机构通过主管部门的指令性计划任务获得正常运行所需的经费，这些经费通常以事业费和科研三项费的形式由政府拨付。但指令性计划任务管理模式也存在着明显的弊端，一是"等靠要"的思想影响了科研机构的自主性；二是资源的利用效率不高，任务进度难以保证；三是缺乏竞争机制，导致任务完成的质量不高；四是机构臃肿和人员冗余现象严重；五是科研与生产脱节，科技成果转化率不高。

特别是农业科研机构事业费实行"分类管理、统一核算"后，差额预算管理的科研机构事业费按比例逐年递减，全额预算管理的科研机构事业费仍按全额拨付。尽管如此，科研机构事业费仍不能满足科研机构正常运行和发展的需要，特别是受经济发展、通货膨胀、人均工资上涨等问题的影响。即使不考虑人员增加，仅人员工资增加这一项，就足以使事业费用到了入不敷出的窘境，再加上离退休人员的增多和医疗费用的增加，事业费的诸多功能逐渐丧失，仅支付离退休人员的工资和医疗费用也捉襟见肘。科研机构的事业费已无法保障科研机构的正常运行，更谈不上用于科研机构的公用基础设施建设。

实行"分类管理，统一核算"，标志着农业科研机构由事业费管理模式向课题管理模式转变。课题管理模式对保障农业科研机构的持续研究具有重要作用，其优越性：一是科研机构与市场密切程度不断增加；二是通过课题的招投标，课题研究的整体水平有所提升；三是课题研究的进度有了保障；四是使科研机构的信用体系初步建立，为课题研究奠定了良好的基础。

自课题管理模式实施以来，课题规模有了明显增长，课题费的增长快于事业费的增长，课题费在科研机构从事研究中所扮演的角色越来越重要，并占据了主导地位。但是，课题管理模式也存在一定的局限性，主要表现在：一是削弱了科技资源的整体能力的发挥；二是削弱了科技基础设施建设的积极性；三是影响了交叉、综合领域的研究；四是影响了公用性科学仪器设备的更新。

针对事业费管理模式和课题管理模式的利弊，需要进一步总结经验，不断改革与完善，建立适合农业科研自身规律和特点的管理模式。

我国改革开放以来，综合国力显著增强，2012 年我国经济总量已居世界第二位，成为全球经济最具活力的国家之一，2020 年国内生产总值将在 2000 年的基础上翻两番，进入中等发达国家先进行列。

随着经济实力的增强，我国的科技投入迅速增长，政府加大了科技工作的投入力度，财政科技拨款规模不断增长，R&D 经费占国内生产总值的比例逐年提高，2016 年 R&D 经费占国内生产总值已经上升到 2.14%，但与欧美经济强国相比仍存在一定差距。

同时，随着科技体制改革的不断深化，特别是 2001 年科学技术部、财政部、中央机构编制委员会办公室《关于对水利部等四部门所属 98 个科研机构分类改革总体方案的批复》和 2002 年《关于农业部等九部门所属科研机构改革方案的批复》，将部门所属科研机构，特别是社会公益性科研机构实行分类改革，对我国农业科研体制及 R&D 活动产生一定的影响，因此，在研究农业科技体制变动中，政府在 R&D 活动中的作用和应采取的政策是一个十分重要的问题。

针对上述情况与问题，有几点政策性问题值得商讨：

（一）应明确政府农业科研投入的主导地位，加大对农业科研投入力度

农业科研是社会公益性事业，在世界上，无论是发展中国家还是发达国家，依靠政府投入都是通行规则。我国作为世界上最大的发展中国家，又是一个农业大国，发展农业一靠政策、二靠科技、三靠投入，但最终还是要依靠科技解决问题。因此，政府应加大对农业科研投入力度，争取从 2005 年农业科技投入占农业 R&D 的 0.5%，到 2020 年提高 2.5% 左右。

（二）提高科学事业费在农业科技投入的比例

在普遍增加农业科技投入的基础上，大幅提高科学事业费的比重，除担负科研机构研究人员工资外，还应作为科研经费的重要补充，保证科研机构正常运行。同时，对离退休研究人员的社会养老保险体系和公共医疗保障体系的建立和完善提供经费保障。

（三）增加科研费用的投入强度

科研费用是农业科学研究经费的主要来源，2004 年农业科研三项费用仅为 13.22 亿元，约占政府 R&D 经费的 2.73%，占比太低。"十三五"开局之后有了较大变化，国家主体科技计划向农业倾斜，农村科技投入成倍增长，这是必要的，也是及时的，但主管部门随意性依然较强，各项科技计划之间、行业之间经费分配不尽合理，应研究制定经费投入的科技政策，提高农业科技在各项科技计划中的地位，提高科研费用的投入强度。

（四）加大对西部地区农业科研机构的投入力度

目前，我国西部地区各省、自治区、直辖市农业科研机构的经费，与东部地区各省份农业科研机构比较相差 2～4 倍，投入水平低，同时，承担国家、地方科技计划项目少，得到的经费资助不多，科研困难较多。国家西部大开发战略的实施，为西部地区的发展带来了极好的机遇，政府财政应加大对西部地区农业科研机构的投入，各项科技计划也应向西部地区农业科研机构倾斜，支持一批有优势、有特色的重点科技项目。有条件的地区应重点支持具有 R&D 活动的农业科技型企业。

（五）加强对农业基础性研究的投入力度

农业基础性研究应体现政府行为，农业基础性研究应以政府为主导，通过加大对具有全局性、战略性、前瞻性的农业领域和重点项目的投入，特别是原创性基础研究和前沿技术重点项目的投入，逐年提高农业基础性研究经费占 R&D 经费的比例，解决长期以来农业科技自主创新能力不强和储备不足的问题。

第六节　初步构建农业科研院所的各项制度和管理体制

我国农业科技管理是随着农业和农业科技发展而产生的。它的根本任务是研究农业科技管理工作的规律性，并且形成一个三元结构的综合体，其组合要素是农业、科技、管理三个

基本概念，但它们不是平行并列关系，而是不同层次研究对象的展开关系。农业科技管理工作的对象是农业科技活动。

新中国成立初期，农业科学管理工作基本上是直观经验管理，有时还出现滥用行政手段替代科学管理。进入 20 世纪 80 年代，现代科学技术的发展和国外先进科学管理理论与方法的引进，使我国农业科技管理发生根本性变化，逐步建立起比较完善的学科体系，并逐步实现管理手段的现代化，有力地促进了农业科技工作的开展。

国家科学技术委员会十分重视科技管理工作，牵头组织开展科技管理研究工作，颁布系列有关科技管理法规制度和条例，会同民政部、中国科学技术协会成立了科技管理研究会，编辑出版《科技管理》杂志等。农业部在天津召开了第一次全国农业科技管理学术讨论会，成立了农业科技管理研究会，出版有关农业科技管理刊物，还组成了协作组，开展软科学研究。所有这些，在推动科技体制改革、促进科技和农业科技发展等方面发挥了重要作用。

一、颁发系列法规制度和条例

为大力推动实施"科技兴国"战略，国家和有关部门制定和出台了一系列科技政策文件，指导农业科技持续稳定健康发展，为建设现代农业和创新型国家做出贡献[27-28]。

我国先后制定并颁布了一系列法律法规，为农业和农业科技发展提供了强大的法制保障。《中华人民共和国宪法》明确指出"农业是国民经济的基础"，赋予农业十分重要的战略地位。

（一）在农业和农业科技政策方面

为了有效保障我国农业和农业科技发展，国家相继出台了《中华人民共和国农业法》《中华人民共和国农产品质量安全法》《中华人民共和国农村土地承包法》《中华人民共和国农民专业合作社法》《中华人民共和国农业技术推广法》《中华人民共和国种子法》《中华人民共和国畜牧法》《中华人民共和国乡镇企业法》《中华人民共和国食品安全法》以及《中华人民共和国科学技术进步法》《中华人民共和国科学普及法》《中华人民共和国专利法》《中华人民共和国促进科技成果转化法》等重要法律。

为了高效推进农业和农业科技发展，国家还先后出台了《农药管理条例》《基本农田保护条例》《植物检疫条例》《植物新品种保护条例》《农业转基因生物安全管理条例》《农业机械安全监督管理条例》等重要法规。较为完备的法律法规，保障和促进了我国农业和农业科技的快速发展。

（二）在农业科技规划、计划方面

新中国成立后，在不同历史时期里，国家根据国民经济建设和国内科技发展态势，先后编制了 10 次中长科技发展规划和相应的三年、五年科技计划，作为指导科技发展的纲领性文件。"农业是国民经济的基础"。农业科技历来是科技发展的优先领域和重点，引领和指导农业科技持续稳定发展发挥的重要作用。农业部根据国务院和国家科学技术委员会统一部属，结合农业和农业科技工作实际，先后组织 6 次编制全国农业科技发展规划、专项规划（如农业、林业、畜牧水产业行规划，农业技术科学、农业工程科学规划等）和年度农业科技计划，具体指导农业科技持续稳定发展。

（三）在农业科技成果奖励方面

科学研究的根本目的，是出成果、出人才。20 世纪 60 年代，国家科学技术委员会科技成果登记办公室出台《关于上报和登记科学技术研究成果的若干规定》，70 年代，国家科学技术委员会下达《关于科学技术研究成果的管理办法》，80 年代，国家科学技术委员会下达《中华人民共和国国家科学技术委员会科学技术成果鉴定办法》和《科学技术成果鉴定办法若干问题说明》。1993 年 6 月，国务院发布《中华人民共和国发明奖励条例》《中华人民共和国自然科学奖励条例》和《中华人民共和国科学技术进步奖励条例》，后经修改完善，1999 年 5 月，中华人民共和国国务院发布《国家科学技术奖励条例》，国家科学技术部公布《国家科学技术奖励条例实施细则》。至此，科技成果的鉴定、登记、上报、奖励形成了完整体系，在组织调动科学技术工作者的积极性和创造性，加速科学技术事业发展，提高国家综合实力等方面发挥了重要作用。

各省、自治区、直辖市政府和有关部委结合自身实际印发科学技术奖励办法、条例。农业部 1995 年 10 月印发《农业部科学技术进步奖奖励办法》及配套文件《农业科学技术成果鉴定暂行办法》。随着科技奖励制度深化改革，部门奖励制度取消，改由科技中介机构受理，中国农学会管理，印发《中华农业科学技术奖励办法》及其条例，为促进农业科学技术进步，调动一切致力于农业的科技人员的积极性，为推动农业高产、优质、高效和农村经济快速发展做出了贡献。

（四）在科技成果转化和推广方面

改革开放以来，我国农业取得了举世瞩目的成就，农产品实现了从长期短缺到供求基本平衡、丰年有余的历史性转变，全国农村总体上进入由温饱向全面小康迈进的新阶段。在我国农业实现历史性的跨越中，农业科技发挥了巨大的作用。

在新的发展阶段，农业科技进步将成为农业增长的第一要素。必须大力加强科技成果转化工作，充分挖掘农业科技的潜力，尽快解决农业科技与生产脱节的问题，才能真正发挥农业科技对农业发展的支撑作用。为此，在 2000 年全国农业科技大会召开和国务院《农业科技发展纲要》发布之后，经国务院批准，中央财政从 2001 年开始设立了农业科技成果转化资金专项计划。2001 年 4 月正式启动，科学技术部、财政部会同农业部、水利部、国家林业局等有关部门制定了《农业科技成果转化资金管理办法》《农业科技成果转化资金项目监理和验收办法》等一系列管理文件，建立了部门协商、协调机制，健全了管理机构，初步形成了一整套行之有效的规范化管理机制。同时，为加强农业科技成果转化资金专项计划的管理，指导地方农业科技成果转化工作，从 2003 年开始，定期编制农业科技成果转化资金执行情况年度报告。实践证明，农业科技成果转化项目的实施对农业结构调整、农业增效、农民增收起到了极大的促进作用。

为了促进科技成果转化为现实生产力，规范科技成果转化活动，加速科学技术进步，推动经济建设和社会发展，1996 年 5 月全国人民代表大会常务委员会审议通过了《中华人民共和国促进科技成果转化法》，用以保护包括农业科学研究与技术开发所产生的具有实用价值的成果得到转化和推广，推动经济建设和社会发展。

各省、自治区、直辖市和有关部门根据《中华人民共和国促进科技成果转化法》，结合本地区、本部门实际发布了相关条例、制度。农业部、财政部为配合全国农牧渔业丰收计划的实施，于1994年1月发布《全国农牧渔业丰收计划实施管理办法》及其细则，加速农业科技成果转化，推动农业科技与生产密切结合，促进高产、优质、高效农业的发展。

概括起来，我国有关农业科技成果转化和推广的规定可分为三个层次：一是国家法律层面，包括《中华人民共和国促进科技成果转化法》《中华人民共和国合同法》《中华人民共和国专利法》等。二是行政法规和部门规章，包括《中华人民共和国专利法实施细则》《中华人民植物新品种保护条例》及其实施细则、《国家知识产权战略纲要》《促进科技成果转化若干规定》(2016)、《促进科技成果转化行动方案》(2016)、国家知识产权局等13个部门联合印发的《关于进一步加强职务发明人合法权益保护促进知识产权运用施的若干意见》等。三是地方性法规和规章，多以办法、规定等形式呈现。典型代表有《湖北省人民政府关于促进高校、院所科技成果转化暂行办法》等。这些有关农科技成果转化和推广的法规、制度、条例等，加速了农业科技成果转化和推广，推动农业科技与生产密切结合，促进我国农业高产、优质、高效和农业可持续发展。

（五）在农业技术引进与对外科技交流方面

技术引进主要是指在技术扩散和转移活动中，引进国外技术工作，它包括引进技术知识，如产品设计、制造工艺、测试方法等，也包括引进先进的仪器设备和设施，还包括引进智力和人才等。通过技术引进，促进农业科技和生产的发展。随着改革开放的不断深入，国家鼓励和支持引进国外先进的农业技术，促进农业科技的国际合作与交流，明确提出技术引进的基本原则和政策：一是要符合我国的国情和农业、农业科技发展需要；二是要注重对引进技术的消化吸收和推广创新，并使之国产化；三是要注重技术许可贸易、技术服务、顾问咨询、合作生产、合作设计以及关键设备的引进等方式；四是要在引进技术的同时引进先进的管理方法等。近40年来，我国引进各种农作物种质资源近12万份，其中利用国际水稻所的IR36作恢复系，使我国籼型杂交水稻三系配套取得了重大突破；利用国际玉米小麦改良成果中的玉米自交系配制的中单2号、白单4号、陕单9号等杂交种，大面积推广应用，增产效果显著；将从法国、加拿大等引进的"双低（低芥酸、低硫甙葡萄糖甙）"品种进行品种改良，对改进我国油菜品质、扩大油菜籽综合利用有重要价值；从丹麦、奥地利、美国引进的瘦肉型长白猪、杜洛克、汉普夏等种猪，对改良我国猪品种发挥了重要作用。

引进国外智力是我国对外开放政策的重要组成部分，是一项必须长期坚持的战略方针。在国务院领导下，1995年以来，人力资源和社会保障部会同科学技术部、教育部、财政部、发展和改革委员会、国家自然科学基金委员会、中国科学技术协会组织实施了旨在培养造就中青年学术技术带头人的"百千万人才工程"。2011中央组织部会同有关部委实施了旨在培养高层次人才的"千人计划"等。在农业科技领域，涌现了一批杰出的科学家、领军人才，在国家重大科研项目攻关等方面发挥了重要作用，为提高我国自主创新能力，推动农业科技跨越式发展做出了贡献。

二、农业科研机构科研能力综合评估

为了掌握全国农业科技资源状况，科学分析农业科研机构的创新能力和水平，合理配置农业科技资源、加快国家农业科技创新体系建设，农业部及有关单位分别在"七五""八五"和"十五"期间，对全国农业科研机构取得的成绩进行检验，对不同农业科研机构的科研实力进行比较研究，这是加快农业科技发展、更好地适合新时期发展现代农业、加快社会主义新农村建设的需要，也是加强农业科技管理的重要举措。

人们仅仅采用实物指标、价值指标或单项指标对事物进行评价，往往难以进行横向或纵向的评价，难以获得全面评价。于是人们发展了多指标体系综合评价方法，把反映被评价事物的多个指标的信息综合起来，得到一个综合指标，由此来反映被评价事物的整体情况，并进行横向和纵向比较。这样既有全面性，又有综合性。近年来，围绕多指标综合评价，其他领域的相关知识不断渗入，使多指标综合评价方法不断丰富、不断深化。

现将"七五"期间（1986—1990年）、"八五"期间（1991—1995年）和"十五"前期（2000—2003年）农业科研机构科研能力评估结果分述如下：

（一）"七五"期间（1986—1990年）

农业部1992年首次对全国农业系统地市以上的1 138个具有独立法人科研与开发机构的科研能力进行综合评估工作。在各省、自治区、直辖市农业主管部门和各级科研单位的共同努力下，按照统一部署和评估指标体系，完成了填写报表上报工作，并统一进行计算机数据处理后，颁布了科研能力综合评估结果，选出前70名作为"七五"时期全国农业科研能力综合实力较强的研究所（表8-18）[①]。

表8-18　全国科研单位科研能力综合评估前70名

序号	单位	总分
1	中国农业科学院植物保护研究所	136.79
2	吉林省农业科学院畜牧科学分院	134.31
3	中国农业科学院蔬菜研究所	131.20
4	江苏省农业科学院畜牧兽医研究所	129.44
5	吉林省农业科学院大豆研究所	127.54
6	江苏省农业科学院植物保护研究所	126.88
7	江苏省农业科学院粮食作物研究所	118.88
8	北京市农业科学院蔬菜研究中心	117.21
9	广东省农业科学院植物保护研究所	116.88
10	上海市农业科学院畜牧兽医研究所	116.75
11	山东省农业科学院作物研究所	116.37
12	上海市农业科学院作物研究所	115.55
13	甘肃省草原生态研究所	114.04
14	四川省农业科学院植物保护所	114.00

① 农业部，农科发〔1990〕21号《关于发布"七五"全国农业科研机构科研能力综合评估的通知》，1990年9月。

(续)

序号	单 位	总分
15	北京市农业科学院植物保护研究所	112.52
16	中国农业科学院土壤肥料研究所	111.02
17	浙江省农业科学院植物保护研究所	110.08
18	中国农业科学院农业经济研究所	109.65
19	上海市农业科学院土壤肥料研究所	108.99
20	中国农业科学院畜牧研究所	108.88
21	上海市农业科学院食用菌研究所	108.31
22	河北省农业科学院植物保护研究所	108.25
23	中国农业科学院作物育种栽培研究所	106.57
24	浙江省农业科学院园艺研究所	105.11
25	四川省农业机械研究所	104.91
26	天津市蔬菜研究所	104.57
27	北京市农业机械研究所	104.39
28	陕西省植物保护研究所	103.71
29	江苏省农业科学院经济作物研究所	103.18
30	农业部环境保护科研监测所	103.02
31	江苏省农业科学院土壤肥料研究所	102.80
32	广东省农业科学院畜牧研究所	102.66
33	黑龙江省农业科学院作物研究所	102.26
34	湖北省农业科学院植物保护研究所	102.21
35	江苏省农业科学院农业现代业化研究所	102.14
36	湖南省园艺研究所	101.86
37	中国农业科学院油料作物研究所	101.49
38	中国水产科学研究院黄海水产研究所	100.59
39	中国农业科学院农田灌溉研究所	100.43
40	中国水稻研究所	100.26
41	江苏省家禽科学研究所	99.32
42	湖北省农业科学院土壤肥料研究所	98.96
43	北京市农林科学院林业果树研究所	98.83
44	中国农业科学院特产研究所	98.11
45	江苏省农业科学院蔬菜研究所	97.78
46	浙江省农业科学院蚕桑研究所	97.50
47	北京市农科院畜牧兽医研究所	97.18
48	中国水产科学研究院淡水渔业研究所	97.08
49	江苏省农业科学院农业生物遗传生理研究所	96.79

（续）

序号	单　　位	总分
50	山东省海水养殖研究所	96.56
51	浙江省农业科学院原子能研究所	96.42
52	山东省果树研究所	96.06
53	上海市农业科学院园艺研究所	95.94
54	中国农业科学院草原研究所	95.43
55	中国农业科学院兰州畜牧研究所	94.76
56	农业部南京农业机械化研究所	94.44
57	中国农业科学院农业气象研究所	94.24
58	华南热带作物研究院橡胶栽培研究所	93.87
59	四川省绵阳市农业科学研究所	93.83
60	中国农业科学院兰州兽医研究所	93.80
61	上海市农业科学院植物保护研究所	93.68
62	浙江省海洋水产研究所	93.01
63	山东省农业科学院畜牧兽医研究所	92.67
64	中国水产科学研究院东海水产	92.65
65	河北省农林科学院土壤肥料研究所	92.63
66	广东省农业科学院水稻研究所	92.60
67	江苏徐淮地区徐州农业科学研究所	92.03
68	河南省农业科学院经济作物研究所	91.96
69	湖北省农业科学院畜牧兽医研究所	91.80
70	中国农业科学院棉花研究所	91.48

　　从表中可以看出，在前 70 名全国综合实力较强的研究所中，部属科研院所 21 名，其中中国农业科学院 15 名，中国水产科学研究院 3 名，华南热带作物研究院 1 名，其他部直属研究所 2 名；省属科研院所 49 名，其中北京市 5 名，上海市 6 名，天津市 1 名，吉林省 2 名，江苏省 10 名，浙江省 5 名，广东省 3 名，山东省 4 名，河北省 2 名，河南省 1 名，湖北省 3 名，湖南省 1 名，四川省 3 名，陕西省 1 名，甘肃省 1 名，黑龙江省 1 名。

（二）"八五"期间（1991—1995 年）

　　1992 年，农业部为贯彻《国务院关于"八五"期间深化科技体制改革的决定》精神，积极稳妥地推进农业科技体制深化改革，为各级政府和农业主管部门合理配置科技资源、优化结构、重点支持、分类指导提供科学依据，在"七五"第一次科研能力综合评估的基础上，继续采用已有方法，对全国农业系统 1 220 个地市以上具有独立法人的农业科研机构的科研开发能力进行综合评估。选出前100名为"八五"时期全国农业科研开发综合实力百强研究所；并按基础研究和技术开发类各项指标分别选出"八五"全国农业基础研究十强研究所和"八五"全国农业技术开发十强研究所，其评估结果（表8-19、表8-20）[①]。

表8-19　"八五"全国农业科研开发综合实力百强研究所

序号	单　　位	总分
1	中国农业科学院植物保护研究所	113.15
2	中国农业科学院棉花研究所	109.84
3	上海市农业科学院食用菌研究所	108.43
4	中国热带农业科学院橡胶栽培研究所	107.47
5	中国水稻研究所	106.60
6	中国农业科学院作物品种资源研究所	105.61
7	广东省农业科学院植物保护研究所	105.32
8	安徽省农业科学院水稻研究所	105.17
9	甘肃省草原生态研究所	105.08
10	江苏省农业科学院畜牧兽医研究所	104.33
11	广东省农业科学院水稻研究所	104.26
12	中国水产科学研究院长江水产研究所	103.28
13	江苏省农业科学院植物保护研究所	102.62
14	中国农业科学院畜牧研究所	102.30
15	新疆维吾尔自治区农业科学院粮食作物研究所	101.94
16	广东省农业科学院畜牧研究所	101.61
17	中国农业科学院蔬菜花卉研究所	101.36
18	新疆维吾尔自治区农业科学院经济作物研究所	101.20
19	江苏省农业科学院经济作物研究所	101.01
20	四川省农业科学院植物保护研究所	100.68
21	浙江省农业科学院畜牧兽医研究所	100.59
22	浙江省农业科学院土壤肥料研究所	100.11
23	上海市农业科学院园艺研究所	99.73
24	中国水产科学研究院黑龙江水产研究所	99.69
25	中国农业科学院兰州兽医研究所	99.66
26	中国农业科学院农业气象研究所	99.49
27	河北省农林科学院谷子研究所	99.45
28	浙江省农业科学院植物保护研究所	99.37
29	河北省农林科学院粮油作物研究所	99.34

[①]　农业部，农科发〔1996〕21号《关于发布第二次全国农业科研机构科研开发能力综合评估结果的通知》，1996年10月18日。

（续）

序号	单　　位	总分
30	中国农业科学院生物技术研究中心	99.00
31	山东省农业科学院畜牧兽医研究所	98.98
32	新疆维吾尔自治区农业科学院核技术生物技术研究所	98.23
33	中国农业科学院生物防治研究所	96.93
34	江苏省农业科学院农业现代化研究所	96.67
35	上海市农业科学院畜牧兽医研究所	96.63
36	中国农业科学院茶叶研究所	96.61
37	北京市农林科学院蔬菜研究中心	96.60
38	山东省农业科学院作物研究所	96.59
39	山西省农业科学院植物保护研究所	96.45
40	天津市林业果树研究所	95.84
41	北京市农林科学院植物保护环境保护研究所	95.59
42	中国农业科学院作物育种栽培研究所	95.30
43	河北省农林科学院植物保护研究所	95.17
44	河南省农业科学院经济作物研究所	95.14
45	江苏省农业科学院蔬菜研究所	94.53
46	新疆维吾尔自治区农业科学院微生物研究所	94.24
47	广东省农业科学院果树研究所	94.24
48	江苏省农业科学院园艺研究所	94.17
49	中国农业科学院土壤肥料研究所	93.78
50	重庆市农业科学研究所	93.72
51	内蒙古自治区畜牧科学院兽医研究所	93.56
52	四川省农业科学院作物栽培育种研究所	93.34
53	新疆维吾尔自治区农业科学院园艺作物研究所	93.31
54	上海市农业科学院环境科学研究所	93.18
55	四川省农业科学院土壤肥料研究所	93.12
56	中国农业科学院哈尔滨兽医研究所	92.99
57	河南省农业科学院小麦研究所	92.65
58	吉林省农业科学院畜牧科学分院	92.51
59	浙江省农业科学院作物研究所	92.46
60	河南省农业科学院粮食作物研究所	92.17
61	江苏省农业科学院粮食作物研究所	91.63
62	河南省农业科学院植物保护研究所	91.57
63	新疆维吾尔自治区农业科学院植物保护研究所	91.37
64	河北省农林科学院棉花研究所	91.27
65	吉林省农业科学院大豆研究所	91.27

（续）

序号	单 位	总分
66	吉林省农业科学院植物保护研究所	91.09
67	山西省农业科学院作物遗传研究所	90.94
68	江苏徐淮地区徐州农业科学研究所	90.77
69	湖北省农业科学院土壤肥料研究所	90.68
70	浙江省农业科学院原子能利用研究	90.34
71	河北省农林科学院农业物理生理生化研究所	90.09
72	山西省农业科学院土壤肥料研究所	90.07
73	江苏省农业科学院原子能利用研究所	90.05
74	吉林省农业科学院玉米研究所	90.02
75	中国农业科学院饲料研究所	89.54
76	河南省农业科学院土壤肥料研究所	89.35
77	广东省农业科学院兽医研究所	89.24
78	成都市第一农业科学研究所	88.96
79	江苏省农业科学院农业生物遗传生理研究所	88.91
80	湖北省农业科学院植物保护研究所	88.90
81	农业部环境保护科研监测所	88.90
82	上海市农业科学院植物保护研究所	88.79
83	山东省农业科学院蔬菜研究所	88.63
84	山东省农业科学院玉米研究所	88.56
85	山东省烟台市农业科学研究所	88.43
86	嘉兴市农业科学研究所	88.32
87	山东省花生研究所	88.30
88	中国农业科学院蚕业研究所	88.21
89	广东省农业科学院旱地作物研究所	88.21
90	湖南杂交水稻研究中心	87.98
91	江苏里下河地区农业科学研究所	87.75
92	中国农业科学院油料作物研究所	87.71
93	青岛市农业科学研究所	87.61
94	广东省农业科学院经济作物研究所	87.40
95	山西省农业科学院蔬菜研究所	87.17
96	四川省绵阳市农业科学研究所	86.86
97	陕西省果树研究所	86.38
98	福建省农业科学院植物保护研究所	86.18
99	河北省农业机械化研究所	86.12
100	中国水产科学研究院淡水渔业研究中心	85.99

从表 8-19 中可以看出，在全国农业科研开发综合实力百强研究所中，部属研究所 23 名，其中中国农业科学院 18 名，中国水产科学研究院 3 名，中国热带农业科学院 1 名，部直属研究所 1 名。省属研究所 68 名，其中北京市 2 名，上海市 5 名，天津市 1 名，浙江省 5 名，江苏省 8 名，广东省 7 名，福建省 1 名，湖北省 2 名，湖南省 1 名，安徽省 1 名，四川省 2 名，陕西省 1 名，甘肃省 1 名，新疆维吾尔自治区 6 名，河南省 5 名，河北省 6 名，山东省 5 名，山西省 4 名，内蒙古自治区 1 名，吉林省 4 名。地市属研究所 9 名，其中重庆市 1 名，成都市 1 名，绵阳市 1 名，江苏 2 名（徐州市、里下河地区），山东 2 名（烟台市、青岛市），嘉兴市 1 名。

表 8-20　"八五"全国农业基础研究十强研究所

序号	单　位
1	中国农业科学院植物保护研究所
2	中国水稻研究所
3	中国热带农业科学院橡胶栽培研究所
4	中国农业科学院生物技术研究中心
5	中国水产科学研究院黄海水产研究所
6	中国农业科学院棉花研究所
7	中国农业科学院畜牧研究所
8	江苏省农业科学院植物保护研究所
9	中国农业科学院作物品种资源研究所
10	吉林省农业科学院大豆研究所

从表 8-20 中可以看出，在全国农业基础研究十强研究所名单中，部属研究所 8 名，其中中国农业科学院 6 名，中国水产科学研究院和中国热带农业科学院各 1 名；省属研究所 2 名，其中江苏省农业科学院和吉林省农业科学院各 1 名。该名单基本反映出十强研究所农业基础研究水平和自主创新能力。

表 8-21　"八五"全国农业技术开发十强研究所

序号	单　位
1	北京市农林科学院畜牧研究所
2	北京市农业机械化研究所
3	天津市黄瓜研究所
4	吉林省农业科学院玉米研究所
5	江苏省农业科学院畜牧兽医研究所
6	江苏省农业科学院家禽研究所
7	山东省农业科学院家禽研究所
8	湖北省农业科学院畜牧研究所
9	广东省农业科学院畜牧研究所
10	四川省绵阳市农业科学研究所

从表8-21中可以看出，"八五"全国农业技术开发十强研究所全部分布在省地属研究所，省属研究所9名，其中北京市农业科学院2名，江苏省农业科学院2名，天津市、吉林省、山东省、湖北省、广东省农业科学院各1名；地市属1名，为四川省绵阳市农业科学研究所。基本反映出技术开发十强研究所在深化科技体制改革，积极面向市场，加快技术推广和实现产业化、商品化的能力。

（三）"十五"前期（2000—2003年）[①]

在农业科研能力的综合评价中，决定科研能力的主要因素是：人的因素；人的能动性作用上的物的因素；能使人的因素和物的因素协调发展，并达到最优产出的环境因素。

人的因素体现在从事农业科学研究、应用及其他活动的人员数量和人员素质。物的因素体现在农业科学研究、应用及其他活动的各种物质条件，具体表现为科研所需的各种仪器设备、基础设施和资金投入。环境因素体现在能科学、合理运用人的因素和物的因素的各种外部环境，包括人文环境、经济环境、组织结构、制度管理等。农业科研能力的最终表现为农业科技产出能力和农业科技贡献能力。科技产出能力可分为知识产出能力和技术产出能力，知识产出能力主要表现知识创新能力。技术产出能力主要表现为为技术创新能力。科技产出能力在很大程度上反映出科技资源的投入和利用效率。科技贡献能力是指科技成果转化为现实生产力的效率或效益，主要表现为经济贡献、社会贡献和环境贡献。因此，衡量农业科研能力，应主要围绕以上所述的三大因素和产出能力进行衡量，以求结果科学、全面。

中国农村技术开发中心和中国农业科学院农业经济研究所课题组，开展了"十五"前期全国农林科研机构科技能力综合评估的专题研究，采用"专家咨询约束下的主成分分析评价方法"，按照"三位一体"思想的三层含义——评价目的和被评价事物都是评价者本身（或管理者）所确定的，二者之间具有一致性；评价方法的选取要与评价者的目的相一致，能充分体现评价者本身的目的和愿望；评价方法的特点与被测评事物的特点相吻合。经过充分讨论分析，可以选择经过多年实践，行之有效的"专家咨询约束下的主成分分析评价方法"来建立农业科研能力指标综合评价体系。对2003年全国地市级以上（含地市级）国有独立农业、林业、水利、粮食、供销总社等部门所属的农林科技和文献信息机构1 407个，按其属性分成三大类科研机构进行综合评估：国务院各部门所属的所级农林科研机构82个；省、自治区、直辖市所属的所级农林科研机构485个；地区（市）属的农林科研机构840个。在此评估基础上，对三类农林科研机构分别进行了排序，其中国务院部门属的科研机构按指标标准化变换后加权平均值排序，省属科研机构和地市属科研机构分别取前100名（表8-22）。

表8-22　国务院各部门所属的所级农林科研机构科研能力评估结果排序

单位	指标标准化变换后加权平均值	排名
中国林业科学研究院林业研究所	1.060 286	1
中国林业科学研究院森林生态环境与保护研究所	1.006 241	2
中国农业科学院生物防治研究所	0.843 447	3

① 科学技术部农村科学技术司，中国农村技术开发中心. 中国农村科技发展报告［R］.（2004-03-04）。

（续）

单　位	指标标准化变换后加权平均值	排名
中国农业科学院生物技术研究所	0.838 624	4
中国水产科学研究院黄海水产研究所	0.735 113	5
中国农业科学院作物育种栽培研究所	0.664 733	6
中国农业科学院作物品种资源研究所	0.632 057	7
中国农业科学院农业自然资源和区划研究所	0.612 490	8
中国林业科学研究院木材工业研究所	0.606 773	9
中国农业科学院哈尔滨兽医研究所	0.600 027	10
中国科学院亚热带农业生态研究所	0.577 831	11
中国农业机械化科学研究院	0.525 800	12
中国农业科学院饲料研究所	0.496 829	13
中国农业科学院农业气象研究所	0.458 240	14
中国农业科学院畜牧研究所	0.444 054	15
中国农业科学院植物保护研究所	0.401 561	16
中国农业科学院农业经济研究所	0.398 625	17
中国农业科学院茶叶研究所	0.389 147	18
中国林业科学研究院资源信息研究所	0.354 856	19
中国农业科学院兰州兽医研究所	0.345 281	20
中国农业科学院土壤肥料研究所	0.341 307	21
中国农业科学院油料作物研究所	0.329 584	22
中国水稻研究所	0.290 407	23
中国农业科学院蔬菜花卉研究所	0.283 524	24
洛阳拖拉机研究所	0.261 434	25
中国农业科学院果树研究所	0.240 894	26
中国林业科学研究院亚热带林业研究所	0.165 134	27
中国林业科学研究院林产化学工业研究所	0.162 284	28
中国农业科学院上海家畜寄生虫病研究所	0.125 678	29
中国农业科学院南京农业大学农业遗产研究室	0.094 185	30
中华全国供销合作总社南京野生植物综合利用研究院	0.039 828	31
中国农业科学院特产研究所	0.016 817	32
中国水产科学研究院东海水产研究所	0.011 759	33
中国水产科学研究院南海水产研究所	0.009 395	34
中国林业科学研究院热带林业研究所	−0.001 146	35
中国水产科学研究院黑龙江水产研究所	−0.011 263	36
中国农业科学院草原研究所	−0.011 927	37
中国林业科学研究院资源昆虫研究所	−0.021 982	38
中国水产科学研究院渔业工程研究所	−0.029 871	39

（续）

单　位	指标标准化变换后加权平均值	排名
农业部南京农业机械化研究所	−0.039 181	40
中国农业科学院蚕业研究所	−0.042 228	41
中国农业科学院烟草研究所	−0.045 305	42
中国农业科学院兰州畜牧与兽药研究所	−0.048 303	43
中国农业科学院郑州果树研究所	−0.062 394	44
中国农业科学院农产品加工研究所	−0.078 843	45
中国热带农业科学院热带生物技术研究所	−0.105 510	46
华南热带农产品加工设计研究所	−0.115 910	47
农业部环境保护科研监测所	−0.118 575	48
中华全国供销合作总社郑州棉麻工程技术设计研究所	−0.134 379	49
中国农业科学院麻类研究所	−0.138 877	50
国家林业局泡桐研究开发中心	−0.145 886	51
中国农业科学院棉花研究所	−0.154 487	52
中国水产科学研究院长江水产研究所	−0.166 715	53
中国农业科学院蜜蜂研究所	−0.183 086	54
中国热带农业科学院橡胶研究所	−0.231 033	55
中国水产科学研究院渔业机械仪器研究所	−0.232 511	56
国家林业局哈尔滨林业机械研究所	−0.273 571	57
中国水产科学研究院珠江水产研究所	−0.279 177	58
中国农业机械化科学研究院呼和浩特分院	−0.291 327	59
中国热带农业科学院环境与植物保护研究所	−0.294 262	60
中国热带农业科学院农业机械研究所	−0.307 930	61
中国水产科学研究院淡水渔业研究中心	−0.318 584	62
中国农业科学院农田灌溉研究所	−0.324 135	63
中国农业科学院柑橘研究所	−0.349 618	64
中国林业科学研究院华北林业实验中心	−0.367 707	65
农业部沼气科学研究所	−0.371 749	66
水利部中国科学院水库渔业研究所	−0.394 426	67
国家林业局中南林业调查规划设计院	−0.405 614	68
中国农业科学院甜菜研究所	−0.416 447	69
中华全国供销合作总社西安生漆涂料研究所	−0.418 409	70
中国热带农业科学院热带作物品种资源研究所	−0.422 946	71
国家林业局桉树研究开发中心	−0.434 867	72
国家林业局北京林业机械研究所	−0.471 048	73
中国热带农业科学院南亚热带作物研究所	−0.493 303	74
中国热带农业科学院香料饮料研究所	−0.508 954	75

（续）

单　　位	指标标准化变换后加权平均值	排名
水利部长春机械研究所	−0.536 209	76
中国林业科学研究院沙漠林业实验中心	−0.558 827	77
中国热带农业科学院椰子研究所	−0.564 249	78
国家林业局竹子研究开发中心	−0.625 208	79
中国热带农业科学院分析测试中心	−0.662 286	80
中国林业科学研究院亚热带林业实验中心	−0.746 019	81
中国林业科学研究院热带林业实验中心	−0.936 911	82

　　从表 8-22 中可以看出，在国务院部门属科研机构中，分布在农业部所属的中国农业科学院、中国水产科学研究院、中国热带农业科学院和国家林业局所属的中国林业科学研究院达 68 个，占参加综合评估 82 个机构总数的 82.92%；其中，中国农业科学院 37 个，占参加综合评估机构总数的 45.1%。此外，国家林业局直属科研机构 7 个，中华全国供销合作总社直属科研机构 3 个，水利部直属科研机构 2 个等。

　　从表 8-23 中可以看出，在各省、自治区、直辖市政府和部门属的科研机构中，有 21 个省级科研机构进入百强行列，其中广东省有 13 个，福建省 9 个，新疆维吾尔自治区 8 个，山东省和河北省均为 7 个，上海市和黑龙江省均为 6 个，天津市和云南省均为 5 个，河南省和山西省均为 4 个，江苏省、安徽省、湖南省、湖北省、四川省、甘肃省和广西壮族自治区均为 3 个，北京市、重庆市和宁夏回族自治区均为 1 个，还有 9 个省、自治区的科研机构没有进入百强单位。

表 8-23　省、自治区、直辖市所属的所级农林科研机构科研能力评估结果排序（前 100 名）

单　　位	指标标准化变换后加权平均值	排名
国家农产品保鲜工程技术研究中心（天津）	2.131 403	1
四川省农业科学院作物研究所	1.730 348	2
广东省农业机械研究所	1.633 134	3
广东省农业科学院水稻研究所	1.585 572	4
上海市农业生物基因中心	1.370 571	5
天津市黄瓜研究所	1.129 499	6
广东省农业科学院花卉研究所	1.034 418	7
安徽省农业科学院水稻研究所	1.014 718	8
北京市农业机械研究所	1.004 163	9
天津市蔬菜研究所	0.937 363	10
广东省农业科学院畜牧研究所	0.933 338	11
广东省农业科学院植物保护研究所	0.903 491	12
山东省农业科学院作物研究所	0.873 934	13
福建省农业科学院植物保护研究所	0.869 095	14

（续）

单　　位	指标标准化变换后加权平均值	排名
云南省农业科学院生物技术研究所	0.866 807	15
江苏里下河地区农业科学研究所	0.811 299	16
黑龙江省农垦总局红兴隆科学研究所	0.804 499	17
湖南省生物研究所	0.788 221	18
山东省农业科学院植物保护研究所	0.779 114	19
广东省农业科学院蔬菜研究所	0.766 587	20
山西省农业生物技术研究中心	0.748 446	21
广东省农业科学院果树研究所	0.724 170	22
上海市农业科学院生物技术研究中心	0.697 955	23
河南省农业科学院棉花油料作物研究所	0.691 806	24
河南省农业科学院粮食作物研究所	0.686 729	25
河北省畜牧兽医研究所	0.656 822	26
广东省家禽科学研究所	0.624 357	27
湖南省植物保护研究所	0.621 221	28
福建省农业科学院地热农业利用研究所	0.597 412	29
云南省农业科学院植物保护研究所	0.590 953	30
河南省农业科学院植物保护研究所	0.568 463	31
广西壮族自治区中国科学院广西植物研究所	0.563 693	32
湖南杂交水稻研究中心	0.563 046	33
山东省果树研究所	0.555 809	34
黑龙江省大豆技术开发研究中心	0.554 558	35
广东省农业科学院作物研究所	0.552 973	36
山西省农业科学院棉花研究所	0.532 022	37
河南省农业科学院小麦研究所	0.515 818	38
新疆维吾尔自治区农业科学院核技术生物技术研究所	0.514 486	39
河北省农林科学院遗传生理研究所	0.507 354	40
山东省农业机械科学研究所	0.492 431	41
广西壮族自治区农业机械研究所	0.492 267	42
上海市农业科学院环境科学研究所	0.478 779	43
福建省农业科学院畜牧兽医研究所	0.468 926	44
江苏徐淮地区淮阴农业科学研究所	0.468 082	45
山西省农业科学院作物遗传研究所	0.466 692	46
广东省农业科学院兽医研究所	0.450 319	47
云南省热带作物科学研究所	0.431 982	48
云南省热带作物科学研究所	0.431 982	49
广西壮族自治区农业科学院植物保护研究所	0.425 228	50

（续）

单　位	指标标准化变换后加权平均值	排名
新疆维吾尔自治区农业科学院粮食作物研究所	0.423 737	51
福建省农业科学院稻麦研究所	0.419 435	52
湖北省生物农药工程研究中心	0.405 904	53
新疆维吾尔自治区农业科学院园艺作物研究所	0.401 478	54
安徽省农业科学院作物研究所	0.400 976	55
上海市农业科学院作物育种栽培研究所	0.384 787	56
福建省水产研究所	0.378 345	57
上海市农业科学院食用菌研究所	0.376 111	58
甘肃省农业科学院旱地农业研究所	0.373 866	59
山东省农业科学院高新技术研究中心	0.373 815	60
新疆维吾尔自治区畜牧科学院中澳绵羊育种研究中心	0.372 491	61
河北省农林科学院粮油作物研究所	0.364 051	62
四川省农业科学院植物保护研究所	0.363 230	63
四川省农业科学院水稻高粱研究所	0.361 032	64
山东省农业科学院家禽研究所	0.354 472	65
黑龙江省野生动物研究所	0.351 353	66
新疆维吾尔自治区农业科学院土壤肥料研究所	0.342 334	67
宁夏回族自治区农业生物技术重点实验室	0.341 427	68
河北省农林科学院植物保护研究所	0.339 964	69
福建省农业机械化研究所	0.337 305	70
广东省农业科学院蚕业研究所	0.335 098	71
福建海洋研究所	0.332 623	72
湖北省农业科学院作物育种栽培研究所	0.328 694	73
新疆维吾尔自治区农业科学院经济作物研究所	0.317 656	74
天津市畜牧兽医研究所	0.316 971	75
新疆维吾尔自治区农业科学院微生物应用研究所	0.316 111	76
甘肃省治沙研究所	0.315 302	77
江苏省家禽科学研究所	0.315 133	78
河北省农林科学院棉花研究所	0.313 754	79
甘肃省农业科学院蔬菜研究所	0.313 261	80
山西省农业科学院旱地农业研究中心	0.312 352	81
新疆维吾尔自治区农业科学院农业机械化研究所	0.308 941	82
黑龙江省农业科学院生物技术研究中心	0.306 414	83
福建省亚热带园艺植物研究中心	0.304 980	84
上海市农业科学院植物保护研究所	0.302 227	85
山东省农业科学院玉米研究所	0.300 473	86

（续）

单　位	指标标准化变换后加权平均值	排名
广东省农业科学院土壤肥料研究所	0.298 510	87
安徽省农业科学院绿色食品研究所	0.295 706	88
湖北省农业科学院生物技术研究所	0.295 614	89
云南省农业科学院粮食作物研究所	0.293 085	90
重庆市农业科学研究所	0.285 130	91
云南省农业科学院农作物品种资源站	0.284 002	92
西藏自治区农牧学院高原生态研究所	0.283 787	93
黑龙江省农业科学院大豆研究所	0.279 632	94
河北省科学院生物研究所	0.278 728	95
福建省农业科学院生物技术中心	0.276 114	96
黑龙江省农业科学院作物育种研究所	0.269 851	97
河北省农林科学院谷子研究所	0.261 993	98
山东省农业科学院畜牧兽医研究所	0.260 198	99
天津市农业生物技术研究中心	0.242 882	100

从表 8-24 中可以看出，在地区（市）属科研机构的综合评估中，有 20 个省、自治区、直辖市的科研机构进入百强行列，其中浙江省有 13 个，广东省 12 个，山东省 10 个，辽宁省、吉林省、河南省和四川省均为 7 个，黑龙江省和福建省均为 6 个，湖北省 4 个，河北省、江苏省、湖南省和云南省均为 3 个，广西壮族自治区和新疆维吾尔自治区均为 2 个，安徽省、贵州省、宁夏回族自治区和内蒙古自治区均为 1 个，还有 11 省、直辖市的地区（市）属科研机构没有进入百强单位。

表 8-24　地区（市）属的农林科研机构科研能力评估结果排序（前 100 名）

单　位	指标标准化变换后加权平均值	排名
四川省绵阳市农业科学研究所	2.859 079	1
四川省宜宾市农业科学研究所	2.855 076	2
广东省广州市果树科学研究所	2.374 140	3
山东省潍坊市农业机械研究所	1.749 234	4
浙江宁波市农业科学研究院	1.387 378	5
广东省东莞市农业科学研究中心	1.367 364	6
广东省广州市农业机械研究所	1.134 483	7
浙江省宁波市水产研究所	1.133 110	8
河南省周口市农业科学研究所	1.087 253	9
辽宁省铁岭市农业科学院	1.022 268	10
浙江省绍兴市农业科学研究所	1.022 140	11
广东省广州市水产研究所	1.017 957	12

（续）

单　　位	指标标准化变换后加权平均值	排名
黑龙江省哈尔滨市农业机械化研究所	0.960 892	13
黑龙江省哈尔滨市农业科学院	0.953 298	14
广东省湛江市水产研究所	0.937 472	15
湖南省益阳市农业科学研究所	0.858 039	16
山东省青岛市农业科学研究院	0.854 246	17
吉林省吉林市农业科学院	0.821 979	18
湖北省荆州农业科学院	0.804 288	19
浙江省台州市农业科学研究所	0.803 626	20
四川省成都市第一农业科学研究所	0.794 201	21
广东省茂名市水果科学研究所	0.754 195	22
四川省乐山市农牧科学研究所	0.750 043	23
河南省郑州市蔬菜研究所	0.744 274	24
福建省厦门市水产研究所	0.737 487	25
内蒙古自治区赤峰市畜牧兽医科学研究所	0.731 550	26
浙江省嘉兴市农业科学研究院	0.724 276	27
广东省珠海市水产科学研究所	0.694 372	28
安徽省安庆市农业科学研究所	0.679 343	29
吉林省白城市农业科学研究院	0.678 718	30
黑龙江省齐齐哈尔市园艺研究所	0.665 517	31
福建省龙岩市农业科学研究所	0.664 347	32
吉林省延边朝鲜族自治州农业科学研究院	0.650 924	33
四川省成都市第二农业科学研究所	0.646 998	34
江苏省南京市蔬菜科学研究所	0.646 156	35
河北省廊坊市农林科学院	0.644 891	36
吉林省吉林市林业科学研究院	0.643 213	37
湖南省岳阳市农业科学研究所	0.640 362	38
吉林省延边朝鲜族自治州农业机械研究所	0.640 197	39
黑龙江省鸡西市农业科学研究所	0.639 962	40
山东省烟台市农业科学研究院	0.631 863	41
新疆维吾尔自治区乌鲁木齐市蔬菜科学研究所	0.631 349	42
浙江省杭州市农业科学研究所	0.617 608	43
广东省佛山市农业机械研究所	0.606 388	44
云南省曲靖市农业技术推广中心	0.603 328	45
辽宁省鞍山市农机技术推广中心	0.585 486	46
广东省广州市畜牧科学研究所	0.580 853	47
福建省厦门市华侨亚热带植物引种园	0.565 145	48

（续）

单　　位	指标标准化变换后加权平均值	排名
吉林省长春市农业机械研究所	0.560 973	49
辽宁省丹东市农业科学院	0.558 211	50
新疆维吾尔自治区巴音郭楞蒙古自治州畜牧科学研究所	0.557 780	51
黑龙江省大庆市农业技术推广中心（农业科学研究所）	0.549 372	52
福建省厦门市农业科学研究所	0.548 749	53
山东省济南市畜牧兽医研究所	0.545 599	54
广西壮族自治区玉林市农业科学研究所	0.540 421	55
甘肃省白银市农业科学研究所	0.539 147	56
广东省广州市生物防治站	0.535 133	57
广东省广州市农业科学研究所	0.527 948	58
河南省郑州市农林科学研究所	0.527 901	59
河南省三门峡市农业科学研究所	0.523 629	60
浙江省宁波海洋开发研究院	0.517 915	61
山东省滨州畜牧兽医研究所	0.512 512	62
河北省沧州市农林科学院	0.509 544	63
河南省新乡市农业科学研究所	0.507 124	64
广西壮族自治区桂林市蔬菜研究所	0.506 797	65
云南省楚雄彝族自治州农业科学研究推广所	0.505 152	66
贵州省黔西南布依族苗族自治州农业科学研究所	0.504 299	67
广东省东莞市水产研究所	0.499 691	68
浙江省温州市农业科学研究院	0.497 093	69
江苏省淮安市水产科学研究所	0.495 084	70
浙江省杭州市蔬菜科学研究所	0.485 546	71
山东省潍坊市农业科学院	0.477 871	72
四川省南充市农业科学研究所	0.472 641	73
河北省唐山市农业科学研究所	0.471 475	74
河南省驻马店市农业科学研究所	0.471 360	75
山东省聊城市农业科学研究院	0.469 849	76
福建省泉州市农业科学研究所	0.469 755	77
浙江省衢州市农业科学研究所	0.461 565	78
辽宁省锦州市农业科学院	0.460 035	79

（续）

单　　位	指标标准化变换后加权平均值	排名
湖北省十堰市农业科学研究所	0.459 457	80
吉林省长春市农业科学院	0.455 882	81
浙江省衢州市柑橘科学研究所	0.447 593	82
山东省莱芜市农业科学技术研究所	0.446 730	83
湖北省荆门市农业机械化研究所	0.435 620	84
黑龙江省大兴安岭林业管理局林业科学研究所	0.428 140	85
辽宁省沈阳市农业科学院	0.426 373	86
吉林省延边朝鲜族自治州林业科学研究所	0.419 964	87
广东省莆田市农业科学研究所	0.414 012	88
山东省泰安市农业科学研究院	0.413 973	89
辽宁省沈阳市农业机械化研究所	0.411 483	90
河南省濮阳市农业科学研究所	0.406 536	91
湖南省娄底市农业科学研究所	0.405 850	92
广东省广州市奶牛研究所	0.400 968	93
云南省玉溪市农业科学研究所	0.399 988	94
广东省江门市水果科学技术研究所	0.389 225	95
福建省莆田市生物工程研究所	0.385 403	96
浙江省杭州市茶叶科学研究所	0.381 576	97
浙江省丽水市农业科学研究所	0.381 103	98
四川省宜宾市农业机械研究所	0.379 007	99
湖北省武汉市林业果树科学研究所	0.378 266	100

（四）全国农业科研机构科研能力比较分析

"七五""八五"到"十五"前期全国农业科研机构科研能力的综合评估是初步的，但具有一定的客观性、系统性、宏观性、创新性，论述内容丰富、资料翔实、可信性较强，不仅在深化各级农业科研机构科研能力评估研究方面有学术创新价值，而且对当前建立起比较科学完善、符合我国国情的各级农业科研机构科研能力评估体系具有政策指导作用和现实意义[29-31]。

改革开放以来，我国各级农业科研机构发展很快，科研能力不断增强，出现了既合作又竞争的新局面。从"七五""八五"到"十五"前期，尽管采用的农业科研机构科研能力评估方法有所不同，但是，对科研机构科研能力综合评估取得了实际的效果，在全国农林系统有一定权威性和影响力。

在"七五""八五"期间，列入前 70 名和前 100 名的研究所，分别占当时全国农业科研机构的 6.15％和 9.10％，是一批基础较好、队伍较强、成果较多、贡献较大的单位。"十五"前期，分别对国务院部属农林科研机构、省属农林科研机构和地市属农林科研机构科研能力进行综合评估，分别取前 20 名和两个前 100 名，分别占当时国家、省和地市农林科研机构的 25.97％、21.10％和 12.56％，是各级农林科研机构基础较好、实力较强、成果较多、为农业和农村经济发展做出过重要贡献的单位。

在"七五""八五"到"十五"前期各级农林科研机构科研能力综合评估中，有一批研究所连续进入前 70 名、100 名和国家级前 20 名和省级前 100 名、地市级前 100 名，表明这批研究所在长达 20 年时间里具有较强的持续科研能力。特别值得指出的是，在不同时期各级农林科研机构科研能力综合评估中，连续排序靠前的研究所基础好，实力雄厚，成果多，并实现了知识、技术转移和扩散，推广科技成果，为农业和农村经济可持续发展做出贡献。

实践证明，在不同时期各级农林科研机构科研能力综合评估中，连续排序靠前的研究所有一个共同点，就是能够根据国家重大需求，深化科技体制改革，不断调整研究方向和任务，积极承担国家和地方科研项目（课题），集中力量，联合攻关，取得了一批国家和省部级奖励的科技成果，并使之得到转化和大面积推广，经济效益和社会效益显著。同时，基础较好，队伍较强，有一定的研究工作积累，各项制度健全，运行机制灵活，组织管理有力，这是在竞争中获得荣誉的基本优势。

当然，"七五""八五"到"十五"前期全国各级农林科研机构科研能力综合评估结果也是相对的，一是采用的评估方法，特别是指标体系及权重有待进一步研究和完善；二是全国各级科研机构有一大批虽然没有进入 70 强、100 强行列，但科研综合能力也是较强的，不能低估；三是在全国各级科研机构中，有相当数量的地市级农业科学研究所有其名无其实，专业科技人员寥寥无几，科技工作开展不起来，在科研能力综合评估中落败，这样的机构应通过深化改革予以调整。

三、农业科技活动分类及其管理研究

随着现代科学技术的发展，科技活动已经成为现代社会的重要组成部分，并且形成了一个庞大而复杂的体系。这个体系是由相同性质的科学研究机构及各类活动组成的，因此，应对科技活动进行分类，弄清其在活动中的地位、作用，特别是弄清各类活动的性质、边界特征、成果表达方式及其分类管理等，为科研纵深配置、实现规范化管理提供科学依据。

1985 年，在国务院科技领导小组主持下，组织中国科学院等科研院所的有关专家，在原国家科学技术委员会和中国科学院科技活动分类工作的基础上，借鉴联合国教育、科学及文化组织及欧美发达国家科技活动分类法，深入开展了科技、农业、医学、工程技术等主要科技活动分类的专题研究，为全国性科技普查和指导全国科学技术研究活动提供依据[32-33]。

在综合考虑农业科技活动特点、分类指标的可比性和可操作性的前提下，中国农业科学院提出了农业科技活动的分类模式（五分法），经过专家论证，并经科学技术委员会批准，下发有关部门和各省、自治区、直辖市科学技术委员会，为农业系统开展科技普查提供参考。

农业科学技术活动的分类及边界形式，见表 8-25。

表 8 - 25　农业科学技术活动分类及边界形式

	活动属性		边界特征	成果形式	区分标志
农业科学技术活动	科学研究活动	基础研究 基础研究	无特定实际应用目的或有笼统应用目标，研究对科学发展有重大意义的理论问题，创建新学说、新规律，获得新知识	论文、专著	无特定的实际应用目标
		应用基础研究	有特定实际应用的目的或目标，确定基础理论在某个学科领域发展成为指导实际应用的原理，获得原理（机理）性新知识	学术论文、报告	有特定的实际应用目标
		基础性工作	有某种应用背景的调查、考察、观测、搜集、监测等活动，积累基础资料，进行常规分析与整理，发展新事物，增加新知识	数据、图谱、标本、资料目录、论文、专著	有笼统应用目标
		应用研究	有特定实际应用目的或目标，针对具体领域或某系列技术的共性问题，将应用理论、原理发展成为可用技术而进行的研究，获得技术性新知识	学术论文、技术报告	有具体应用目标
		发展研究 研制与改进	利用已有知识或研究成果，针对生产中某一具体、专一的实用目的，研制新产品、技术，建立新工艺、系统，以及对已生产、建立或引进的上述各项进行重大的实质性改进	研制报告、技术规范、新产品、样品、经济效益	开辟新的应用
		中间试验	科技成果在投入实际生产前，对原型的检验、测试和通过区试、中试等放大试验，对其技术的先进性、应用的可行性作进一步的检验测试和调整	试验报告、可操作的技术规程、完成中试的新产品、通过审定的新品种、经济社会效益	
	技术开发活动	研究成果应用	为使 R&D 活动阶段形成的物化成果能投入实际生产而放大工艺或技术的应用范围，以获取生产所需技术参数；对单项技术的组装和产品的定型设计，制订生产规程及操作细则或直接应用引进的技术及成果而形成新产品	通过技术鉴定的定型产品或使用技术、经济社会效益	不具有创新成分的活动
		科技服务	为扩大科技成果的使用范围而进行的示范性推广工作；为用户提供科技情报、文献服务、技术咨询；自然、生物现象的日常观测，社会经济现象，通用资料的收集、市场调查，为社会提供测试、计量、标准和专利服务	工作报告、评价意见、专利、计算机使用软件、适用技术	
		生产性活动	由于具备特殊的工艺设备条件或掌握某种技术专长或诀窍或为使正式生产能顺利开展所进行的小批量的试生产	原种、产品、产量、效益	

农业科学技术活动，包括科学研究活动、技术开发活动两部分。科学研究活动包括基础研究，即基础研究、应用基础研究和基础性工作。基础研究指无特定实际应用目的或有特定实际应用目标，研究对科技发展有重大意义的理论问题，创建新学说、新规律和新知识，成果形式主要是论文、专著；应用基础研究指有特定实际应用目的或目标，确定基础理论在某个学科领域发展成为指导实际应用的原理（机理）性新知识，成果形式是论文、报告；基础性工作指有应用背景的调查、考察、观测、监测等活动，积累基础资料，进行常规分析和整理，发现新事物、增加新知识，成果形式是数据、图谱、标本、资料、论文、著作。

应用研究是指有特定实际应用目的或目标，针对某个领域或某系列技术的共性问题，将应用理论、原理发展为可用技术而进行的研究，获得新技术和新知识，成果形式是学术论文、专著，经济、社会效益。

发展研究，包括研制与改进和中间试验。研制与改进指利用已有的知识和研究成果，针对生产中某一具体、专一的实用目的，研制新产品、新技术，建立新工艺、系统，以及对已生产、建立或引进的上述各项进行重大的实质性改进；中间试验是指科技成果在投入实际生产前，对原型的检验、测试和通过区试、中试等放大试验，对技术的先进性、应用的可行性作进一步的检验测试和调整，成果形式是试验报告、可操作的技术规程、完成中试的新产品、通过审定的新品种，经济社会效益。

技术开发活动，包括研究成果应用、科技服务和生产性活动。研究成果应用指为了使研究和开发活动阶段形成的物化成果能投入实际生产而放大工艺或技术的应用范围，以获取生产所需的技术参数；对单项技术的组装和产品的定型设计，制订生产规程及操作细则或直接应用引用的技术及成果而形成新产品，成果形式是通过技术鉴定的定型产品或实用技术、经济社会效益。科技服务是指为了扩大科技成果的使用范围而进行的示范性推广工作；为用户提供科技情报、文献信息服务、技术咨询；自然、生物现象的日常观测，社会经济现象，通用资料的收集、市场调查；为社会提供测试、计量、标准和专利服务，成果形式是工作报告、评价、意见、专利、计算机实用软件、适用技术。

生产性活动是指由于具备特殊条件或掌握某种技术专长或诀窍或为使正式生产能顺利开展所进行的小批量的试生产，成果形式是原种、产品、产量、效益。

综上所述，在科学技术和生产的相互转化过程中，以研究与生产实践之间的远近为尺度划分的农业科技各类活动，在完整的农业科技活动系统中处于不同位置，具有不同的职能，基础性研究处于核心位置，是科学技术的"源"，对其他活动起主导作用。应用研究是科学与实践的中介，是科学技术向生产力转化必不可少的环节。发展研究是科技向生产领域的扩展，是转化生产力的雏形。技术开发是科技投入农业生产的先驱，是科学技术的延伸，研究与开发相辅相成，研究是开发的"根"，开发可以增强研究的活力。

根据农业科技活动分类及其规律进行分类管理、分类指导，引领农业科技持续稳定健康发展。

基础研究包括基础研究、应用基础研究和基础性工作。如动植物品种资源收集、保存和利用、土壤肥力监测网等，是长期重要的基础性工作。基础研究和应用基础研究，如水稻、大豆起源，小麦分类，抗性机理、免疫机理、生物固氮等，探索性、创新性较强，难度较大。这类研究的自由度大、周期长，研究成果具有普遍性的原理、规律，一般不保密，难以定量表达其经济、社会效益，不具有自我积累的发展能力，国家应给予稳定的、一定强度的经费投入。

应用研究具有明确的科技活动目标，即寻求理论指导生产实践及其在技术领域应用的可能性。籼型杂交水稻、双低油菜的突破，就是应用研究的范例。这类研究成功概率较低，研究周期具有不确定性，成果是普遍原理在特定专业的运用，有一定保密性，有可能预测或有潜在的经济和社会效益，一般列入科技攻关指令性科研计划，经费来源于国家财政拨款。管理上采用合同制，实行计划目标管理。在执行中根据进展允许对研究计划作适当调整，按合同执行情况，实行滚动管理。

发展研究是探究知识成果在物化的研究阶段，提供技术、效益的可行性。如农作物新品种选育研究，通过杂交育种、诱变育种等技术，获得综合性状优良的新品种，应用于生产，促进农作物高产、高效增产增收。这类研究着眼于当地、当前，短平快的实用技术与效益，研究周期较短，成功的概率较高，研究成果是在生产中能增产增值增效的新产品，保密性较强。一般列入各层次攻关或主管部门及横向委托，下达指令性或指导性科研计划，或科研单位根据已有成果及市场预测自选研究计划。经费来源于国家、部门和地方拨款以及科研单位自筹。管理上采用技术合同制、偿还或承包合同制，成果要及时组织验收、鉴定、推向市场。

技术开发活动包括研究成果应用、科技服务、生产性活动。技术开发是科技工作面向经济建设的一种体现，是在生产性活动中验证科技成果的适用性。如优质蛋白玉米的示范推广是科技成果的扩大应用，进一步验证用于生产的可行性，为大面积推广使用提供原种。农业科研成果多表现为社会效益，提供成果的科研单位很难从科技技术中获得直接经济效益，所以在国家支持下多渠道、全方位筹措启动资金是搞活技术开发的关键。如国家、部门、地方可通过资金的有偿使用、低息贷款、新产品免税等优惠政策，对技术开发活动予以支持或通过技术开发机构、科技型企业，使中试、示范、推广相互衔接，迅速将农业新技术、新产品推向市场，转化为现实生产力，与此同时，科研单位也获得了自我发展能力。

现将农业科技活动实施分类组织管理要点列入表8-26。

表8-26　农业科学技术活动的分类管理

		基础研究	应用研究	发展研究	研究成果应用	科技服务	生产性活动
研究课题	工作目标	发展学科、创新知识、发现新现象、积累基本资料	弄清应用原理，确定应用前景。突破技术关键，确定应用途径	增加新材料、新产品、新方法，实现重大技术革新	单项技术组装、产品定型、指定操作细则	情报、文献、咨询服务、推广、示范	批量生产
	应用目的	不明确或较明确	较明确	明确	很明确	很具体	专一
	成功概率	小	较小	较大	大	很大	很大
	自由度	课题自选、计划灵活性较大	课题下达，研究方案要论证，计划可调整	课题下达或委托，研究方案应论证，计划不轻易变更	课题多为委托，技术方案具体，可操作性强	技术方案可操作性很强	可操作的实施方案
	研究周期	长	较长	较短	短	短	

（续）

		基础研究	应用研究	发展研究	研究成果应用	科技服务	生产性活动
投入	经费来源	国家资助	国家资助	部门或委托单位拨专款	拨款、贷款	贷款、自筹	自筹、贷款
	效益分析	难估量	可预测	可推测	经济社会效益	经济效益	产值
成果	成果意义	学术、理论	学术、一定实用价值	实用价值	实用价值强	适用价值强	产品
	成果应用	难预料	可预料	有实用性	有使用范围	限定适用	专利、产品

此外，全国各级农业科研机构，为加强自身建设，采取了一些措施，主要有：建立健全农业科技管理机构，实行分级管理，扩大研究所的管理权限，培养造就业务素质高和组织能力强的农业科技管理队伍；制定各项农业科技管理规章制度，实现了规范化、制度化管理；不断改善科技管理工作条件，初步实现了管理手段的现代化。所有这些，初步改变了过去用行政方法管理农业科技工作的局面，对建立农业科技工作的正常秩序，提高农业科技管理水平，促进农业科技工作地发展起着重要的作用。

第九章
全面深化农业科技体制改革初见成效

变革已经成为新时代一个不变的主题。由于农业科技力量的推动，我国的农业正处在飞速的变革之中。农业科技适应这种变革的出路在于改革和创新。过去40年来的农业科技体制改革作为整个经济和科技改革的一部分，使全国农业科技工作更好地服务于社会经济和农业持续稳定快速发展的需要[①]。

第一节　农业科技体制改革的必要性

以党的十一届三中全会为标志，我国农业科技工作进入了改革开放的新时期。在党中央、国务院的坚强领导下，我国农业科技战线发生了一系列的深刻变化，事业迅速发展，成果斐然，为农业和农林经济持续稳定发展做出了重要贡献。

当前，我国已进入乡村振兴、全面建设小康社会的关键时期。农业发展面临确保粮食安全、生态安全，持续增加农民收入和提高农产品国际竞争力的重大任务，面临经济全球化和新农业科技革命挑战的新形势。为了解决新问题、新挑战，完成新任务，必须走农业科技创新和科技进步之路，然而，农业科技工作不适应新形势的状况依然存在，主要有以下表现。

一、农业科研机构结构松散，缺乏必要的组织协调与业务指导，缺乏整体性

我国农业科研机构由农业、林业等部属国家农业科研机构、各省（自治区、直辖市）农业科研机构、教育部和地方属高等农业院校和中国科学院相关科研机构四个方面组成。由于各自分属同级部门并与之形成紧密的行政依附关系，在这种体制格局下，农业科研机构作为一个整体，相互关系显得十分松散。各级农业科研机构之间只有一般性的业务往来而缺乏必要的组织协调和业务指导。这种状况不利于资源的有效配置，也不利于解决农业和农村经济发展中重大的科技问题。

---

① 信乃诠．我国农业科研体制及其改革［J］．科研管理，1981（04）：75-77.

　信乃诠．调整方向　努力开创农业科研工作的新局面［J］．农业科研管理，1984（03）.

二、专业学科设置陈旧，研究领域比较狭窄，远不适应现代农业发展的需要

我国各级农业科研机构组织结构和专业学科设置，基本上延续 20 世纪 60 年代苏联的模式。随着科技体制改革的深化，一些农业科研机构专业学科设置有了新的变化，但从总体上看还是几十年前的一贯制，专业学科设置依然比较陈旧，远不适应我国新时代农业发展新形势、新任务的需要，也不适应当今世界农业科技发展的新趋势、新挑战。据调查，21 世纪以来，现代农业科学正在向高度分化和高度综合两个方面发展，学科间的交叉渗透和融合，使一些新兴学科、交叉学科、综合学科应运而生，现代农业科学发生了全新的变化。

同时，我国农业科学研究领域也比较狭窄，主要表现在两个方面：一是研究目标单一，强调数量，忽视产品质量和经济效益；二是研究多限于产品生产本身，忽视了产前和产后加工、流通、市场的研究。这些状况现在虽有一些新的变化，但仍不适应社会主义市场经济和提高农产品国际竞争力的需要。

三、农业科研机构重叠，研究工作分散重复和"上下一般粗"的现象比较严重

我国农业科研机构有四个方面，同一层次，机构重叠、任务重复现象较为普遍。同时，在地（市）农业科研机构中，没有从事试验研究与开发工作的机构仍占有一定比重，名不符实现象较为严重。

我国农业科研机构四个方面、三个层次基本上是围绕国家和地方诸多主体科技计划在同一水平上工作，分散重复；基础研究、应用研究和开发研究配置不够合理，研究与开发比例失调，即出现从事示范推广和生产性活动较少，不能及时地把科技成果转化为直接生产力；从事基础性研究薄弱，自主创新能力不强，不利于增强农业和农业科技发展后劲的状况。

四、农业科技与生产结合不紧，突破性创新成果少，转化为直接生产力难度大，科技储备严重不足

一些农业科研机构在现行工作中，科技与生产结合不紧的问题尚未得到彻底解决。科学研究以课题组为单位，各自为战，"小而全""大而全"，不联合，不协作，作风浮躁等现象较为突出，许多重大科技问题研究进展缓慢，突破性科技成果少，科技水平有下降趋势。新中国成立 70 年来，农业方面获国家自然科学奖一等奖只有 1 项，截至 2014 年，已连续 17 年没有获国家技术发明奖一等奖。同时，已有的科技成果和先进实用技术受政策、资金等因素的影响，转化与扩散难度较大，制约了农业和农村经济持续快速发展。

五、农业科技工作投入不足，资助强度低，研究与开发条件较差，已成为困扰发展的限制因素

1985 年《中共中央关于科学技术体制改革的决定》中指出："农业技术推广和研究机构的事业费，仍可由国家拨给，实行包干制"。这对当时稳定科技队伍，发展农业科技事业起了重要作用。1990 年以来，由于农业科研机构事业发展，在职职工和离退休人员增多，物价大幅度上涨，原定的事业费基数虽有增长，但已不适应农业科研机构发展的基本需求。科研工作主要靠争取课题、专项经费支持。近些年来，随着项目、课题、专题经费的大幅度增加，有实力承担国家课题的农业科研机构、部分高等农业院校和中国科学院相关科研机构经费较多，但如何用好、管好这些经费也是个突出问题，而多数省级以下（尤其是西部地区）农业科研机构经费不足，投入少，强度低，工作条件较差，仍是困扰农业科技发展的主要障碍之一。

所有这些问题，需要通过深化农业科技体制改革，逐步加以解决。

第二节　深化农业科技体制改革的发展历程

党的十四大以来，认真贯彻改革促进发展，发展有赖社会主义市场经济体制的改革目标，使我国农业科研的组织结构和运行机制发生了很大变化，市场需求对农业研究开发的导向作用不断增强，农业科研机构面向市场的自我发展能力有所提高，农业科研体制改革取得了重要进展。

一、全面启动阶段（1985—1991 年）

以 1985 年 3 月中共中央颁布《关于科学技术体制改革的决定》为标志，我国科技体制改革全面启动。科技体制改革的重点：改变拨款制度，促进技术成果商品化，调整科技系统组织结构，科学研究纵深配置，扩大研究机构自主权，改革科技人员管理制度和对外开放、走向世界等，特别提出农业科技机构的事业费仍可由国家拨给，实行包干制。农牧渔业部为贯彻中共中央、国务院《关于科技体制改革的决定》精神，于 1986 年印发了《关于农业科技体制改革的若干意见（试行）》，1987 年又印发了《关于进一步推动农业科技体制改革的若干规定》。经过多年努力，全国各级各类农业科研机构引入了市场机制和竞争机制，在调整科技方向任务、发展技术市场、加快技术成果商品化，以及劳动人事制度和分配制度改革等方面，取得了较大进展。

二、调整改革阶段（1992—1998 年）[①]

1992 年国家科学技术委员会和国家经济体制改革委员会联合发布了《关于分流人才，

---

① 信乃诠. 深化我国农业科研体制改革的意见和建议 [J]. 中国科技论坛，1993（05）：22-25.

调整结构，进一步深化科技体制改革的若干意见》。同年，农业部会同财政部、国家科学技术委员会发布《关于加强农业科研单位科技成果转化工作的意见》。1995年5月，中共中央、国务院作出了《关于加速科学技术进步的决定》（简称《决定》），要求全面落实"科学技术是第一生产力"的思想，大力推进农业和农村科技进步，按照"稳住一头，放开一片"的方针，优化科技系统结构，分流人才，建设高水平的科技队伍。1995年9月，农业部印发了《关于加速农业科技进步的决定》，全国各级各类农业科研机构认真贯彻落实《决定》精神，按照"稳住一头，放开一片"的改革方针，进一步调整科研结构和组织结构，将主要科技力量面向经济建设主战场，以各种形式加速科技成果转化为直接生产力，在科技开发、推广，经营工作的组织化、规模化程度上都有了明显的进步。

三、深化改革阶段（1999—2010年）[①]

1999年8月中共中央、国务院颁布《关于加强技术创新，发展高科技，实现产业化的决定》，要求通过分类改革，加强国家创新体系建设，推动一批有面向市场能力的科研机构向企业化转制，从根本上形成有利于科技成果转化的体制和机制。2000年5月，国务院办公厅转发了科学技术部等12个部门《关于深化科研机构管理体制改革实施意见》（国办发〔2000〕38号），明确指出，社会公益类科研机构分别按照不同情况实行改革。2000年12月，国务院办公厅转发了科学技术部等部门《关于非营利性科研机构管理的若干意见（试行）》（国办发〔2000〕78号），指导非营利性科研机构的改革。2001年，党中央、国务院召开了全国农业科技大会，国务院颁布了《农业科技发展纲要（2001—2010年）》，强调农业科技工作要实现战略性转变。同年，农业部、水利部、林业局等发布了《关于贯彻〈农业科技发展纲要（2001—2010年）〉的实施意见》。通过几年的改革实践，全国各级各类农业科研机构的改革步伐加快，特别是农业部所属科研机构，先后启动了按照"非营利性科研机构、转制为科技型企业、农业事业机构和进入大学"四种类型的体制改革试点，为全国启动新一轮改革积累了经验，创造了条件。

经过十几年的改革与发展，农业科技工作取得了明显成效。科技与经济、科技与市场的脱节问题基本解决；理论联系实际，面向经济建设主战场，为"三农"服务的理念基本树立；科技成果转化与扩散的能力大大加快；一批有实力有竞争力的科技型企业开始出现；科技机构人事制度和分配制度的改革有了新的突破。但从总体上看，农业科技体制改革还不适应全面小康社会建设、应对农业发展新阶段新任务和加入世界贸易组织后农业面临新挑战的要求；农业科研机构的布局、专业科研机构的重组与转型尚有很多关系未能理顺；农业基础研究和高科技技术研究还很薄弱，自主创新能力不强、水平不高的问题依然存在；广大科技人员的积极性和创造性未能得到充分的调动与发挥等。

---

① 国家科学技术部、中央机构编制委员会办公室、中央企业工作委员会、国家发展计划委员会、国家经济贸易委员会、劳动和社会保障部、对外贸易经济合作部、国家税务总局、国家工商行政管理局、国家质量技术监督局等《关于深化科研机构管理体制改革实施意见》，2000年4月29日。

四、全面深化改革阶段（2011—2018 年）

进入"十一五"后，为了加强农业科研机构的创新能力，扎实推进现代农业的科技支撑建设。2005 年中共中央、国务院《关于进一步加强农村工作提高农业综合生产能力若干政策的意见》，明确提出："深化农业科研体制改革，抓紧建立国家农业科技创新体系。加强国家基地的创新能力建设，搞好农业基础研究和关键技术的研究开发，加快生物技术和信息技术等高新技术的研究。"并提出"依托具有明显优势的省级农业科研单位和高等学校，建设区域性的农业科研中心，负责推进区域农业科技创新，开展重大应用技术攻关和试验研究"。2006 年中共中央、国务院《关于推进社会主义新农村建设的若干意见》，重申"深化农业科研体制改革，加快建设国家创新基地和区域性农业科研中心"。2007 年中共中央、国务院《关于积极发展现代农业扎实推进社会主义新农村建设的若干意见》，再次重申"加强农业科技创新体系建设"。所有这些，为深化农业科技体制改革和创新发展指明了方向。

2012 年 11 月，胡锦涛总书记在党的十八大报告中指出，"要把科技创新摆在国家发展全局的核心位置，坚持走中国特色自主创新道路，以全球视野谋划和推动创新，提高原始创新、集成创新和引进消化吸收再创新能力，实施创新驱动发展战略。"提出到 2020 年进入创新型国家行列，到 2030 年跻身创新型国家前列。

2014 年 8 月，习近平总书记对中国科学院"率先行动"计划作出重要批示，提出"面向世界科技前沿，面向国家重大需求，面向国民经济主战场"的"三个面向"要求。中国科学院作为国家战略科技力量，制定实施了"率先行动"计划，开始了全面深化改革、加快创新驱动发展的新探索。

2017 年是中国农业科学院成立 60 周年。5 月 26 日，习近平总书记致贺信，要求"中国农业科学院要面向世界农业科技前沿、面向国家重大需求、面向现代农业建设主战场，加快建设世界一流学科和一流科研院所，勇攀高峰"。李克强总理做出批示："希望你们着力深化农业科技体制机制改革，着力推动农业科技创新，力争取得更多有分量的科研成果、培养更多优秀人才，不断提升我国农业科技水平和国际竞争力。"

科技体制改革是一项系统性工程，要推动国家科技创新治理体系现代化，提高科技创新的治理能力，必须形成统筹推进的新机制，为此，2012 年初，国务院专门成立了包括 26 个部门和单位组成的国家科技体制改革和创新体系建设领导小组，负责组织领导科技体制改革和创新体系建设工作，审议相关重大政策措施，统筹协调有关重大问题，总结推广工作经验。2014 年 2 月 26 日，国家科技体制改革和创新体系建设领导小组召开第五次会议，学习贯彻习近平总书记、李克强总理有关科技工作一系列重要指示精神，回顾总结科技体制改革工作，研究部署重点改革任务。

在此基础上，回顾总结新中国成立以来，国家科技计划体制的现状和问题。我国于 1982 年设立了第一个"六五"国家科技攻关计划。改革开放后，相继设立了星火计划、国家自然科学基金项目计划、"863"计划、火炬计划、"973"计划、行业科研专项等科研计划，这些计划的设立和实施，取得了一大批举世瞩目的重大科技成果，培养和凝聚了一大批高水平创新人才和优秀团队，解决了一大批制约经济和社会发展的技术瓶颈问题，全面提升了我国科技创新整体实力，强有力地支撑了我国改革与发展的进程。

同时，也要看到各项科技计划（专项、基金等）越设越多，缺乏顶层设计和统筹考虑，产出与国家发展的重大需求远远不相适应，很多重要领域亟须解决的制约发展"卡脖子"问题的重大科技尚未突破，原因之一是管理体制问题，现行的科技计划体系庞杂、相互交叉、不断扩张，管理部门众多，各管一块，各管一段，项目安排追求"大而全""小而全"，造成科技资源配置分散、计划目标分散、创新链条脱节，概括起来就是科技计划碎片化，科研项目取向聚焦不够。解决这些问题对当前实施好创新驱动发展战略，发挥好科技对经济社会发展支撑引领作用十分重要。为此，国务院颁发了《关于改进加强中央财政科研项目和资金管理的若干意见》（国发〔2014〕11 号）、2016 年中共中央办公厅、国务院办公厅印发了《关于进一步完善中央财政科研项目资金管理等政策的若干意见》。

2014 年 8 月，科学技术部、财政部依据上述文件精神，在充分征求各有关部门（单位）和专家意见的基础上，联合制定了《关于深化中央财政科技计划（专项、基金等）管理改革的方案》（以下简称《改革方案》）。结合农业科技领域实际，促进创新驱动发展，针对现行涉农科技计划存在的计划（项目）繁多，分散重复，"小型化"，碎片化问题，加强优化整合，搞好顶层设计，促进农业科技驱动发展，既符合科技创新规律、高效配置科技资源，又加强科技与经济的紧密结合，最大限度地调动农业科研人员的创新积极性，多出成果、快出人才。要深刻认识和理解五类科技计划（专项、基金等）的内涵，即：国家自然科学基金项目计划、国家重大科技专项、国家重点研发计划、国家技术创新引导专项（基金）、基地和人才专项。这五类国家科技计划（专项、基金等）体系改革方案，立足国家，面向未来，意义重大，影响深远。

2016 年 7 月《"十三五"国家科技创新规划》（以下简称《创新规划》）正式发布，要求把落实《创新规划》和实施科技计划《改革方案》结合起来，瞄准国家五类科技计划，搞好顶层设计，组织国家和地方主要农业科研机构、高等农业院校、农业推广单位和农业企业等精干的科技力量，将近期与中长期研究计划相结合，基础研究、应用研究、开发研究纵深配置，针对农业和农村经济发展的重大需求，启动"科技创新 2030—重大项目"，实施农业科技创新驱动发展战略，争取在主要领域和重大项目取得新进展、新突破。

第三节　深化体制改革的实施情况①

根据科学技术部等部门提出《关于深化科研机构管理体制改革的实施意见》，"对不同类型、分属不同部门的科研机构实行分类改革"，"国土资源部等部门所属公益类研究和应用开发并存的科研机构，有面向市场能力的（占总数一半以上）要向企业化转制；以提供公益性服务为主的科研机构，有面向市场能力的也要向企业化转制；主要从事应用基础研究或提供公共服务、无法得到相应经济回报、确需国家支持的科研机构，仍作为事业单位，按非营利机构运行和管理，其中具有面向市场能力的部分，也要向企业化转制并逐步与原科研机构分离。其他科研机构要向中介服务方向发展"。并且规定"按非营利机构运行和管理的科研机构，要优化结构、分流人员、转变机制，按照总体上保留不超过 30％工作人员的要求，重新核定编制"。接着，科学技术部等部门又提出《关于非营利性科研机构管理的若干意见

---

① 信乃诠．农业科研体制改革进展［M］．农村科技发展报告．北京：中国农业出版社，2002—2004 年。

（试行）》，明确规定"非营利性科研机构以推进科技进步为宗旨，不以营利为目的，主要从事社会公益为主的科学研究、技术咨询与服务活动"，"申请按非营利性机构运行和管理的科研机构，要调整和明确业务方向，优化结构、分流人员，由主管部门报科学技术部、财政部、中央机构编制委员会办公室、国家税务总局共同审核，认定为非营利性科研机构，并在国家机构编制管理部门进行事业单位法人登记"。按照上述规定，经研究协商，有关部门所属公益类科研机构改革方案得到批复，其具体意见如下：

2001 年 11 月，国土资源部、水利部、国家林业局、中国气象局 4 个部门 98 个公益类科研机构启动改革；2002 年 10 月，农业部、国家粮食局、中华全国供销合作总社等 9 个部门 107 个公益类科研机构进行改革，先后两批 13 个部门 205 个科研院所的改革方案为：转为非营利机构的 71 个（涉及 73 个机构），占机构总数的 34.6%；核定为非营利机构编制10 625人，占原编制总数的 19.2%，占原在职职工总的数的 27.5%。转为企业的 58 个，占机构总数的 28.3%。进入大学、划转其他事业单位或撤并的科研机构 74 个，占机构总数的 36.1%。

农业部所属科研机构 69 个，转为非营利科研机构的 30 个（涉及 32 个机构），核定编制4 427人，占在职职工总数 14 925 人员的 29.66%（表 9-1），其中中国农业科学院科研机构 40 个，转为非营利机构的 18 个，转为企业的 12 个，转为农业事业单位 4 个，进入大学 4 个，核定为非营利机构编制 2 852 人，占原编制总数的 21.4%，占在职职工总数9 342人员的 30.5%；中国水产科学研究院科研机构 14 个，转为非营利机构的 6 个，转为企业的 6 个，转为农业事业单位 2 个，核定为非营利机构编制 755 人，占原编制总数的 21.4%，占在职职工总数 1 298 人员的 58.2%；中国热带农业科学院科研机构 15 个，转为非营利机构的 6 个，转为企业的 4 个，转为农业事业单位 5 个，核定为非营利机构编制 820 人，占原编制总数的 21.4%，占在职职工总数 2 220 人员的 36.9%。

各省、自治区、直辖市政府和部门属社会公益类科研机构的分类改革有很大不同。多数省份，如浙江省把所属省农业科学院定为"纯公益性机构"，江苏、山东、吉林、黑龙江、湖南、河南、河北等省所属省农业科学院定为"公益性机构"，在优化结构、分流人员、转变机制基础上，按照总体上保留 60%～70% 工作人员的要求，核定编制；当然也有少数省份，如广东、贵州、宁夏回族自治区等省、自治区把省区农业科学院属研究机构定为"公益类机构过少，转制为科技型企业比例过大"，核定工作人员编制明显偏低。地市级农业科研机构的改革基本稳定，变动不大。又一次出现了国务院部门属科研机构和部分省属科研机构过度紧缩，重心下移，严重影响农业科技自主创新能力提升和"三农"重大科技问题的解决。

表 9-1　农业部所属科研机构改革方案

名称	改革前基本情况		改革方案				拟定编制
	在职职工人数	离退休人数	转为非营利科研机构	转为农业事业单位	转为科技型企业	进入大学	
中国农业科学院	9 342	5 458	18	4	12	4	2 852
中国水产科学研究院	2 142	1 298	6	2	6	—	755
中国热带农业科学院	3 441	2 220	6	5	4		820
改革前共有科研机构	14 925	8 976	非营利科研机构30（涉及 32 个机构）				442 769

　　社会公益类科研机构分类改革方向是正确的，但所推行的改革方案及其实施，远不适应我国新阶段农业发展新形势、新要求，也违背了农业科研属社会公益性特点和自身规律，需要按照党中央、国务院 2005 年中央 1 号文件的精神，"深化农业科研体制改革，抓紧建立国家农业科技创新体系"。"加强国家基地的创新能力建设，搞好农业基础研究和关键技术的研究开发，加快生物技术和信息技术等高技术的研究。根据全国农业综合区划，在整合现有资源基础上，依托具有明显优势的省级农业科研单位和高等院校，建立区域性的农业科研中心，负责推进区域农业科技创新，开展重大应用技术攻关和试验研究。加强农业领域的国家实验室、改良中心、工程中心和重点实验室建设，改善农业科研机构设施条件和装备水平，加快建设国家农业科研高级人才培养基地。"2006 年中央 1 号文件重申"深化农业科研体制改革，加快建设国家创新基地和区域农业科研中心，在机构设置、人员聘任和投资建设等方面实行新的运行机制"。

第四节　全面深化科技体制改革的指导思想和基本原则[①]

　　农业的根本出路在于科技创新和进步，科学技术在农业发展中发挥着越来越重要的作用。为此，深化农业科技体制改革要以邓小平理论和"三个代表"重要思想和科学发展观为指导，坚持在习近平总书记新时代中国特色社会主义思想指引下，从我国基本国情、农情和农业发展新阶段的战略高度出发，科学规划、分类指导，加强政府引导，突出体制创新、机制创新和管理创新，建立新型农业科技创新体制，为发展现代农业，加快社会主义新农村建设提供强大的技术支撑。

　　我国是一个农业大国，农村生产力比较落后，正处在传统农业向现代农业的转变过程中，调整农业结构，转变农业增长方式任务十分艰巨。因此，要以现代农业理念和为"三农"服务为宗旨，确立深化体制改革的基本原则：

一、坚持农业科研机构以社会公益性为主的定位

　　农业科学不同于工业科学技术，它所获的科技成果，有物质形态的产品，又有知识形态和信息形态的非物质性成果，有些产品很难受到专利和知识产权的保护，况且即使受到保护也不应该"待价而沽"，所以世界上无论发达国家还是发展中国家，都把农业科研机构作为社会公益性机构。

二、坚持农业科研机构研究与开发的主体地位

　　当前，我国农业产业化进展迅速，但总的来说，农业企业特别是农业科技型企业底子薄、基础差，尚处于发展阶段，大多数企业尚未形成规模优势和技术优势。因此，在现阶段，国家和地方农业科研机构仍然是科技创新的主体，是出成果、出人才、出效益的基本力量。

三、坚持基础性研究、应用研究和开发研究合理配置

农业科学是以有生命活动的生物为研究对象,以阐明植物、动物和微生物的生长发育规律及其与外界环境的关系为主要任务,具有完整的科学体系。基础性研究、应用研究和开发研究,是推动农业科学和技术发展缺一不可的动力。因此,要建立三类研究合理纵深配置的完整科学体系,既能推动农业和农村经济发展,又能促进农业科学创新和科技进步。

四、坚持以政府为主体的投入体制和机制

通过对我国农业科技发展的制约因素分析,政府事业费用投入不足,依然是主要因素。据统计,世界上发达国家农业科研投入占农业 GDP 的 2.64%,发展中国家农业科研投入占农业 GDP 的 1.04%,而目前我国农业科研投入占农业 GDP 只有 0.56% 左右,远低于发达国家甚至发展中国家的平均水平。这种状况应尽快改变。近些年来,国家对农业科技的投入有了根本性变化。

通过深化农业科技体制改革,在全国逐步建立起学科比较齐全,地区布局比较合理,既适应社会主义市场经济又符合农业科技自身规律、新型的国家和地方两级农业科技创新体系①。

第五节 全面深化科技体制改革的基本思路与建议

一、现行农业科研机构实行分类改革②

全国地市以上的农业科研机构,应该通过调整结构,分流人才,转换机制,实行分类改革,建立起不同的创新模式:

(1)技术开发类科研机构,如种子、化肥、农药、饲料、疫苗、农产品加工等单位,可以逐步由事业法人变为企业法人,成为科工(农)贸一体化经营的科技型企业,或者进入企业和企业集团成为企业的技术开发机构,以提高企业的技术开发和技术创新能力。

(2)技术咨询及中介、服务类科研机构,如图书、情报、文献信息和农业宏观研究等单位,要按各自特点与优势,全面落实研究、开发、经营、服务等各项功能,积极开拓第三产业,重点是发展现代农业科技咨询业、信息业和技术服务业,不断提高技术咨询、技术服务水平和创新能力。

(3)社会公益、基础类科研机构,如从事遗传育种、水肥动态及机理、病虫害灾变规律及防控机理、高产优质高效农业增产技术及其规律、农业资源、生态环境、可持续发展等研究单位,通过调整、重组和扩建,组织新学科,拓展新领域,建立起"开放、流动、竞争、

---

① 卢良恕,刘志澄,信乃诠.建设农业科技创新体系 加快农业现代化进展 [J].求是,2000 (08):54-55.
② 徐冠华.坚定信心,积极进取,努力开创社会公益类科研机构改革工作的新局面 [G]//科学技术部政策法规与体制改革司.社会公益类科研机构改革政策文件汇编,1999.8—2005.2.

协作"的运行机制，逐步形成专业、学科创新研究中心和创新研究基地。

二、构建国家农业科技创新体系

(一)国家农业科研机构

国家农业科技创新体系由创新基地、区域创新中心和实验站组成，是全国农业科技创新体系的主体，按照现代科研院所体制和运行机制管理。

国家农业科技区域创新中心：按照全国行业区划和综合农业区划相结合原则，在东北区、黄淮海区、长江中下游区、华南区、西南区、黄土高原区、内蒙古及长城沿线区、甘新区、青藏区、海洋水产区等建立若干个国家农业科技区域创新中心。

国家农业科学实验站：根据国家基地和区域中心科研工作的需要，建立综合性和专业性的农业科学实验站。

教育部所属研究型高等农业、林业院校和中国科学院有关科研机构为国家农业科技创新基地，是国家农业科技创新体系的重要组成部分。

(二)省、自治区、直辖市农业科研机构

省（自治区、直辖市）政府和部门所属的农业、畜牧、水产和林业科研机构逐步实行联合，并选择生态类型有代表性和有优势、有特色的地市级农业科研机构，组建省级农业科技创新中心。

省（自治区、直辖市）属的高等农业、林业院校逐步走向联合，成为省级农业科技创新中心的重要组成部分。

(三)建立健全农业技术推广体系

农业知识、技术推广工作是社会公益性事业。通过农业技术推广体制深化改革，对地、县两级农业、畜牧业、渔业、林业、农业机械、水利等科研机构和技术推广机构进行资源整合，并作为农业知识、技术推广的主体，充实和加强技术推广工作。同时，要支持农村各类合作组织、专业技术协会和研究会的发展，建立农民、企业家、专业技术人员广泛参与的农业专业知识、技术转化队伍，政府也要给以支持、鼓励和引导。

各地各级农业知识、技术推广机构要与农村各类民间服务组织合作，构建技农贸一体化、产供销"一条龙"的科技服务网络。

三、造就宏大、结构合理、高素质农业科技创新人才队伍

农业科技创新的基础是人才。我国农业科技发展需要有创新意识和创新能力的高素质人才队伍，这是发展现代农业，加快社会主义新农村建设和全面实现小康社会的关键所在。

通过对社会公益性科研机构分类改革实施方案的调整，区别不同情况，部门属科研机构和省级科研机构，应扩大非营利科研机构的比例，拟定编制占在职职工人数的比例要有较大幅度提高。具体意见是，部门属科研机构转为非营利科研机构比例约75%～80%，在职职工人数，包括研究人员、技术人员、辅助人员和管理人员占在职职工人数的70%左右；省

级科研机构转为非营利科研机构比例不低于 $65\%\sim70\%$，在职职工人数包括研究人员、技术人员、辅助人员和管理人员占在职职工人数的 $60\%\sim65\%$。以此，人才资源才有可能逐步适应农业和农村发展新阶段的需要。

通过多种形式、多种途径，提高现有农业科技队伍的业务素质。重点是培养、选拔专业学科带头人、领军人物和优秀团队。要加大力度从国内外吸收优秀的农业科技创新人才，努力培养造就规模宏大、结构合理、素质优良的创新型科技人才队伍。

围绕国家农业的重大需求和技术前沿，面向全球引进高层次创新人才，对急需紧缺的特殊人才，开辟专门渠道，实行特殊政策，实现精准引进。支持引进人才深度参与国家计划项目、开展科技攻关，建立外籍科学家领衔国家科技项目的机制。

要调整研究生培养政策。研究型高等农业院校、国家农业科研机构要扩大研究生招生名额。在增加博士生、博士后名额的同时，逐步过渡到硕博连读，以培养博士生、博士后为主，为省以上农业科研机构培养和输送高素质农业科研人才。

要建立健全农业科技人员考核、晋升、奖励制度。突出品德、能力和业绩评价，确定相应的技术职务。对表现突出、创新能力强、成绩显著和做出重大贡献的优秀科技人员要进行破格晋升和重奖。要不断改善农业科技人员的工作和生活条件，创造良好的外部环境。要调整政策，鼓励人才流动，做到人尽其才，最大限度地调动广大科技人员的积极性。

要加强农业技术推广人员的继续教育工作，积极创造条件，建立制度，不断更新知识，提高业务素质，提高知识扩散、技术推广创新能力，以适应农业发展新阶段发展现代农业、加快社会主义新农村建设的需要。

四、提升科研条件保障能力与共享服务平台建设

加强平台建设系统布局，形成涵盖科研仪器、科研设施、科学数据、科技文献、实验材料等的科技资源共享服务平台体系。我国农业科研机构，尤其是西部地区和省以下科研机构实验手段和装备比较落后，不能适应农业科技创新工作的需要，必须集中财力、物力，加快实验室和试验基地的建设，逐步达到现代化装备水平。

首先，要对国家基地和区域研究中心的重点试验室进行全面规划，按照专业、学科的不同需要，引进大型精密仪器设备和试验设施，实现规格化、标准化。对试验场和大型试验基地，要在规划的基础上，搞好基本建设，配备必要的研究试验设备，农田、林牧场作业要实现机械化、系列化、现代化。

对省级农业科技创新中心的重点实验室和试验农（林牧）场、基地建设，要以省（自治区、直辖市）为单元，全面规划，合理布局。建设一批中心实验室，以常规仪器为主；同时引进国内不能生产而又急需的国外仪器设备，比较完善地装备起来。对试验农（林牧）场也要搞好农田基本建设，逐步实现农田、林牧场作业的机械化、系列化和现代化。

国家和地方农业科研机构还要适应农业发展的战略需要，在不同生态区、农业主产区和重点水域建立和完善一批综合性、区域性、专业性科技示范基地、农业科技园区等，迅速高效地将农业科技成果转化为现实生产力，为发展现代农业做出贡献。

推动农业科技人员支持边远贫困地区、边疆民族地区和革命老区建设，在贫困地区、革命老区转化推广一大批先进适用的技术成果。强化定点扶贫，精准扶贫，实施"一县一团"

"一县一策",建设创新驱动精准脱贫的试验田和示范点。

五、加大政府对农业科技创新的投入力度

目前,我国农业科技投入水平较低,不仅低于国内其他行业科技投入水平,而且低于世界发展中国家农业科技投入的平均水平,远不适应发展现代农业、加快实施乡村振兴战略对农业科技的需求,必须调整政策,建立以政府为主导、社会多元化的农业科技投入体系。

根据农业科技工作社会公益性的特点,各级政府应大幅度增加对农业科技的投入。中央和地方财政对农业科技投入的增长要高于其财政收入的年增长速度。要利用世界贸易组织法则,通过"绿箱"政策等形式,增加农业科学研究和技术成果转化资金。要鼓励、吸引企业等社会力量增加对农业科技的投入。大型科技型农业企业应将一定比例的经营收入用于科学研究和技术成果转化工作。允许企业、个人等社会力量成立农业科技基金会,重点支持农业科学研究、开发、推广和奖励农业科技人员。

要逐步建立和完善适合我国国情的农业科技和产业发展的风险投资体系和运行机制,相关政策和法规也应尽早制定与实施,以促进农业科技事业的发展。通过以政府投入为主导、社会多元化的农业科技投入体系的建立,我国农业科技投入占农业 GDP 的比重,从 2005 年的 0.56% 提高到 2020 年的 2.5% 左右。

六、全方位融入全球网络与完善开放合作机制

继续执行对外开放的方针政策,积极推进对外科技交流与合作,是加快我国农业科技创新发展、建设现代农业的基本政策。

要拓宽农业科技合作领域,选择重大研究项目和前沿学科,积极开展国际合作与交流。立足国内,走向世界,提高我国农业科技的国际影响力和竞争力。

要鼓励和支持我国农业科研机构与国际组织联合建立实验室、试验站和研究机构,逐步成为学科前沿平台和国际研究中心,吸收国内外优秀科学家工作,促进农业科技创新和事业的发展。

要加强与国外企业、跨国公司的联合,引进国外资金与先进技术,共同兴办农业科技型企业(集团),按照"风险共担、利益共享"的原则,研制开发新产品、新技术,共同开拓国内外市场。

要鼓励我国农业科技人员到国际组织和国外科研机构任(兼)职,鼓励科研机构和个人同国外研究机构和个人建立学术联系,扩大国际影响,使农业科技尽快走向世界,为全球农业可持续发展做出新贡献。

七、强化现代农业科技组织管理与基础制度建设

各级党委和政府要高度重视农业科技工作。要在《中华人民共和国农业法》《中华人民共和国农业技术推广法》和《中华人民共和国科学技术进步法》的基础上,尽快制定《中华人民共和国农业科技法》等政策与法规,把农业科学研究和农业技术推广体系及组织机构、

队伍建设、条件改善和增加投入等问题，以法律形式予以明确，确保我国农业科技事业快速健康发展。

现行的国家科技计划种类多、层次多，缺乏综合平衡，不适应农业科技发展的需要。建议合并相似或相近的国家、省科技计划；一般性的科技计划，要在宏观指导下，减政放权，由科研院所自行安排，计划主管部门要加强监督检查，保持科研工作的连续性和稳定性。国家重点科技计划中，要引进竞争机制，实行课题制。国家重大基础性研究项目、高科技研究项目、科技支撑（攻关）项目等，要重点吸收国家农业科研机构、研究型高等农业院校和中国科学院有关科研机构的参加，组织高层次的联合攻关项目。逐步建立起一般科技计划与重点科技计划相结合的两种农业科技计划管理体制，以提高农业科技的自主创新能力和水平。

目前，各级政府的科技管理基本上是行政管理，往往忽视了农业科技自身的规律和特点，政研不分，层次多，效率低，研究不利于出成果、出人才、出效益。为此，建议按照《国家中长期科学和技术发展规划纲要》的要求，推动政府职能从研发管理向创新服务转变。进一步明确指导思想、发展方向、战略重点和重大政策措施，逐步建立起国家和地方两级农业科技管理体制；建立健全农业科技成果评价体系和奖励制度；建立新型的人事管理、分配制度和运行机制；建立农业科技条件保障制度；建立以政府拨款为主导、社会多元化的投入体制；建立符合现代农业科研院所的各项制度和管理体制。

建立新型的国家和地方两级科研体制与管理体制，是一个跨部门、跨地区的系统工程，事关农业科技发展、现代农业建设和实现全面小康社会的全局。建议农业科技组织在国务院领导下，按照统一协调的原则，建立由计划、财政、科技、农业、林业、水利、环保、气象等部门组成的农业科技领导小组，统一规划，加强协调，整体推进。

第十章
推动农业科技创新驱动发展

我国是一个农业大国。根据我国当前所面临的世情、国情、农情，实施乡村振兴战略，既是机遇也是挑战，新的科技革命在全球向多层次全方位拓展，农业科技进步和创新，推动着世界农业的发展，我国农业在世界农业大格局中要找准定位，把握世界农业发展的新趋势、新特点，不断提高农业科技自主创新能力，促进中国特色现代农业的可持续发展。

第一节 农业科技创新面临的形势

科学技术是第一生产力，是推动农业和农村经济发展的革命力量。进入 21 世纪，科学技术发展日新月异，科技进步和创新愈益成为提高农业综合实力的主要途径和方式。依靠科学技术实现农业资源的可持续利用，促进农业、食物与经济社会的和谐发展愈益成为各国共同面对的战略选择，科学技术作为核心竞争力愈益成为国家间竞争的焦点。我国已进入更多依靠科技进步和创新推动农业发展的历史阶段。科学技术作为解决当前和未来农业发展重大问题的根本手段，作为发展先进生产力和满足广大人民日益增长物质需求的内在动力，其重要性和紧迫性愈益凸现。回顾过去，我国农业取得了巨大成就，以世界 10％的耕地、7％的水资源养活了世界 21％的人口，这是世界近代农业发展史上的一个奇迹。但是，面对未来的严峻挑战，自然资源的硬约束不断增强，我国人均耕地、水资源量明显低于世界平均水平；粮食、棉花、油料等主要农产品和畜禽、水产品的需求呈刚性增长，农业增产、农民持续增收和国际农产品竞争力的压力将长期存在；农业结构不合理、产业化水平和农产品附加值低；生态与环境状况严峻，自然灾害加剧，严重制约农业的可持续发展。我国的基本国情、农情和面临的严峻形势，决定了实施乡村振兴战略，必须把农业科技创新驱动发展作为解决"三农"问题的一项根本措施，大力提高科技创新能力，突破资源和生态环境恶化约束，持续提高农业综合生产能力，加快现代农业建设，推动农业和农村经济持续稳定健康发展。

在新时代，要认真贯彻我国科学技术发展的指导方针："自主创新、重点跨越、支撑发展、引领未来"。结合农业科技工作实际。自主创新，就是从增强农业自主创新能力出发，加强农业原始创新、集成创新、引进消化吸收再创新，推动"三农"和农业科技的可持续发展。重点跨越，就是坚持有所为、有所不为，选择农业科技领域基础好、有优势、关系国计民生和国家安全的重大问题，集中力量、重点突破，实现跨越式发展。支撑发展，就是从现实的紧迫需求出发，着力突破农业重大、核心技术，支撑经济社会的持续协调发展。引领未来，就是着眼于长远发展，超前部署农业基础研究和前沿技术，力争取得重要进展和突破，创造新的市场需求，培育新兴产业，引领未来农业和经济社会发展。

要把提高自主创新能力、推动创新驱动发展摆在农业科技工作的突出位置，把科技人员提高自主创新能力作为农业科技工作的战略重点，针对农业和农村经济发展的重大需求，确保国家粮食安全、生态安全、农民持续增收和提高农产品国际竞争力，切实加强农业关键技术、核心技术研究，提供一批拥有自主知识产权的创新性科技成果，提供一批先进适用技术，并实现转移、转化与扩散。同时，为了应对未来的挑战，应加强农业前沿技术研究和农业可持续发展中科学问题的基础研究等，发挥科技引领未来的先导作用，提高农业科学的研发能力和产业的国际竞争力。

第二节　农业科技创新优先领域

从现在到 2020 年，是我国全面建成小康社会决胜期。再奋斗十五年，到 2035 年，基本实现社会主义现代化。农业科技创新驱动发展就是要加速传统农业技术变革与升级，传统农业生产方式和产业结构要发生深刻变革，农业科技创新驱动引领现代农业的快速发展，使我国农业科技总体上接近或达到发达国家水平。

农业科技总体布局可概括为：围绕粮食安全、生态安全、食品安全、产业发展、农民增收、农村富裕等国家战略需求，引领新一轮农业技术变革；发展战略性新兴产业，推动新的农业科技革命和促进生态环境技术发展等；部署农产品生产技术创新、农业高新技术创新、新兴产业技术创新、资源环境技术创新等战略重点领域，加强科研创新与开发等能力建设，加强中国特色农业科技创新体系建设，为全面建成小康社会、跻身创新型国家前列做出新的贡献。

历史经验表明，人类文明的每一次重大进步都与科学技术的革命性突破密切相关。针对2020 年我国农业和农村经济发展的重大需求，我们必须抓住和用好前所未有的机遇期，大力实施农业科技创新驱动发展战略，在优先领域和重大项目取得新的突破：

（1）加强农业科技创新，重点攻克一批核心技术、关键技术，为国家粮食安全和主要农产品有效供给提供科技支撑。

（2）加强农业高新技术创新，加强对生物技术、信息技术、新材料技术等高新技术的研究，提高农业科技自主创新能力。

（3）加强新兴产业技术创新，培育和发展农业战略性新兴产业，引领现代农业产业体系建设，促进农业产业结构调整。

（4）加强资源环境技术创新，应对全球气候变化，带动传统技术全面升级，加快农业生产方式转变，促进农业可持续发展。

（5）加强国家农业科技创新体系建设，加快基地和人才队伍建设，不断增强农业科技创新能力。

一、农业科技创新的优先领域和战略重点

纵观世界农业科技发展的新特点、新趋势，结合我国"三农"实际，农业科技创新驱动

发展有以下优先领域和战略重点。

（一）现代生物技术

围绕提高我国现代农业技术国际竞争力的科技需求，强化自主创新能力，引领农业产业技术发展。重点加强植物分子设计育种技术、基因编辑技术、动物分子与细胞育种技术、重要农业生物功能基因组等研究，为生物育种产业提供核心技术。

（二）农业信息技术

围绕我国动植物生产过程的精准化管理，加强农业数字化技术研究。重点突破作物生态过程模拟与形态结构虚拟表达、作物系统虚拟设计等重大理论与技术；研制高精度植物生命信息获取设备、动物行为信息传感器、环境信息传感器，研究农业物联网信息融合、知识网络、协同决策与云技术等，提高农业智能化和精准化管理水平。

（三）节水灌溉技术

精量控制灌溉新技术研究，开展作物需水量、田间节水灌溉技术，节水作物新品种选育等集成与应用，建立不同区域灌溉农业技术体系。在北方旱作地区和南方丘陵雨养农业地区，以提高自然降水利用率为目标，重点开展抗旱作物新品种筛选，耕作轮作制度、保护性耕作技术及集雨节灌农业技术体系等研究。

（四）农业智能工厂技术

深入开展现代智能作物工厂环境自动控制技术研究，借助电子学与自动控制技术，研究智能工厂作物生长发育的适宜环境条件。应用人工智能、神经网络等高新技术，将专家系统引进智能工厂管理、决策和咨询，不断提高现代智能工厂的技术水平。

（五）生物制品研制技术

重点突破农业生物药物靶标发现和分子设计、新载体发掘利用、药物源头的微生物及产物高通量挖掘等前沿和关键技术；研制新型生物肥料、生物农药、生物饲料、生物兽药和药物、生物调节剂等，并实现产业化；建设农业药物和生物制剂分子设计、新产品研发平台、产业化基地。

（六）应对气候变化技术

重点开展全球气候变化对农林牧渔业，特别对粮食生产、种植制度、区域农业的影响研究；开展农林气象灾害发生发展和成灾规律研究，农林重大气象灾害风险分析与评估，以及农林重大气象灾害监测预警和防灾减灾措施关键技术研究；新技术、新产品的研制，为应对全球气候变化提供科技支撑。

（七）农产品精深加工技术

围绕我国农产品、食品产业发展和满足城乡居民营养健康的需求，加快突破农产品、健康食品设计与制造的核心技术，促进产业升级。重点加强农产品精深加工技术、食品生物工程、制造关键技术、营养设计的食品制造、生物加工和物流智能化与绿色化等技术研究，努力提高农产品、食品生产能力和技术水平。

(八) 农产品质量安全技术

紧密围绕净化产地环境、保证投入品质量、规范生产行为、强化监测预警、严格市场准入等，健全标准体系、检测体系、认证体系、科技支持体系、信息服务体系，以及应急机制等农产品质量安全支持体系，切实加强农产品和食品质量安全技术研究，建立和完善从产地到餐桌的全程控制体系，进一步提高我国农产品和食品质量的安全水平。

(九) 农业机械工程技术

围绕现代农业物质装备保障能力的重大需求，着力开展农用物质与装备产业技术创新，重点开展农业生产全程机械化装备研究。大马力拖拉机、多功能节约型田间作业机械、现代种业系列装备等关键技术研究。加强粮食、棉花等主要作物生产专用装备的研究。加强畜产品、水产品养殖、加工成套机械装备的研制。加快环境友好型化学农药、除草机械及多功能、可降解新一代农膜的研制。

(十) 农业前沿技术

主要包括植物分子设计育种技术、动物分子与细胞育种技术、农业生物功能基因组研究、数字农业和农业物联网技术、农业信息监测技术与装备、农业生境过程控制技术、农业药物与生物制品创制技术，还有作物基因组学、功能基因组学、生物信息学等，以及学科前沿领域，如光合作用、生物固氮、遗传工程、抗性机理、免疫机理等研究。

综合判断，我国农业科技创新正处于重要战略机遇期，也面临着差距进一步拉大的风险。必须牢牢把握机遇，树立创新自信，勇于攻坚克难，主动顺应和引领时代潮流，把农业科技创新摆在更加重要位置上，优化农业科技事业发展总体布局，让创新成为全国广大农业科技工作者的共同行动，在新的历史起点上开创创新驱动发展新局面，开启建设世界科技强国新征程。

农业科技创新驱动发展要坚持"创新、协调、绿色、开放、共享"的发展理念，坚持"自主创新、重点跨越、支撑发展、引领未来"的指导方针。坚持创新是引领发展的第一动力，把创新摆在农业科技发展全局的核心位置，以深入实施创新驱动发展战略、支持供给侧结构性改革为主线，全面深化科技体制改革，大力推进以科技创新为核心的全面创新。着力增强自主创新能力，着力建设创新型人才队伍，着力扩大科技开放合作，塑造更多依靠创新驱动、更多发挥先发优势的引领型发展。确保如期进入创新型国家行列，为全面建成小康社会、夺取新时代中国特色社会主义伟大胜利、实现中华民族伟大复兴中国梦提供强大动力。

二、新一轮的农业科技革命兴起

纵观世界农业发展史，特别是近代农业、现代农业的发展，科技创新和进步是农业可持续发展的决定性因素。人口增加，耕地减少、水源缺乏，能源危机、粮食安全以及气候变化、环境恶化等问题的出现，各国政府逐步认识到，必须加强农业研究，带动农业生产方式的巨大变革和农业生产力的提高，以确保农业的可持续发展。目前，各国政府和国际组织高度重视农业科技发展，推动农业科技创新，促进农业可持续发展，掀起新一轮的全球农业科技革命。

（一）农业科技创新投入大幅增加

随着各国对农业科技生产力作用认识的不断提高，农业研发投入也在增加。2000年世界农业研发总支出约有337亿美元。从分布看，三分之二为发达国家，三分之一为发展中国家。从执行主体看，私营企业约占40%，公共机构约占60%。从农业研发支出占农业国内生产总值的份额看，发达国家的农业研发强度高达5.28%，发展中国家农业研发强度仅为0.54%。

2000年中国和印度占世界发展中国家农业研发公共支出的29%。值得指出的是，发达国家的农业企业研发份额大幅增加，美国2000年农业企业研发支出占全国农业研发支出的55%，澳大利亚和加拿大农业企业研发份额稍低，低于35%。中国科学技术部主管的国家科技计划在"十一五"期间向农业农村领域投入187亿元人民币，比"十五"期间49亿元人民币增加近三倍，此外还有国家重大专项投入100亿元等。"十三五"期间国家科技计划中农业农村领域投入有了新的突破。

（二）以优先领域带动农业科技全面发展

面对世界农业发展的新形势、新挑战，有关国际组织和各国政府的农业科技重点悄然发生变化。当前，有关国际组织和各国政府农业科技的优先领域，不仅包括农业生产率的提高，还包括食品安全、营养和健康，以及农业对环境的影响。欧盟第七框架计划中与农业相关的领域是食品、农业和生物技术主题，重点开展可持续管理、生物资源（动植物、微生物）生产和利用的知识进步方面的研究，为农业、渔业、饲养、食物、健康、森林及其相关产业提供更安全的基础、具有生态效益和竞争力的产品与服务。美国农业科技优先领域包括粮食安全和农业生产率的提高，还包括食品安全、健康和营养、生物质能源的开发和利用，以及农业对环境的影响。具体研究方向是植物遗传资源、作物品种改良、基因组学。同时，从遗传学、营养学等方面着手，提高畜禽繁殖率和生产率。把提升农产品质量和营养成分作为农业科技的优先方向，重点开发准确、可靠、成本低的快速测试技术，在食品上市前能够对微生物病原菌、真菌毒素以及化学残留物进行测试和消除；开展人类营养学相关研究和环境无害型、高附加值农产品加工技术，提高农产品的经济效益和市场竞争力；还开展碳减排和清洁能源供给方面的研究，以及自然资源管理、农业对环境影响方面的研究。日本农业研究的重点包括基因组研究，新型食品，环保生物技术以及利用微生物或植物净化被污染土壤的生物修复技术，农业生物技术与其他尖端技术的交叉利用，交叉生物技术和信息技术以及水稻基因组仿真等技术。2008年日本出台了新农业基因组计划（2008—2013年），重点研究遗传基因的开发与鉴定、分子标记辅助育种等，重点培育出可直接播种或减少农业资源投入、市场性能高的新一代水稻品种，培育能够减少镉含量的水稻品种等。中国"十三五"期间农业农村领域重点对粮食安全、动植物新品种选育、重大动植物疫情防控、农产品精深加工、优质畜禽、水产养殖及农村农业信息化等方面给予支持。

（三）加强农业科技创新的国际合作

世界各国政府十分重视农业领域的国际双边和多边科技合作，实现优势互补强强联合，主要有：双边或多边科技合作框架下的农业研究项目，包括有关国际性组织，如联合国粮食及农业组织（FAO）、联合国开发计划署（UNDP）、国际农业研究磋商组织（CGIAR）等，以及欧盟第七框架计划中的国际合作计划和美国、澳大利亚、日本等国的国际农业合作研究项目，重点是围绕资源、环境、粮食安全、食物安全等热点问题，以及农业基础研究和前沿技术若干领域，作为当今世界农业发展的主要优先领域和合作方向。中国科技开放合作迈上新台阶，与俄罗斯、德国、意大利、日本、韩国等国家在农业、生物技术方面的合作。中国帮助"一带一路"国家、特别是发展中国家在农业、生物、环境等领域的外援项目。这些将为解决世界粮食安全和食物安全问题提供科技支持。

第三节　农业科技创新驱动新进展

习近平总书记在党的十九大报告中提出，我国社会主义现代化建设"三步走"战略目标。从现在到 2020 年，是全面建成小康社会决胜期。要按照十八大提出的全面建成小康社会各项要求，全面落实中共中央、国务院印发《乡村振兴战略规划（2018—2022 年）》，首要是壮大乡村产业促进农民增收，共五个指标，即：粮食综合生产能力保持在 6 亿吨以上，实现"谷物基本自给，口粮绝对安全"；农业科技进步贡献率到 2020 年达到 60%、2022 年达到 61.5%；农业劳动生产率到 2020 年每人增至 4.7 万元、2022 年再增至 5.5 万元；农产品加工与农产品总值比到 2020 年提高到 2.4，2022 年提高到 2.5；休闲农业和乡村旅游接待人次到 2020 年增至 28 人次、2022 年再增至 32 亿人次。

同时，2016 年 5 月习近平在党中央召开的全国科技创新大会上提出到 2020 年进入创新型国家行列、到 2030 年跻身创新型国家行列、到 2050 年建成世界科技强国的"三步走"战略目标[34]。

所有这些，为新时代农业科技创新驱动发展指明方向，提出了新的要求，我们要以实现创新发展为目标推动农业科技创新。创新是引领发展的第一动力。以农业科技创新驱动高质量发展，是贯彻新发展理念、破解当前壮大乡村产业促进农民增收发展中突出矛盾和问题的关键，也是加快农业转变发展方式、优化经济结构、转换增长动力的重要抓手。提高自主创新能力，一是要瞄准国际农业科技创新趋势、特点进行自主创新，使我国乡村产业自主创新站在国际技术发展前沿。二是要将乡村产业科技优势资源整合聚集到战略目标上，力求在重点领域、关键技术上取得重大突破。三是进行乡村产业科技多种模式的创新，既可以在优势领域加强基础研究，进行原始创新；也可以对现有技术优化整合，进行集成创新；还应加强引进技术的消化吸收再创新。

经过多年努力，我国农业科技整体水平有了明显提高，正处在从量的增长向质的提升转变这一重要时期，一些重要领域跻身世界先进行列。但是，从总体上看，我国农业科技关键核心技术受制于人的局面尚未根本改变，创造乡村新兴产业、引领未来发展的科技储备远远不够，乡村产业还处于全球价值链中低端，乡村科技领域技术前沿同发达国家仍有较大差距。我们必须把发展基点放在创新上，通过农业科技创新培育发展新动力、塑造更多发挥先发优势的引领型发展。

在自主创新基点上，全面落实《乡村振兴战略规划（2018—2022年）》中提出的到2022年壮大乡村产业促进农民增收的五个指标，即提高粮食综合生产能力、农业科技进步贡献率、农业劳动生产率、农产品加工产值与农业总产值之比等，是可能的、也是必需的。

同时，农业科技创新驱动发展，为实现"三个面向"（世界农业科技前沿、国家重大需求、现代农业建设主战场），"二个一流"（世界一流学科和科研院所）目标奠定坚实基础。

第四节　农业科技创新相关理论问题

推动农业科技创新驱动发展，努力建设创新型国家，需要正确认识和理解以下几个理论问题[35—37]：

一、自主创新驱动与引进先进技术

强调自主创新驱动，是为了更好地利用对外扩大开放的条件，发挥引进先进技术的作用。改革开放以来，我国扩大对外开放，加强国际科技交流与合作，积极引进国外先进技术，促进了我国农业和农村经济发展。如"948"计划实施前10年，累计引进农业高新技术和适用技术3 500多项，其中蔬菜、果树新品种和畜禽新品种等的引进，使我国的多个品种更新换代，上了一个新的档次，极大地丰富了国内外市场。同时，也促进了科技进步和创新。应该说，没有对外开放，没有先进技术的引进，就没有现在自主创新驱动的基础和条件。但另一方面，没有自主创新驱动，靠跟踪模仿，靠技术引进，就会永远受制于人，永远不能同发达国家平等对话，永远不能摆脱科技落后的局面。实践证明一些农业核心技术是买不来的。

自主创新驱动不是"关门创新"，而是要充分利用国内外两种资源进行创新，最终目标是为我所用，自主研发自己的技术和产品。在经济全球化和加入世界贸易组织的今天，掌握农业核心技术和拥有自主知识产权是关键。我国的农业发展是在开放条件下的发展，我们的自主创新驱动也是在开放条件下的创新。

二、自主创新驱动与知识产权保护

知识产权的重要性已被大家认识。它是人们在科学、技术等领域，从事高智能活动而创造的宝贵财富，这种和知识联系在一起的宝贵财富是一种无形财富，拥有法律上确认的产权。我们提出的自主创新驱动，一个重要的环节就是要获取和掌握更多的自主知识产权和知名品牌。技术创新的最终结果，都要落实到产品上或生产工艺上，然后推向市场。在这个创新过程中，知识产权起着十分重要的先导作用，产权化的知识在知识经济中成为不可缺少的生产要素。自主创新是知识产权的源泉，知识产权是自主创新驱动的基础，是技术优势转化为市场优势的法律保障。但是，我国加入世界贸易组织以来，农业面临着新的竞争环境，突出表现在：贸易壁垒变成了专利壁垒，关税壁垒变成了知识产权保护壁垒。1985—1998年我国发明专利申请受理总量为23.8万件，其中国外发明专利占51.34%，超过国内的申请总量。而且，我国一些重大技术领域专利申请被外国人占领的形势十分严峻。1994—1998年间，我国受理的有关高技术领域的专利申请的统计表明，国外申请的领域中，生物占87.3%、医药占60.5%、计算机占70%。近年来，我国专利申请率以年均两位数的速度增长，2010年达到近百万件，发明专利首次超过实用新型和外观专利，情况出现根本性好转。

实践证明，一个国家没有知识产权保护，自主创新驱动的科技成果的动力就会丧失。知识产权的重要作用，告诉我们要高度重视知识产权工作。从国家农业层面上看，要把知识产权战略作为一个关系农业发展大局的国家战略，进一步加强组织领导，保护和鼓励从事发明人员的积极性和创造性。从农业科研、教学单位和科技人员看，要切实增强知识产权意识，加大知识产权申请和保护的主动性。

三、原始创新、集成创新和引进消化吸收再创新

自主创新的内涵包括三个方面，一是原始创新，二是集成创新，三是引进消化吸收再创新，三者相互依存，各有侧重。

原始创新主要集中在农业基础研究和前沿技术领域，这是为引领未来农业发展奠定基础的创新。从我国农业科技中长期发展来看，原始创新能力直接关系到农业和农业科技的可持续发展，具有重要的战略意义。集成创新就是适应农业多学科、综合性特点，把单项技术优化组合，解决农业生产上重大的科技问题。引进消化吸收再创新，就是把引进的先进技术加以改造升级，为我所用，实现技术上的新进展和突破。后两者具有重要的现实意义。

原始创新、集成创新和引进消化吸收再创新都是自主创新的重要组成部分。原始创新不断地发现新规律，创造新知识，为农业科技创新提供不竭的动力。集成创新和引进消化吸收再创新是利用原始创新的科研成果，在技术领域广泛应用和创新，推动农业和农村经济的可持续发展。

对于原始创新，要超前部署，选择一批有基础、有优势，能跃居世界前沿，一旦突破对农业发展有重大带动作用的项目，加强基础研究和战略高技术研究开发。对于集成创新，不能简单理解为多种单项技术相加，而是多种单项技术组装集成，形成有机结合的综合技术或技术体系。引进消化吸收再创新，重在"消化吸收"，贵在"再创新"，要善于总结经验，不断发展与提升，更好地实现"洋为中用"，推动我国农业发展和科技自主创新驱动能力的提升。

四、自主创新驱动与深化科技体制改革

改革开放以来，围绕促进科技与经济结合，我国农业科技体制不断深化，取得了重要进展。但是，农业科技发展中一些体制和机制性障碍尚未解决，主要表现在：科研机构结构松散，缺乏整体性；学科设置陈旧，研究领域狭窄，不适应市场经济和现代农业发展需要；研究和开发工作分散重复，"上下一般粗"现象比较严重；科技队伍缺乏尖子人才、领军人物和战略科学家；经费，特别是科技事业费用投入不足，一般科技项目资助强度偏低。所有这些，严重制约了科技创新驱动能力的提高和农业持续稳定发展。为此，党中央、国务院2005年中央1号文件，明确提出"深化农业科研体制改革，抓紧建立国家农业科技创新体

系"，提出"加强国家基地的创新能力建设，搞好农业基础研究和关键技术的研究开发，加强生物技术和信息技术等高新技术的研究"，还提出"根据全国农业综合区划，在整合现有资源基础上，依托具有明显优势的省级农业科研单位和高等学校，建设区域性的农业科研中心，负责推进区域农业科技创新，开展重大应用技术攻关和试验研究"等，2006 年中央 1 号文件重申"深化农业科研体制改革，加快建设国家创新基地和区域性农业科研中心"，并要求加紧推进。2007 年中央 1 号文件再次重申"加强农业科技创新体系建设"。这一决策为我国农业科技体制深化改革，加快国家农业科技创新体系建设指明了方向和作出了具体部署。

我们要以科学发展观为指导，建立适应社会主义市场经济又符合农业科技自身特点、新型的国家农业科技创新体系势在必行。农业科技创新体系应由国家农业科技创新基地、国家农业科技区域创新中心和综合性、专业性农业科学实验站、试验基地组成。国家创新基地包括农业农村部所属的农业、水产、热带农业科学（研究）院和国家林业和草原局所属的林业科学研究院等，组建国家农业科技创新基地。区域创新中心由省级农业（林业、畜牧业等）科研机构和有优势的高等农业院校组成，建立若干个有特色的区域创新中心。实验站即在有优势、有特色的省地农业科研机构基础上，建立综合性和专业性的农业科学实验站。教育部所属研究型高等农业、林业院校和中国科学院相关科研机构是国家农业科技创新体系的重要组成部分。

各省、自治区、直辖市应建立农业科技创新中心，各省、自治区、直辖市政府和部门所属的农业、畜牧、水产和林业科研机构逐步实行联合，并选择生态类型有代表性和有优势、有特色的地市级农业科研机构，组建省级农业科技创新中心。

农业技术推广工作是社会公益性事业。通过深化农业技术推广体制改革，重点加强县、乡两级基层农业技术推广体系建设。强化公益性职能，科学设置机构，充实精干技术人员，以政府财政投入保证推广经费，为农业技术推广人员创造良好的工作和生活条件，使他们能够专心致志地从事农业技术的试验、示范、推广、培训和技术服务工作。同时，要支持、鼓励和引导农村各类合作组织、专业技术协会和研究会的发展，建立农民、企业家、专业技术人员广泛参与的农业专业知识、技术转化队伍，加快农业新技术、新成果转化为现实生产力。

五、自主创新驱动与人才队伍建设

当前，我国农业发展进入一个新阶段，在人才队伍建设上出现了新矛盾、新问题，其主要表现：一是队伍数量少，人才流失严重，特别是公益、基础类农业科研机构人才数量大幅减少；二是队伍结构不够合理。就全国而言，初中级人才多，传统学科人才多，跨领域、行业、学科复合型人才少，能够把握世界农业科学前沿的尖子人才、领军人才更少；三是队伍的创新能力持续下降，国家"三大奖"农业方面的自然科学奖、技术发明奖数量少，等级偏低，"九五"后尤为突出。国家科技进步奖数量少，等级亦偏低，创新能力不强。

农业科技人才队伍要以扩大人才总量，优化人才结构，提高人才素质和创新能力为目标，建立起培养、吸引、评价、使用和激励机制，构建起比较完善的农业科技人才政策法规体系，为农业科技人才发挥聪明才智提供良好环境。依托重大科学工程、国家重点实验室、各类科技计划项目，积聚和培养优秀尖子人才和领军人才，在重点科技领域整合人才资源，形成优秀创新团队。扩大农业科技合作与交流，吸引和引进农业科研急需的高层次创新型人才。建立多层次、多渠道的青年拔尖人才培养体系，大力培养青年科技专家。以提高农业技术人才转化能力为核心，建设一支高效转化的基层农业技术推广队伍，创新农业技术推广体制与机制，建立健全农业技术推广人员考核评价制度、继续教育制度和职业资格认定制度。在农业科技人才队伍中积极倡导拼搏进取、自觉奉献、求真务实、理论联系实际的科学作风，发扬团结协作的团队精神。积极倡导为"三农"服务的思想，倡导学术自由和民主，大胆提出新观点、新理论和新方法。活跃学术气氛，逐步形成宽松和谐、健康向上的文化环境。

六、自主创新驱动与科技管理体制改革

针对我国当前农业科技宏观管理中存在的主要问题，推进农业科技管理体制改革，重点是建立健全国家农业科技决策机制；努力消除体制机制性障碍，加强部门之间、部门与地方之间的统筹协调，切实提高整个农业科技资源的有效配置和组织重大农业科技活动的能力。

建议国务院成立农业科技领导小组，加强农口科技工作组织协调和领导。健全重大农业科技决策议事程序，逐步形成规范化的咨询和决策机制；强化国家对农业科技发展的总体部署，对农业科技政策制定、规划编制、计划实施和基础设施建设的宏观管理。确立农业科技政策作为国家社会公益性政策的基础地位，以促进农业科技创新、增强自主创新驱动能力为目标，形成完整的政策体系。建立部门之间统筹配置农业科技资源的协调机制。加快行政科技管理部门职能定位和职能转变，推进依法行政，按照农业科技工作自身规律和特点，提高宏观管理能力和服务水平。农业科技项目的评审要坚持公平、公正、公开和鼓励创新的原则，为各类人才特别是中青年人才的脱颖而出创造条件。重大项目评审要体现国家目标。对创新性强的项目要给予特别关注和支持，注重对科技人员和团队素质、能力和研究水平的评价，鼓励原始创新。根据农业科技创新活动的特点，按照公开、公正、科学规范、精简高效的原则，完善科研评价制度和指标体系。面向市场的应用和开发研究等创新活动，以获得自主知识产权及其以产业的贡献为评价重点；基础研究和前沿技术探索以科学意义和学术价值为评价重点；公益性科研活动以满足公众需求和产生的社会效益为评价重点。

[1] 国家科学技术委员会．中国农业科学技术政策［M］．北京：中国农业出版社，1997．

[2] 中华人民共和国科学技术部发展计划司．中华人民共和国科学技术发展规划和计划（1949—2005）［M］．北京：科技文献出版社，2008．

[3] 中华人民共和国国务院．国家中长期科学和技术发展规划纲要（2006—2020 年）［N］．科技日报，2006，2（10）．

[4] 温家宝．认真实施科技发展规划纲要 开创我国科技发展的新局面——在全国科学技术大会上的讲话（摘要）［J］．求是，2006（3）：3．

[5] 张宝文．新阶段中国农业科技发展战略研究［M］．北京：中国农业出版社，2003．

[6] 朱丽兰．全国科学技术大会文献汇编［M］．北京：科学技术文献出版社，1995．

[7] 牛盾．1978—2003 年国家奖励农业科技成果汇编［M］．北京：中国农业出版社，2004．

[8] 农业部科技教育司，中国农业科学院农业信息研究所．国家奖励农业科技成果汇编 2000—2010 年［M］．北京：中国农业出版社，2013．

[9] 袁惠民，许世卫．国家奖励农业科技成果汇编 2011—2015 年［M］．北京：知识产权出版社，2016．

[10] 卢良恕，刘志澄．中国中长期食物发展战略［M］．北京：中国农业出版社，1993．

[11] 国务院办公厅．中国食物与营养发展纲要［M］．北京：人民出版社，2014．

[12] 卢良恕．中国农业发展理论与实践［M］．南京：江苏科学技术出版社，2006．

[13] 卢良恕．21 世纪中国农业科技展望［M］．济南：山东科学技术出版社，1992．

[14] 许世卫．中国农业展望报告（2014—2023）［R］．2014-04-20．

[15] 农业农村部市场预警专家委员会．中国农业展望报告（2019—2028）［M］．北京：中国农业科技出版社，2019．

[16] 经济合作与发展组织，联合国粮食与农业组织．经合组织——粮农组织 2013—2020 年农业展望［M］．许世卫，译．北京：中国农业科学技术出版社，2010．

[17] 许世卫．农业信息学科进展与展望［G］．中国农业信息科技创新与学科发展大会论文汇编，2007．

[18] 许世卫，信乃诠．当代世界农业［M］．北京：中国农业出版社，2010．

[19] 农业部科学技术委员会，农业部科学技术司．1949—1989 中国农业科技工作四十年［M］．北京：中国科学技术出版社，1989．

[20] 中国农业科学院．中国农业科学技术四十年［M］．北京：中国农业出版社，1989．

[21] 中国科学技术协会，中国农学会．农业科学——学科发展报告［M］．北京：中国科学技术出版社，2009．

[22] 中国农业科学院．中国农业科学院 60 年［M］．北京：中国农业科学院，2017．

[23] 农业农村部农村经济研究中心当代农史研究室．纪念农村改革 40 年［M］．北京：中国农业出版社，2018．

[24] 信乃诠，许世卫．中国农业科技回顾和展望［M］．北京：中国农业出版社，2004．

[25] 信乃诠．科学技术与现代农业［M］．北京：中国农业出版社，2005．

[26] 中国农业科技管理研究会，农业部科技发展中心．全国农业科研机构年度工作报告［R］．北京：中

国农业科技出版社，2017.

[27] 农业部科学技术与质量标准司.农业科技政策、法规、条例、办法汇编［M］.北京：中国农业出版社，1995.

[28] 农业部产业政策与法规司.农业法律法规规章汇编［M］.北京：中国农业出版社，2003.

[29] 信乃诠.当代中国农业科学研究进展［M］.北京：中国农业出版社，2008.

[30] 中华人民共和国科学技术部农村与社会发展司，中国农村技术开发中心.2002中国农村科技发展报告［M］.北京：中国农业出版社，2003.

[31] 中华人民共和国科学技术部农村与社会发展司，中国农村技术开发中心.2003中国农村科技发展报告［M］.北京：中国农业出版社，2004.

[32] 中华人民共和国科学技术部农村与社会发展司，中国农村技术开发中心.2004中国农村科技发展报告［M］.北京：中国农业出版社，2005.

[33] 信乃诠.农业科技管理基础［M］.北京：中国农业科技出版社，1999.

[34] 习近平.决胜全面建成小康社会夺取新时代中国特色社会主义伟大胜利——在中国共产党第十九次全国代表大会上的报告［R］.北京：人民出版社，2017.

[35] Bonte-Friecdheim C，Sheridan K，1997. The Place of Agricultural Reserarch［J］. The Globalization of Science.

[36] Rural and Science Development Department China Rural Technology Development Center of Ministry of Science and Technology Technology Peoples Republic of China，2003. China Rural Science and Technology Development Report［R］.

[37] Epstein E，Bloom AJ，2005. Mineral Nutrition of Plants：Principles and Perspectives［M］.2nd ed. Sunderland. MA. USA：Sinauer Associates.

后记

　　本书概述了新中国成立 70 年来，农业科技发展历程，农业科技的重大部署与规划、计划，农业科技重要成果及转化与推广，科技进步和贡献率的提升，农业持续稳定快速发展及取得的重大成就。在党中央、国务院的正确领导下，新中国成立 70 年，特别是改革开放以来，广大农业科技工作者认真实施不同历史时期的国家科技发展战略、方针和目标，取得了辉煌成就。科研机构发展壮大，专业队伍初具规模，对外科技交流日益活跃，试验研究条件保障能力增强，国家资金投入大幅增加，强化农业科技组织与管理，为农业科技创新发展，为发展现代农业，加快推进乡村振兴战略实施提供强大的科技支撑。

　　本书的编辑出版得到了中国农业出版社刘爱芳副社长及刁乾超责任编辑的大力支持。在编写过程中，曾得到农业农村部科技发展中心翟勇处长、科学技术部重大专项司张洪刚副司长、中国水产科学研究院方辉处长、中国热带农业科学院方佳处长、中国林业科学研究院卢琦所长等提供有关资料。得到中国农业科学院有关部门和研究所协助。特别感谢中国农业科学院农业信息研究所许世卫研究员的支持，以及岳福菊硕士在本文整理过程给予的帮助，在此一并表示衷心的感谢！

编著

2019 年 11 月